西方伦理学原著导读

A
GUIDE TO
ORIGINAL WRITINGS
OF
WESTERN ETHICS

阮　航　江　畅　主　编
王　振　陶文佳　副主编

社会科学文献出版社
SOCIAL SCIENCES ACADEMIC PRESS (CHINA)

目　录

1

柏拉图：《理想国》

[作者及作品简介]

柏拉图（Plato，约前 427 ~ 前 347），西方哲学乃至西方文化史上最伟大的哲学家和思想家之一。柏拉图和其老师苏格拉底、学生亚里士多德并称为"希腊三贤"，为西方理性主义传统的奠基者。

柏拉图生于较富裕的雅典奴隶主贵族家庭，据称是古雅典国王的后代。其原名为亚里斯多克勒斯，后来被人们称为"柏拉图"，这可能是由于他宽阔的肩膀，也可能是由于他出众的口才或宽广的前额。柏拉图的一生大致可分为三个时期：成长与游学期（约前 427 ~ 前 387）、讲学期或学园期（约前 387 ~ 前 367）和著述期（约前 367 ~ 前 347）。

在其成长与游学期，柏拉图本来打算继承家族传统而从政，但由于与斯巴达的战争，雅典发生了一系列的政治动荡，这让柏拉图对现存政体越来越失望。公元前 399 年苏格拉底受审并被判死刑，加重了柏拉图对政治的失望情绪，于是他转而开始游历意大利、埃及、昔兰尼等地以寻求知识。其讲学期或学园期始于约公元前 387 年，其时柏拉图结束旅行返回雅典，并在雅典城外西北角创立了自己的学校即柏拉图学园。学园受毕达哥拉斯的影响较大，设置的课程类似于毕达哥拉斯学派的传统课题，包括算术、几何学、天文学以及声学。学园培养出了许多知识分子，其中最杰出的是亚里士多德。学园存在了 900 多年，直到公元 529 年被查士丁尼大帝关闭。公元前 367 年，60 岁的柏拉图将学园交给欧多克索主持，自己带弟子和友人第二次前往叙拉古，将精力主要集中于著述。公元前357年，他更是放弃政治活动，全力著述直至去世。

柏拉图流传下来的著作均为对话体，另有若干书信和警句，但其中有一些是伪作。这些均收入库帕和哈钦森编纂的英译版《柏拉图全集》①。按照《柏拉图全集》的整理，柏拉图流传下来著作43种，书信13封，警句18条。43种著作之中，27种被公认为柏拉图本人所作，14种一般被认定为伪作，另有2种著作的真伪尚无定论。同时柏拉图著作的分期也很重要。因为在这些著作的对话中，柏拉图本人并没有出现，大多数著作中的主要发言人是苏格拉底。一般认为，柏拉图的著作大致可分为三个时期，即早期、中期和后期。早期著作中苏格拉底的发言可能大多代表苏格拉底的思想，而中期尤其是后期则是以苏格拉底的面目来表达柏拉图本人的思想。

一般认为，《理想国》（Politeia/Republic）（又译《国家篇》、《治国篇》或《共和国》）是柏拉图本人中期或后期的著作，也是其最负盛名的代表作，包含了其主要的伦理思想。"Politeia"的本义是指"国家的治理"，并没有"理想"的含义。但它主要描述了一种理想的城邦，故中译为"理想国"。《理想国》的一个主题是"正义"②，本部分节选主要是关于"智者的正义"的论辩。节选部分的中译以《柏拉图全集》的英译版为底本，参考了郭斌和与张竹明的中译（2002）。

[节选]

智者的正义③

色拉叙马霍斯（简称"色"）；苏格拉底（简称"苏"）。

---

① John M. Cooper and D. S. Hutchinson, eds., *Plato Complete Works*, Hackett Publishing Company, Inc., 1997.

② 其古代版本也因此以"论正义"为副标题，但其论题其实不止于此。参见 John M. Cooper and D. S. Hutchinson, eds., *Plato Complete Works*, Hackett Publishing Company, Inc., 1997, p. 971.

③ 节选自"Republic," trans. by G. M. A. Grube, revised by C. D. C. Reeve, in John M. Cooper and D. S. Hutchinson, eds., *Plato Complete Works*, Hackett Publishing Company, Inc., 1997, pp. 983 – 990（338C – 347A）。标题及下面的简称说明是为了便于导读而添加的。同时为了使论述更集中且节省篇幅，节选略去了不少烘托场景而与论题相关性不强的叙述，即省略号显示的部分。

色：听着，我认为，正义就是强者的利益（interest）……

苏：我先得明白你的意思……你这到底说的是什么意思？总不会是说：浦吕达马斯是运动员，比我们强壮得多，吃牛肉对他的身体有好处因而是正义的；而我们这些体弱的人吃牛肉虽然也有好处，却是不正义的。

……

色：难道你不知道各个国家的统治者有的是独裁者，有的是平民，有的是贵族吗？

……难道不是谁强谁统治吗？每一种统治者都制定对自己有利的法律，平民政府制定民主法律，独裁政府制定独裁法律，依此类推。他们制定法律都是为了他们自己的利益，并且他们宣告：这些法律对于他们的臣民是正义的；违反这些法律的任何人，都会被视为犯法或不正义而予以处罚。因此，我的意思是，在任何国家，所谓正义就是当时政府的利益。政府当然有权力，那么唯一合理的推论就是：无论在何处，正义就是强者的利益。

苏：现在我明白你的意思了……但你自己刚才说正义是有利的/利益，同时又说，不许我这样来回答。当然，你在前面加上了"强者的"这一限定。

色：这个限定想来无足轻重。

苏：重要与否还不清楚，先得弄明白正确与否。我同意，正义是某种利益，但你加了个"强者的"……你是否还说，服从统治者是正义的？

色：对，是这样的。

苏：各个城邦的统治者是永不犯错，还是也会犯错呢？

色：我想会的。

苏：那么他们在制定法律的时候，也有时候正确，有时候犯错，对吗？

色：对。

苏：他们在正确时制定的法律是符合他们的利益的，而在犯错时就不符合他们的利益，你的意思是这样吗？

色：是的。

苏：不管他们立的是什么法，臣民都必须遵守，这就是正义，对吗？

色：毫无疑问。

苏：那么照你这个道理，不仅遵守对强者有利的法是正义，遵守对强者不利的法也是正义？

色：你说的是什么呀？

苏：我只不过是在重复你说过的话……当统治者向臣民发号施令的时候，有时也会犯错，结果反倒违背了自己的利益。但臣民却必须服从他们的号令，因为这样才算正义。难道我们不是都同意这些吗？

色：对。

苏：那么你也必须认为：你已经同意，正义有时不利于统治者即强者，统治者无意之中也会下令让人去做对他们自己有害的事情。但你还说过，正义就是让别人去执行统治者下达的命令……

玻勒马霍斯：没有比这更清楚的了……同时他也说过，正义是强者的利益。承认这两条之后，他又承认，强者有时会命令弱者（也就是他们的臣民）去做不利于强者自己的事情。由这些就可以导出：做不利于强者之事与做有利于强者之事，都是完全同等正义的。

克勒托丰：色拉叙马霍斯所谓强者的利益，是指强者自认为对己有利之事，也是弱者非做不可之事。他强调这个才是正义。

……

色：当然不是这样的。你认为我会把一个犯错的人称作犯错时的强者吗？

苏：但是你给我的印象就是这样的，因为你承认统治者并非不会犯错，而是有时可能犯错。

色：苏格拉底，你在诡辩。举例来说吧。一名医生在治病的时候犯了错，你是不是正因为他看错了病才称他为医生？或者一名数学家计算有误，你是不是在他计算错误的时候，正因为他计算有误才称他为数学家？确实，我们说这些医生或数学家犯了错，但我们仍这样称呼他们，这只是一种说法。因为事实上，医生或数学家如果名副其实，那就都不得有错。他们都不会犯错；除非因其技艺导致失败而犯错，而这时他们也不再符合相应的称号。在名副其实的情况下任何贤哲、统治者都不会犯错；尽管如此，但我们通常说他们会犯错，而我采取的就是这种通常的说法。既然你喜欢严格的说法，我就严格地说吧：我们应该说，一位名副其实的统治者不会犯错，并且在这种不犯错的情况下，他始终会命令人去做对他自己有利之事，并且要求其臣民执行这种命令。因此，我现在重复起初的说法，正义就是强者的利益。

……

苏：……为了避免随后的讨论中出现误会，让我问你：你所谓的强者是在什么意义上说的呢？当你说强者的利益应该由弱者去执行，其中的强者是在通常的意义上还是在严格意义上说的？

色：我是指最严格的意义……

苏：……按照你所说的最严格的意义，医生是治病的，还是赚钱的？记住，我问的是真正的医生。

色：是治病的。

苏：那么舵手呢？真正的舵手是水手的领袖，还是普通的水手？

色：是水手的领袖。

……

苏：那么，每种技艺都有其利益……每一种技艺就其本质而言难道不是要寻求和提供这些利益吗？……并且任何技艺的利益在于其本身的完善，还有别的吗？

色：你是什么意思？

苏：如果你问我，我们的身体是自足的，还是有其他需求，我会回答：身体当然还有别的需求，因为身体终究是有欠缺而不是自足的，由此才发明医术。医术的产生是为了有利于身体。我说的对吗？

色：是的。

苏：那么医术是否有欠缺呢？一种技艺是否需要某种进一步的品质（virtue）？就像眼睛之于视力，耳朵之于听力，乃至需要另一种技艺去探求和提供对它们有利的东西。而后一种技艺本身是否也有欠缺，也需要另一种技艺来补救，依此类推而没有穷尽呢？抑或每种技艺只需要各自寻求其本身的利益？或者是它即使有欠缺，却既不需要自身也不需要别的技艺寻求其利益来补救？实际情况是这样吗：技艺本身是完美无缺的，乃至技艺除寻求其对象的利益之外，不应该寻求对其他任何事物的利益？严格意义上的技艺，只要完全符合其本质就是正确的、无缺无瑕的——你的严格意义是这样的吗？

色：确实如此。

……

苏：但是，色拉叙马霍斯，技艺是支配它的对象，统治它的对象的。

色：（犹豫了半天，很不情愿地说）对。

苏：那么，任何一门科学和技艺都不会只考虑强者的利益，而不考虑从属者和弱者的利益……那么任何一个处于统治地位的人，就其为统治者的时候而言都不会只顾自己的利益，而要考虑其臣民的利益，这是他践行其技艺的基础。正是其臣民及其利益，才是他要照顾的，其一言一行都是为了这一点。

［讨论至此，大伙都明白，对正义的定义已经完全颠倒。］

……

色：因为在你看来，牧羊或牧牛的人喂肥并看护牛羊，是为了牛和羊的利益，而不是为了他们自己或其主人的利益。此外，你还以为，城邦的统治者（我指的是真正的统治者）并没有把他们的臣民当作牛羊，并且认为，他们日夜操心，并不是为了他们自己的利益。你离了解正义不正义、正义之人和不正义之人，还差了十万八千里；你甚至不知道，正义实际上在于另一方的利益，也就是说，正义有利于强者即统治者，且有害于那些服从和效劳的臣民。不正义就正好相反，专为管束那些老实正义的好人。臣民为强者效劳，为强者的利益而奔波，是为了强者的幸福，而远远不是为了他们自身的幸福。愚蠢的苏格拉底，你再想想，正义之人和不正义之人相比不总是吃亏吗？先拿做生意来说吧。只要是不正义者和正义者合伙经营，到分红的时候，就总是正义者拿得多，不正义者拿得少。再看办公事吧。交税的时候，如果两个人的收入相等，那就总是正义者交得多，不正义者交得少。等到有钱可拿的时候，总是正义者分文未得，而不正义者大拿特拿。要是担任公职，正义者就算没有别的损失，也会无暇顾及自己的事务，并且因不肯损公肥私而从公务中一无所得；正义者由于不肯徇私情，反倒会得罪亲戚朋友。不正义者则处处相反。我现在要讲的就是刚才所说的：那些有权力的人比其他任何人都更会捞油水。你如果想弄明白，对于个人而言不正义与正义相比是多么有利，那就去想想这种人。你要是把不正义推到极端来考虑，那就再明白不过了：最不正义的人是最幸福的，不愿意行不正义之事的人则是最受罪的、最不幸的。极端的不正义就是大窃国者的暴政：别人的东西不论是神圣的还是普通人的，公家的还是私人的，他都肆无忌惮地巧取豪夺。平常人只犯一点错，只要查出来就不但要受罚，而且名誉扫地，被人们称作强盗、绑匪、诈骗犯、扒手。但那些不仅掠夺人们的钱财而且剥夺人民的身体和自由的人，不但没有恶名，反而被认为有福。受他们统治的人民是这么说的，所有听到他们干那些不正义勾当的人也是这么说的。一般人之所以谴责不正义，并不是怕做不正义的事，而是怕吃不正义的亏。所以，苏格拉底，不正义的事只要干得大，是比正义更有力，更如意，更气派。所以像我一上来就说的：正义是为强者的利益服务的，而不正义对一个人自己有好处、有利益。

　　[色拉叙马霍斯……想溜之大吉，但是听的那帮人不让他走]

　　……

　　苏：……不过，我可以告诉你，我本人并没有被说服……回想一下我们刚才的辩论，你对真正的医生下过定义，但后来却觉得没必要对真正的牧羊人下严格的定义。你认为牧羊人只要把羊养肥，并不需要为羊群着想……不过，牧羊的技艺当然在于为羊群提供最好的条件，因为技艺本身的完美，就在于最好地满足其对象的需求。我想这也应该适用于统治者。只要是名副其实的统治者，也无论他要照管的是公事还是私事，他总要为受他照管的人着想。你以为那些真正治理城邦的人，都很乐意干这种差事吗？

　　……一般人都不愿意担任管理职务，他们要求报酬。其理由是：他们任公职是为了被统治者的利益，而不是为了他们自己的利益。且请你回答这个问题：各种技艺彼此不同，是不是因为它们各有独特的功能？

　　……是不是它们各给了我们特殊的，而不是一样的利益，比如医术给我们健康，航海术使我们航行安全，等等？

　　……一个舵手因航海而变得身体健康，是不是可以把他的航海术叫作医术呢？

　　……如果一个人行医得到了报酬，你会不会把他的医术叫作挣钱技术呢？

　　……如果有某种好处是所有的技师都会得到的，那么显然，这种好处无论是什么，都必定是由于他们都运用了某种对他们每一个人都有利的附加技艺。

　　……那么我们可以说，这种附加技艺就是挣钱术，它使每个技师都能挣钱而受益？

　　……那么，这种得到报酬的收益，并非来自他们本职的技艺。确切地说，情况毋宁是：医术带来健康，而与之相伴的挣钱术带来报酬，建筑术等其他各行各业莫不如此。每一种技艺尽其本职，使其照管的对象受益。但是，如果没有附加的报酬，技师们能因其技艺而得益吗？

……没有一种技艺或统治术是为了其本身的利益而产生的，而是像我们讲过的，一切营运部署都是为了对象，为了求取对象（弱者）的利益，而不是强者的利益。正因为如此，我刚才说，没有人甘愿充当治人者去揽人家的是非。做了统治者，他就要报酬，因为他要是打算恰当地运用其（统治）技艺，那其所作所为就要为了其治理对象而不是自己的最大利益。所以要人家愿意担任这种工作，就该给报酬——金钱或荣誉；或者是如果他不愿意干，就给予惩罚。

[解读与简析]

本节选部分的主要内容是柏拉图对话中的"苏格拉底"与色拉叙马霍斯（以下简称色氏）围绕后者论点展开的辩论。按照叙述的顺序，大致可分为两个方面。

一　对色氏论点的澄清

色氏的论点是，正义是强者的利益。色氏是智者的代表，这个论点可被视为智者的正义观。此前对于玻勒马霍斯"正义是利益"（确切地说是"正义是与利益相关的"）这一观点，参与对话的各方取得了一定的共识。因此，要澄清"正义是强者的利益"这个观点，其关键在于弄清"强者"的含义以及强者能否实现这种正义。苏格拉底的质疑以及由此展开的论辩，首先就是围绕这两点展开的。

（一）对"强者"的含义辨析

苏格拉底首先设问，色氏所谓"强者"是不是身体或生理意义上的？从色氏的解释看，这里的"强者"是在政治经济的意义上说的，具有支配"弱者"的政治权力，由此在社会经济利益分配的相关事务上拥有特权。那么，"正义是强者的利益"这一智者的观点似乎意味着：正义是与权力相关的，并且总是站在拥有权力的一方；对于社会经济利益该如何分配（结合色氏后面提出的论据，更确切地说是社会经济利益实际上如何分配），强者总是能够利用其特权更有机会为自己谋利，而弱者作为被支配的一方只能接受和服从。

（二）强者能否实现这种正义

对于"正义是强者的利益"这一观点，色氏的解释是，强者为了自己的利益而制定法律，而正义与否的判断依据是法律。因此，正义就是强者利益的体现。苏格拉底则指出，强者在制定法律时会犯错，由此推出用来规定正义与否的法律，有时并不符合强者的利益。因此，苏格拉底实际上对智者的正义观提出了这样的反驳：强者不能或缺乏足够的能力以法律规定的正义之名来维护自己的利益。

（三）对"强者"的常识称呼与严格定义以及进一步的论辩

作为苏格拉底与色氏第一轮论辩的结果与扩展，双方转向对"强者"这一称呼的定义问题。为了回应苏格拉底的反驳，色氏不得不对强者进行严格定义。也就是说，他必须设定有权力的强者或统治者是名副其实的，从而在为了自己利益来制定法律时不会犯错，由此以正义之名而颁布的法律就是出于强者的利益，而弱者或被统治者必须接受并服从法律的要求。而通常意义上或现实生活中的强者，则只有在不犯错的时候才是色氏命题中的强者；在犯错的时候则是名不副实的，不符合其强者的严格定义。那么，由于苏格拉底的反驳，色氏实际上对其最初的命题做出了限定，即其中的"强者"是在严格意义上说的。

苏格拉底指出，这种严格定义其实是就符合各职业的本质而言的。通过列举各个职业及其技艺的情况，苏格拉底得出的结论是，各个职业都有其特定的技艺，而"严格意义上的技艺，只要完全符合其本质就是正确的、无缺无瑕的"。古希腊思想中的技艺到底是什么意思？或许后来的亚里士多德讲得更清楚，"技艺是一种与真实的制作相关的、合乎逻各斯的品质"①。因此，严格意义上的职业工作者，是运用具有科学性（合乎逻各斯）的方法，服务于特定的对象并提供利益（与真实的制作相关的品质）。那么真正的强者或统治者，是要用统治的技艺（或统治术）来制定法律、治理城邦的，并考虑其对象（臣民）。也就是说，统治者在制定法律时不

---

① 〔古希腊〕亚里士多德：《尼各马可伦理学》，廖申白译注，商务印书馆，2003，第 172 页。

可能只考虑自己的利益，还要考虑其对象（臣民）的利益，否则就不是运用技艺来统治的真正强者或统治者。苏格拉底的这一番论说，对色氏的观点提出了强有力的反驳，因而色氏虽然不情愿，但觉得难以辩驳而不得不承认。

二　色氏的论证与苏格拉底的进一步反驳

（一）色氏的论证

色氏不甘心在上一轮论辩中的失败，力图通过对现实生活中正义之人与不正义之人的对比来支持其论点，这个对比可梳理为三个方面，即正义之人与不正义之人在商业行为中的得失、对公共事业的态度及其得失、处理公务时的不同结果。色氏由此得出这样的结论：不正义的事只要干得大，就比正义更有力、更如意、更气派。因此，正义是为强者的利益服务的，而不正义对一个人自己有好处、有利益。

（二）苏格拉底的反驳

苏格拉底从严格的定义出发提出了反驳，其思路大体如下。

1. 通过分析各行各业的人如何谋利说明各职业中技艺与挣钱的关系

苏格拉底的意思似乎是这样的：各职业工作者（医生等）运用其技艺（医术等）为其对象（病人等）提供服务（健康），并取得相应的报酬（挣钱）。由此就各职业工作者而言，其目的不可否认的是要挣钱谋生或获得自身利益，但采取的方式是运用可以使对象受益的技艺。换言之，每种职业中的工作者都是且应该是获得报酬的，不过他们不可能无缘无故地获利，而必须"尽其本职"，也就是要以能够服务于其对象的技艺来取得相应的回报，而不是说其技艺是直接为了职业工作者自身的利益。

2. 各种职业之间的互补与互惠关系

苏格拉底指出，各种技艺彼此不同，是因为它们各有其独特的功能，为我们提供了各自不同的特殊利益。苏格拉底的这个观点显然是从整个社会运作的层面来讲的。也就是说，从各职业的特点来看，应该把整个社会的运作视为一种分工合作的体系，各职业工作者运用其各自的技艺为其他职业的人群提供服务（这种服务对于人们的社会生活来说是必要的），并取得相应的报酬。或许还可以引申说，各职业工作者能够使用其所获得的报酬，去购买本职业不能提供而其他职业可提供的服务。基于各职业之间的这种互补与互惠关系，苏格拉底得出的结论是：没有一种技艺或统治术是为了其本身的利益而产生的。

3. 统治者也是通过实现其技艺来挣钱的

由前两点落实到强者或统治者来说，其统治技艺的运用不是为了自身的利益，而是为了其对象即弱者或被统治者的利益。其对象则因其统治技艺的运用而给予相应的报酬——金钱或荣誉。

应该说，柏拉图以苏格拉底的面目提出的上述反驳，其本身具有相当的说服力，但似乎与色氏的论证不完全对应，或者说针对性不足。我们将在简评中就此做进一步的说明。

[简评]

本部分节选自《理想国》卷一，主要是围绕智者正义观的论辩。以下结合《理想国》的整个思想分两个方面做简要评述。

一 柏拉图《理想国》中的正义观

柏拉图的《理想国》共十卷，以"正义"这一主题为切入点，它大致可分为五个部分①：第一部分（卷一 1 至卷二 10）为序论，通过对话来讨论老一代（克法洛斯）的正义、中生代（玻勒马霍斯）的正义和智者（色拉叙马霍斯）的正义，引出全书的一个基本问题，即正义是否优于不正义；第二部分（卷二 11 至卷四 19）是对城邦起源的历史推想，通过追述城邦的起源、卫士的教育、城邦的政制以及城邦中的正义，说明城邦的起源和秩序；第三部分（卷五 1 至卷七 18）阐述柏拉图理想中的国家或按照正义的理念建立的国家，包括共和国中的婚姻关系、对妇女和儿童的共享、对希腊人之间战争的限制、哲学家的统治、善的理念以及哲学的教育；第四部分（卷八 1 至卷九 13）描述了四种衰败的政制，即荣誉政治、寡头政治、民主政治和僭主政治，并通过比较得出"正义优于不正义"这

---

① 参见 Eric Voegelin, *Order and History Volume III: Plato and Aristotle*, University of Missouri Press, 2000, pp. 100–106。中译本：〔美〕埃里克·沃格林《柏拉图与亚里士多德》，刘曙辉译，译林出版社，2014。

一结论；第五部分（卷十 1~16）分别讨论了前文遗留的一些问题，包括对模仿艺术的拒斥、灵魂的不朽、现实生活中正义的酬答、对死者的审判等。可以看出，柏拉图力图基于对政治历史与现实的描述，提出一种按照其正义的理念来安排的理想秩序，由此建立符合其哲学理想的国家。

本部分节选自卷一，主要内容是就当时流行的正义观展开论辩，其中智者的正义观最具代表性。基于上一部分的解读与简析，这里对智者的正义观做进一步的辨析。其一，它是在社会利益分配的范围内考虑正义问题的，其基本判断是正义服务于强者（统治者或当权者）的利益。其二，色氏的论证很难说有多强的理论性，其也没有表现出多少对理论的兴趣，而是为了辩护其论点采取了实用的态度。在前后两次为其论点辩护的过程中，色氏实际上分别是从城邦正义（通过代表正义的法律来维护强者利益）与个人正义（个人的正义之德）这两个层次提出论据的，但他这么做，显然并非出于某种理论自觉，而只是服务于论辩的需要。而他第二次提出的那些论据，不仅并非像他此前所承诺的那样要在严格的意义上讨论问题，而且与其说是要说明正义是什么，不如说是在描述与正义相关的社会现象或某些事实。其三，与第二点相应，这种正义观只是对相关现象的某种判断，不足以形成融贯的理论，也缺乏道德的维度。从城邦的层次来说，这种正义观即使提示出某种秩序，也只能是自然界的秩序，或者说人类自然状态的秩序，意味着某种"丛林法则"（而不是某种可持续的社会秩序）。在这种正义观看来，法律制度等只不过是强者实现其利益的工具，正义之名则是人类利己本性的"遮羞布"。就个人层次（正义之人）而言，这种正义观突出的是自利的一面，而自利的方式是否合理、是否可行，则不是其所考虑的问题。

与智者的观点及其论说方式相反，柏拉图笔下的苏格拉底则力图追究问题及其论点的本质，并从社会整体的层面来考虑问题，寻求具有普遍意义的理论效力。此外，如卷一所示，苏格拉底/柏拉图所奠基的理性主义传统并没有忽视常识的意见或观点，反而在理论方法上强调要从对常识意见的考辨入手。不过由于视角和立场等方面的差异，对于色氏第二次提出的论据，苏格拉底的反驳针对性不强，似乎缺乏足够的说服力；因为色氏的论据是就具有正义之德的个人与缺乏正义之德的个人各自现实境遇的对比来说的，而苏格拉底的反驳仍然是就整个社会的运作以及各职业之间的关系立论的。也就是说，前者谈的是个人的正义之德，并比较现实生活中是否具有如此德性而产生的利益得失；后者则主要关注社会层面的正义当如何安排，各职业工作者之利益所得应该是怎样的。但从整体看，《理想国》对城邦的正义与个人的正义之德都分别做了讨论，但柏拉图似乎认为，城邦的正义与作为德性的正义是互通的①，从而不注重对两者的区分，因而在我们现在看来，其论述仍有不少模棱两可或有待澄清之处②。

二　正义相关的伦理问题

从伦理学的观点来看，智者的正义观以及苏格拉底的反驳都有值得我们进一步反思之处。分述如下。

（一）自利的动机与合理利己主义

在解释其正义观的过程中，色氏的论点蕴含着这样的前提：人类的行为从根本上说都是为了自己的利益，即出于自利的动机。这种自利动机对于保障人类的基本生存来说是必要的，在一定程度上也符合人类生活一方面的基本事实。但是，人类行为的动机是否就应当停留于此？是否同时还具有利他的动机？人类行为是否应当具有更高的精神追求？自利的动机是否需要予以约束？这些都是需要进一步思考和讨论的伦理问题。而苏格拉底的反驳意味着，至少从建立稳定乃至正义的社会秩序来看，在一般的社会性行为中人们的自利动机必须通过选择合理的手段，才能达成其目的。苏格拉底所讲的技艺，即可理解为这种合理的手段。其合理性体现在职业工作者只有运用其技艺为他人提供了有益的服务，才能获得相应的报酬，从而间接地实现自利的目的。也就是说，在社会生活中我们要获得某种生活资源，就必须有所付出。不劳而获在任何社会中都不可能是通行的模式，也不可能符合正义。反过来说，一个社会如果按照智者所主张的正义观来运作，那必然是混乱无序的，即使可以依靠武力维持某种秩序，也必然难以持续稳定。

---

① 在第五卷论及"哲学家的统治"时，柏拉图讨论了个人的正义之德。

② 在柏拉图看来，应该把基于正义建立起来的城邦理解为某种类似蜂巢的有机体，其本质与个人正义是一致的。参见〔美〕迈克尔·斯洛特《作为德性的正义》，阮航译，臧政校，载江畅等主编《价值论与伦理学研究（2015 年卷）》，社会科学文献出版社，2016，第 29~43 页。

采取有利于（或至少不损害）他人的合理手段来达成自利的目的，可以说是合理利己主义的基本观点，也是人类经济行为的通常做法。后来的亚当·斯密在《国富论》中对此讲得更明白：面包师为我们提供面包，并不是出于善心，而是出于其自利的动机，是为了获得相应的报酬，但他客观上为我们提供了服务。选择合理的手段来实现自利的动机，可能在理性主义者看来很难算是有道德价值的，但是具有经济合理性；从社会分工合作的观点看，它对于维系经济运作乃至社会基本秩序来说是有益的，在此意义上是应予以肯定的。

（二）特殊主义伦理观与普遍主义伦理观各自的理论困难

从伦理的角度看，"正义是强者的利益"这一命题，采取的是相对主义的形式，表达的是一种特殊主义的价值立场。如苏格拉底的反驳所表明的，它不可能形成融贯的理论，其所表达的价值主张也无法普遍化。如果说其中的"正义"是在道德的意义上提出的，那么这种道德的标准就来自道德外部而缺乏其道德自身的根据，并且其本身蕴含特定的倾向①。这可以说是它之所以难以形成融贯理论的一个根本原因。

苏格拉底的反驳则蕴含普遍主义的伦理方向，力图达成某种具有普适性的伦理主张。它可能呈现出较强的理论色彩，也具备一定的理论自洽性和说服力。但一方面，如对"强者"的通常说法与严格定义之讨论所表明的，其理论的理想与它所要规范的现实之间存在相当紧张的关系；另一方面，这种普遍主义伦理理论在寻求其理论出发点或原理时面临特殊的困难，由此可能要诉诸各种形而上的理论设想，甚至远离现实的乌托邦。

［参考文献］

1.〔古希腊〕柏拉图：《理想国》（节选本），郭斌和、张竹明译，商务印书馆，2002。

2. John M. Cooper and D. S. Hutchinson, eds. , *Plato Complete Works*, Hackett Publishing Company, Inc. , 1997.

3.〔古希腊〕柏拉图：《柏拉图对话集》，王太庆译，商务印书馆，2004。

---

① 关于这一点的具体论述，可参见〔美〕史蒂文·卢坡尔《伦理学是什么》，陈燕译，中国人民大学出版社，2014，第50～71页。

4. 〔美〕埃里克·沃格林：《柏拉图与亚里士多德》，刘曙辉译，译林出版社，2014。

5. 余纪元：《〈理想国〉讲演录》（第 2 版），中国人民大学出版社，2011。

6. 汪子嵩等：《希腊哲学史》（修订本）第二卷，人民出版社，2014。

2

亚里士多德：《尼各马可伦理学》

[作者及作品简介]

亚里士多德（Aristotle，前384～前322），人类思想史上伟大的思想家之一，首位百科全书式的思想家，古希腊哲学的集大成者。其本人及其流派的思想在西方伦理思想史上产生了重大而深远的影响。

亚里士多德出生于马其顿（Macedonia）的斯塔吉拉（Stagira），父母都来自有着长期行医传统的家庭，其父为马其顿国王阿闵塔斯三世的宫廷御医。公元前367年，17岁的亚里士多德来到雅典，进入柏拉图学园学习直至公元前347年，这20年间亚里士多德一直在学园从事研究、辩论、写作和教学。公元前347年，柏拉图去世，侄子斯珀西波斯（Speusippus）接管学园成为学园领袖。同时雅典的政治形势迅速恶化，对于亚里士多德这样的客居者，雅典人普遍抱有敌意。有鉴于此，亚里士多德选择离开雅典，前往位于爱琴海北岸的城市阿索斯，加入当地的一个柏拉图主义团体。亚里士多德在此期间进行了动物学研究。公元前342年，腓力二世邀请他回到马其顿，做他的儿子亚历山大（Alexander，即后来的亚历山大大帝）的教师。公元前334年，亚历山大远征东方，其间，亚里士多德在安提帕特（Antipatros）的保护下再次回到雅典。一回到雅典，亚里士多德就在一个名叫吕克昂（Luceion）的公共活动场所建立了自己的学园。随后的11年，亚里士多德在其学园从事教学和自己的研究。这是他人生最多产的阶段，也是其取得不朽成就的时期。公元前323年，32岁的亚历山大大帝突然去世。雅典人认为这是他们摆脱马其顿摄政统治的机会，在反马其顿的浪潮中，他们指责亚里士多德"不敬神"，亚里士多德不得不再次离开。公元前322年，亚里士多德在流亡中去世。

亚里士多德是一位多产的哲学家。他首先进行知识分类，划分出各门科学，并为其划分的大多数科学留下了奠基性的著作。由此其著作也大致可分为四类：一是理论科学，包括《物理学》《论天体》《论灵魂》《论感觉及其对象》《论睡眠》《论呼吸》《动物志》《动物的器官》《动物的运动》《动物的进程》《动物的生成》《论颜色》《论声音》《问题集》《形而上学》；二是实践科学，包括《尼各马可伦理学》《大伦理学》《优苔谟伦理学》《论善与恶》《政治学》《家政学》；三是创制科学，包括《修辞学》《诗学》；四是方法学，即《工具论》（包括六篇：《范畴篇》《解释篇》《前分析篇》《后分析篇》《正位篇》《驳诡辩》）。这些著作均收入英译本《亚里士多德全集》①。

亚里士多德的伦理学著作有《尼各马可伦理学》（以下简称 NE）、《大伦理学》、《优苔谟伦理学》（以下简称 EE）这三部。一般认为，《大伦理学》是其弟子根据课堂笔记编写的，EE 是其早期的著述，NE 则代表其成熟期的伦理思想②。NE 共十卷，本导读节选的是第一卷第4~5节及第7节。导读的文本是根据 Reeve 的英译本（2014）翻译的，有些地方参考了中译本（廖申白译注，2014）。

[节选一]

NE 第一卷第4~5节③

4

让我们回到开头继续论说。既然每种知识和每种慎思的选择都在追求

---

① Jonathan Barnes, ed., *The Complete Works of Aristotle: The Revised Oxford Translation*, Princeton University Press, 1984.

② 也有少数学者认为 EE 是后出的，为亚里士多德成熟期的代表作，但这种观点不占主流。另外，前述著作中的《论善与恶》经考证并非亚里士多德本人的作品，为后人假托其名义的伪作。

③ 译自 Aristotle, *Nicomachean Ethics*, translated with introduction & notes by C. D. C. Reeve, Hackett Publishing Company, Inc., 2014, pp. 4-6（1095a10-1096a10）。

某种善，那就让我们说说，政治学到底要追求什么，也就是说，在可做于行为的所有善事物之中最高的善事物是什么。

对于其名称，大多数人的意见相当一致，因为无论是一般大众，还是那些精明的人，都会说它是幸福，并且以为，生活得好和做得好等同于幸福。但关于幸福以及它是什么，人们就有争论，一般人与智慧之人给出的答案就不一样了。因为一般人认为，它是明显可见的事物中的一种，比如快乐、财富或荣誉——其中一些人认为是某一种事物，另一些人则认为是另一种。并且同一个人通常在不同时间也把它说成不同的东西：在生病时说它是健康；在穷困时说它是财富。但这些人在意识到自己的无知时，又对那些提出他们无法理解的宏论的人惊叹不已。并且有些人确实曾经认为，除了已提到的诸多善事物，还有另一种内在地善的事物，它使所有这些事物成为善的。

然而对所有这些意见都做一番考察，想必没有多大意义。我们只要考察那些最流行的或看上去有某种论据支持的意见就足够了。

但我们绝不允许忽视，从始点引出的论据与导向始点的论据这两者是不同的。因为柏拉图也正好为这个问题所困扰，并探究其路线是从始点引出还是导向始点——就像在运动场赛跑时，运动员的路线可以从起点出发指向边线，也可以采取相反的方向。我们当然必须从可知的（knowable）事物出发。但事物是在两种意义上可知的：有些是对我们而言可知的，有些是无条件地可知的。因此，我们很可能应该从对我们而言是可知的事物出发。

正因为如此，如果就高尚之事、正义之事以及政治学作为一个整体的话题而言，我们要成为合格的听众，那就必须得到高贵的教养。因为，始点是某事物乃如此如此的事实，并且如果这一点是足够明白的，那么对于事物为何如此的解释，我们就不再需要再问为什么。由此一个受过高贵教养的人就要么已经具有要么能够轻易把握这些始点。至于那些既不具有也不能把握这些始点的人，他们应当听一听赫西俄德（Hesiod）的诗句：

靠自己明白事理最好，
肯听别人的善言劝告也不错，
那些既不自明又不肯听从的人

真心说来是无用之人。

5

我再从前面走了题的地方接着说。人们似乎（并非不合情理的）从其所过的生活来得出对善亦即幸福的设想。普通人或最庸俗的人把它设想为快乐。并且正因为如此，他们喜欢的生活是放纵的生活。有三种引人注目的生活：刚刚提到的那种生活、政治的生活和第三种即沉思的生活。

那么普通人的确看上去是全然奴性的，因为他们经过考虑（deliberately）而选择的生活，是以在吃草的牛为特征的那种生活。不过他们的选择也有论据，因为许多上流社会的人也有撒旦那帕罗那样的口味。

另一方面，那些有见识的（sophisticated）人和爱活动的人则经过考虑而选择荣誉，因为荣誉在相当程度上就是政治生活的目的。然而对于我们所追求的对象来说，荣誉显得较肤浅，因为荣誉似乎取决于其授予者而不是取决于其接受者，而我们的直觉是，善是适当地属于我们自己且不易被拿走的东西。进一步说，人们追求荣誉似乎是为确证他们是善的，至少是，他们寻求从认识他们的人之中的有实践智慧者那里得到荣誉，并且是因德性而得到荣誉的。那么显然，德性在他们看来至少［比荣誉］更好。

也许甚至还可以假定，它比荣誉更加是政治生活的目的。然而甚至德性也显然过于不完善，因为［一个人］甚至在这些时候——睡着、一辈子懒散、遭遇邪恶或最糟糕的坏运气——似乎也可能有德性。然而对于像这样过生活的人，没有人会称之为幸福的，除非是要不惜一切代价去捍卫某个论点。关于这些议题说到这里就够了，因为它们在流传的著作中也已经得到充分的讨论。

第三种生活是沉思的生活，我们将留到以后考察。

挣钱的生活在某种意义上是被迫的，并且财富显然不是我们在寻求的善。因为，它只是有用的且由于其他事物之故。因此，我们也许更愿意设想，已经提到的这些事物是目的，因为它们是因其自身而被我们所爱的。但是显然它们也不是目的，实际上已经有许多反对它们的论点。不过我们可以先谈到这里。

[解读与简析]

亚里士多德从这部分开始讨论其伦理学的核心论题，即幸福。其要可梳理为如下三个方面。

一 从常识观点引出幸福主题

通过前几节的讨论，亚里士多德得出的结论是每门科学都有它要研究的善，而政治学是所有科学中最基础的，是要研究至善的。从本节开始，亚里士多德首先就要问，政治学所要研究的至善是什么①。他认为，人们大体都会同意，这种至善的名称是幸福，但对于幸福的内涵或幸福是什么，人们却持有几种不同的观点，亚里士多德这里列举的主要观点有快乐、财富和荣誉。

不过，对至善名称和内容的这些看法，都是通行的观点，或者说常识观点（common sense）②。所谓常识观点，并非指普通人对这个问题的所有看法，而是指其中值得考察的观点。那么，普通人的哪些观点算是值得考察的呢？按照亚里士多德的相关论述，它至少需要满足两个条件：一是富有代表性，或者说有相当数量的人们持有该观点，因而它值得被重视；二是有一定的经验论据，或者说其持有者可以依据对生活经验的观察，提出某种似乎可以自圆其说的说法。与这些常识观点相对照，亚里士多德引出另一些人有关善本身的观点。

二 如何思考幸福问题

与有关善本身的观点和常识观点这两类观点相应，亚里士多德认为对幸福（或至善）问题有两种思考路径：一种是从始点引出的（即柏拉图可能从有关善本身的观点出发来思考的），由此从某种形而上根据或第一原

---

① 亚里士多德为何不按照本书的标题来谈论伦理学而是讲政治学？这必须联系他对伦理学与政治学关系的定位来理解。按照他的学科划分，伦理学属于政治学的一个组成部分或者至少两者是一体的。只不过，伦理学是研究个人至善或个人幸福，而狭义的政治学研究城邦至善或城邦幸福。个人与城邦是有机地统一的，因而在他看来，前者是后者的准备，后者则是归宿而更为重要。因此，广义上，这两门学科只是一门科学即政治学。

② 亦即 NE 中的 endoxa，通常译为"公共意见"。按照 NE 第七卷第 1 节的用法，它其实相当于当代伦理学中所讲的"常识观点"。这里为了便于理解，直接与现在的说法相对应。

理开始推演；另一种是由经验可知的论据（通过考察常识观点）导向始点，也就是从经验出发分析出终极原理。亚里士多德显然倾向于后一种思考路径，这不仅是由于他注重经验，而且是由于他认为当时伦理学的发展仍处于幼年期。

亚里士多德进而指出，第一种路径实际上是哲学（或许是指第一哲学即形而上学）的方式，也是只有有高贵教养的哲学家才有能力采取的路径。他引用赫西俄德的诗句来说明，一般人应该采取明智的态度，承认自己对始点的无知，从而要尊重知识和经验（常识观点）。

三 对幸福生活的三种观点

在第5节，亚里士多德开始对三种常识观点亦即对幸福生活的三种观点做初步的考察，这三种生活分别是放纵的生活、政治的生活和沉思的生活。放纵的生活在亚里士多德看来虽然是动物式的，并非属于人的，但不能予以简单的否定，因为认之为幸福生活的人们有他们的一番道理，亚里士多德对此的进一步审察可见于第七卷第11～14节、第十卷第1～5节。此处亚里士多德着重讨论了政治的生活。他认为，政治生活所追求的荣誉是某种善，但并非自身善，因为荣誉的获得似乎取决于其授予者而不是取决于其接受者，而且不乏运气的因素。亚里士多德在此只是提到了沉思的生活，其讨论在第十卷第6～9节才展开。须注意，在亚里士多德这里，幸福本身与幸福生活是不同的；关于这一点，我们在最后的简评中再具体说明。

[节选二]

NE 第一卷第 7 节①

让我们再次回到所寻求的善并问它可能是什么。在不同的行为和行业中，善似乎是不同的：它在医学中是一回事，在战略中是另一回事，在其他行业中又是别的事物。

---

① 译自 Aristotle, *Nicomachean Ethics*, translated with introduction & notes by C. D. C. Reeve, Hackett Publishing Company, Inc. , 2014, pp. 8 - 10（1097a10 - 1098a15）。

那么，各行各业的善是什么？或者说难道它不是这样的事物：人们正是由于它的缘故才做出其他事情？这在医学中是由于健康，在战略中是胜利，在家用建筑中是房子，在别的情形中是别的某事物；但是，在各种行为和选择中，它都是目的。每个人无论做别的什么事情，都是缘此之故。

因此，如果对于可通过行为而实现的每件事来说存在着某种目的，那么这就是可通过行为而实现的善；如果存在着多种目的，那么这些就是可通过行为而实现的多种善。

那么，我们就从一条不同的理路达到了与前面同样的结论，但我们必须力图讲得更加清晰。

既然明显存在多种目的，且我们因其他某事物而选择其中某些目的（例如财富、长笛以及一般性的工具），那么显然它们就并不都是完满的目的；但首要的善显然是完满的事物。因此，如果仅有一种完满的目的，那么这就是我们在探求的；而如果有多种，那么它就是这多种之中最完满的。

那么，我们就把因其自身而被追求的事物，称作比因他物而被追求者更完满的，并且把从不会因他物而被选择的事物，称作比因自身和因他物而被选择的这两类事物都要更完满的；从而我们所称的无条件的善，就是始终因其自身且从不会因他物而被选择者。

那么，比起其他任何东西，幸福似乎都更像是这种［无条件的善的］事物，因为我们始终是因幸福自身而选择幸福，而从不会由于他物。荣誉、快乐、知识以及各种品行，确实因其自身而为我们所选择（因为即便从中得不到任何结果，我们也会选择它们），但假如我们通过它们而变得幸福，我们就也是因幸福而选择它们。另一方面，没有任何人是因这些事物且一般地说除幸福本身之外的任何东西，而选择幸福。

从自足（self-sufficiency）来看，似乎也达到同样的结果，因为完满的善似乎是自足的。我们所谓自足，其意思不仅是指对于某个独自过着隐居生活的人来说的自足，而且也是对于父母、孩子、妻子、朋友以及一般说来的公民同胞而言的，因为就其本性而言，人注定是社会性的。（必须对此设立某种限制：如果你延及祖先、后代以及朋友的朋友，这个界线就会不断延伸下去。但这一点必须在别处再审察。）我们把自足界定为单靠其自身就使生活值得选择且不缺乏任何东西；而我们认为，幸福就是这样的事物。

进一步说，我们认为，在所有的事物之中幸福是最值得选择的而无须增加其他任何东西。如果做这样的增加，那么哪怕增加极少的善，它也显然会变得更值得选择；因为增加的部分会带来额外数量的善，而善的增加使它始终是最值得选择的。因此，情况似乎是，存在某种完满且自足的事物亦即幸福，它是行为的目的。

然而，幸福是首要的善，这样的说法或许是老生常谈，而所缺乏的是对它是什么的更清晰的论说。如果能够弄清人类的**功能**（ergon）是什么，那就可以轻而易举地做到这一点。正如笛手、雕刻家或任何工匠乃至一般地说所有事物，都具有某种功能或活动力（activity），善与好似乎也在于功能，因而如果人类具有某种功能，那么对于人类来说情况似乎也是如此。那么木匠具有某种功能与活动力，皮匠亦如此，难道人类就缺乏一种功能而就其本性而言是没有功能的吗？情况毋宁是，正如眼、手、脚乃至一般地说各个部分都显然有某种功能一样，我们难道不能赋予人类以某种与上述截然有别的功能吗？

那么，这可能是什么呢？生机活力（being alive）似乎是甚至与植物共享的东西，而我们在探求的是为人类所独有者。因此，我们应该取消［把］发育成长的生活［作为人类的功能］。按照次序接下来是感官感知（sense-perception）的生活，但这似乎也是与马、牛乃至各种动物共享的。剩下的就是某种积极的生活，它被具有理性者所拥有（而这包括两部分，一部分是遵从理性，另一部分是拥有理性并从事思考）；并且由于这也可以用两种方式来讨论，我们就必须说明，我们意指践习的生活，因为这似乎是在更严格的意义上所称的生活。那么，如果人的功能是与理性一致的灵魂活动，或者说无理性则无此功能，并且如果我们某某的功能这一说法，在性质上同于好的某某的功能，譬如琴手与好琴手一般，从而一般地说在所有的情形中，就把优秀这一多余的意思加于单单的功能（如琴手的功能是演奏竖琴，而好琴手的功能就是很好地演奏竖琴）。若如此，则人类的善就会是与德性一致的灵魂活动；并且如果存在不止一种德性，那就是与其中最好、最完满的德性一致的灵魂活动。

但我们必须补充"是在完满的人生中"。因为一燕不成夏、一花独放不是春，一天或短期如此并不说明一个人受到祝福或幸福。

[解读与简析]

本部分主要包含两个方面的内容，分别梳理如下。

一   基于有关善的观点来说明幸福的性质

亚里士多德首先对其有关善的观点做了概括。在他看来，善与目的之间存在着对应关系，那么既然各个行业各有其目的，就存在着多种目的以及多种形式的善。这些目的和善，要成为相互关联而可认识的序列，就应该存在某种首要的目的和善。或者说，这个由诸目的组成的链条如果不是无止境的因而是不可认识的，就必然存在某种仅因其自身的目的，这个无条件的目的应该是完满的目的并且是其他不完满目的的原因。通过这样的推论，亚里士多德认为，幸福就是这个完满的目的。反过来，他指出，幸福作为至善具有两个基本性质：一是完满，二是自足。由此亚里士多德对幸福作为至善的性质给出了理论上的说明。

二   功能论证

亚里士多德通过其功能论证（function argument），给出了对幸福的实质性定义，即幸福"是与德性一致的灵魂活动；并且如果存在不止一种德性，那就是与其中最好、最完满的德性一致的灵魂活动"。这个功能论证的基本结构可简要梳理如下[①]：

（1）任何事物就其本性而言都有一个功能。人也有自己的功能。

（2）一种事物就其本性而言的功能是该事物所特有的。

（3）人的特有功能不是活着（亦即营养和生长），因为这是一切动植物都有的；也不是感觉，因为它是一切动物都有的。

（4）只有灵魂的理性活动（logos），才是其他一切动植物都没有的。

结论1：灵魂的理性活动是人特有的功能。

---

① 这里参考了余纪元《亚里士多德伦理学》，中国人民大学出版社，2011，第50~51页；刘玮《功能论证：从柏拉图到亚里士多德》，《道德与文明》2017年第3期，第73~79页。

（1）一种事物的好，取决于其特有功能，因而对于某种事物来说，其中好的事物就是将该类事物之特有功能发挥得好的事物。

（2）将功能发挥得好，也就意味着该事物达到了其优秀或卓越状态，这种状态即该事物的德性。

结论 2：人的幸福（至善）就是理性的灵魂合乎其德性的活动。

在这个基本论证的基础上，亚里士多德做了两点补充：一是如果存在不止一种德性，那就是与其中最好、最完满的德性一致的灵魂活动；二是人生幸福不取决于一时一事，而是要看这个人的整个一生。这两点补充，可能是基于他对幸福性质（即完满和自足）的解释，同时隐含把幸福状态与幸福生活相区别的考虑。

[简评]

基于前面的解读，这里结合亚里士多德的相关思想，从如下两个方面对其伦理学做简要评述。

一　亚里士多德的幸福观念

幸福是亚里士多德伦理学的主题，但"幸福"这个字眼很容易误导我们，让我们误解其幸福观念乃至其整个伦理学。在中文语境中，幸福总是让人首先联想到效用主义或功利主义的理路。但是，如第 4 节所指出的，幸福在亚里士多德这里只是至善的名称，或者说古希腊人一般认为至善的生活就是指幸福的生活。如果我们要把亚里士多德伦理学称作幸福主义，那就必须注意，如节选部分所示，这种幸福主义不仅包含外在的效用因素，也包含如后世理性主义、德性伦理学、完善论（perfectionism）的一些因子。但无论如何，亚里士多德的伦理学都是围绕其幸福观念展开的，以下从两个方面做简要说明。

第一，亚里士多德幸福观念的宗教文化背景。严格来说，中文的"幸福"并不能恰当或至少不能完全对应于亚里士多德的 eudaimonia 这一术语。进一步说，eudaimonia 不仅在现代中文中而且在英文中都难以找到恰当的格义。只有结合古希腊的相关宗教文化背景，才能恰当理解 eudaimonia 一词。

　　从词源看，eudaimonia 由希腊语 eu（好的）和 daimon（神、精灵、恶魔）组合而成，其中包含幸运的观念，因为有一个好 daimon 在身边作为引导的精灵（spirit），这是有运气的（lucky）。这种文化背景及其蕴含的人神关系、命运的观念等，其最典型的表达可见于《荷马史诗》。尽管自苏格拉底至亚里士多德的理性主义传统力图以理性的方式（这意味着尽力排除或搁置偶然性或运气的因素，由人自己来把握命运）来把握 eudaimonia，但他们或多或少都受到了这些观念的影响。其中柏拉图受到的影响可能更明显，具体表现在他关于灵魂构成的观点，eudaimonia 中与神性相关的一面，对应于灵魂中的努斯（nous）。亚里士多德由于做出了明确的学科划分，eudaimonia 在他这里表现出更复杂的结构。简单地说，在他看来，与努斯相关的探讨不属于伦理学，而属于形而上学，但这并不妨碍他将其形而上学的相关结论，用作其伦理学从外部引入的第一原理（本质上是无质料的第一原理）；而伦理学作为一门实践科学，其重心在于 eudaimonia 的实现或好的生活、至善的生活。并且按照他的描述，eudaimonia 又应该是完满和自足的。因此，其伦理学中的 eudaimonia 所涵盖的范围实际上不止于伦理的层次，而是多维度的。

　　再回到 eudaimonia 的翻译问题。目前主要有四种英译：（1）happiness（幸福）；（2）well-being（福祉，好的存在状态）；（3）flourish/prosperity（充分展现生命力的状态、成功）；（4）fulfillment（完满自足）。它们都表示了 eudaimonia 某一方面的含义，但都不够全面。而其中最常用的翻译仍然是 happiness，就其对应的中译"幸福"而言，如果从古文文法而不是像现代汉语那样当作一个词来理解"幸福"（即幸运且有福），或许可以更接近 eudaimonia，涵盖的含义要多一些。

　　第二，亚里士多德幸福观念的层次及其基本含义。亚里士多德的伦理学中存在两种幸福，即第一（primary）幸福（思辨）和第二（secondary）幸福（德性实践活动）。这两种幸福之间的关系是怎样的？这个问题关系到对亚里士多德伦理学的整体理解，也不乏争议。按照一种较有说服力的理解①，我们不妨把这两种幸福理解为两个层次或者说沿着两个方向展开

---

　　① 参见 C. D. C. Reeve, *Practices of Reason: Aristotle's Nicomachean Ethics*, Oxford University Press, 2002, pp. 137 – 158。

的幸福。

　　结合亚里士多德的《论辩篇》、《形而上学》以及《论灵魂》来看，思辨即"科学知识最精确的形式"（NE 1141a16－17）是神学，而神学又是第一哲学。亚里士多德在《形而上学》中关于实体的论说与他在《伦理学》中关于幸福的论说，这两者收束于同样的位置。因为神是第一实体，并且也是第一幸福。因此，作为理性思辨的第一幸福是往上追溯的，通往形而上学的方向，思辨的生活是努斯的纯粹活动，是指向神性的生活。而第二幸福要成为某种幸福，就必须以第一幸福为原因。按照亚里士多德的相关论述，第二幸福是努斯通过实践的智慧，与外在善、友谊等相结合，体现为德性品质，从而实现为好的或至善的生活。因此，第二幸福是往下实现的方向，是第一幸福作为原因而与现实条件恰当结合的结果，或者说就是现实的幸福人生。进一步说，它就是幸福的形式（第一幸福作为无质料而纯形式的原理）与幸福的质料（现实人生的各种条件和处境）的完美结合，这种结合是通过实践的智慧而实现的。

　　在我们节选部分第7节，亚里士多德给出幸福的基本含义或实质的定义：幸福是与德性一致的灵魂活动；并且如果存在不止一种德性，那就是与其中最好、最完满的德性一致的灵魂活动。可以把这个定义理解为上一段有关两个层次幸福观念的浓缩。正是由于人类的功能或本质是理性的思辨，思辨才被认作第一幸福且是第二幸福的原因和根据；而正是由于这种功能有发挥与否以及高下之分，它就必须借助实践的智慧来判断且由以在实践中得以完满地实现。

　　另外，在这两个层次中还有不少复杂问题有待探讨。第一幸福涉及对神人关系及其努斯的理解，第二幸福则涉及对烦琐实践条件的诸多探讨和把握，如幸福生活的整体性与时间性、各种外在善乃至某个人的幸福是否与这个人后代的福祉相关等问题。但是，亚里士多德本人也承认，他对这些问题的探索仍然是初步的，在他看来伦理学仍处在初生的幼年阶段。但亚里士多德的这些思想，仍然为我们思考相关问题拓宽了思路，提供了启迪。

　　总体上说，亚里士多德以幸福观念为核心的伦理学，在西方伦理思想史上产生了深远的影响。其中一些观点不仅在后来的伊壁鸠鲁学派和斯多亚学派那里得到了进一步的发展，而且一直到当代都为各种伦理学的发展提供了一个重要的思想资源。

二　亚里士多德伦理学的思考方法及功能论证

如节选部分第 5 节所示，亚里士多德注重对研究方法的探讨和自觉选择。我们可以根据第 5 节提示的两种思路分别做简要的评述。

第一，导向始点的（argue to）方法及论证。这是亚里士多德在其伦理学中运用的主要方法，是以经验为根据来探寻原理。在讨论自制与不自制时，他运用这种伦理学方法的自觉表现得更鲜明：

> 与在其他情形中的做法一样，我们必须从诸事物向我们呈现的样子（phainomena）入手，并且首先要整理出那些谜题（aporia/puzzle），从而以这样的方法，更好地揭示所有那些关于感受方式的常识信念，或者退一步说，如果不能揭示所有这些信念，那也要揭示其中大多数以及其中最有影响的信念。因为，如果 [对这些信念的] 各种反驳得以解决从而还剩下一些常识信念站得住脚，那么这就是 [对这些谜题的] 一种充分的澄清。①

这一段有关研究方法的说明，在当代的亚里士多德研究中得到了高度的重视，被视为其主要的伦理研究方法。其中希腊语词 phainomena 不应简单地解作"现象"或"表象"，而是类似于海德格尔所讲的"事物的呈现"，从观念的角度说则类似于罗斯所谓"显见或初见的"（prima facie）。或许对此的恰当理解应该是：按照我们的直觉，事物呈现的样子或直觉上可行的信念。aporia/puzzle 也不能简单地解作"问题"（question）或"难题"（problem），而是指经过分析和反诘，我们发现常识观点到了某个思维的结点（knot），陷入了某种茫然无解、如一团乱麻而无所适从的状态。按照亚里士多德的上述方法说明，从经验出发的伦理学思考方法，必须立足于或至少不能完全脱离常识信念，但又不能停留于这种信念，必须予以澄清、修正和提升。用当代分析哲学的观念来说，无视常识信念的进路有陷

---

① Aristotle, *Nicomachean Ethics*, translated with introduction & notes by C. D. C. Reeve, Hackett Publishing Company, Inc., 2014, p. 113（1145b2 – 7）.

入疯狂的危险。

第二，从始点导出的（argue from）方法及功能论证。就伦理学而言，从始点导出的方法，是在确立第一原理之后，用它来指导对实践问题的思考。如前所述，亚里士多德虽然在一定程度上承认这种方法的有效性，或许还将其作为预设在对伦理问题的探讨中发挥作用，但主要还是采取第一种方法。不过，第一原理在伦理学中的运用是一回事，对第一原理本身的论证则是另一回事。按照他的观点，对第一原理的论证实际上超出了伦理学的范围，而只能运用辩证法。这就涉及我们对其功能论证的理解。

首先，功能论证是一种典型的伦理论证还是超出伦理学范围的论证？是一种基于经验的论证还是超出经验的论证？按照亚里士多德上述关于方法的说明，它应该属于后者；但其中一些关键词尤其是"功能"（ergon）的运用或其古今语义的差异及其论证过程可能造成误解，从而让人做出不同的判断。希腊语 ergon 虽然被译作"功能"（function），但结合其整个论证过程以及在其他著作的相关解释来看，它并非泛指经验意义上的功能或某物能够发挥哪些作用，而是指唯有某物才能发挥的某种功能。某物及其在这种意义上的功能之间存在着一一对应的关系，是指某物特有的功能，是其本质或本质意义上能够且应该发挥的作用，其他事物无此本质，则不能充分发挥此功能。这样看来，功能论证实际上是一种目的论论证，是基于形而上学背景的论证，因而也并非经验的论证。亚里士多德在论证过程中运用了与其他技艺（如修鞋、吹笛等）的类比，但这种来自经验的类比所起的作用与其说是论证，不如说是为了方便我们理解而给出的解释，真正起论证作用的仍然是其目的论前提和理性思辨的理路。

其次，功能论证本身既然已超出伦理学的范围，为何仍被纳入 NE？这或许可以从亚里士多德关于始点导出的方法来解释：功能论证本身虽然超出伦理学的范围，但其结论却可能用作伦理学的第一原理，也可以说功能论证是联结伦理学和形而上学等的枢纽。

最后需要指出的是，功能论证中的一些核心概念如功能、灵魂、理性活动等，在亚里士多德的其他著作如《形而上学》《论辩篇》《论灵魂》等中才得以更充分的讨论。而功能论证并非亚里士多德的首创，柏拉图在《理想国》中已给出了类似但较粗略的论证，亚里士多德的 EE 中也有功能论证。不过相比之下，NE 中的功能论证是最完善的。这些都从一个侧面佐证了我们前面给出的理解。

　　无论是亚里士多德的伦理方法还是功能论证，都对此后的伦理学研究方法产生了重大而深刻的影响。在当代伦理学的研究中，道德直觉和常识信念等仍然是规范伦理学中的重要话题，而亚里士多德的功能论证似乎也为我们思考哲学与伦理学的关系以及当代的元伦理问题提供了富有启发的思路。

［参考文献］

1. Jonathan Barnes, ed., *The Complete Works of Aristotle: The Revised Oxford Translation*, Princeton University Press, 1984.

2. Aristotle, *Nicomachean Ethics*, translated with introduction & notes by C. D. C. Reeve, Hackett Publishing Company, Inc., 2014.

3.〔古希腊〕亚里士多德：《尼各马可伦理学》，廖申白译注，商务印书馆，2014。

4. 余纪元：《亚里士多德伦理学》，中国人民大学出版社，2011。

5. C. D. C. Reeve, *Practices of Reason: Aristotle's Nicomachean Ethics*, Oxford University Press, 2002.

3

伊壁鸠鲁:《伊壁鸠鲁文存》

[作者及作品简介]

伊壁鸠鲁(Epicurus, 前 341~前 270),古希腊哲学家,伊壁鸠鲁学派创始人,以倡导享乐主义(Hedonism)哲学著称。其所开创的伊壁鸠鲁学派在整个希腊化和罗马时期的哲学发展中占有重要地位。

伊壁鸠鲁出生于萨摩斯岛,父母为雅典殖民者,父亲为乡村语文教师。公元前 323 年,18 岁的伊壁鸠鲁来雅典服兵役。公元前 321~前 311 年,伊壁鸠鲁回到小亚细亚的科洛丰,向各学派的哲学家学习,包括柏拉图学派的庞菲鲁斯(柏拉图的学生)、原子论派的瑙西风(德谟克利特的学生)等。约公元前 310~前 306 年,伊壁鸠鲁来到小亚细亚西北的兰普萨库斯,吸引了一批坚定的支持者。公元前 306 年,35 岁的伊壁鸠鲁作为一名成熟的哲学家重返雅典。初到时他曾与其他哲学家合伙开班讲学,其后独立出来,在城外的"花园"开办自己的学校,直至去世。因此,伊壁鸠鲁也被人称为"花园哲学家"。

伊壁鸠鲁的著述颇丰。第欧根尼·拉尔修在其《著名哲学家的生平和学说》中说,伊壁鸠鲁的著作有 300 多种,并且列出了其中 41 种"最好的"书的标题。这些著作已全部佚失。但伊壁鸠鲁仍有其他一些文献流传下来,主要分三类。一是三封信,即致希罗多德、比索克莱、梅瑙凯的信,内容依次为关于其自然学说、天文学和伦理学的概要,这三封信可视为书信体的哲学论文。二是三种体现伊壁鸠鲁重要思想的文献,分别是伊

壁鸠鲁的遗嘱、供其弟子传诵的"要义"或"基本要道"（principal doc-
trines）以及临终书信。三是记载伊壁鸠鲁本人及其学派思想家格言的文
集。另外，作为伊壁鸠鲁的忠实信徒，卢克来修的著名长诗《物性论》
（又译为《万物本性论》）基本上是在表达伊壁鸠鲁的思想，也可被列为研
究伊壁鸠鲁思想的辅助资料。

　　本部分将导读《致梅瑙凯的信》（*Letter to Menoeceus*），以介绍伊壁鸠
鲁伦理学的基本观点。译文以 Brad Inwood 和 L. P. Gerson 的英译本（1994）
为底本，参考了包含这封信的中译本《自然与快乐——伊壁鸠鲁的哲学》
（包利民等译，2004）。

[**节选**]

致梅瑙凯的信①

　　对于哲学的学习，我们年轻时不要延误，年老时也不要厌倦。因为对
于灵魂的健康来说，任何人都不会太年轻也不会太年老。如果有人说，学
习哲学的年纪还没到或已经错过，那就像是在说，获得幸福的时机还没到
或已经错过。因此，无论是青年人还是老年人都必须学习哲学：后者尽管
年老，却可能由于对过去的感恩而在美好的事情之中保持年轻的状态；前
者尽管年轻，却也可能由于对未来无所恐惧而变得成熟。因此，我们必须
践行那些产生幸福的事情，因为有了它，我们就有了一切；没有它，我们
就会为了拥有它而竭尽全力。

　　我一直谆谆嘱咐你们的事情，你们要去做，要相信它们是好生活的要
素。首先要相信，神是不朽的和幸福的生物，这一点与大众通常持有的关
于神的一般观念是一致的；不要把那些与神的不朽和至福格格不入的事情
归于神。对于那些能够维护其不朽和至福的一切事情，你都要深信不疑。
神是确实存在的，因为我们拥有对祂们的清晰知识。但是，祂们不是大众
所认为的那样，因为大众不会一贯地坚持自己对神的看法。不虔敬不是指

---

　　① Brad Inwood and L. P. Gerson, eds., *The Epicurus Reader: Selected Writings and Testimonia*,
Hackett Publishing Company, Inc., 1994, pp. 28 – 31.

否认大众所信奉的神,而是指把大众的看法归于神。那些看法不是根本的领会,而是错误的假设。因此,他们认为,神会给恶人带来最大的害处,会给好人带来最大的好处;因为神总是垂青那些类似于己、与己性情相投的人,排斥任何与己不合的东西而视其为异己。

要习惯于相信死亡与我们无关。一切好与坏都在感觉体验之中,而死亡是对感觉体验的剥夺。因此,只要正确地认识到死亡与我们无关,我们就会让生命的有死性变成遂意之事,这不是依靠给自己无穷的时间,而是依靠消除对永生不死的渴望。对于理解了生命的结束绝没有可怕之处的人来说,他在生活中就无所恐惧。有人会说,自己之所以害怕死亡,不是因为其到来使人痛苦,而是因为想到其将要到来而感到痛苦。这样的人是愚蠢的。有些事情如果其实际来临不会使人痛苦,那么我们只是因事前展望它们而导致的痛苦就都是不必要的。因此,死亡作为最令人恐惧的坏事,其实与我们毫不相干:因为我们活着的时候,死亡还没有来临;当死亡来临的时候,我们已经不在了。因此,死亡既与活着的人无关,又与死去的人无关:因为死亡对生者没有影响,而至于死者,他们本身已经不存在了。

但是大众有时把死亡当成最大的坏事而拼命逃避,有时又选择死亡,把它看成逃避生活中悲惨遭遇的避难所。贤人既不拒生,也不惧死。生活不会令他反感,死亡也不被他看成坏事。正如在选择食物时贤人不会总是选择数量最多而选择最惬意的,他所选择的生活也不是寿命最长的,而是最愉悦的人生。那些淳朴的人总是劝告年轻人应当好好生活,老年人应当得其善终,这不仅是因为生活有其令人愉悦的方面,而且是因为好好生活和得其善终来自同一类实践。那些认为还是不出生为好的人,就更差劲了。这些人有诗云:

　　一旦出生了,就尽快进入冥府之门。

说这话的人如果当真相信这一看法,那为什么不立即结束生命?因为他如果一定要这么做,那很容易就可以办到。他如果只是开玩笑,那就是在浪费时间,也不会受听众的欢迎。

要记住:未来既不是完全在我们的掌握之中,也不是完全不受我们的把握。因此,我们既不要绝对地相信未来一定会如此发生,也不要丧失希望，认为它一定不会如此发生。

要认识到：在各种欲求中，有的是自然的，有的是无来由的。在自然的欲求中，有的是必要的，有的仅仅是自然的。在必要的欲求中，有的有助于幸福，有的有助于身体摆脱痛苦，有的有助于维系生活本身。只要坚持对所有这些的思考，那就能够让人们把一切选择和规避都引向身体的健康和灵魂的无烦恼，因为这是幸福生活的目标。我们做的一切，都是为了这个缘故：免除身体的痛苦和灵魂的烦恼。一旦达到这种状态，我们灵魂的所有风暴就平息了，因为这种生物就不再为匮乏所驱动而寻求其他什么"好事"来满足灵魂和身体。因为，我们仅当缺少快乐就感到痛苦时，才需要快乐；而在不再痛苦时，我们也就不再需要快乐了。

正因为如此我们才说，快乐是幸福生活的开端和目标。因为我们把快乐认作首要的且天生的好，并且这是我们一切选择和规避的起点，我们是通过以感受为标准来判断所有的好，从而明白这一点的。正是因为快乐是首要的且天生的好，我们才不选择所有的快乐，反而有时放弃许许多多的快乐，如果这些快乐会带来更多的痛苦。而且我们认为，有许多这样的痛苦，它们一旦为我们所容受就会给我们带来较长时间的更大快乐，那么这些痛苦就比快乐要好。所有的快乐由于具有对我们来说合意的性质，从而都是好事，但并不是都应予选择的；就像所有的痛苦都是坏的，但并不总是应当规避的。做出所有这些抉择的合宜方式在于，对其有利和不利做相互比较的审察和权衡。有时我们把好当作坏，有时又把坏当成好。

我们认为，自足（self-sufficiency）是大善。但这并不是说，我们因此就无论怎样都只过拮据的生活，而是说，我们如果不富裕就可以满足于少许的物品，因为我们真正地相信：只有最不需要奢侈生活的人才能最充分地享受奢侈的生活。一切自然的，都是容易获得的；一切难以获得的，都是无来由无价值的（不自然的）。素淡的饮食与奢侈的宴饮带来的快乐是一样的，只要由缺乏引起的痛苦被消除。面包和水可以带给一个人最大的快乐，如果这个人正好处于饥渴之中。因此，习惯于简单而非丰盛的饮食，这样的生活方式能给人带来充分的健康，使人毫不迟疑地面对生活中的必要义务，使我们更好地对待偶尔遇上的盛宴，使我们不惧怕命运的遭际。我们说快乐是目标，说的不是花费无度或沉溺于感官享乐的快乐。那些对我们的看法无知、反对或恶意歪曲的人就是这么认为的。我们讲的是身体的无痛苦和灵魂的无烦恼。快乐并不是无止境的宴饮狂欢，也不是享用美色，也不是大鱼大肉什么的或美味佳肴带来的享乐生活，而是运用清醒的计算来研究和发现所有选择和规避的原因，把导致灵魂最大恐惧的根源驱赶出去。

审慎（prudence）是所有这一切的原则，是最大的善。正因为如此，审慎比哲学更可贵。审慎是一切其他德性的根源，它教导人们：如果不是过一种审慎、可敬和正义的生活，就无法过上快乐的生活；而如果不是过一种快乐的生活，也不可能过一种审慎、可敬和正义的生活。因为德性就是快乐生活的自然附随者，而快乐生活与德性不可分离。

你认为谁能比这样的人更好呢？这个人对神怀有虔敬的观点，对于死毫不惧怕。他仔细思考过生活的自然目标：懂得好事是有限度的，这个限度内的好事是容易完全达成也容易获得的；懂得坏事也是有限度的，它们不会持续很久，强度也不会很大。

他嘲笑被有些人视为万物主宰的东西——所谓命运。他认为，有的事情因必然性而发生，有的来自偶然性，有的是因为我们自己。他看到，必然性对任何人来说都是无法负责的，偶然性或运气则变化无常，而由我们自己做出的行为是自由的，一切责备和赞扬都必须与此关联。即使追随神话关于神的意见，也比受自然哲学家的"命运"观念的奴役要好得多。前者至少还给人一丝希望：如果我们敬拜神，就有可能免遭灾难；而后者讲的必然性是无法向它祈求，使它发生任何改变的。再者，他也不像许多人那样，认为偶然性或运气是一个神，因为神不会做混乱无序的事情；偶然性也不是事物的一个不确定的原因。因为他认为，偶然性不可能给人们带来好事与坏事，让人生活得幸福，虽然大的坏事和好事可以始于某种偶然事故。并且他认为：与其以麻木而毫无感觉的方式撞上好运，不如采取理智的方式但运气不佳；因为在行为中有正确判断的人即使没有成功，也比判断错误但由于偶然而歪打正着的人要好。

你以及你的同道要日日夜夜践行这些以及相关的箴言。这样，无论你是在醒着的时候还是在睡着的时候，就都不会感到烦恼，而是像神一样生活在人当中。因为一个生活在不朽的福祉中的人已经不再只是像有死的生物了。

[解读与简析]

这封信的伦理要点大致可分两个方面：一是辨析两大错误观念，以便让我们能够对幸福做出正确的判断；二是论述实现幸福生活的基本途径。以下分别做简要说明。

一 对两大错误观念的辨析

伊壁鸠鲁在这个部分驳斥了两种错误的观念：一是对神的虔敬及其与幸福的关系，二是世人对死亡的恐惧。

（一）看待神的观点和态度

伊壁鸠鲁自称，对于神，他的认识与大众的认识有同有异。或者说，他认为，大众对神的有些认识正确，有些则是错误的。正确之处是把神看作不朽和幸福的生物；错误之处在于，认为神可以干预人的幸福。由此他不认同一种对神的柏拉图主义（即末日审判）观点，即神可以赐福于善人，降祸于恶人。这里隐含着对其他学派对他不敬神的回应：他自认为其观点并没有亵渎神，而是出于与大众不同的理由而保持虔敬的态度，因为他认为，神处于与人类完全不同且彼此隔绝的世界，不可能也没有意愿来干预世人的幸福。

（二）对死亡的畏惧是人生最大的痛苦之源，必须予以消除

伊壁鸠鲁认为，要正确地认识幸福，就必须消除对死亡的恐惧，持有死亡与我们无关的态度。或许在他看来，我们对幸福的体验或感受会受到这种恐惧的深刻影响，因为他认为，畏惧死亡只是由人们对它的事前展望导致的痛苦，而痛苦在伊壁鸠鲁看来正是幸福的反面。他接着指出，这种恐惧其实是自寻烦恼，因为死亡与我们（或许更确切地说是与我们的幸福）无关："我们活着的时候，死亡还没有来临；当死亡来临的时候，我们已经不在了……死亡对生者没有影响，而至于死者，他们本身已经不存在了。"进一步说，幸福与否也不在于寿命的长短，而在于生活是否如意。因此，"贤人既不拒生，也不惧死"。消除了对死亡的恐惧，也就消除了导致我们痛苦或不幸福的一个重要根源。当然，这种观点其实是以其自然哲学为根据的，由此我们好坏判断的标准都是感觉体验，或者更具体地说是

苦与乐。

二 如何实现幸福生活

伊壁鸠鲁接着对如何实现幸福生活做出了概要的说明，大致分三点。

（一）对欲求的分类和分析

伊壁鸠鲁认为，人的欲求是多种多样的，但并不是一切欲求的满足都有助于幸福。通过其分类和分析，伊壁鸠鲁的观点似乎是：只有必要的自然欲求之满足才能带来真正的快乐，从而促进幸福；追求一些不必要的或非自然的欲求之满足，反而会给我们带来烦恼。因此，他认为，实现幸福的基本方向是进行心理治疗，采取减法途径，即免除身体的痛苦和灵魂的烦恼，由此达到身体健康和灵魂无烦恼的状态。总体上，这个分类和分析为下一步提出其论点提供了理论前提。

（二）作为幸福生活之开端和目标的快乐应该是怎样的

伊壁鸠鲁的解释思路大体可梳理如下。

（1）我们是以感受为标准来判断所有的好和坏，快乐具有对我们来说合意的性质（好的感受），从而都是好事，在此意义上，快乐是首要的且天生的好。

（2）但问题的另一方面在于，有些快乐会带来更多的痛苦（快乐的反面），从而是我们应当放弃的；有些痛苦一旦得以容受就会产生更大的快乐，从而是我们应当选择的。

（3）鉴于以上两点，对于应当追求怎样的快乐、容受怎样的痛苦，我们做出抉择的合宜方式在于，对其有利和不利做相互比较的审察和权衡。

基于上述解释，伊壁鸠鲁力图界定他所主张的应予追求的快乐，而其中的关键在于自足。一方面，自足并不意味着清心寡欲、节衣缩食，而是要满足必要的自然欲求；并且他认为，这种欲求不仅容易得到满足，而且我们可以从中得到最大的快乐。另一方面，以快乐为目标，不是要尽可能满足一切欲求，也不是要追求一切快乐，更不是一味追求感官享乐、逃避所有的痛苦，而是如上所示，运用清醒的计算而有所选择和规避，达到身体无痛苦和灵魂无烦恼的状态。

（三） 审慎是追求快乐、实现幸福生活的原则

运用清醒的计算来进行合情理的选择和规避，从性格品质的角度说就是审慎。伊壁鸠鲁把审慎提到原则的高度，认之为一切其他德性的根源。也就是说，他并没有否定其他学派所主张的那些德性，比如柏拉图所主张的四主德，不过他强调，审慎居于首要的地位，其他德性只是附属于审慎的。在他看来，快乐的生活与有德性的生活这两者是一体的。

［简评］

伊壁鸠鲁及其学派的核心价值和主张容易让人产生误解，且自其提出起就引起了广泛的质疑，因为在古希腊此前的主流伦理传统中，快乐即使不被认定为无价值，也只是被认作较低级的善。但伊壁鸠鲁伦理思想的真正含义与表面上看上去的意思相差甚远。对于伊壁鸠鲁及其学派的伦理思想，后来的伊壁鸠鲁学派哲学家和诗人斐洛德墨斯（Philodemus of Gadara）有一个精辟的概括："不惧神，不忧死；善易得，痛易忍。"（Don't fear god, Don't worry about death; What is good is easy to get, and What is terrible is easy to endure）这里首先以此为线索，对伊壁鸠鲁的伦理思想做简要的梳理和评述[①]。

一 伊壁鸠鲁伦理思想的基本要点

（一）"不惧神"

在古希腊文化中，神的概念本身意味着至福和不朽，这也是伊壁鸠鲁所认同的。但是，在传统希腊宗教以及柏拉图主义的哲学观念中，神还能够赐福或惩罚人类[②]，因此，对神要保持虔敬或敬畏的态度，是当时大众流行的观点。伊壁鸠鲁对此持有异议，认为对神应该"敬"但不必"畏"。敬神，是因为神为我们树立了一个幸福的样板，而不是因为神会赐福于人

[①] 下文的评述主要参考了 D. S. Hutchinson, "Introduction," in Brad Inwood and L. P. Gerson, eds., *The Epicurus Reader: Selected Writings and Testimonia*, Hackett Publishing Company, Inc., 1994, pp. vii - XV。

[②] 它蕴含于幸福的希腊语词 eudaimonia。eudaimonia 是由 eu（好的）和 daimon（神、精灵、恶魔）组合而成，其中包含幸运的观念，因为有一个好 daimon 在身边作为引导的精灵（spirit），那就是有运气的（lucky）。

类；不必"畏"或"不惧神"，是因为神不可能也无意于干涉人类生活。

伊壁鸠鲁的这个主张，乃基于他对神的两点哲学解释。

（1）神也是由原子构成的，但是极其精微的原子。也因此，作为幸福和不朽的存在者，神不会自寻烦恼，为人类的幸福与否而操劳。

（2）神住在"世界之间"。伊壁鸠鲁认为，整个宇宙是一，是无限且不生不灭的，而我们所谓的"宇宙"其实是这一无限宇宙中的有限"世界"之一。神不处于其中任何一个世界，而是处于世界之间。因此，神的世界与人类世界完全没有交集，神也不可能干预人类的生活。

（二）"不忧死"

伊壁鸠鲁认为，对死亡的担忧会引发持久的焦虑，让我们的人生蒙上一层忧郁的底色，从而直接影响我们对幸福的体验。问题的关键还在于，他认为，死亡其实是与我们无关的。除了这封信中提出的精辟解释，他还运用古希腊通行的灵魂和肉体二元的观念做出了多种解释，以表明这种担忧的理由是站不住脚的。

担忧死亡的一种理由是害怕死后遭到神罚。但他指出，不仅由于上一点提出的解释，神罚根本不存在，而且死后神罚的对象即灵魂也不存在。因为在他看来，灵魂是脆弱的，随着死亡的来临，人的灵魂会与肉体逐渐分离而消解；退一步说，即使灵魂侥幸得以保存，也不属于我们自己。

担忧死亡的另一种理由是对人生的短暂或人的必死性感到不满。但伊壁鸠鲁指出，既然我们知道死后是什么样子，知道死亡对我们来说无所谓好坏（因为我们感受不到），那么这个理由就是不明智的。而且，我们幸福与否不在于生命的长短，而在于生活的质量高低。再者，对人的必死性感到不满，其本身是令人困惑甚至是"忘恩负义"的，伊壁鸠鲁由此给出了一个形象的类比：这种人就像贪欲不足的客人，已经享受了盛宴，却期待还有无穷尽的菜肴而不愿离开宴席。

（三）"善易得"

我们的基本需要如食物、水、遮风避雨的处所、人身安全等，这些都是容易得到满足的，也不需要太多的花费。美食、宫殿、保镖等都是昂贵而难得的，但并非生活必需的。在伊壁鸠鲁看来，追求后者是一个根本的错误，因为它不仅大大减少欲求之满足的机会，而且导致不必要的焦虑乃至痛苦。当然，问题的关键在于实现幸福的目标亦即善的生活，并将之定位于身体的健康和灵魂的无痛苦。只要我们能够知足，不把那些不必要的、非自然的欲求之满足归为幸福生活的组成部分，那么善就是易得的，因为它只需要满足必要的自然欲求。是否应该满足其他欲求，则取决于是否会导致不必要的痛苦和焦虑从而妨害上述目标的实现。

（四）"痛易忍"

在伊壁鸠鲁看来，我们只要能够做到知足，那就基本排除了人生痛苦的绝大部分来源。不可否认，除此之外疾病对我们来说是一种痛苦，但他认为疾病带来的痛苦是容易忍受的。他对此做出了独到的分析。疾病要么是短期温和的，要么是长期强烈的。前者无疑是不难忍受的。后者则很少见，并且极少发生在年轻人身上，而老年人虽然较有可能患后一种疾病，但一般已经拥有抵抗疾病的耐力。值得一提的是，伊壁鸠鲁死于令一般人感到极其痛苦的肾结石，但他似乎并没有多少痛苦的感受，去世时仍保持着愉快而祥和的状态。可以说，伊壁鸠鲁的去世为此做出了一个完美的注脚。

二 几点评议

应该说，伊壁鸠鲁的伦理思想及其倡导的上述生活方式是值得尊重和思考的。伊壁鸠鲁在世时被人们看作多少有些另类的充满矛盾的哲学家，他的哲学几乎是在论战中展开的。其对手总是把他贬得一钱不值，但其提出的生活方式吸引了成千上万的追随者，这些追随者几乎奉他为神明。在他去世后的希腊化时期，其哲学在整个地中海世界仍有巨大的影响，但仍然处于这种毁誉均趋于极端的状况。这种学派内外的评价截然相反的情况，或许正表明伊壁鸠鲁的伦理思想有其鲜明的特点，有其独特的魅力。

（一）与道德直觉之间的张力

外部地看，无论是其"享乐主义伦理学"这一名称，还是其核心主张，伊壁鸠鲁的伦理学都给人一种另类甚至违反人们道德直觉的印象，尤其为理性主义伦理传统所不容。西塞罗、斯多亚学派乃至后来的康德都对此提出了尖锐的批评。但是，一旦深入伊壁鸠鲁对其主张的解释，我们就会发现，较为符合我们的道德直觉恰恰是其伦理思想的优点。因为他所提出的理由都是在我们的生活世界之内的，排除了超出这个范围的其他解释

（比如神、宇宙法则等），并且其哲学根据是人的感觉和心理，并非来自某种抽象的建构。这个理论特点，倒是与近现代的古典功利主义相似。而要把握伊壁鸠鲁伦理学的这个特点，或许可以参考当代文学家米兰·昆德拉的一个评论："伊壁鸠鲁的快乐主义，与其说是在倡导快乐，不如说是对快乐的心理分析。"

（二）减法疗法对于心理健康的意义

心理健康问题的确是影响人们生活质量的一个重要因素，伊壁鸠鲁提出的减法疗法为此提供了一条颇有启发和说服力的思路。在提出这一思路的过程中，伊壁鸠鲁对人生各种精神状况进行心理分析和批判，比如通过对欲求的分类和计算来定位对快乐的追求、对死亡的恐惧的分析、对痛苦来源的分析等。这些分析和批判都颇有特色，可以为我们思考个体人生的追求和意义问题提供参考。

（三）对生活实践的指导作用

伊壁鸠鲁倡导一种简约而快乐的生活方式，而这又以我们能够正确地认识快乐（欲求的满足）为前提，并要求我们通过清醒的计算对苦乐有所取舍。这一系列主张看上去贴近我们的生活，应该能够为我们提供某种指导。但是，具体到行为选择来说，由于生活实践的多样性和复杂性，无论是计算还是欲求的取舍，都难以有统一而清晰的原则，难免给行为者带来选择的重负。由此看来，其所提供的指导能否有效，仍然是一个有待进一步思考的问题。

[参考文献]

1. 〔古希腊〕伊壁鸠鲁、〔古罗马〕卢克来修：《自然与快乐——伊壁鸠鲁的哲学》，包利民等译，中国社会科学出版社，2004。

2. Brad Inwood and L. P. Gerson, eds., *The Epicurus Reader: Selected Writings and Testimonia*, Hackett Publishing Company, Inc., 1994.

3. *Epicurus: The Extant Remains*, with short critical apparatus, translation and notes by Cyril Bailey, M. A., Clarendon Press, 1926.

4. 汪子嵩等：《希腊哲学史》（修订本）第四卷（上），人民出版社，2014。

4

塞涅卡：《论恩惠》

[作者及作品简介]

塞涅卡（Seneca，约前4～公元65），古罗马著名的哲学家和政治家，斯多亚学派的主要代表人物。后世将塞涅卡、爱比克泰德和奥勒留合称为晚期斯多亚学派三大哲学家，其中塞涅卡居首。

塞涅卡出生于西班牙南部的科尔多瓦，此地当时为所在行省内的一个主要罗马文化中心。其父母也出生于西班牙，但其家族起源于意大利，属于罗马的骑士经济阶层。塞涅卡30岁之前的具体经历不详。但从其著作的一些说法可知，他接受了较为传统的贵族教育，曾向当时罗马的一些著名哲学家学习哲学、演说、修辞等，其斯多亚哲学的观念应该是形成于这一时期。另外，其父一直希望他从政。年轻的塞涅卡体弱多病，30岁左右因患结核病而去埃及疗养，回来后开始其政治生涯，做财务官。10年后，40岁左右的塞涅卡成为罗马著名的演说家。但直到这个时期，塞涅卡都没有什么著述，只有一封文学书信《致玛西亚的慰藉书》。

公元41年，罗马皇帝卡里古拉被谋杀，其叔父克劳狄乌斯即位。随后塞涅卡被控罪并流放至科西嘉岛。塞涅卡在岛上待了8年，其间主要专注于文学创作，有2封慰藉书和一些诗歌。另外，后来的一些传世哲学著作有可能酝酿于这个时期。公元49年，由于皇后阿格里皮娜的推荐，皇帝克劳狄乌斯召回塞涅卡，让他出任"副执政"，并承担教育皇子尼禄的责任。公元54年，不满17岁的尼禄即位。塞涅卡给他讲了一堂斯多亚学派的课程以作为君主之鉴，即《论仁慈》。直到公元59年阿格里皮娜（死于尼禄的谋杀）去世之前，塞涅卡都是尼禄最重要的幕后导师，为后者准备演讲稿，影响其政治决策。但此后，塞涅卡的影响力急剧下降。公元62年，塞涅卡请辞，未许。公元64年，再次请辞获得准许。公元65年，塞涅卡被控参与政治阴谋，被尼禄命令自裁谢罪。

塞涅卡流传下来的哲学著作，大部分创作于其结束流放之后。主要有：《道德书简》、《自然问题》（七种）。另有9部悲剧等文学作品。后世的塞涅卡文集或文选都是根据上述著作编撰的，目前的相关中译本有：《道德和政治论文集》《哲学的治疗——塞涅卡伦理文选之二》《强者的温柔》《幸福而短促的人生——塞涅卡道德书简》《面包里的幸福人生》《塞涅卡三论》等。

塞涅卡的哲学影响随着时代的变化而呈现出较大的差别。在罗马时期，塞涅卡的影响不如另两位斯多亚学派的哲学家，这在很大程度上是因为爱比克泰德、奥勒留用希腊文写作，而塞涅卡主要用拉丁文。后来用拉丁文写作的作家尤其是基督教作家则更推崇塞涅卡，称他为首屈一指的西班牙作家。有不少效仿塞涅卡的基督教作品在古代晚期和中世纪广泛流行。随着古典文化的复兴，从14世纪中叶到17世纪中叶，塞涅卡是最受人推崇的古代哲学家，有着最广泛的读者群，塞涅卡的哲学成为新斯多亚哲学运动的主要来源。18世纪之后，塞涅卡及斯多亚学派的影响逐渐衰落，但塞涅卡仍被视为斯多亚学派的最佳代表。

《论恩惠》（共七卷）是塞涅卡伦理学的代表作之一，本导读节选自其中的第四卷，也是该著最富哲学色彩的部分。译文以Griffin和Inwood的《论恩惠》英译本（2011）为底本，参考了塞涅卡《哲学的治疗——塞涅卡伦理文选之二》的中译本（吴欲波译，2007）。

[节选一]

《论恩惠》第四卷①

（1.1）里博拉里斯（Aebutius Liberalis）②啊，在我们讨论的所有话题

---

① Seneca, *On Benefits*, trans. by M. Griffin & B. Inwood, The University of Chicago Press, 2011, pp. 85 - 87. 文中序号为英译本原文所有。
② 里博拉里斯为法国里昂人，其他情况不详。《论恩惠》是写给他的。

中，最重要或者用萨路斯特（Sallust）的话来说更有必要仔细地探究的，莫过于我们面前的这个话题：施恩和知恩图报是那种因其自身而被选择的事情吗？（1.2）你会发现：人们是为了获得回报而养成可敬的举止；他们不喜欢没有报酬的美德，尽管美德一旦包含获利的考虑就没有高尚可言。做一个好人值多少钱，还有什么比这种计算更可耻吗？美德，它既不靠获利来引诱人，也不会由于损失而受阻，它绝不会用得利的希望和许诺来腐蚀我们；恰恰相反，它需要我们慷慨解囊，更多的时候需要我们酌情自愿地施舍。要接近美德，你就必须抛开你自己的私利；要听从美德的召唤或者派遣，你就必须行动起来，而不能吝惜你的钱财，有时甚至不惜流血牺牲。你必须从不逃避它的命令。

（1.3）有人也许会说："我如果勇于施恩或者知恩图报，那会得到什么呢？"你之所得就是，你这么做了——除此之外，没有任何承诺。如果碰巧得到了什么益处，你就把它当作一个额外的奖励吧。可敬的行为之回报就在于行为本身。如果可敬之事是因其自身而被选择的，并且恩惠就是一件可敬之事，那么我们就不可能得出不同的结论，因为其性质是相同的。而可敬之事是因其自身而被选择的，这一点已经得到反复而充分的证明。

（2.1）就这一点来说，我们与伊壁鸠鲁学派是对立的，那是一群懦弱而娇生惯养的人，总是在聚会时大谈哲学道理；对他们来说，美德是快乐的婢女，美德要服从于快乐、服侍快乐，敬拜快乐。你也许会说："要快乐，就不能没有美德。"（2.2）但是为什么要把它放在美德的前面呢？你以为，这只是该把哪个放在前面的争执吗？这种讨论关系到美德及其权威的全部问题。美德如果可以是次要的，那就不再是美德；首要的角色正是属于它的，它应当领头、发号施令，占据那最高的位置。而你竟然让它从别处得来命令。

（2.3）有人会说，"这对你又有什么分别呢？我同样认为，没有美德就不可能过上幸福的生活。快乐本身固然是我在追逐的，我固然为它所奴役，但是如果缺失了美德，我也要拒绝和谴责它呢。有争议的仅在于一点：美德是至善的原因，还是至善本身？"你是不是认为，对这个问题的回答只关系到顺序的改变？把靠后的东西摆在前面，这固然是糊涂，也显然是缺乏见识。

（2.4）我感到愤慨的，还不是把美德放到快乐之后，而是竟然把美德和快乐放到一起！美德轻视快乐，视之为敌，唯恐避之不及。美德所系，更多的是艰苦的能力，是男人气概的不折不挠，而不是你这般妇人乖巧的"好处"。

（3.1）亲爱的里博拉里斯啊，我必须在这里讲出这些观点，因为我们目前的话题是，施恩乃是美德之举；并且，施恩如果怀着施恩之外的目的，那就完全变成一件可耻之事。因为，我们如果在施恩时希图回报，那就应该施给最有钱的人，而不是施给最般配的人。而事实是，我选择施恩的对象会是穷人，而不是富人，无论这个富人会如何坚持要求。施恩如果要考虑一个人的财富，那就不再是什么恩惠。（3.2）再者，如果仅仅出于自利的目的我们才提供帮助，那么，那些能够最轻易施恩的人，反而会是最没有必要施恩的人——我说的是那些有钱有势的人和君王，所有这些人都不需要别人的帮助。事实上，那些昼夜不停地向世间广施恩泽、发送礼物的众神，原本也不会这么做了；显然，就其本质而言，众神应有尽有，既安全又不受侵扰。因此，如果施恩的那个动机是为了自己，为了得到好处，那就没有谁能够享受到众神的任何恩惠。（3.3）如果你施恩时所考虑的，不是能够给什么地方带去最大的帮助，而是投往何处会得到最大的收益并最容易确保有回报，那么你就不是在施恩，而是在投机放贷。众神没有丝毫这样的心思，因而由此就可以推出，祂们将不再乐善好施。究极说来，如果施恩的那个理由是施恩者个人要捞到好处，而众神又不能从我们这里指望什么好处，那么祂们就没有任何施恩的理由。

[解读与简析]

本部分主要讨论施恩和知恩图报本身是否可欲，分3节展开，每一节论述一个相关要点。与每一节相应，其要分别梳理如下。

一　提出问题及论点

塞涅卡先是提出下文要讨论的问题，即施恩和知恩图报是否因其自身而被选择之事，并指出，它在与恩惠相关的话题中是最重要的。然后他对这个话题给出了进一步的解释。在他看来，施恩和知恩图报作为美德的特殊性在于，对它们的践行是与利益直接相关的，那么利益是否会对这种美德的根据产生影响，也就是讨论这个话题的关键所在。最后他提出论点，施恩和知恩图报是因其自身而被选择的，而不是由于有某种益处。也就是说，施恩和知恩图报之所以为美德，是因为这种行为本身，而与其外在表现或载体（给予和接受的利益）无关。

二　对伊壁鸠鲁学派相关观点的批判

塞涅卡指出，伊壁鸠鲁学派在此问题上的观点是对立的。后者把快乐置于首位，让美德服从于快乐。接着塞涅卡对伊壁鸠鲁学派的观点提出批评，指出其错误的实质在于误解了美德本身及其重要性。最后他坚持其斯多亚学派观点，认为应当把美德置于至高无上的地位，而快乐完全不能与之相提并论。

三　对论点的分析和论证

对于施恩作为美德的善性在于其行为本身这一论点，塞涅卡从施恩的对象、施恩的行为主体和施恩动机的类比这三个方面提出了分析和论证。其主要的论证形式是反证，并蕴含着诉诸道德直觉的方法。

［节选二］

《论恩惠》第四卷①

（20.1）"可是这种善还是有某种利益的成分。"又有哪种美德没有呢？然而，某些事物尽管带有某些利益，却被认为是因其自身而被选择的，只要这些事物即使带有的利益被剥除也是令人愉快的。感恩一般是有回报的，但即便它给我带来伤害，我也应该感恩。（20.2）感恩者追求的是什么呢？是要赢得更多的朋友、获得更多的恩惠吗？这会怎么样呢？假定有一个人因感恩而激起别人的厌恶，假定他明白，感恩非但不能为他赢得任何东西，他反而必须失去已经获得并保存好的东西，难道他就不会欣然承担他的损失吗？（20.3）预见到还有礼物才报恩就等于是忘恩负义（ingrat-

---

① Seneca, *On Benefits*, trans. by M. Griffin & B. Inwood, The University of Chicago Press, 2011, pp. 98 – 102.

itude），它意味着在心有所图时才报答。我所说的忘恩负义，是指这种人：他之所以守候病人身边，是因为病人就要立遗嘱，在找机会考虑继承权或遗产。只要想到有指望获益，他就可以做如好友一般尽心尽责的任何事——他其实是在沽钓遗产，是在下钓钩。正如那盘旋在奄奄一息的兽群之上，随时准备下来捕食尸体的飞鸟，他也在尸体旁盘旋，随时准备扑向死者。

（21.1）吸引感恩心灵的，是其目标的善性本身。情况就是如此，它不会为自利所侵蚀，你想要关于这一点的证据吗？有两类感恩的人。一类被称作感恩的人已做出回赠，以作为对其所接受的礼物的交换。也许，他可以让自己引人注目，有些东西可以供他夸耀，有些东西可以供他宣扬。于是又有另一类被称作感恩的人，他正是以感恩的心接受恩惠并且会以这种心灵去报恩。他把这种报恩的念头坚守于心。（21.2）这种暗藏于心的情感能够给他带来什么好处呢？然而，即便他力所能及的不过如此，他也是感恩之人。他体会到关爱，他承认对施恩者有亏欠，他也渴望报答。其中无论有何欠缺，这种欠缺都不会来自这个人本身。

（21.3）一名艺术家即便没有施展其艺术的工具，也仍然是艺术家；一名歌手即便其声音为抱有敌意的人群制造的噪音所淹没，也无损于其歌唱的技艺。我希望报恩；此后仍然有要我去做的事情：不是要表达感激，而是要卸下债务。一个常见的现象是，已报恩的人却是忘恩负义的，而尚未报恩的人却是怀有感恩之心的。如同对其他所有美德的评价，对这种美德的评价完全取决于态度：如果态度恰如其分，那么无论有什么错误，都是错在时运。（21.4）正如一个人即便保持沉默也可能是个雄辩家，一个人即便双手抱拢甚至被捆起来也可能是个勇者。正如一个处在干燥陆地的人也可能是名舵手，因为他的技能尽管因某种障碍而无法得以运用，但仍然是丝毫无损的；同样的道理，一个人哪怕仅仅是有感恩的心愿，并且除他自己之外无人见证这种心愿，也仍然是感恩的人。

（21.5）我甚至还要更进一步。有的时候，一个人即便看上去忘恩负义，即便遭到流言蜚语的恶意中伤，也仍然是感恩的人。这样的一个人，除了其本人的良知还有什么能够为他提供指导？这种良知即便是隐晦的，也会令他愉快；它抗议大众的意见而完全依靠自身来判断，并且看到群氓站在持有异议的另一边，良知也不会去点反对的票数，而是凭借自身的确信来赢得胜利。（21.6）如果看见忠诚被当作背叛来惩罚，良知也不会离开其所处的顶峰，而是超然于其自身经受的惩罚之外。良知会说："我拥有我之所欲、我之所求。我没有遗憾，也永远不会有。命运无论如何不公，都休想令我喊出：'我本人一直在希求什么？我的善意（good intention）对现在的我又有什么用？'"即便是在刑架上、是在烈火中，善意也是有用的；尽管烈火会依次炙烤我的肢体，逐渐淹没我的身躯，尽管我那完全自觉良知之善的心会滴血，但良知仍然在烈火中享有愉悦，良知的忠诚透过这烈火而熠熠生辉。

（22.1）现在是重新探讨下面这个争论的时候了，尽管我此前讨论过。我们为什么在弥留之际想要表达感恩之情呢？为什么要掂量不同的人们给我们提供的帮助？为什么务必要让记忆做我们整个一生的考官，乃至不忘任何一个人给我们的帮助？我们别无所求，只是希望在这个告别人世的关键时刻尽可能地表示自己的感恩之情。（22.2）显然，感恩的回报就在于这个行为本身，并且吸引人类心灵的美德，其威力是巨大的：其美冲击着我们的心灵，激励我们前进，我们惊奇于美德的光辉壮丽并为之迷醉。

（22.3）你会说："但是，感恩的确会带来许多的好处。人们的德行越好，就生活得越安全，就越是能够赢得好人的关爱和尊重；有了纯真和感恩相伴，他们的日子就较少烦扰。"自然女神假如使如此伟大的有德者的生活变得不幸、危险而又贫乏，那确实是最大的不公正。但是，你得想想：这条通常是安全而又平坦的美德之路，假如要经历坎坷与悬崖，还有野兽和毒蛇，那么你是否还会走上这条美德之路？（22.4）不能仅仅由于某事物附带某种外来的好处，就说该事物不是因其自身而被选择的。事实上，最美的事物往往伴有大量富有吸引力的添加物，但是，正是该物之美才导致其他诱人之物的相伴相随。

（23.1）毫无疑问，这个人类的家园受制于日月交替往复的运转。太阳的热力哺育着我们的身体，疏松着坚硬的土壤，祛除过多的湿气，消融着冬天笼罩一切的冰冷。月亮的温暖遍及大地，它是如此有效地促成作物的成熟，人类的繁殖也呼应于月亮的节拍。太阳的运转让四季分明，而月亮的较小环行让月份得以划分。（23.2）且不论上述的一切，太阳本身难道不是值得我们瞩目的景观吗？单单是太阳的运转难道就不值得我们敬仰吗？还有那月亮，就算它只是像悠闲自得的星星一般徜徉，难道就不值得我们注目吗？还有这苍穹本身，看到流星划过星空，夜幕之中无数的星光是如此明亮，怎不叫人凝望向往？在这令人惊异不已、注目凝望的时刻，谁会去想它们对自己是否有用呢？

（23.3）看看我们头顶上的浩瀚繁星吧，它们本身的流动对我们来说是如此隐秘，就像是静静地站在那里一动不动。就在那夜晚，在那只是为了区分昼夜计算日期才引起你注意的夜晚，发生了多少事情啊！在这静谧之中，有多少事件的系列在展现啊！（23.4）这个清楚的轨辙，决定着多少命运的链条！这些星星，在你看来除了作为散落的点缀和装饰别无他用，其实全部都在各司其职地运转。你没有理由认为，只有七颗星星在游走，而其他星星都固定不动。我们仅仅了解少数星星的运转，但在我们的视域之外还有无数的神祇来来往往①；而许多可见的星星，却在以我们不可察觉的步伐默默地行进。

（24.1）请告诉我，看到如此伟大的（宇宙）秩序，哪怕它没有保佑你、庇护你，没有生养你、抚育你，没有以其精神支持你，你难道就不会为之着迷吗？这些存在之物，对我们来说有着首要的价值，是必需的且赋予生命的，然而却正是其伟大才感动着我们的心灵。同样的道理，所有的美德尤其是感恩的心灵所具有的美德，会让我们受益良多，但是美德并不希望因此而为人所爱。美德本身还包含别的内容，那些仅仅把它算作有用之物的人是不会真正领会这一点的。（24.2）如果一个人是因合乎其利益而感恩，那是不是说，感恩给他带来多少好处，他就感多少恩？一个吝啬的爱慕者，敲不开美德的那扇门；你要想接近她，就要打开钱包。因而那忘恩负义的理由就会是："我本来想报答，但担心那花费，担心有危险，害怕得罪别人。不，我还是为自己的利益行动吧。"知恩图报者和忘恩负义者所依据的推理不可能是一样的，因为他们的行动天差地别，他们的志趣也判若云泥。一种做法之所以是忘恩负义，是因为那是他的利益所在，

---

① 按照塞涅卡所秉持的斯多亚学派世界观，宇宙本身是一个有生命有理性的生物，地球处于宇宙的中心，围绕地球的是由固定的恒星构成的"球形层"。这个"宇宙生物"即天地间的神，即宙斯（罗马人又称朱庇特）。其身体即物质的宇宙，由各个星体组成，其心灵则是身体的指使者，具有完美而至善的理性，使其整个身心呈现多样而有序的秩序。自然界的每一件事，都出自他的思考。宙斯以各种不同的面目出现，此即众神。因此，星体的运动是神性的表现，符合理性的自然法则。

尽管他不应当如此行事；另一种做法之所以是知恩图报，是因为他做他应当做的事，尽管那不合乎他的利益。

（25.1）我们的目标，是按照自然而生活，是效仿众神为我们树立的榜样。但是众神无论做什么，除只是要那么做之外，还有什么目标呢？除非你能想得来，在那祭品的烟雾里、在那焚香的香味里，祂们的工作得到了回报！（25.2）看看祂们每天的工作和慷慨的施舍吧：看看祂们让大地丰收、硕果累累，看看那席卷每一处海岸的季风是多么适时，看看那突然倾泻下来的阵雨是多么丰沛——它们疏松着那待耕的田地，充满那干涸的沟渠，让甘泉喷涌，让万物新生。祂们做出了这一切，没有任何回报，没有给自己积攒任何好处。（25.3）人类的理性如果要一直与其榜样保持一致，那就同样要遵循这样的原则：不要怀着渔利的心思来践行美德。只要心怀众神，那么我们无论给恩惠设定何种价格，就都应该感到羞耻。

[解读与简析]

本部分主要讨论感恩是否与自身利益有关，可梳理为三个方面。

一　提出问题并给出相应的分析和说明（第20～21节）

对于其所提出的问题，即感恩作为一种美德是否有某种利益的成分，塞涅卡做出了相应的分析。他不否认，感恩乃至一般意义上的美德都含有利益的成分，但这并不意味着人们是因利益而感恩的，而是要看感恩的目的是什么。他举出为了获得遗产而表现出类似感恩的例证，以说明感恩被人们认作美德，不是由于能够获益，也不是根据其外在表现，而是由于感恩者的目的或内在动机。

接下来塞涅卡对比了与感恩之德相关的两类人。一类人的外在行为表现符合感恩之德但缺乏相应的动机，另一类人具有真实的感恩动机但不一定能够（或缺乏相应的能力和条件）完成感恩行为。其分析意味着，只有后一种人，才真正具有感恩的美德。这里的问题在于，是否具有感恩的动机，实际上只有自己真正清楚，这就可能引出一些与论点相关的思考。对此，塞涅卡沿着支持其论点的方向给出了进一步的解释。他认为，这恰恰意味着这种动机与利益无关，并且是由行为者自己来把握的，而这种美德的善性不取决于任何外在条件。

最后塞涅卡提出一种推向极端的观点，即即使一个人的外在表现是忘恩负义的，但只要自我体认的动机是感恩的，那么这个人就仍然具有感恩的美德。他诉诸良知来支持这一观点，旨在说明斯多亚学派主张的美德是自主型的，进而渲染这种美德的高尚性及其本身的道德价值。

二　追溯感恩之情的根源并引出对宇宙秩序的描述（第 22 ~ 23 节）

塞涅卡在此重提前文（第四卷第 11 节 4 ~ 6）讨论过的问题，即我们为什么在弥留之际想要表达感恩之情。也就是说，在对我们的人生进行总结的时候，感恩作为一种美德仍然显得相当重要。如果说上一部分对感恩的讨论是立足于对行为的分析，那么这一部分重提的问题则是就整个人生而立论的。也因此，对这个问题的讨论必须上升到更高的层次。在塞涅卡看来，这就必须从宇宙秩序之中寻求感恩之美德的根源。

联系感恩之德这一主题来看，塞涅卡对宇宙秩序的描述主要蕴含两层意思。一是对人类来说，这种秩序本身意味着无条件的恩惠：它不仅创造了适宜人类生存和繁衍的环境，而且为人们理想的生活方式提供了样本。二是这种秩序蕴含着神性，或者说在最根本的意义上是由至上之神来安排，由众神合力才成就的秩序。塞涅卡的描述是基于斯多亚学派的自然法则观念，而这种观念与古希腊的宗教传统和柏拉图主义哲学之间有着深刻的渊源。

三　基于自然法则的观点来说明美德的终极根据（第 24 ~ 25 节）

这两节是本部分主题讨论的结论部分，可分为否定和肯定两个方面。就否定的方面而言，感恩作为美德无关乎现实的利益，也不取决于行为的外部条件。从肯定的方面看，感恩的根据是心灵对此美德的体认，其价值在于其本身，并且是现实的利益不可比拟的。塞涅卡进而从整个人生立论，在人的内在精神世界这一层面追溯感恩之德的根源。他认为，人生的根本价值目标应该是按照自然法则来生活，这是一种最高尚的生活，超然于利益计算的生活，也是一种效仿众神且指向神性的生活。

［简评］

由于拉丁文与英文之间的"亲缘"及其存在的某些对应关系，*De Beneficiis* 的标准译法一直是 *On Benefits*，若按照这种思路，则相应的中译应该

是《论利益》。但其实，塞涅卡所谓的 beneficiis 更接近现代拉丁文的 bene-
ficium，是指"施舍"（benefaction）或"慈善""恩惠"。因此，现在也有
另一种英译是 *On Favors*。那么从伦理学的角度看，塞涅卡所谓"恩惠"的
主要含义是什么呢？结合其整部著作的论述来说，它应该是指做善事的行
为以及给予他人以利益的行为，而利益的接受者也因此应当感恩或怀有相
应的感激之情①。广而言之，这个论题属于麦金太尔所讲的接受与给予的
关系，与中国古代的"恩报"观念（《易传》所谓"天地之大德曰生"、
儒家的孝等）有类似之处。

塞涅卡的论述有注重修辞和用词华丽的特点，其论点经过这种反复的
渲染而显得尤为鲜明而富有感染力，基本含义也表达得相当清晰，但也带
来了论证偏弱或论证脉络不够清晰的缺点。也因此，前文的解读与简析比
较简略，只是整理其叙述的脉络。这里拟结合塞涅卡的整个伦理思想做进
一步的评述②。

一　保守与创新：《论恩惠》的美德观与道德心理

就《论恩惠》对情感问题、心灵结构和宇宙秩序（自然法则）等的描
述来看，塞涅卡的美德观及其道德心理更接近早期斯多亚学派的观点，且
与柏拉图主义有不少类似之处。在此意义上，其相关理论偏于保守。但其
论述及其运用的例证大多来自现实生活的经验材料，其主要关注也是普通
人，而不是圣贤。这些都与一般的斯多亚学派哲学家以及柏拉图主义者有
根本区别之处，同时这也表现了他对斯多亚学派早期过度理论化的一种平
衡化处理。这种理论方法上的自觉是塞涅卡伦理思想的创新之处。

二　道德规则与自然法则：塞涅卡对斯多亚学派道德理想与现实伦理
的调和

与上一点相联系，塞涅卡敏锐地认识到，其道德理论的践行处于非理

---

① 参见〔古罗马〕塞涅卡《道德和政治论文集》，〔美〕约翰·M. 库珀、〔英〕J. F. 普罗
科佩编译，袁瑜铮译，北京大学出版社，2010，第 246～247 页。

② 以下评述主要参考 Brad Inwood, *Reading Seneca: Stoic Philosophy at Rome*, Oxford University
Press, 2005。

想的人类实践条件下，因而如一般所认为的，其首要关注是要为非圣贤的一般行为者提出某种次优的道德标准。由此他对斯多亚学派理论的发展方法是力求在现实的道德规则和自然法则之间进行微妙的处理，其具体表现是他在道德推理中注重根据情境的变化而做适当的调整，并且他所讨论的道德主题如最著名的三论（论恩惠、论仁慈和论愤怒）都是与现实生活中的伦理问题密切相关的。这些方法和面向都相当类似于亚里士多德，但其基本价值观和哲学立场无疑仍然属于斯多亚学派，并且经常对亚里士多德的漫步学派提出尖锐的批评。

也因此，问题的另一面在于，塞涅卡像大多数斯多亚学派哲学家一样，在核心价值的层面比较认同柏拉图主义的观点。他认为，早期斯多亚学派的理想圣贤形象仍然是有益的，并且从理性的角度来诠释自然法则，把人类定位于动物与神之间，亦即人能够认识理性的自然法则，其道德地位要高于动物，但低于众神，只能效仿或分有神性。对这些核心价值的认同，使塞涅卡伦理思想呈现出一定的严格主义（rigorism）特质。

三　对塞涅卡伦理学的概要评价

综上所述，与他作为政治家的生涯相关，塞涅卡的伦理思想立足于斯多亚学派的哲学观和核心价值，向现实的伦理生活迈出了重要的一步，使之呈现出保守与创新并存、对道德理想与道德现实的考虑相调和的特点。它给斯多亚学派乃至古希腊的理性主义伦理传统带来了新的活力，但同时其中蕴含的二元论思维又使其理论显得不够融贯。但无论如何，他从理性的角度对人类伦理问题以及道德心理的思考，对后来西方伦理学尤其是近代西方伦理学的发展产生了重要影响，其中一些观点对我们思考现实生活中的伦理问题、如何从理性的角度来分析美德以及道德心理，仍然不乏吸引力。

[参考文献]

1.〔古罗马〕塞涅卡：《哲学的治疗——塞涅卡伦理文选之二》，吴欲波译，中国社会科学出版社，2007。

2. Seneca, *On Benefits*, trans. by M. Griffin & B. Inwood, The University of Chicago Press,

　　2011.

3. Seneca, *Letters on Ethics*, trans. with an introduction and commentary by M. Graver & A.
　　A. Long, The University of Chicago Press, 2015.

4. Brad Inwood, *Reading Seneca: Stoic Philosophy at Rome*, Oxford University Press, 2005.

5. 〔古罗马〕塞涅卡:《道德和政治论文集》,〔美〕约翰·M. 库珀、〔英〕J. F. 普罗
　　科佩编译, 袁瑜铮译, 北京大学出版社, 2010。

5

奥古斯丁：《论自由意志》

［作者及作品简介］

　　奥古斯丁（Augustine，354～430），最伟大的教父哲学家，也是古代拉丁教父中著述最多的哲学家。奥古斯丁出生于北非的塔加斯特城，关于他的生平在其所著的自传《忏悔录》中有详尽的记述。奥古斯丁的父亲是异教徒，母亲却是十分虔诚的基督徒，他并非一出生就接受洗礼而成为基督徒的。奥古斯丁在 19 岁时，爱上哲学并因探索恶的来源问题而皈信摩尼教，后来接触并醉心于新柏拉图派的著作，开始怀疑一切并质疑摩尼教教义中恶的观念，在思想上逐渐靠近基督教。经过剧烈的心理挣扎和圣灵的引导，奥古斯丁于 386 年的夏天正式皈依基督教。《论自由意志》属于奥古斯丁皈依基督教之后的早期著作，其于 388 年完成了第一卷，后两卷则完成于 396 年，它被认为是研究奥古斯丁哲学的最好入门书。《论自由意志》全篇通过奥古斯丁与友人埃伏第乌斯的对话展开。奥古斯丁与友人开篇即开始讨论什么是恶的来源、恶是否来源于上帝，书中回答了恶的来源问题。笔者选择的中译本为成官泯翻译、上海社会科学院出版社 1997 年出版的《独语录》。该版本同时收录了《独语录》和《论自由意志》。《独语录》的写作开始于 386 年 11 月，结束于 387 年 1 月，一般认为它是 387 年编辑完成的。同年秋天，奥古斯丁启程返回非洲，因为途中母亲病故，延迟一年回到非洲，其间，他在罗马逗留了几个月并完成了《论自由意志》第一卷的写作。388 年秋奥古斯丁返回故乡。391 年奥古斯丁在北非希波受任为神父，《论自由意志》的后两卷的写作完成于他受任为神父之后，最迟完成于396年。所以，《独语录》和《论自由意志》的写作时期非常接近，都是奥古斯丁皈依基督教之后的早期名著。《独语录》一开始便讨论灵魂问题，由此逐步考察真理、错误、普遍的怀疑以及理智知识的起源这一类深奥问题，从求"知"的方面反映了他在哲学体系上的最早努力（"信仰寻求理解"）。而《论自由意志》则讨论恶及其来源的问题，认为恶是善的缺乏，人借着意志的自由选择而作恶或行善，因而才有人的不幸或幸福。奥古斯丁在自由意志的基础上把恶的起源问题转化为罪的来源问题，从"信"和"行"方面表达了"理解为了信仰"。《独语录》和《论自由意志》从"知""信""行"三个方面彼此呼应，共同为奥古斯丁的神哲学理论体系奠定了基础。

[著作内容及导读]

奥古斯丁《论自由意志》的主要内容及导读

奥古斯丁在《论自由意志》里首先讨论了"恶"的两种意思，要么是某人作恶，要么是某人遭受恶。但是，在基督教的信仰中上帝是善，不可能作恶或者创造恶。① "上帝是全能的，而且在最小的方面都是不可变的；他是一切好事物的创造者，但他自己比所有这些事物更完善；他是他所造万物的至上公义的主宰；他不借助任何存在进行创造（好像他自己没有充分的权能似的），而是从无中创造万有。"② 因而"恶"只能是第二种意义上的，即上帝令某人遭受恶，上帝以奖善罚恶的公义使某人遭受恶。某人遭受恶则是因为有恶行，恶行"不是因为律法禁止它才是恶，而是因为它

---

① 奥古斯丁早期是摩尼教信徒，摩尼教教义持善恶二元论的立场，认为恶是实体且来源于实体。这一学说虽然可以解释恶的来源，但是依此学说，一个人作恶也可以不负任何责任。因此，奥古斯丁不满于摩尼教关于恶是实体且来源于实体的说法，认为恶是虚无，是善的缺乏。奥古斯丁最后放弃摩尼教皈依基督教，也表明他所要追问的恶是含罪和责于一身的恶。人作恶还是行善都借着意志的自由选择，而人也因此而享受幸福或不幸（可参考奥古斯丁《忏悔录》第5卷第10章的内容）。

② 〔古罗马〕奥古斯丁：《独语录》，成官泯译，上海社会科学院出版社，1997，第80页。

是恶，法律才禁止它"①。上帝根据公义的律法来奖善罚恶。

奥古斯丁要追问的其起源的恶，并不是作为"幸福生活指南"的传统伦理学意义上的恶。在古希腊—罗马的思想领域里，伦理学的最高使命是使人幸福，是人幸福生活的指南，因而从苏格拉底始，"恶"一直被视为善的缺乏。但是，奥古斯丁所说的恶并不是不完善或不好意义上的恶，而是要为这种不好承担起后果的恶。这意味着奥古斯丁所要追问的恶是一种隐含着责任于自身的恶，从根本上说，这种恶就是罪。奥古斯丁所说的罪也不是人们日常生活中的这个罪或那个罪，而是众罪的源头，即基督教教义里所说的原罪，他对原罪的理解为一切罪找到了根据。

《圣经·创世纪》记述了上帝吩咐生活在伊甸园中的人类的祖先亚当和夏娃，不能吃善恶树上能分辨善恶的果子，但是他们听从蛇的诱惑，违背和上帝的约定偷吃禁果。偷吃禁果这一行为之所以被认定为犯罪，表面上看是因为这一行为违背了上帝的命令，但是在奥古斯丁看来，有生命的实体好于无生命的，赋予生命的实体好于接受生命的，所以心灵去追求高于自身的是正义，心灵统治贪恋也是正当公义，但是心灵转而追求属世的可变者，则是心灵从正义跌落。人类的始祖的罪就在于听从了比自身低级的存在的诱惑，使心灵受贪欲的奴役，"贪欲掌管心灵这一事实本身确实就是不小的惩罚"②，换句话说，人的行为是否有罪，就在于它是否因为屈从可变者而离弃永恒者，由此，罪就在于看重可变者而无视永恒者。奥古斯丁说："恶行无非是忽视永恒之物，即心灵靠自身便可知觉享有，且只要它热爱便不可能失去的永恒之物，反倒去追求属世之物，好像它很伟大奇妙似的，而它却是靠肉体知觉到的，是人之最少价值的部分，且永远不会是确实的。我看所有恶事，也即所有的罪恶，都要归于这类。"③

人类的始祖亚当和夏娃因犯罪而被逐出伊甸园，开始了人类的尘世生活，亚当和夏娃所犯下的"第一罪"也成为人类共同的原罪，成为此后的人类都必须承担起来的罪。所以，人类的尘世生活从罪开始。因为有罪，人类才有尘世生活和人类历史，同时尘世生活也是人类为自己的罪而必须

---

① 〔古罗马〕奥古斯丁：《独语录》，成官泯译，上海社会科学院出版社，1997，第81页。
② 〔古罗马〕奥古斯丁：《独语录》，成官泯译，上海社会科学院出版社，1997，第96页。
③ 〔古罗马〕奥古斯丁：《独语录》，成官泯译，上海社会科学院出版社，1997，第107页。

承受的惩罚，整部人类历史被看作赎罪史和救赎史。一个行为被判有罪，意味着它必受惩罚。作为惩罚，亚当和夏娃获罪之后被逐出无忧的乐园，开始了人类必死的且充满艰险的尘世生活。所以在基督教伦理学思想中罪与罚、权利和责任成了伦理学最根本的问题，它首先不是如何使人幸福，而是在于如何使人承担起自己的责任和维护自己的权利，其中最重要的就是自由意志问题。

奥古斯丁以恶的来源问题为切入口，围绕着赏善罚恶的正义原则展开有关自由意志问题的讨论。

一　自由意志与赏善罚恶的正义原则（罪与自由意志）

奥古斯丁认为人是靠其意志的支配，从而得到幸福的或者不幸的生活。上述亚当和夏娃犯下原罪的事实说明，人具有"愿意"和"不愿意"服从的能力。亚当和夏娃正是具有了"不愿意"服从上帝的旨意的能力，才能选择听从比自己低的诱惑者而背离作为永恒者的上帝，所以他们犯了罪。因此原罪说必须以承认人的自由意志为前提，即人具有自己决定"愿意"或者"不愿意"服从的自由和能力。亚当和夏娃为自己背离上帝的选择承担后果，他们犯了罪，犯罪就必须接受惩罚，于是他们失去永生的生命，被驱逐出乐园，开始了艰苦的尘世生活，同时也开始了人类的历史。

所以如果认同人类背离上帝的行为是一种罪，那么因之而承受惩罚就是正义的、理所当然的。这也意味着，对原罪说的信仰隐含着对人的自由意志的承认。或者说，原罪说背后隐含着自由意志的问题，这也显示出人是一个自由的主体，即人的意志是自由的，人能够把意志完全置于自己的决断之下，甚至能够决断不去听从他的创造者的旨意，如果能对他的创造者说"不"，那么还有什么是人的意志不能决断，不能说"不"的呢？意志的自由是人的一种深度存在。奥古斯丁的"选择的自由"或"自由选择"不是物理上的自由，而是形而上之自由，人具有做区分的能力，因为人是按照上帝的形象造的，这种能力是天赋的，人身处自然的因果链条中，人所具有的形而上自由使人能在世界中做出真正的区分和决断。但是，这种能力也可被用来作恶。所以意志的自由是人的一种深度存在，也是人的罪责所在。

自由本身就隐含着责任于其中。处于自由之中的人，他的一切行动都来自自己的意志决断，这意味着他自己是一切行动的唯一原因，作为一切行为的始作者，对自己的行为及其后果负有责任，必须接受和承担其行为所获得的评判和赏罚。所以，奥古斯丁说："如果我用我的意志行恶事，除了我自己，谁当负责任呢？……若意志的运动不是志愿的，不在自己掌管之下，人依意志而摇动，或朝向高越之物或朝向低等之物，便既不会因前者值得赞扬，也不因后者该受指责。进一步讲，警告我们要忘却低等之事而力求永恒之物，弃恶而从善，也毫无意义了。"①

根据原罪说，原罪是人类众罪的根源，犯罪就必须接受惩罚，但人类在承受这种惩罚中原罪也有可能被洗去，仍然可以通过自己的善行和上帝的恩典获得幸福和救赎，这也是原罪说里面隐含的赏善罚恶的正义原则，所以原罪说不仅承认了人的自由意志，也通过隐含的赏善罚恶的正义原则打开了人类的未来。奥古斯丁说，"意志从喜爱造物主转向喜爱其造物这一运动属于意志本身。……那它不是自然的，而是志愿的"②，如果人没有自由的意志决断，怎么会有罚罪酬善这种作为正义出现的善呢？"如果我们行事不靠意志，那就无所谓罪恶或善事了，而如果人类没有自由意志，奖惩就都会是不义的了"③，但是奖惩恰恰体现了上帝的公义，所以在赏罚里必定存在来自上帝的善。因此，上帝必定赋予人自由意志。

尘世生活的每个人都意愿和渴求幸福生活，但是为什么并不是每个人都能得到幸福生活呢？奥古斯丁区分了两类事，即永恒之事和属世之事，又区分了两类人，即热爱追求永恒之物的人和热爱追求可变的属世之物的人。人的幸福生活在于享受真实不变的善，所有的罪都是因人远离真正永存的神圣之物而朝向可变的不定的事物而产生的。那么人是追求真实不变的永恒之物，还是远离永恒者趋向可变的属世之物，完全在于人自己的意志，靠其意志去选择和决断究竟追求哪一类。所以，人是靠其意志的支配，得到幸福的或者不幸的生活。奥古斯丁说，"我们是凭这意志，过着且值得过或者一种可嘉的幸福生活，或者一种可鄙的不幸生活"④。

① 〔古罗马〕奥古斯丁：《独语录》，成官泯译，上海社会科学院出版社，1997，第 157 ~ 158 页。
② 〔古罗马〕奥古斯丁：《独语录》，成官泯译，上海社会科学院出版社，1997，第 157 页。
③ 〔古罗马〕奥古斯丁：《独语录》，成官泯译，上海社会科学院出版社，1997，第 110 页。
④ 〔古罗马〕奥古斯丁：《独语录》，成官泯译，上海社会科学院出版社，1997，第 102 页。

二 自由意志与正当生活

虽然所有的罪都是因为人远离真正永存的神圣之物而朝向可变的不定的事物而产生的，人作恶靠的是意志的自由选择，但是还有一问题，既然是意志的自由选择给了人犯罪的能力，那么人的这种能力是创造者所给予人的吗？如果人缺少自由选择，人就不会犯罪，这是不是意味着上帝是我们行恶事的原因？奥古斯丁的回答当然是否定的。奥古斯丁反对摩尼教教义的善恶二元论立场，不认同恶是实体且来源于实体的说法。他认为恶是虚无，是善的缺乏。所以，上帝不是人作恶的原因，如果上帝是人作恶的原因，那么上帝本身就是不完善的。

上帝为什么赋予人自由意志？上帝赋予人自由意志是一种善吗？

首先，奥古斯丁认为上帝赋予人自由意志是为了人能正当生活。

奥古斯丁说："幸福的人，必定也是善的，他们是幸福的并不是仅仅因为他们意愿幸福，而是因为他们以正当的方式意愿它，与邪恶之人正相反。所以，不幸的人得不到他们意愿的幸福生活，这并不奇怪，因为他们没有同样意愿那件与幸福生活相伴的事，即去正当地生活，而没有它，无人可得或配得幸福生活。永恒的法律（我们该再来讨论它了）已不可动摇地规定了，意志得幸福之赏或得不幸之罚乃是依据它的功德。所以当我们说人因其意志而是不幸的，并不意味着说他们意愿不幸，而是说他们之意愿如此以致不论他们愿意与否，不幸必然随之而来。所以，说每人都意愿幸福而非每人都得着，这与我们先前的论证并无冲突，因为不是每个人都有正当生活之意志，而只有它必定陪伴着幸福生活之意志。"[1] 所以，人的幸福来自其选择过正当生活的意志。

上文已经说明奥古斯丁承认自由意志是一种人能够进行自由选择和决断的权能或能力。自由意志使人能够从自身意愿出发自由选择想要什么，这并不意味着就能得到自己想要的东西，人没有心想事成的自由，只有上帝才有这种自由，所以人能否得到自己所意愿的东西和人自由选择和决定自己所意愿什么是分属不同领域的问题。尽管人可能不能得到自己想要的东西，但是人仍然可以在意志里选择意愿它，所以，人的自由意志本身决

---

① 〔古罗马〕奥古斯丁：《独语录》，成官泯译，上海社会科学院出版社，1997，第103页。

定了自己所意愿的东西并产生了相应的行动。

奥古斯丁认为："人应当正当地生活；低等之物当服从优越之物；相类的应与相类的比较；每个人都应得到其理所该得的。"① 由此，根据意志所选择的对象的不同，意志也分善恶。善良意志就是渴望过正直高尚的生活并追求永恒和最高智慧的意志；与之相对应的是"邪恶意志"，即追求临时的满足和享受、热爱不在人的权能之下的事物的意志。但是，无论是"善良的意志"还是"邪恶的意志"都出自人自己的自由选择和决断，属于自由意志本身。所以，分善恶的自由意志是以承认人具有能够进行自由选择和决断的权能或能力为前提的。因此，在奥古斯丁这里，自由意志并不必然会选择善，它也可能会选择恶，自由意志在善恶之间，所以，奥古斯丁说自由意志是中间之善。

他说："当我们如此意愿时便有一善良意志。……我们是享有还是缺少这伟大而又真实的善，取决于我们的意志。有什么像意志本身这样完全在意志的权能之下的呢？有一善良意志就是有比所有世俗的国度和快乐更好的东西，而缺乏它就是缺乏只有意志本身能给予的，比不在我们权能之下的所有的善更好的东西。……他们却缺乏善良意志，这善良意志比那些东西真好得无与伦比，而它虽是这样伟大的善，却是只要意愿它就可得着的。"②

其次，上帝为了人能正当生活将自由意志赋予人，这本身也体现了上帝惩恶扬善的公义。

上帝依照自己的形象造人，是人的造物主，那么人必须服从造物主——上帝的旨意。人在被造时同时也被赋予了自由意志的能力，上帝给人以自由意志，是把是否服从上帝的权利交给了人自己，因此，人对于自己的自由选择必然承担责任，由此，上帝对人选择背弃他的旨意的行为进行定罪，并施以惩罚，这才是正义的。所以，奥古斯丁说："人不可能无自由意志而正当地生活，这是上帝之所以赐予它的充分理由。任何人若藉自由意志犯罪便遭神圣惩罚，这一事实表明自由意志之赐与人，是为了让人能正当地生活，因为若它之赐予既是为了叫人正当生活，又是叫人犯罪，这惩罚就是不公义的了。毕竟，怎么可能有人因把意志用于赐它的目

① 〔古罗马〕奥古斯丁：《独语录》，成官泯译，上海社会科学院出版社，1997，第133页。
② 〔古罗马〕奥古斯丁：《独语录》，成官泯译，上海社会科学院出版社，1997，第98～99页。

的而受惩罚？当上帝惩罚罪人时，难道他不是说：'为什么你不把自由意志用于我赐与你的目的'——也就是正当地生活？"① 也就是说，假若人没有意志的自由选择，上帝的惩恶扬善就不可能存在。因为，如果人的行事不靠意志，那也就无所谓罪恶或善事，而如果人类没有自由意志，奖惩就都会是不义的了。上帝赐予人自由意志的目的是让人能正当生活，自由意志使人可以自由抉择自己的行动，因此人的行为并非一定会遵循上帝的旨意，而正是有出于人意志的自由决断的背弃上帝的行为，所以上帝的奖惩方显公义，否则，犯罪与惩罚、善行和酬赏的正义就是不可能的。

三　自由意志与本性

"自由意志属于善事，且不在其中最小之列……因此它是上帝赐予我们的，这一赐予乃是正当的"②，上帝为了让人以正当的生活为目的而赐予人自由意志是正当的，而且正是由于有自由意志，上帝惩恶奖善的原则才是公义的，但是，既然意志是上帝赐予人的，那么意志从不变之善转向可变之善的运动就是出自本性的，而出自本性的行为是无可指责。这就好比将石子掷入空中，石头因自身重量落向地面的运动，这是一个自然的运动，因此作为自然的运动不应该遭到谴责。奥古斯丁说："我不否认石头落向最低点的运动是石头的运动。但它是一个自然的运动。若灵魂也有这种运动，那它的运动也是自然的。而若它是被自然地移动，就不能公正地谴责它；即使它是移向恶的，也是为自身本性所迫。然而，既然我们不怀疑这运动该受谴责，就绝对必须否认它是自然的，所以，它不同于石头的自然运动。"③ 这就是说，若运动因本性或必然而存在，它绝不会是可指责的；而一个受谴责的运动必然是违背其自然的本性的。那么对自由意志而言，它是上帝赋予人的，因而它也就是人的本性，自由意志的一切决断也都出自本性，但是，自由意志背离不变之善转向可变之善（恶）又要遭受谴责，那么这一行为必然又不是出自本性的，那么，自由意志究竟是人的本性，还是不是人的本性？自由意志和本性之间是什么关系呢？

---

① 〔古罗马〕奥古斯丁：《独语录》，成官泯译，上海社会科学院出版社，1997，第110页。
② 〔古罗马〕奥古斯丁：《独语录》，成官泯译，上海社会科学院出版社，1997，第155页。
③ 〔古罗马〕奥古斯丁：《独语录》，成官泯译，上海社会科学院出版社，1997，第156页。

要理清上述问题，我们需要了解什么是本性。

奥古斯丁说："本性之为本性是因为上帝造它们如此；它们的缺陷，正就是它们离弃了其创造者的目的；而它们受人谴责，正是因人在其中看不见它们受造的目的。当一切本性受造的目的，即上帝至上不变的智慧，真实至上地存在着，试想那离弃这目的的事物是朝向哪里。"① 也就是说，"本性"（Natura）是上帝赋予的，上帝把受造物造成什么样子，受造物就有怎样的本性；同时，受造物的每一种本性中都有上帝赋予的某种目的。奥古斯丁也用"本性"来意指"实体"（substantia），认为本性不仅指存在着的个体，也指一种或一类事物，在基督教教义中上帝是万物的创造主，上帝是至善，所以，奥古斯丁认为每一实体都是从上帝而来，通过分有上帝的至善而存在的，每一个受造物因分有上帝的善而在本性上是善的，"每一善事物或即是上帝，或是从上帝而来"②。

受造物就其本性而言是完美和善的，但因其是有限的而又是不完善的，受造物的不完善是"因为每一本性或是可朽坏的，或是不朽坏的，若它是不朽坏的，它便比可朽坏的更好；而若它是可朽坏的，它无疑是善，即使朽坏是使它成为较小的善"③。这说明了，存在者的本性千差万别，但无论受造物拥有怎样的本性，都是创造主上帝赋予的，因而每一个受造物的本性在本质上都是善的。

既然由上帝而来的每一个创造都是善的，那为什么会有谴责呢，"我们谴责某物，只是因为它有某种缺点。但我们不可能谴责某物中的缺点而不因此称赞这一事物的本性"④；"一缺点是坏的只因它违反它存于其中的事物的本性"⑤，"只有当败坏中有缺点在，才能正当地责备它。……谴责（vituperatio）之名只适用（适宜或适当）于缺点（vitio parata）"⑥。也就是说，谴责不是对受造物本性的谴责，因为受造物就本性而言都是善的；谴责是对受造物缺点的谴责，它的缺点来自对它的本性的毁坏或违背，对本

---

① 〔古罗马〕奥古斯丁：《独语录》，成官泯译，上海社会科学院出版社，1997，第 188 页。
② 〔古罗马〕奥古斯丁：《独语录》，成官泯译，上海社会科学院出版社，1997，第 184 页。
③ 〔古罗马〕奥古斯丁：《独语录》，成官泯译，上海社会科学院出版社，1997，第 184 页。
④ 〔古罗马〕奥古斯丁：《独语录》，成官泯译，上海社会科学院出版社，1997，第 185 页。
⑤ 〔古罗马〕奥古斯丁：《独语录》，成官泯译，上海社会科学院出版社，1997，第 187 页。
⑥ 〔古罗马〕奥古斯丁：《独语录》，成官泯译，上海社会科学院出版社，1997，第 187 页。

性的毁坏或违背，在根本上就是对上帝造物的秩序和目的的背离。因此，事物的任何缺点都是恶的，该受谴责。

受造物的本性是怎样遭到毁坏的呢？

上帝造物的秩序是以公义的等级从最高级到最低级排列的，"本性优越的毁坏低等的是在可变事物的秩序里，这秩序根据上帝为宇宙每一部分的安宁而置下的适宜定律，使一个从于另一个。比如，假设太阳的光毁坏了某人的双眼，因为它们太脆弱，不能承受这光。显然我们不能以为太阳改变眼睛，是为了满足它自身需要，或这样作是因为它有某种缺点。而我们也不应责备眼睛听从其主人而向光睁开了，即使它们因此受了毁坏"①。这意味着，毁坏即较强的存在者毁坏较弱的存在者，但在奥古斯丁看来这种情况的毁坏遭受谴责并不正义。

较强的毁坏较弱的存在者，就好比太阳光强，而人的眼睛脆弱，强烈的阳光使人的眼睛受到损害，但这种情况不应受到谴责。因为人的眼睛被损害并不是眼睛的缺点，也不构成眼睛的恶，因为眼睛的本性并没有被毁坏，而是被完整地接受。所以奥古斯丁说："谴责一个不是为自己的缺点而是为另一本性的缺点所败坏的本性是不公正的。我们必须进一步看这另一本性既有使前一本性败坏的缺点，它本身是否为自己的缺点所败坏。"②也就是说，毁坏还有一种情形，即较弱的毁坏较强的，这才涉及对本性的毁坏，对这种本性的毁坏进行谴责才是公义的。"毁坏某物不就是以某种缺点败坏它吗？没有受毁坏的本性是没有任何缺点的，但以自己的缺点使别的本性遭败坏的本性肯定有缺点。这样一本性已有缺陷，它已被自己的某种缺点败坏，而只有这时其他本性才能为这缺点所败坏。"③

较弱的损害较强的，一定是根据较强者的意志进行的，因为"较强的不可能为较弱的所坏，除非它愿意被败坏；若它愿意被败坏，它就已经以自己的缺点而非以别物的缺点开始朽坏了"④。所以，较强者能被较弱者败坏这本身就已经表明，较强的已经有了缺点，这个缺点就是较强者的意志受到较弱者的影响，因为，只有在意志自己意愿如此时，才会抛弃更高的

① 〔古罗马〕奥古斯丁：《独语录》，成官泯译，上海社会科学院出版社，1997，第187页。
② 〔古罗马〕奥古斯丁：《独语录》，成官泯译，上海社会科学院出版社，1997，第185页。
③ 〔古罗马〕奥古斯丁：《独语录》，成官泯译，上海社会科学院出版社，1997，第185页。
④ 〔古罗马〕奥古斯丁：《独语录》，成官泯译，上海社会科学院出版社，1997，第186页。

而爱低等的事物，所以"每一赋有意志的自由选择的理性本性，若它居于至高的不变的善中，无疑值得称赞；每一力求如此行的本性也值得称赞。但每一不居于那里，其意志也不愿如此行的本性，便正因这原因该受谴责"①。这说明较强者的意志违背了自己的本性，使其本身受到毁坏，这应当受到谴责，这种谴责才是上帝的正义性的体现。

上帝的这种公义性也表明上帝赐予我们的意志的运动并不是按照其本性运动的方式赐予的。意志的运动如果是一种本性的话，那么意志从最高的不变之善转向可变之善的运动就是一种出自本性的运动，因而是必然的，那么也就没有任何理由来谴责与惩罚意志支配下的任何行动。所以，意志的运动来自人的自由选择和决断，上帝在赋予人意志的同时，把人是否服从上帝的权利交给了人自己，意志是自由的，赋有自由意志的存在者才有可能毁坏或违背自己的本性，而使自己的本性与他者的本性缺损，因此上帝对人背弃的行为进行定罪，并施以惩罚，才是有道理和正义的。所以奥古斯丁说，"我们一致认为只有心灵自己的意志才能使它成为贪欲的奴隶。优越于它或与它平等的，不可能强迫它那样，因那是不义，而低于它的也不可能强迫它，因那是不可能的。只剩下一种可能，即意志从喜爱造物主转向喜爱其造物这一运动属于意志本身。所以，若那运动该受指责——你说过对此有疑乃是荒谬的——那它不是自然的，而是志愿的"②。

上帝赋予人自由意志是为了"人应正当地生活；低等之物当服从优越之物；相类的应与相类的比较；每个人都应得到其理所该得的"③。但是作为有自由意志的人，他可以自己选择和决定是否背弃不变之善，趋向比自己更低的事物。所以，就人这种存在者而言，上帝赋予他自由意志是为了他能过正当的生活、行正当的事，如果对上帝这一目的背弃，他之所为就是违背和败坏本性的行为，是自由意志的毁坏，对此进行谴责和惩罚是正义的；从另一方面说，对于热爱并坚守不变的永恒之善的人，上帝对此进行奖赏也是正义的。所以，"当意志忠于公共的不变的善，便会得到属于人的最大、最重要之善，尽管意志本身只是中等之善。但若意志从共同不

---

① 〔古罗马〕奥古斯丁：《独语录》，成官泯译，上海社会科学院出版社，1997，第184页。

② 〔古罗马〕奥古斯丁：《独语录》，成官泯译，上海社会科学院出版社，1997，第157页。

③ 〔古罗马〕奥古斯丁：《独语录》，成官泯译，上海社会科学院出版社，1997，第133页。

变之善转回到它自己的私善，或外在的或低下的事物，它就犯罪了"①。

总之，一个行为之所以有罪，并不仅仅在于它背弃了永恒者，还在于背弃的行动是出自意志的自由决断。因为在没有自由意志的地方，万物都按所赋得的本性存在，万物都各在其位，他们的存在或运动只是善的体现或象征，而不是善行本身。而一个行为被认定为善行，除是对永恒者秩序的遵从外，也在于其行动是由意志自由决断和促成的，这也构成了对人的行为进行奖惩的正义基础。

但是，可否说如果上帝没有赋予人自由意志，人就根本不可能因犯错而受惩罚，可是上帝却赋予了人因之才犯错的自由意志，这是不是上帝的恶呢？奥古斯丁的回答是否定的，"我们本来已确信的这两个事实，即上帝存在和每一善事都从他而来，既已得到这样完全的考察，这第三件事，即自由意志确当被算作一善事，看来也是显然的了"②。所以，"自由"是上帝所赐予人的善，不应当认为上帝本身不该将它赐予我们，而应该谴责误用这善的人，谴责人对自由意志的误用。所以，奥古斯丁说："难道你不认为智慧无非是辨别并获得至高之善的真理吗？你所提到的各类人，都趋善避恶，使他们有别的是他们对什么是善的看法不一。一个人若追求他不应追求的，就是错了，尽管只有在认为那是善时他才会追求。另一方面，一个人若毫无所求，或追求他应该追求的，便不可能错。因此，就所有人都追求有福的生命而言，他们没有错，但若有人偏离（errare）了导向幸福的道路——尽管他一直坚信他的目标只是幸福——这样他便是错了，因'错误'无非意味着循了不能引导我们到目的地的道路。"③

由此，奥古斯丁又回到了本篇的开头所提出的问题：上帝是不是恶的来源。恶是意志背弃不变之善而转向可变之善，但是这转向不是被迫的，而是志愿的，人因之受痛苦惩罚便是公义和应该的。因为罪是由意志所行的，这运动并非来自上帝，不是为上帝的预知所迫的，所以上帝不是罪的原因，不是恶的来源。但是，奥古斯丁声称尽管人有自由意愿的能力，但是人要过幸福的生活，获得至高的善，仍需要上帝的恩典："既然那运动是

① 〔古罗马〕奥古斯丁：《独语录》，成官泯译，上海社会科学院出版社，1997，第152页。
② 〔古罗马〕奥古斯丁：《独语录》，成官泯译，上海社会科学院出版社，1997，第149页。
③ 〔古罗马〕奥古斯丁：《独语录》，成官泯译，上海社会科学院出版社，1997，第130页。

志愿的，它就在我们的控制之下。若你畏惧它，就不会意愿它；而若你不意愿它，它就不会存在。拥有一种生活，其中你不意愿的事都不可能发生，这不是最大的安全么？既然我们志愿堕落时不可能志愿爬起来，请让我们带着完全的信，抓住那已从高天伸向我们的上帝的右手吧，那就是我们的主耶稣基督。让我们以坚定的望等待他，以热切的爱渴慕他吧。"①

四　简评

最后，总结一下我们的讨论。奥古斯丁之所以提出和讨论自由意志的问题，这与一直困扰着他的关于恶的起源问题有关。但是奥古斯丁所要追问的恶并不是作为幸福生活指南的传统伦理学意义上的恶，而是一种隐含罪罚、奖惩、责任于一身的恶，从根本上说，这种恶就是罪，是来自《圣经》中人类始祖所犯下的原罪，所以奥古斯丁的思想带有神哲学的色彩，在信仰的同时又强调理性，体现出推理的严格。奥古斯丁通过追问罪与责的来源和根据而展现出人所具有的自由意志的维度，这使得指导人幸福生活的伦理学出现了罪与责的内涵，正因为人有自由意志，人才能正当地生活；也因为人有自由意志，人的存在、行动才能有正当不正当的问题。同时，奥古斯丁所讲的意志自由，还阐明了人的一种存在状态，即人的自由。这种自由不是一种物理上的如同门开了可以自由出入的自由，而是一种形而上的自由，人虽然身处自然的因果链条中，却仍具选择的自由，人所具有的形而上的自由使人能在世界中做出真正的区分。奥古斯丁认为这自由是实质性的自由，这是上帝赋予的，所以他的自由观又是信仰主义的。通过追随奥古斯丁的自由意志学说，读者会发现基督教思想给希腊伦理学带来的丰厚充实令人惊叹，奥古斯丁的论说也环环相扣，逻辑严密，这是信仰和理性结合的范例。读罢奥古斯丁，人们应该知晓：真正的信仰必须是理性的，否则只是盲信。

［参考文献］

1.〔古罗马〕奥古斯丁：《独语录》，成官泯译，上海社会科学院出版社，1997。

---

① 〔古罗马〕奥古斯丁：《独语录》，成官泯译，上海社会科学院出版社，1997，第153～154页。

2. 〔古罗马〕奥古斯丁:《忏悔录》,周士良译,商务印书馆,1963。

3. 周伟驰:《记忆与光照——奥古斯丁神哲学研究》,社会科学文献出版社,2001。

4. 赵敦华:《基督教哲学1500年》,人民出版社,1994。

5. 黄裕生:《宗教与哲学的相遇——奥古斯丁与托马斯·阿奎那的基督教哲学研究》,江苏人民出版社,2008。

6

阿奎那:《反异教大全》

　　被誉为"天使博士"的托马斯·阿奎那（Tommaso d'Aquino，1224/1225～1274）在基督教哲学史上，不仅是继奥古斯丁之后最杰出的神学家，也是西方哲学史上中世纪著名的哲学家。他于1224年底或1225年初出生于意大利南部那不勒斯附近的洛卡塞城堡（Roccasecca），他们家是当地的名门望族。托马斯5岁时被父母送到卡西诺修道院的本笃会院当修童。由于教皇和皇帝弗雷德里希二世（Frederick Ⅱ）之间爆发了战争，而阿奎那家族属于帝国的一方，托马斯被其父亲转送到那不勒斯由弗雷德里希二世所创建的普通学校接受初级教育，之后进入那不勒斯大学继续攻读，在那里他接受了当时由阿维森纳（Avicenna，980～1037）和阿威罗伊（Averroes，1126～1198）等阿拉伯和犹太哲学家们重新发现的亚里士多德的自然哲学思想。托马斯19岁时加入了多米尼克教团，誓做基督和罗马教会的终生卫士。他于1245年至1248年和1248年至1252年，先后赴巴黎大学和科隆大学求学，在大阿尔伯特（Albertus Magnus，1193～1280）的指导下学习基督教神学和哲学，1250年升为神父，1252年夏天因老师大阿尔伯特的力荐，登上巴黎大学的讲坛，4年后被任命为巴黎大学的神学教授。从托马斯登上巴黎大学的讲坛开始到1274年他逝世为止，前后共22年，他一直致力于把从古代哲学中得来的新知识与《圣经》及传统神学结合起来，并进行积极的宣讲和为基督教神学和哲学辩护。

托马斯一生都致力于基督宗教哲学与神学的系统化和理性化，他所构造的理论体系成为西方中世纪经院哲学的主要代表。他是一位极其高产的作家，在30年内写了近200篇关于基督教神学的文章。托马斯的伦理学思想主要集中在《神学大全》第2卷、《反异教大全》第3卷、《论德行》等著作中。《反异教大全》是托马斯著作中较早完成的一部论著，写作的目的是论证信仰真理，其运用自然理性和经验为基督教的各种神学命题做辩护，批判敌对世界观的错误，维护基督教思想，免除基督教的信仰危机。《反异教大全》第3卷包含着他大量的实践思想，对研究他的道德、政治以及社会观点至为重要。本文主要以《反异教大全》第3卷中的第1～63章为文本，介绍托马斯·阿奎那论人的目的以及人的目的的实现的思想观点。

[著作内容及导读]

阿奎那《反异教大全》中的主要伦理思想导读

一　每个活动的主体都是有目的的活动主体

《反异教大全》第3卷在讨论人的目的之前，托马斯首先论证了每个活动的主体都是有目的的活动主体。他在《反异教大全》第3卷的序言中宣称："藉活动主体的意志产生的每件事物都指向活动主体的一个目的。因为意志的固有对象即是善的事物和目的。这样，凡由意志产生的事物都必定指向某个目的。再者，每件事物都是藉它自己的活动来获得它的终极目的的，而事物的这些活动必定受赋予事物以活动原则的上帝的指导，并趋向它的终极目的。"① 托马斯关于每个活动主体都是有目的的观点表达了三层含义。

首先，每个活动主体都是为目的而活动的。

什么是目的呢？托马斯说："我们将活动主体的倾向想要得到的事物称作目的。如果它得到了这件事物，它就被说成是得到了目的；倘若它没

---

① 〔意〕托马斯·阿奎那：《反异教大全》第3卷（上），段德智译，商务印书馆，2017，第26页。

有得到这件事物，它就被说成是没有得到它所追求的目的。"①他举例说明，医生的工作是为了治病救人，一个人跑步显然为了达到某个预定目标。他还进一步指出，"一个追求目的的存在者是否具有知识无关紧要"，正如箭靶是射手的目的一样，箭靶也是箭运动的目的，重要的是每个活动主体在活动中都追求一个目的。所以，目的是活动主体的一种倾向性，处于活动状态中的每个活动主体都追求一个目的，都具有某种倾向性，这种倾向性有时指向活动本身，有时指向经过这项活动所产生的一件事物。因此，活动主体的目的存在两种类型，即以活动所产生的结果为目的和以活动本身为目的。所以，托马斯说："事实上，一项活动有时可能以某件受造的事物告终……然而，如果一项活动事实上以某件所造的事物告终，活动主体的倾向即趋向于通过活动而达到所产生的那件事物。如果它并不因一件产品而告终，则这活动主体的倾向所追求的便是这项活动本身。所以，处于活动状态中的每个活动主体都追求一个目的，有时以活动本身为目的，有时以经这项活动所产生的一件事物为目的。"②

其次，每个主体都为善而活动，善是目的的本质特征。

托马斯说："但凡适合于某件事物的东西对它都是善的。所以，每个活动主体都是为着善而活动的。"③ 也就是说，一个活动主体以确定的方式追求的东西必定与活动主体有某种一致性，否则活动主体便不会将其作为目的来追求。每个活动主体之所以都为着善而活动，是因为"善"是一种"可欲性"，"善"是万物全都意欲的东西，正是这种"可欲性"使之成为每个活动主体追求的目的。对此，托马斯说："目的乃一活动主体或推动者以及受推动的事物之欲望倾向得以安息的地方。从而，善的本质的意义正在于它提供了欲望的一个终点，因为'善乃万物全都意欲的东西'。所以，每个活动或运动都是追求善的。"④

---

① 〔意〕托马斯·阿奎那：《反异教大全》第3卷（上），段德智译，商务印书馆，2017，第30页。

② 〔意〕托马斯·阿奎那：《反异教大全》第3卷（上），段德智译，商务印书馆，2017，第30～31页。

③ 〔意〕托马斯·阿奎那：《反异教大全》第3卷（上），段德智译，商务印书馆，2017，第36页。

④ 〔意〕托马斯·阿奎那：《反异教大全》第3卷（上），段德智译，商务印书馆，2017，第36页。

善是一切可欲的，每个个体都追求善作为某一类事物的完善性，而"善"的完善性则来自存在，如托马斯所说："每个活动和运动都是被视为受到安排以某种方式达到存在的，它可能是为了保存种相或保存个体，也可能是为了获得新的存在。由此看来，存在的事实本身即是一种善，从而，所有的事物都欲望存在。所以每个活动或运动都是追求善的。"① "存在"表明了"是什么"或"什么是真实存在的"。这段话指出"善"表明了什么是可欲的，"善"、"可欲性"和"存在"之间具有密切的联系。"善"是将"存在"放在"可欲性"方面考虑，表明了什么是可欲的，而"存在"则表明了"是什么"或"什么是真实存在的"而不涉及"可欲性"，所以，善表达了可欲性的一面，而存在没有表现这一点，善和存在确实是一回事，只是侧重的方向不一样。

善的本质取决于它在某种意义上是可欲的，一种事物只有当它是完美的时候才是可欲的。而每一种事物只有在具有现实性的时候才是完美的。所以，存在是一种现实性，"善"与现实性是一致的。因为"凡具有现实存在的事物都与其本质相一致。就其具有存在而言，它是具有某种善的事物的"②，又因为"存在是藉潜在和现实区分开来的"，"而潜在也是一件善的事物，因为潜在趋向现实"，"活动本身即是善，因为一件事物，在其处于现实状态的意义上，即是完满的"。③ 所以，某一事物的存在本身，或任何实在性得以实现的事物都被认为是现实的，都是一种善。

对于活动的主体而言，主体的活动都是通过由潜在达到现实的运动过程的，"受推动的对象，既然其处于潜在状态，便总是趋向现实，从而也就总是趋向完满和善"，"推动者和活动主体两者在其运动和活动中总是始终追求善的"，④ 每个活动主体都为善而活动，善不仅是某个从潜在到现实的过程，还是潜在性现实化后的完满状态。所以，活动主体无论是以某个

---

① 〔意〕托马斯·阿奎那：《反异教大全》第3卷（上），段德智译，商务印书馆，2017，第36~37页。
② 〔意〕托马斯·阿奎那：《反异教大全》第3卷（上），段德智译，商务印书馆，2017，第51页。
③ 〔意〕托马斯·阿奎那：《反异教大全》第3卷（上），段德智译，商务印书馆，2017，第53页。
④ 〔意〕托马斯·阿奎那：《反异教大全》第3卷（上），段德智译，商务印书馆，2017，第39页。

活动结果为目的，还是以活动本身为目的，"善"都是目的的本质特征。

最后，活动主体所趋向的目的之间存在一个目的和善的序列，上帝是万物的终极目的和至善。

如上所述，任何活动主体的活动都趋向某个目的，无论是以活动结果为目的还是以活动本身为目的，目的都处于行动链条的终点。如果从活动主体的行动意图来看，目的却是在先的，目的提供了主体活动的动力因，因为质料如果没有受到动力因的推动，便无法取得形式；任何从潜在到现实的活动也都需要动力因的推动。动力因由于目的的指向而运动，因此主体的活动形成了一个目的因的序列，这就好比医生配制一剂汤药为的是给病人喝，而给病人喝是为了让病人净化肠胃，而让他净化肠胃的目的乃是使他减肥，而让他减肥又是为了使之得以因此变得健康，这样，健康就必定是其减肥过程的目的，也必定是其净化肠胃以及此前所有其他活动的目的。托马斯说:"在任何种类的原因中，第一因比第二因更是原因，因为第二因只有凭借第一因才能成为一个原因。所以，在目的因的秩序中，构成第一因的东西必定比其最近的目的因更是任何事物的目的因。但上帝在目的因的秩序中是第一因，因为他在善的秩序中是最高的。所以，他比任何最近的目的都更是每一件事物的目的。"① 也就是说，上一级的活动主体推动次级活动主体使之运动起来，从而达到次级活动主体的目的；上一级的活动主体成为次级活动主体的动因，目的之间的秩序是活动主体之间的秩序的结果。因为"一件事物在其能够产生另一件事物之前其自身必定首先是完满的"②，所以，原因就其本身而言，总是优越于所产生的事物，推动者作为动力因高于被推动者。既然任何事物的存在都是以另一个事物为原因，而通过他物而存在的东西的原因可能不止一个，这必然会形成一个原因的链条和目的的序列，托马斯认为为了避免我们在探究事物的原因时陷入无穷追溯，在原因链条和目的序列的终点必然会存在一个不依赖其他事物，自己是自己存在的原因的第一因，在托马斯看来，作为创造者的上帝是第一推动者，推动所有事物的运动却不被任何事物所推动，上帝自己

---

① 〔意〕托马斯·阿奎那:《反异教大全》第3卷（上），段德智译，商务印书馆，2017，第89页。

② 〔意〕托马斯·阿奎那:《反异教大全》第3卷（上），段德智译，商务印书馆，2017，第106页。

就是自己的目的和原因，是所有事物存在的原因，所以上帝是万物的第一因和终极目的。

我们已经不难看出，在托马斯那里，目的的本质特征是善："因为无论什么样的目的，它之成为目的，乃是由于它是一个善的缘故。"① 善也是具有可欲性的现实存在，但是，也不是所有受造物都安置在善的同一个层次上。托马斯说："对其中的一些来说，实体乃它们的形式和它们的现实：那些由于其本质所是的东西，既适合于存在也适合于成为善的受造物即是如此。而对它们中的另一些来说，实体则是由质料和形式组合而成的：对于这样一种存在者来说，它之适合于存在，而成为善则是由于它的某个部分的缘故，也就是说，由于它的形式的缘故。所以，上帝的实体即是他自己的善，但单纯的实体是藉它本质上所是的东西而分有善，而复合的实体则是藉作为其一部分属于它的某种东西而分有善。"② 这里，托马斯把存在者分为三种类型，即复合实体、独立实体和上帝③，认为不同的存在者之间因分享上帝的善的不同而存在不同的善的级别，由此而形成了善的秩序。

第一类存在者是复合实体，复合实体是由形式和质料组成的实体④。托马斯说，"既然凡对某种别的事物不存在任何潜能之处显然便不可能发生任何变化，因为运动乃'潜在存在的事物的现实'"⑤，"复合实体是藉形式而现实地存在的，形式就其是自身而言便是善的。而复合实体是就其现实地具有形式而言才是善的，质料则是就其潜在地达到形式而言才是善的"⑥。

---

① 〔意〕托马斯·阿奎那：《反异教大全》第 3 卷（上），段德智译，商务印书馆，2017，第 88~89 页。
② 〔意〕托马斯·阿奎那：《反异教大全》第 3 卷（上），段德智译，商务印书馆，2017，第 99 页。
③ 托马斯关于不同类型的存在者的观点详见其所著的《论存在者与本质》。
④ 托马斯认为复合实体中存在两类情况。一类是无朽坏的复合实体，即实体形式实现了质料的全部潜能（totam materiae potentiam），在它们的质料中根本不存在关乎另一个形式的任何潜能。天体即这样一种类型的存在者，当其存在时，它们便实现了它们的全部质料。另一类是有朽坏的复合实体，即不仅形式不能穷尽它们质料的全部潜能，还对另一种形式保留有潜能，而且，在质料的某个别的部分，还依然对这类形式保留有潜能。例如，在物质元素（elementis）中以及在由元素组合而成的事物中，就存在这类情况。
⑤ 〔意〕托马斯·阿奎那：《反异教大全》第 3 卷（上），段德智译，商务印书馆，2017，第 100 页。
⑥ 〔意〕托马斯·阿奎那：《反异教大全》第 3 卷（上），段德智译，商务印书馆，2017，第 101 页。

所以,质料就自身而言具有潜在性,复合实体因为是形式与质料的复合,其存在具有潜在性,而处于实体较低的层次,因为它的善是易变的,处于较低的善的等级①。

第二类存在者是独立实体,独立实体就是脱离了质料的实体,它只有形式而排除了任何质料,所以,独立实体的单纯性是相对于它的非物质性而言的。独立实体之间存在潜在与现实的区别,这使得它们之间的完满程度不同,具有不同的善的等级。托马斯说,"凡是从他物接受某种东西的,都潜在地相关于它所接受的东西,而该事物所接受的东西即是它的现实性"②,上帝作为万物的第一因,作为受造的理智实体的形式来自上帝,从理智实体分有上帝的存在而言,理智实体的形式相对于上帝而言是一种潜在,上帝相对于理智实体的形式而言,则是一种现实。上帝不仅是理智实体得以存在的根据,而且也是其本质得以由潜在转变为现实的根据,所以"灵智越是高级,就越是接近第一存在,具有的现实性也就越多,具有的潜在性也就越少"③。

第三类存在者即上帝。"上帝由于其总是处于其存在的现实之中,便享有善的最高等级的完满性"④,上帝是单纯的现实的存在,具有他自己的完满性和完全的善,"上帝之存在与上帝之为善则完全是一回事"⑤。托马斯说,"对任何受造物来说,说它存在与说它无条件的善并不就是一回事,尽管它们中的每一个就其存在而言都是善的"⑥,也就是说,任何受造物就其存在而言都是善的,但是,因为"一件受造的事物并不能以单一的方式

---

① 虽然托马斯认为质料因具有潜在性而不能无条件地被称作善,但是又因为质料的潜在存在蕴含着同现实存在的一种关系,在质料与现实的这样一种关系的意义上,质料又可以无条件地称作善。所以,托马斯认为善在一定意义上,比存在具有广大的范围,甚至引用狄奥尼修斯在《论神的名称》中所说的"善既扩展到现实的存在者,也能扩展到非现实的存在者"。因为这种非现实存在的事物,即缺乏主体的质料,总是欲求一种善,即存在。任何事物都欲求存在,所以,善也是一种存在。

② 〔意〕托马斯·阿奎那:《论存在者与本质》,段德智译,商务印书馆,2018,第35页。

③ 〔意〕托马斯·阿奎那:《论存在者与本质》,段德智译,商务印书馆,2018,第36页。

④ 〔意〕托马斯·阿奎那:《反异教大全》第3卷(上),段德智译,商务印书馆,2017,第102页。

⑤ 〔意〕托马斯·阿奎那:《反异教大全》第3卷(上),段德智译,商务印书馆,2017,第103页。

⑥ 〔意〕托马斯·阿奎那:《反异教大全》第3卷(上),段德智译,商务印书馆,2017,第103页。

具有它的完满性", 即受造物不能仅仅借着自身的存在而是要依赖于其他
事物才能获得它们的善的完满性, 所以, "相较于上帝的善, 受造物的善
还以另外一种方式具有缺陷", "因为在最高实体中统一在一起的东西, 在
最低的事物中, 却被发现是以多种样式存在着的",① 也就是说, 任何受造
物的完满的善所需要的各种不同的事物越多, 它离上帝至善的距离也就越
远。"如果一件受造物不可能获得完满的善, 它就将以一些不同的方式持
有不完满的善"②, 上帝的至善是全然单纯的, 在善的方面接近他的实体在
单纯性方面也同样接近他: 复合实体因形式与质料的复合而不具备单纯
性; 独立实体虽然排除了物质的纯形式, 但因混杂了潜在性而不是全然的
单纯。所以, 上帝的至善被作为衡量其他所有善的标准, 在复合实体和独
立实体之间依据存在者距离上帝至善从远到近的距离形成从低到高的善的
等级③。

　　既然上帝作为创造者, 是所有存在者存在的原因, 上帝的至善也是衡
量其他所有善的标准, 则所有的受造物都以其各种不同的善的等级从属于
其本身为所有善的原因的至善。万物的善全都依赖于上帝, 上帝的善即公
共的善, 而各种不同的善则是特殊的善, "因为无论什么样的目的, 它之
成为目的, 乃是由于它是一个善的缘故"④。善是目的的本质特征, 所有的

---

① 〔意〕托马斯·阿奎那:《反异教大全》第3卷(上), 段德智译, 商务印书馆, 2017, 第
　　102页。
② 〔意〕托马斯·阿奎那:《反异教大全》第3卷(上), 段德智译, 商务印书馆, 2017, 第
　　102页。
③ 托马斯认为所有存在自身都是善的, 这是自奥古斯丁以来所形成的关于创造物的善的一
　　种形而上学的解释。任何事物之所以成为它那种事物, 其原因在于上帝所赋予的形式,
　　事物获得其形式的过程就是从潜在到现实的过程, 事物获得现实性的存在就是善。受造
　　物是善的, 但是当一种存在的善与另一种存在的善发生矛盾时, 就会产生恶。例如, 狮
　　子吃掉一个人, 对狮子来说可能是善, 但对人而言则是恶。从一种受造物的存在可能与
　　其他受造物的存在发生冲突的角度来看, 恶并不具有实体性, 并非创造物的本质属性;
　　善与恶之间不存在对立, 因恶是依靠善而存在的, 恶是善的缺乏, 当一种存在保持其完
　　美和善时, 就不存在恶。恶不仅依赖于受造物的善, 更依赖于创造主上帝的善。因为善
　　的缺乏必须有其发生的主体, 所以恶依靠受造物的存在; 上帝创造万物, 所有受造物通
　　过分有上帝的善而存在, 恶为受造物缺乏善的状态, 不仅依赖于受造物存在的善, 更
　　依赖作为受造物的源泉的上帝的至善, 所以恶也不与上帝绝对对立, 因为恶依赖于作为
　　所有秩序源泉的上帝。
④ 〔意〕托马斯·阿奎那:《反异教大全》第3卷(上), 段德智译, 商务印书馆, 2017, 第
　　88~89页。

事物都从属于上帝，"特殊的善总是被安排达到公共善"①，所以，上帝必定是万物所追求的终极目的和至善。

二　什么是人的终极目的和真福

托马斯通过讨论上帝是万物的目的和至善、上帝的至善是衡量其他所有善的标准，表明受造物的目的和善具有多样性，作为至善和万物终极目的的上帝与受造物的各种不同水平的善和目的之间是一与多的关系。以此为背景，托马斯开始讨论人的目的和善。托马斯在《反异教大全》第3卷的第26～48章中通过讨论人的终极目的和终极幸福不是什么，来确认人的终极目的和终极幸福究竟应该是什么，他认为人的终极目的——被称作真福或幸福（felicitas sive beatitudo）——应该是认识上帝。

神启和理性被托马斯看作真理的来源，所以，他关于道德和幸福的理论虽然主要来自亚里士多德的关于道德与幸福的理论，但他在此基础上进行了补充和升华，使之同基督教中的上帝直接联系起来②。在亚里士多德看来，大多数人都把至善与幸福等同起来。尽管所有的人，不分贵贱，也不管受教育程度如何，都承认幸福是至善，但他们在得到幸福的方法和行动上却不尽相同。亚里士多德对人类行为本质进行观察，认为人类的行为具有目标或目的，行为主体试图实现目的或目标，诸多目的或目标之间存在着等级序列。那么人的目的或目标中是否存在一种终极目的或目标、一种最高的善是所有人类行为指向呢？托马斯也遵循亚里士多德的这一思路逐一分析了人的满足中包含哪些善以及这些善是不是人的终极幸福和至善等问题。

首先，托马斯认为人的终极幸福不在于诸如荣誉、荣光、财富和尘世的权力这些外在的善。

托马斯认为，"凡由于某个别的事物而成为善的和可欲望的东西都不是终极目的"③，荣誉的获得不在个人能力的范围之内，而来自赋予荣誉的

---

① 〔意〕托马斯·阿奎那：《反异教大全》第3卷（上），段德智译，商务印书馆，2017，第90页。
② 托马斯在注释亚里士多德的《尼各马可伦理学》一书时发表过若干见解，参看这些著作，对全面了解托马斯的伦理思想很有用处。
③ 〔意〕托马斯·阿奎那：《反异教大全》第3卷（上），段德智译，商务印书馆，2017，第150页。

他人的能力之中。荣光主要在于赞赏，赞赏则在于一个人被广泛地认知，"认知比被认知的东西更为高贵，只有那些更高贵的事物才认知，而只有那些最低贱的事物才被认知。因此，人的最高的善不可能是荣光，因为荣光在于一个人被充分地认知"①。与荣光有关的还有人能够认识的与声望相关的知识，但这些知识具有不确定性和错误而无法成为最高的善，因为"世上没有什么东西比意见和人的赞赏更容易变化的了。所以，这样的荣光并非人的最高的善"②。

财富也不可能是至善，因为财富主要使人借消费它们而从中获得好处。财富的主要价值在于它们能够消费而不在于财富自身，财富的善只有在人们或是为了维护身体，或是为了其他用途而消费财富的时候，才能被提供出来，因为"构成至善的东西之被人意欲，却是为了它自身的缘故，而非为了某件别的事物的缘故"，所以，"人比财富好，因为财富只是为人所用的事物。所以，人的至善不在于财富"③。

真福也不在于尘世的权力。其一，"所有权力都是相对于某件别的事物而言的。但至善却并不是相对于某件别的事物而言"④，托马斯认为权力的获得依赖幸运能否发挥重要作用，但是，幸运是不稳定的。其二，一个人既能用权力做好事，也能用它做坏事，所以，"一个我们既能用来做善事也能用来做恶事的事物是不可能成为至善的"⑤。其三，人的权力根植于人的意志和意见，而在人的意志和意见中，又存在最严重的反复无常。除此之外，权力越是被认为重要，就越是依赖于大多数人，这就使它越发虚弱，因为凡是依赖于许多人的事情是容易以许多种方式遭到破坏的。所以，人的至善并不在于尘世权力。

在分析完荣誉、荣光、财富和尘世的权力这些善之后，托马斯认为这

① 〔意〕托马斯·阿奎那：《反异教大全》第3卷（上），段德智译，商务印书馆，2017，第153页。
② 〔意〕托马斯·阿奎那：《反异教大全》第3卷（上），段德智译，商务印书馆，2017，第153页。
③ 〔意〕托马斯·阿奎那：《反异教大全》第3卷（上），段德智译，商务印书馆，2017，第154~155页。
④ 〔意〕托马斯·阿奎那：《反异教大全》第3卷（上），段德智译，商务印书馆，2017，第156页。
⑤ 〔意〕托马斯·阿奎那：《反异教大全》第3卷（上），段德智译，商务印书馆，2017，第156页。

些善都"被称作侥幸的善"，"人的真福不在于外在的善，因为所有这种'被称作侥幸的善'的外在的善都包含在前面各项之下"。①

其次，托马斯认为人的终极幸福也不在于诸如健康、美丽和强壮这些身体的善。

人的至善不在于身体的善，这因为身体的善不仅通常为善人和恶人所共有，而且也是人和其他动物所共有的。就身体的善而言，诸如健康、美丽和强壮这些身体的善是不稳定和易变的，甚至许多动物在身体方面生来就比人类要强，例如，有些动物比人跑得快，有些动物比人更强壮。如果身体的善是人的至善，那么人就不是动物中最卓越的了，所以人的至善不在于身体的善。

托马斯认为人是由形式和质料所组成的复合实体，是精神和物质的统一体。灵魂是人的形式，身体是人的质料，"灵魂优越于身体，如果没有灵魂，身体便没有生命"②，所以，灵魂的善，如理解能力、感知力和其他诸如此类的事物，优越于身体的善；身体除非借助于灵魂，否则不可能具有上述各种身体的善。所以，身体的善并非人的至善。

虽然托马斯否认诸如健康、美丽、强壮这些身体的善是人的至善，但是，他也肯定了身体的善也是一种善，身体的善的获得是为了获得其他善，灵魂或是幸福的生活。此外，托马斯也进一步强调热衷于身体的愉悦是一个无序灵魂的标志，因为"人的最高的完满性并不在于低级事物与他自身的结合，而毋宁说在于同某种具有更高特性的实在的结合，因为目的总是比那些为了目的的缘故而存在的事物更好些"③。身体的愉悦是人通过他的感觉与某些比他低级的事物结合在一起而产生的，而理解能力是人身上最高贵的东西，所以人应该以他的理解能力而非以感觉能力使之愉快。肉体的快乐使"人非但不能接近上帝，反而远离上帝。因为这种（对上帝的）接近是默思（contemplationem）的结果，而上述快乐则是默思的首要

① 〔意〕托马斯·阿奎那：《反异教大全》第3卷（上），段德智译，商务印书馆，2017，第157页。

② 〔意〕托马斯·阿奎那：《反异教大全》第3卷（上），段德智译，商务印书馆，2017，第158页。

③ 〔意〕托马斯·阿奎那：《反异教大全》第3卷（上），段德智译，商务印书馆，2017，第146页。

障碍，因为它们使人沉溺于感性事物，使人偏离可理解的对象。所以，人的真福绝对不应定位于肉体快乐"①。

最后，托马斯认为诸如伦理道德、智力能力、艺术才能以及感知力、知识这些灵魂的"内在的善"也不是至善。

托马斯认为人的终极真福不在于道德行为，因为"人的真福倘若是终极的，便不可能被安排达到更进一步的目的。但所有的道德运作却都能够被安排达到某个别的事物"②。托马斯以勇德（fortitudinis）和义德（iustitiae）为例进行说明，认为与战事活动相关的勇德的运作，是被安排达到胜利和和平的，义德的运作则被安排达到维持人们之间的和平，使每个人都能获得自己应得的东西。所以，道德行为的目的在于使人的内在情欲和外在事物之间保持适中。然而，这些情感和外在事物又是以某件别的事物为目的的，所以人生的终极目的不可能成为情感和外在事物的一种调节（modificatio），因此，人的终极真福不在于道德行为。

所有实践知识都是为了达到某种目的的行动，智德主要处理活动中与目的相关的事情，"它并不处理必然的对象，而只是处理偶然的活动问题"③，所以，智德不是人的终极真福："凡被安排达到一个别的事物，且以别的事物为目的的事物，都不是人的终极真福。但智德的运作却被安排达到某个别的事物，并将其作为目的。"④ 同理，技艺知识作为一种实践知识，也是为了造出供人使用的人工产品，技艺运作的目的是技艺品，从而，它也就被安排达到一个目的，所以艺术才能并非人的终极目的和真福。

感知力与感觉和感性认识有关。"感觉之所以珍贵，乃是因为它们有用以及它们的知识"⑤，感觉秩序中最大的快乐与食物和性生活相关，这都

① 〔意〕托马斯·阿奎那：《反异教大全》第 3 卷（上），段德智译，商务印书馆，2017，第 148 页。
② 〔意〕托马斯·阿奎那：《反异教大全》第 3 卷（上），段德智译，商务印书馆，2017，第 160 页。
③ 〔意〕托马斯·阿奎那：《反异教大全》第 3 卷（上），段德智译，商务印书馆，2017，第 163 页。
④ 〔意〕托马斯·阿奎那：《反异教大全》第 3 卷（上），段德智译，商务印书馆，2017，第 163 ~ 164 页。
⑤ 〔意〕托马斯·阿奎那：《反异教大全》第 3 卷（上），段德智译，商务印书馆，2017，第 159 页。

相关于身体的善,所以人的至善不在于感觉的部分。尽管感觉的所有用途都是相关于身体的善,但"感性认识却从属于理智认识。例如,没有理解能力的动物无法从感觉活动中获得快乐","理智比感觉优越。因此,理智的善比感觉的善优越"。① 人们依靠感官获得对外在事物的感性认识,以感性认识为基础通过理智的推理活动由一个已领悟者到达另一个,认知可领悟的真理,从而获得普遍的认识。所以,除非我们已经有了感觉,否则我们不能运用我们的理性。从周围世界的关于个体感觉经验出发,在想象和记忆的帮助下,我们就能运用理性去把握世界上的个别事物的相似和不同,从而产生对普遍本性或本质的理解。例如,我们观察很多个别的人,最后我们注意到人有两条腿、可以直立行走,可以思考等,这些观察使我们有了一个"什么是人"的理解。虽然我们需要个别的感觉以便运用理性,但是关于普遍本质的领悟却依靠理性,所以感知力不是至善。

知识也不是至善。托马斯认为人对真理的探究是人的自然本性,人们很自然地会欲求知道事物的本质和原因,但是,人作为一个有限的理性受造物,人的理性具有局限性,所获得的知识和领悟的真理常常会出现不确定性和错误,所以,"人的终极真福是不可能在于依赖于理解原则的默思的,因为它是很不完满的,最普遍的,包括对事物的潜在认识"②。此外,知识是"人的探究的开始,而非人的探究的终点"③,而人的终极真福应该是人的意欲的止息之处,所以,知识不是人的终极目的和真福。

上面提到的伦理道德、智力能力、艺术才能以及感知力、知识等这些有关灵魂的善是部分的、有限的,不可能给我们以完全的满足。所以,人的实现不可能包含在对任何有限的善的占有中。

综上,托马斯认为人的终极目的并不在于那些被称作侥幸的善的外在事物,不在于身体的善,也不在于灵魂的感觉部分的善和灵魂的理智部分的道德行为以及相关于技艺和智德的理智行为。"因为真福应当在于理智

① 〔意〕托马斯·阿奎那:《反异教大全》第3卷(上),段德智译,商务印书馆,2017,第159页。

② 〔意〕托马斯·阿奎那:《反异教大全》第3卷(上),段德智译,商务印书馆,2017,第167页。

③ 〔意〕托马斯·阿奎那:《反异教大全》第3卷(上),段德智译,商务印书馆,2017,第167页。

的相关于最高贵的理解对象的工作"①，所以，"人的终极真福在于对智慧的默思（contemplatione veritatis），这样一种默思奠基于对上帝问题的思考"②。也就是说，托马斯认为人的真福是以上帝为最高理解对象，对上帝进行默思，认识上帝。

三 如何实现人的终极目的和真福（善行、行为）

托马斯的伦理学说基本上是借鉴亚里士多德的思想来进行建构的。在《尼各马可伦理学》中，亚里士多德认为，每一个能力（power，机能）都为某个"目的"而行动，"幸福"即目的，人对目的或善的追求必须依赖于某个能力或机能，则人的目的或善的实现也就依赖于人的某个能力或机能。人能够生长，具有生长机能，植物也具有生长机能；人能够以感官感知生活，具有感觉机能，动物也具有感觉机能。只有理性把人与动植物区分开，是人所具有的独特机能，亚里士多德说"人的功能就是灵魂合乎理性的实现活动，至少不能离开理性"（《尼各马科伦理学》1098a，5－10）③，人的完全实现建立在人的理性机能的基础上。

既然人的完全实现建立在人的理性功能的基础上，托马斯就把人的活动性质分为两种，一种是"人的行为"（Actus Hominis），一种是"人性行为"（Actus Humanus）。"人的行为"主要涉及一些如人的生长和发育、条件反射等自然的、无意识的本能活动。因为人作为自身活动的主人具有理智和意志，所以"人性行为"是人在理智的指导下由意志所实现的活动，是经由理性判断认出目的并由意志自由抉择而实现的理性活动。因此，"人性行为"不是抽象的，而是具体的，是有对象的，是意志的理性意欲④。

亚里士多德认为人人追求善，人人追求幸福，这是最基本的和最现实

① 〔意〕托马斯·阿奎那：《反异教大全》第3卷（上），段德智译，商务印书馆，2017，第167页。
② 〔意〕托马斯·阿奎那：《反异教大全》第3卷（上），段德智译，商务印书馆，2017，第166页。
③ 〔古希腊〕亚里士多德：《尼各马科伦理学》，苗力田译，中国社会科学出版社，1999，第13页。
④ 托马斯认为"人性行为"涉及道德问题，属于伦理范围，伦理行为和人性行为是同一的，伦理学要讨论的就是人类活动中的"人性行为"。"人的行为"虽然也符合人的本性和满足人的本性需要，但因为无须经过思考和意志的选择，基本上属于人的生理现象的范围，并不涉及道德与否，这样的行为是中性的，不属于伦理范围。

的"人性行为"。"人性行为"是从作为理性且自由的存在者而来的行为，是意志的理性意欲，托马斯认为人以自身认识的"目的"而行动是人与生俱来的能力，但是，他又说，"理智活动主体，在它为自己确定目的的意义上，是为一个目的而活动的"，"不过，理智存在者并不能为它自身确定目的，除非它是因为考虑到善的理性特征而这样做的，因为理智的对象只有藉善的理性意义才能够受到追求，而这也正是意志的对象"①。这里，托马斯提出了理解意志及其活动的基本框架。

第一，趋向善是人的自然倾向，善是意志的固有对象。托马斯认为包括人在内的万物是上帝所创造的受造物，在这个意义上，万物被上帝以不同的方式安排达到其目的，所以，趋向目的是人的自然倾向。又因为事物的善是否实现，是根据"现实"的，因为没有"现实"的"潜能"是不完美的，所以，善是意志的对象，善是目的的本质特征，趋向善也是人的自然倾向。

第二，意志是内在于人的一种对目的有所知晓的自愿行为，被理解的善是意志所追求的对象。如前所述，从受造物的角度看，万物是被安排达到其目的的，所以人趋向目的的运作与行为是其自然本性的倾向；同时，人通过理智能够认识目的，"理智活动主体，在它为自己确定目的的意义上，是为一个目的而活动的"②，所以，"所意欲的第一个对象也就必定不是意志的活动而是某个别的善的事物"③。由于人们能够领悟其行为的目的，又能够自己推动自己，意志行为是一种由意志而来的自愿的行为。自愿，即意志的意欲趋向，它趋向于自己所愿意和欲望的对象，这不同于人趋向善的自然倾向，而是意志在理智的指导下经过自由抉择自愿趋向的行动，换句话说，除非某个善被理解并且意志也愿意以这个善为对象，否则意志行为是不可能发生的。所以，意志是一种自愿行为，被理解的善是意志所追求的对象。

---

① 〔意〕托马斯·阿奎那：《反异教大全》第3卷（上），段德智译，商务印书馆，2017，第37～38页。
② 〔意〕托马斯·阿奎那：《反异教大全》第3卷（上），段德智译，商务印书馆，2017，第37页。
③ 〔意〕托马斯·阿奎那：《反异教大全》第3卷（上），段德智译，商务印书馆，2017，第138页。

第三，上帝赋予万物不同的运作方式实现善，意志按照第三种运作方式实现善。托马斯认为"任何实在存在借以安排达到其目的的最后的事物是它的运作"①。这里的"运作"即一种动作或活动（operation），在"被创造"的意义上，万物的善是内存于自身的，它需要通过动作或活动来实现。这种运作或活动即事物从潜在到现实的活动，因为没有"现实"的"潜能"是不完美的，所以，运作是活动者的实现。不同的活动者被上帝安排以不同的运作方式使其自身的善得以实现。

托马斯认为上帝以三种不同的运作方式使万物的潜能得以实现。第一种方式为推动，这种运作适合于推动其他事物的推动者，"它们却是由于它们在低级事物中引起产生和坏灭以及其他变化这样一个事实而成为其他事物的原因的"②，也就是说，推动者借着它们的特征，通过成为其他事物的原因而推动其他事物，例如，加热活动和刀砍的活动就是这种情况。那么被加热或被刀砍的情况则属于第二种运作方式即被推动，这种运作适合于接受被动影响的事物。被推动的事物自身不能能动地推动任何事物，只能为另一件事物所推动，被动地接受推动者的影响。第三种运作方式既不同于受动，也不同于那种导致外在物质产生变化的活动，而是既推动别的事物又受到别的事物的推动的事物。第三种意义上的运作的典型形式是理解活动、感觉活动、意志活动。人的幸福在于人的"最后实现"，"运作"是动作者的"实现"。因此，人的幸福必然最终落实到人的"运作"上。意志活动是第三种运作方式的典型形式。因为，意志是理智指导下趋向目的的活动，即理智认识意志的对象，推动意志，受到推动的意志又现实地推动理智去实施其运作，所以，意志活动既不仅仅是被推动的，也不仅仅是导致事物产生变化的推动活动，而是既推动别的事物又受到别的事物推动的活动，是第三种运作方式的典型形式。

在确定了意志及其活动的基本特征后，托马斯又进一步详细讨论了意志趋向善的具体运作过程。托马斯说："在道德活动中，我们发现了按照一定秩序排列的四项原则。其中之一是执行能力（virtus executiva），亦即

---

① 〔意〕托马斯·阿奎那：《反异教大全》第 3 卷（上），段德智译，商务印书馆，2017，第 108 页。

② 〔意〕托马斯·阿奎那：《反异教大全》第 3 卷（上），段德智译，商务印书馆，2017，第 110 页。

运动能力（virtus motiva），身体的各个部分是受其推动来执行意志的命令。因此，这种能力为意志所推动，乃一项二级原则。接下来是意志能力。意志为认识能力（virtutis apprehensivae）的判断所推动，认识能力判断对象的善恶。因为意志的对象是这样一些对象：意志将推动活动主体去获得其中一些，推动活动主体去避免其中另一些。这种认识能力反转来又受到所认识的事物的推动。"① 也就是说，意志对象、理智、意志和外在行为之间存在密切的关系，意志活动涉及意志对象、运动能力、意志能力和认识能力，在这四个要素之间意志按照既被推动又能够自己推动的第三类运作进行活动。

首先，目的先于意志，理智对意志的推动是首要的和直接的。托马斯说："为了道德活动，必须有两项原则先于意志，亦即认识能力和认识对象。而认识对象即是目的。"② 这里包含两层含义。

其一，目的先于意志，意志受目的推动。如前所述，从受造物的角度看，人趋向目的的运作与行为是其自然本性的倾向；同时，人具有理性，能够通过理智理解和认识目的。"理智活动主体，在它为自己确定目的的意义上，是为一个目的而活动的"③，所以，"所意欲的第一个对象也就必定不是意志的活动而是某个别的善的事物"④，目的先于意志的活动。

既然目的先于意志的活动，就是先有目的而后才有意志。托马斯与亚里士多德观点一致，认为每一个机能都为某个"目的"而行动，"幸福"即目的，活动主体除非为了目的，否则不可能运动，所以，目的推动意志，是意志的"动力因"。如果不断追问事物的"目的因"，可以发现每个事物都在追求一个更高级的"目的"或"形式"。如此往上追溯，最终可以追溯到一个"最终的目的或形式"即"不动的原动者"或"第一动因"，这是一个永恒不动的独立实体，它不生不灭，既是万物追求的目的，

---

① 〔意〕托马斯·阿奎那：《反异教大全》第 3 卷（上），段德智译，商务印书馆，2017，第 66~67 页。
② 〔意〕托马斯·阿奎那：《反异教大全》第 3 卷（上），段德智译，商务印书馆，2017，第 68 页。
③ 〔意〕托马斯·阿奎那：《反异教大全》第 3 卷（上），段德智译，商务印书馆，2017，第 37 页。
④ 〔意〕托马斯·阿奎那：《反异教大全》第 3 卷（上），段德智译，商务印书馆，2017，第 138 页。

又是产生万物的动力，是一切变化的根源，这个"不动的原动者"和"第一动因"在托马斯看来就是上帝。人的目的或动力就是实现幸福，虽然理智能够认识诸如"友谊"、"节制"以及一些"外在的善"，这对于实现完美的幸福是必要的；但是，人的最终的幸福则是运用理性"沉思"最高的对象，尤其是沉思"不动的原动者"和"第一动因"的上帝，这意味着人的意志不仅必然倾向一般的善和以实现一般的善为目的，而且又必然倾向于最高的善即至善以实现至善为最终目的。

其二，理智先于意志，理智对意志的推动是首要的和直接的。虽然目的先于意志并推动意志，但目的是通过理智的认识能力被辨认出来的，所以，"在人的所有部分之中，理智被发现是其上级推动者（superior motor）；因为理智推动欲望，将对象呈现给它"①。欲望是对某事物的向善倾向，托马斯认为所有向善倾向都源自存在于事物本性中的形式，事物的善就是因为它从潜在状态到现实而成为善和完满的，形式即存在者的现实化。处于潜在状态的事物是以"形式原理"（formal principle）的方式受到他物推动而趋向目的行动的。在趋向形式的过程中能够发现一些等级。"它（欲望）存在于所有的事物之中，尽管它以不同的方式存在于不同的事物之中"②，欲望的差异源自形式，例如，原初质料对于元素的形式处于潜在状态，是元素何以成为混杂形体（mixti）的原因；混杂形体的形式对于植物灵魂处于潜在状态，植物灵魂乃形体的现实；植物灵魂对于感觉灵魂处于潜在状态；而感觉灵魂对于理智灵魂处于潜在状态。托马斯说："这样一种差异性却是由事物以不同的方式相关于知识产生出来的。因为那些完全缺乏知识的事物仅仅具有自然的欲望。那些具有感性知识的事物则进而有感觉欲望，其中也包括愤怒能力和情欲能力。但具有理智知识的事物还具有与这类知识相对应的欲望，亦即意志。"③ 因为人是形式和质料的复合实体，是肉体和灵魂统一体，人同时具有植物灵魂、动物灵魂和理智灵魂，但理智

---

① 〔意〕托马斯·阿奎那：《反异教大全》第 3 卷（上），段德智译，商务印书馆，2017，第 132 页。
② 〔意〕托马斯·阿奎那：《反异教大全》第 3 卷（上），段德智译，商务印书馆，2017，第 137 页。
③ 〔意〕托马斯·阿奎那：《反异教大全》第 3 卷（上），段德智译，商务印书馆，2017，第 137 页。

灵魂是人的本质特征,所以人同时具有感觉欲望和理性意欲,无论是感觉欲望还是理性意欲都源自理智认识到的形式,理性欲望是意志的欲望对象,所以,意志是一种理性意欲,理智是以向意志指示其对象的方式来推动意志的,被理解的善才可能成为意志的对象,理智对意志的推动是首要的和直接的,但意志与感官欲望以及由此产生的情绪仍存在关系。

人们先是通过感官来认识经验世界,获得一些感性认识,所以,来自感官欲望的激情从对象方面推动意志。人在激情的影响下判断事物是否合适与愉悦,如果没有感官的激情,人就不会产生这样或那样的想法。人作为肉体和灵魂的复合实体,不仅具有感官的激情,更具有理智。人如果完全被感官的激情所控制就会失去运用理智的能力,例如,人在强烈的愤怒或贪欲之下,理智失去作用,就会像动物一样只跟从激情而行动,意志相应地也失去了决断力。如果人的理智没有被情欲所占据,仍然持有判断的能力,人的意志也会起到一定的作用。

意志也为认识能力的判断所推动,认识能力即来自理智,理智通过对形式的领悟而由"潜能"到"现实",推动感觉欲望、愤怒欲望和情欲欲望和理性意欲。理智也判断对象的善恶,推动活动主体去获得其中一些和避免其中另一些,这就是我们除非有来自意志的命令否则不去服从情欲的原因,换句话说,理智有多少自由,意志行动就有多少不必然受激情指示的可能。所以,理智先于意志,理智对意志的推动是首要的和直接的,甚至于理智本身即意志的固有动因。

其次,意志现实地推动理智去实施其运作。托马斯说:"凡对自己的活动有反射作用的能力,这样一种能力的活动,首先是用来应对外在对象,然后才指向它自己的活动。如果理智是在理解活动中理解它自己的,它就必定被认为首先理解某件事物,然后,回过头来,理解它之在理解的活动。"① 也就是说,理智活动具有反射作用,理智"首先是用来应对外在对象",即理智首先通过辨认目的即意志的对象,作为意志的固有动因推动意志活动,然后才指向自身的理解活动,因为被理解的善才是意志所趋向和追求的,所以意志也推动理智去实施现实的理解活动,"理解它之在

---

① 〔意〕托马斯·阿奎那:《反异教大全》第3卷(上),段德智译,商务印书馆,2017,第137页。

理解的活动"。所以，托马斯认为理智的理解活动和意志活动一样是上帝所安排的第三种意义上的运作的典型，即既推动别的事物又受到别的事物的推动。

托马斯认为人的理智认识普遍存在，人对于所认识的每个结果，都自然地意欲认识其原因，因为"出于对所看到但其原因却藏而不露的事物的诧异，人们便开始哲学地思考问题。当他们发现原因时，他们就得到了满足"①。人的认识活动不会停止，除非进展到了第一原因，"因为'当我们认知了第一原因，我们才认为我们获得了完满的认识'"②，也就是说，人自然意欲着认识，在认识过程中，趋向于某个确定的目的。意志是理性意欲，意志现实地推动理智去认识某个确定目的。一个人认识得越多，他就越受认识意欲的推动，除非认识到最终极的原因，才是人意欲的止息之处。托马斯认为"上帝的知识即是人的终极目的"③，人的最终的幸福就是运用理性"沉思"最高的对象，即沉思"不动的原动者"和"第一动因"的上帝。

人的意志受目的推动，所以，托马斯认为在人的所有目的中必然有一个终极目的，因为一个人倘若达不到他的终极目的，他的自然欲望就不可能止息，如果没有终极目的，人的意向将会无处止息，人的行为便会无所终了。所以，对于人的终极目的和终极幸福来说，仅仅具有任何种类的可理解的知识是不够的，必须有一种关于上帝的知识作为终极的目的来终止其自然欲望。"人的终极目的，亦即每个理智实体的终极目的，被称作真福或幸福（felicitas sive beatitudo），因为这就是每个理智实体所意欲并将其作为终极目的的东西，而且这也是为了它本身的缘故而意欲的。所以，每个理智实体的终极幸福或真福即是去认识上帝。"④ 总之，知识在于理智去把握，幸福也主要在于理智去认识，个别的善不能满足人对幸福的追求，

---

① 〔意〕托马斯·阿奎那：《反异教大全》第 3 卷（上），段德智译，商务印书馆，2017，第132 页。

② 〔意〕托马斯·阿奎那：《反异教大全》第 3 卷（上），段德智译，商务印书馆，2017，第132 页。

③ 〔意〕托马斯·阿奎那：《反异教大全》第 3 卷（上），段德智译，商务印书馆，2017，第133 页。

④ 〔意〕托马斯·阿奎那：《反异教大全》第 3 卷（上），段德智译，商务印书馆，2017，第134 页。

人的最高成就在于与上帝结合的"动作(活动)",人的意志更趋向于普遍的善,真正的幸福在于意志趋向上帝的活动,即意志现实地推动理智去实施其运作,运用理性"沉思"最高的对象。

最后,善的实现依靠人的实践,判断人的行为的善恶主要地来自意志行为。

如上所述,意志在理智的指导下经过自由抉择而自愿趋向某一目的,由于人们能够领悟其行为的目的,又能够自己推动自己,意志行为是一种由意志而来的自愿的行为,在人的实践中体现为道德活动中的执行能力,即运动能力,即身体的各个部分受意志推动来执行意志的命令,从而表现出一定的外在行为。托马斯说:"执行该项活动的那种能力的行为已经预设了道德善恶的区分。因为这种外在的行为并不属于道德领域,除非它们是有意的。"① 这也就是说,人的目的和幸福的实现依据理智理解的智力活动推动意志去运作,所以人的完全实现也是一种行为活动,表现在人的外在行为上,善的实现依靠人的善行。但是,人外在行为的善恶却根源于人的意志行为:如果意志行为是善的,则外在行为也就被认为是善的;如果它是恶的,则外在行为也就被认为是恶的。所以,"道德的过错首先和主要地是在意志行为中发现的","一个人是因为其是有意的才是道德的"。②

既然人外在行为的善恶根源于意志行为,那么,怎样的意志行为是有缺陷的,会导致实践中的恶呢?因为目的先于意志,理智对意志的推动是首要的和直接的,所以,托马斯说,"安排给理性和固有目的的缺陷先于意志活动的过错"③,"一个行为是因为其是有意的才是道德的"④。

---

① 〔意〕托马斯·阿奎那:《反异教大全》第3卷(上),段德智译,商务印书馆,2017,第67页。
② 〔意〕托马斯·阿奎那:《反异教大全》第3卷(上),段德智译,商务印书馆,2017,第67页。托马斯还以瘸腿为例进行分析,认为瘸腿是存在于人的外在行为上的一种缺陷,但这是自然秩序中的一种过错,是由与意志无关的缺陷所致的,而非道德秩序中的一种过错。因此,人的这种外在行为的缺陷与道德的善恶无关,道德错误行为的根源应当到意志的行为中去寻找。
③ 〔意〕托马斯·阿奎那:《反异教大全》第3卷(上),段德智译,商务印书馆,2017,第69页。
④ 〔意〕托马斯·阿奎那:《反异教大全》第3卷(上),段德智译,商务印书馆,2017,第67页。

其一，托马斯认为有关理性的缺陷，主要发生在意志因突然的感性认识而趋向于感觉快乐层面的善这样一种情况下。因为人是肉体和灵魂的统一体，由于外界的客观事物更容易显现出来，更容易被人的感官所感知，感性认识是人认识的起点，人的认识有赖于主观感受。但是，人不像动物只具有肉体，更具有理智灵魂，所以人不仅仅限于感性经验和感性认识，更能进行理性思考而达到理性认识，因为"每项能动原则的能力的完满性都依赖于一项更为高级的能动原则"①，对具体事物进行抽象取得普遍概念而获得真正的知识不仅是理智特有的功能，而且还是比感觉活动更高级的能力："当一个次级活动主体依然处于从属于第一活动主体的位置时，其活动便没有任何缺陷，但如果它偶尔不再从属于初级活动主体，它的活动便变得有缺陷了。"② 所以，人所追求的如果不是来自理智认识能力的真理以及与之相伴的快乐，而是来自低于理智的感觉活动以及与之相伴的来自感官的快乐，这必然造成理性的缺陷，也会误导意志的意向，从而产生行为上的过错。

其二，托马斯认为固有目的的缺陷"则发生在理性处于深思熟虑而遭遇到某种在这个时刻或在这些条件下并非实在是善的善，但意志却追求它，仿佛它是一种固有的善似的"③。

具体来说，意志是内在于人的一种对目的有所知晓的自愿行为，"自愿"就是意志的意欲趋向，这意味着意志可以自己决定并自己选择哪种目的或善来追求和趋向。所以，尽管"幸福，或真福，本质上在于理解活动而不在于意志活动"④，但是意志究竟意欲哪个对象或目的则完全在意志本身能力控制的范围之内。意志行为是一种自愿行为，它趋向于它愿意的对象。

理智能够认识许多善和许多目的，在众多善和目的之间存在一个等级序列，作为第一因的至善的上帝为衡量其他所有善的标准。"因为理智推

---

① 〔意〕托马斯·阿奎那：《反异教大全》第 3 卷（上），段德智译，商务印书馆，2017，第 68 页。
② 〔意〕托马斯·阿奎那：《反异教大全》第 3 卷（上），段德智译，商务印书馆，2017，第 68 页。
③ 〔意〕托马斯·阿奎那：《反异教大全》第 3 卷（上），段德智译，商务印书馆，2017，第 69 页。
④ 〔意〕托马斯·阿奎那：《反异教大全》第 3 卷（上），段德智译，商务印书馆，2017，第 38 页。

动欲望，将对象呈现给它（意志）"①，理智是以向意志指示其对象的方式来推动意志的，人同时具有感觉欲望和理性意欲，意志趋向目的的活动，要么以感性认识的对象为目的，要么以理性本身呈现出的某个不同于其固有善的别的善为目的。意志是一种理性意欲，因此被理解的善才是意志所追求的固有目的，从而意志应该将更完满的和更高的善作为自己所趋向的目的，而不应该将低于自己的善作为其所趋向的目的。如果意志没有将更完满的和更高的善作为其所趋向的目的而自愿选择趋向于低于自身的善，这意味着意志倾向于一种不合适的目的，这必然导致意志行为的缺陷。在此基础上，托马斯进一步认为，上帝作为创造者是"第一因"和"第一推动力"，其他所有受造物的个别的善都是借助分享上帝这一至善而成为个别的善；上帝也推动人的意志，使其趋向于自己的普遍的善，如果没有这个推动力，人就不能够有所愿。换句话说，意志以善为对象，只有完美之善即至善才能够完全满足意志，就此而言，追求幸福就是追求"意志的满足"，因此，人人都愿意追求幸福："整个人的终极目的，以及他的所有的运作和意欲，就是去认识第一真理，即上帝。"② 所以，人的终极目的和幸福即去认识上帝，这也是意志最完满的对象。"一个行为是因为其是有意的才是道德的"③，这不仅表明意志要运用合适的理性，同时还表明意志要选择合适的目的，这样的意志行为才是无缺陷的，对于理智的活动主体而言，恶就是对意向和意志的偏离。

四 人的终极目的实现依赖信仰

托马斯在讨论人的目的及其实现时，以亚里士多德的思想为基础，采用"幸福论"和"目的论"的方法进行建构，因而其伦理学思想呈现出和亚里士多德的伦理学思想较大的相似性，他们都认为人在此生的目的是实现幸福。亚里士多德认为诸如"友谊"、"节制"以及一些"外在的善"

---

① 〔意〕托马斯·阿奎那：《反异教大全》第 3 卷（上），段德智译，商务印书馆，2017，第132 页。

② 〔意〕托马斯·阿奎那：《反异教大全》第 3 卷（上），段德智译，商务印书馆，2017，第132 页。

③ 〔意〕托马斯·阿奎那：《反异教大全》第 3 卷（上），段德智译，商务印书馆，2007，第67 页。

对于实现完美的幸福是必要的，但是，人的最终的幸福则是对"第一动因"即"不动的原动者"的"沉思"，这是哲学的沉思而非宗教意义上的沉思。托马斯虽然也认为人的目的是实现幸福，幸福也就是善，对人而言存在许多善，人以之为目的来追求，但是个别的善不能满足人对幸福的追求，人的意志更趋向于普遍的善，上帝作为"第一动因"和"不动的原动者"就是普遍的善。托马斯不仅赋予了亚里士多德的"不动的原动者"以神学意蕴，而且认为人只有认识了关于上帝的真理，才有可能获得完美的幸福，但是，这种完美幸福的获得只能依靠信仰而非人类的自然理性。

为什么人不能通过自然理性认识上帝呢？

首先，人通过理性所获得的对上帝的认识是有局限性的，大多数人并没有聪明到能够通过哲学推理的方式达到关于上帝的知识。

托马斯说："实际上在所有人身上都存在有一种关于上帝的公共的和混乱的知识。这或者是由于上帝存在是自明的这样一个事实，正如其他推证原则是自明的一样。"① 也就是说，托马斯认为我们出于本性的理性知识包括一些对上帝的理论知识是普遍共识，因为我们能从宇宙的可观察的事实出发证明上帝的存在。他也花费大量的篇幅对此进行证明，比如，我们可以观察到自然界的事物按照一定的秩序运行，如果没有一个秩序的制定者（ordinator），这样的秩序就不可能出现，所以必然存在一个秩序的制定者，托马斯运用很多推理来证明这个秩序的制定者具有那些通常和上帝联系在一起的属性。然而，人们对这样的自然秩序的制定者虽然能形成普遍的共识，但并不能直接掌握这个存在究竟是什么。这就好比尽管人的理性可以把握到上帝的存在，但是，人们不可能具有关于上帝的足够的知识。因为关于上帝的知识对大多数人来说是难以领会的，就算可以领会，人通过理性所获得的关于上帝的知识仍然具有不确定性。托马斯认为人们通过推证所获得的只是更加接近关于上帝的特有的知识，因为通过推证，人们"可以消除掉并非上帝的东西，使我们将上帝理解成与其他事物相区别的东西"②。托马斯又进一步解释，要达到关于一件事物的固有的知识，不仅

① 〔意〕托马斯·阿奎那：《反异教大全》第 3 卷（上），段德智译，商务印书馆，2017，第 168 页。
② 〔意〕托马斯·阿奎那：《反异教大全》第 3 卷（上），段德智译，商务印书馆，2017，第 171 页。

需要肯证，即认识事物是什么和其所是，以区别它和其他事物；同时还需要否证，即事物不是什么，这意味着通过否证可以知道该事物如何区别于其他事物，但是对它究竟是什么，我们依然无知。人们通过推理所获得的关于上帝的知识就是这样一类知识，即我们可以证明上帝存在和上帝不是什么，但对于上帝究竟是什么实际上是一无所知的。除此之外，尽管人可以通过推理的方式达到关于上帝的知识，但对大多数人而言，也会有多重错误伴随着所获得的关于上帝的知识，因为人借推证会获得关于上帝的一些真理，但在推证无能为力的情况下，人们就遵循他们自己的意见，从而犯下许多错误。因此，人无法通过哲学推理的方式达到关于上帝的知识，因为通过推证只能获得更加接近的有关上帝的特有知识，这不是关于上帝的足够知识和确定性的知识。

此外，我们从经验中也可以观察到，后辈人努力上进，不断增益他们所发现的从前人那里继承下来的关于上帝的知识。因为成为现实的存在是具有潜在性的事物的目的，所以关于上帝的这类知识，如果是借推证的方式获得的，便存在着需要进一步认识和学习的知识，或是以更高方式掌握已有的知识，而作为终极目的的真福不具有潜在性而是纯粹的现实，关于它的知识也不存在任何需要现实化的潜在性。所以，托马斯说:"关于上帝的知识，一旦获得，便没有任何关于可知对象的知识尚待追求，而这样的知识本质上即是这种真福。但哲学家们通过推证获得的却并非这种知识，因为即便当我们获得了推证性知识，我们依然意欲通过这种推证性知识去认识尚未认识的其他事物。所以，在关于上帝的这样的知识中我们是找不到真福的。"①

其次，就算人们能不犯任何错误地把正常的理智能力发挥到极致，其结果仍将达不到人们所需要知道的关于上帝的完满知识。

托马斯说:"我们被说成是以三种方式理解某些事物。第一种方式在于:我们是用理智进行理解活动的，但理智是一种能力，理解活动的运作即是由这种能力产生出来的。因此，理智自身被说成是在理解，而理智的理解活动也成了我们的理解活动。第二种方式在于:我们藉可理解的种相

---

① 〔意〕托马斯·阿奎那:《反异教大全》第 3 卷（上），段德智译，商务印书馆，2017，第 174 页。

进行理解；诚然，我们并不被说成是通过可理解的种相来进行理解，这是就它在理解的意义上说的，而是因为理智能力被它现实地完满化，就像视觉能力是藉颜色的种相认识外在事物一样。第三种方式在于：我们的理解活动像是通过中介（medio）进行的，通过对中介的认识，我们进而达到对某个别的事物的知识。"① 在这段话中，托马斯表达了关于人的理智的两层含义。

第一，理智具有非物质性，理智本身不是物质的而是精神的。托马斯所说的"理智"就是指人的"灵魂"。人是理性的动物正是因为人具有理智的灵魂。托马斯作为基督教神学家不可能忘记上帝而孤立地论述理智灵魂，在他的思想中，人是上帝的肖像，核心就在于灵魂，灵魂是上帝赋予的，人的灵魂具有超自然的精神力量，是独立存在的精神体，作为独立存在的精神体可以超越物质去认识非物质的抽象的东西，所以理智能够理解诸如普遍和无限等抽象概念，这也反过来证明了理智本身不是物质的而是精神的。托马斯强调理智本身不是物质的而是精神的，是为了说明"理解活动的运作即是由这种能力（理智）产生出来的。因此，理智自身被说成是在理解"，也就是说，人能感受到的精神活动和理性思维完全是理智灵魂本身所固有的能力在起作用，与人的肉体没有本质的联系。

虽然人的理智有其固有的非物质的精神性的认识能力，但是它的外在活动是在肉体上进行的，所以，理智认识也离不开人的肉体及其器官，而且还需要借助它们②，所以，"理智的理解活动也成了我们的理解活动"。

第二，人的理智受肉体和物质条件的影响和制约，不可能达到对事物的直接认识。托马斯认为人是由灵魂和肉体组成的复合体，即人不是一个单纯的实体，而是精神和物质混合而成的一个统一实体。因为人的灵魂和肉体、精神和物质难以分开，人的理智灵魂虽然有其自身固有的存在方式和活动能力，并不属于肉体，然而，它的外在活动是在肉体上进行的，需要通过并依靠肉体的器官，所以人的理智灵魂混杂了物质性而不是完全单一的。人的理智既不像上帝是绝对纯粹的精神体，也不像天使是单一的精

---

① 〔意〕托马斯·阿奎那：《反异教大全》第 3 卷（上），段德智译，商务印书馆，2017，第 189 页。
② 参见《反异教大全》第 2 卷，段德智译，商务印书馆，2017，第 56～59、68 章。

神体，它是最低级的精神体。理智离不开肉体及其器官，难免会受到肉体和物质条件的影响和限制，理智在从个别的具体事物中进行抽象而获得普遍的概念时，不可能像上帝或天使那样现实和直接，人的认识必然有一个从潜在到现实的过程，这就好比儿童都有识字的潜能，通过学习，儿童掌握了文字，儿童识字的能力即从潜在的变为现实的，知识的掌握也是从可能有知识到现实真正有知识。这种从潜在到现实的认识过程，在人的理解活动中具体表现为人的认识过程都是从感性的、具体的个别认识到理性的、抽象的普遍认识，即"我们藉可理解的种相进行理解"，"就像视觉能力是藉颜色的种相认识外在事物一样"，"我们的理解活动像是通过中介（medio）进行的，通过对中介的认识，我们进而达到对某个别的事物的知识"，理性认识必须以感性认识为起点和中介。

　　但是，感性认识又不足以引起理智发生变化，因为在从个别到普遍的认识过程中，个别的具体事物刺激感觉，理智依靠其自身固有的精神性活动能力对具体物质印象进行抽象，然后获得具体事物的知识。但是，因为理智本身是非物质的精神体，理智灵魂本质上高于并超越肉体和物质，具有肉体和物质所不能比拟的独特能力，所以感觉所获得的具体物质印象不足以引起理智发生变化，理智灵魂只是在离不开肉体的情况下利用肉体的感觉和感觉印象。此外，人的理智既不像上帝是绝对纯粹的精神体，也不像天使是单一的精神体，人的理智灵魂是最低级的精神体。所以，托马斯说："我们的理智潜在地即是所有可理解的对象……。但两个可理解的对象却可以同时存在于可能理智之中，这里要凭借的是作为科学或知识（scientia）的第一现实（actum primum），而非作为思考（consideratio）的第二现实（secundum actum）。"① 也就是说，人的理智可以理解一切理论知识，但是关于上帝的真理却超出人所能把握的范围，尽管人可以努力获得尽可能多的有关上帝的理解，但是理解在原则上就具有有限性：因为上帝是绝对的纯粹的精神体，人的理智灵魂是最低级的精神体，它是无法获得对远高于自身的纯粹精神体的完满认识的。

　　最后，既然人的自然理性具有局限性，那么人的终极目的的实现即对

① 〔意〕托马斯·阿奎那：《反异教大全》第3卷（上），段德智译，商务印书馆，2017，第174页。

上帝的"沉思"必须依赖信仰。

人的终极目的和真福是对上帝的认识，人通过自然理性无法获得对上帝的完满认识；但是，人们仍然需要知道关于上帝的知识，因为知道这些真理是为了人的实现和救赎。因为"每个潜在存在的存在者的目的即是去达到现实"，"每个潜在的存在者都尽可能地成为现实"，① 人的实现即实现人所有的潜在可能性。从人的理性方面来看，托马斯认为人们很自然地欲求知道事物的本质和原因，人的所有知识的终极目的是真福，这让人们回到上帝，因为上帝是一切事物的原因。如果人们意欲去求知就会欲求一种对上帝的理解，"关于上帝的知识，一旦获得，便没有任何关于可知对象的知识尚待追求，而这样的知识本质上即是这种真福"，因为"意志当其达到其终极目的时，其意欲便停止了"②。如果仍然有很多关于上帝的真理对人来说是无法领会的话，人们的欲求将会被挫败，并且无法实现人的潜能。从人的意志方面来看，人的意志意欲善，将至善作为终极目的和终极幸福。上帝即至善，人必须回到上帝，只有上帝才能满足人的意欲，人的意欲才能止息，所以人的最终实现必须依赖上帝。

人的终极目的和真福的实现必须回到和依赖上帝，"在现世，没有什么东西比那种默思真理的那些人的生活更类似于这种终极的和完满的幸福了"③，即幸福的本质在于理智直接去"瞻仰"（Contemplatio）上帝、"享见"（Visio）上帝，更通俗的表达为：幸福在于"冥想"上帝、"洞察"上帝。但是人类理性不能提供实现人的潜能所需的完满知识，即人们无法知晓关于上帝的所有知识，人的自然能力无法获得对上帝的直接印象。也就是说，为了幸福，人们必须了解上帝，但仅靠人自身的力量又做不到这一点，所以，获得实现和终极幸福的指望不在于人们天生的能力，必须依靠上帝的救赎来实现人的潜能和获得真福，靠超自然的恩典来治愈人并把人们引向上帝，没有神圣者的帮助和恩典，没有人能够实现终极目的和获

---

① 〔意〕托马斯·阿奎那：《反异教大全》第 3 卷（上），段德智译，商务印书馆，2017，第 174 页。
② 〔意〕托马斯·阿奎那：《反异教大全》第 3 卷（上），段德智译，商务印书馆，2017，第 173～174 页。
③ 〔意〕托马斯·阿奎那：《反异教大全》第 3 卷（上），段德智译，商务印书馆，2017，第 286 页。

得真正的幸福。

相信和依赖神圣者的助佑就涉及信仰。信仰就是确信某物,即使你并没有很强的理性根基来支持这个信仰。人的终极目的和真福的实现仅靠人的自然理性是远远不够的,必须通过对上帝的"沉思",必须依赖信仰,所以信仰上帝便成为解决人在实现终极目的的过程中由自身固有的理性的局限性所造成种种困难的一种解决方法。托马斯说:"终极真福首先并不在于意志行为。但在信仰知识中,意志却享有优先性。"①换句话说,关于上帝的真理即神学并不意味着是非理性的活动,为了更好地理解和解释上帝所启示的东西,神学必须运用理性,信仰寻求理解;但关于上帝的真理又具有超越性,是人的理性在原则上无法把握的,上帝的真理依赖上帝的启示,要获得上帝的启示就需要有超自然的神学实践和道德。托马斯认为信、望、爱作为神学美德凌驾于人类所有的行为之上,指导人类后天获得的诸如审慎、正义、勇敢、节制等所有德性。

在超越性的上帝和有限的受造物之间,在超自然和自然之间,托马斯划分出了人类理智超自然和自然的界限,由此在人们的实践中也自然划分出了超自然和自然的界限。上帝是万物的目的,人是上帝的肖像,人要模仿上帝的完美。基督教教义认为人只有在世界末日人类复活之后才能完全同化于上帝,完美无缺。所以,托马斯认为幸福的本质在于用理智去直接洞察上帝,但这是人类自然理性所无法实现的,必须依靠上帝的恩典,人对上帝的认识只能发生在来世的"真福直观"(vision of God, vision of Divine Essence)中。所以,真正的幸福不在现世,而在来生;人的终极目的和真福的实现也不在现世,而在来世的"真福直观"中。

五 简评

综上所述,托马斯和亚里士多德虽然都主张以善为宗旨的目的论和幸福论的伦理学,可是他们的观点存在着极大的差别。亚里士多德注重人们的现实生活,追求现世的善和现世的幸福,所以亚里士多德所诠释的"幸福"是"现世的"幸福,人道德活动的目的是在"此生"中所要获得的

---

① 〔意〕托马斯·阿奎那:《反异教大全》第3卷(上),段德智译,商务印书馆,2017,第177页。

目的，表现为一定的理性主义和自然主义的倾向。托马斯却认为，由于亚里士多德缺乏上帝的知识，只能着眼于人类现世的暂时的善和幸福，而认识不到什么是至善和至福，了解不了人的最终目的，亚里士多德的观点是不完善的，必须进行补充和升华。托马斯根据基督教信仰的观点，认为上帝是至善，人生的真谛在于认识上帝，洞见上帝；人只有在上帝那里才能获得自我发展和完善，实现至善和真福。托马斯认为善的实现需要人的理智和意志的合作，而人的终极目的至善和真福的实现除了需要人的理智和意志的合作，更需要对上帝的信仰，道德和智力的德性通过被纳入神学的道德中而变得完美，所以，托马斯所主张的伦理学是一种以上帝为人类行为最高准则，同时又调和了理性和信仰的宗教伦理学。

我们在这篇长长的导读里可以看到，作为西方基督教宗教哲学家，托马斯的伦理学仍然牵涉关于其认识论和本体论的一些学说，在他那里真善美同样是结合在一起的，没有对于真、对于人的认识能力的彻底理解，伦理学也无法建立起来，所以导读的篇幅长似乎是必然的。另外，在今天重新审视阿奎那及基督教哲学，我们依然会发现西方的理性传统之强大，基督教哲学绝非所谓宗教迷信，而是理性的产物，在笔者看来信仰其实和理性一起构成了硬币的两面，这是需要读者注意和体会的。

［参考文献］

1.〔意〕托马斯·阿奎那：《反异教大全》，段德智译，商务印书馆，2017。

2.〔意〕托马斯·阿奎那：《论存在者与本质》，段德智译，商务印书馆，2018。

3.〔古希腊〕亚里士多德：《尼各马科伦理学》，苗力田译，中国社会科学出版社，1999。

4.〔美〕约翰·英格利斯：《阿奎那》，刘中民译，中华书局，2002。

5. 傅乐安：《托马斯·阿奎那基督教哲学》，上海人民出版社，1990。

6. 赵敦华：《基督教哲学 1500 年》，人民出版社，1994。

7. 刘素民：《托马斯·阿奎那伦理学思想研究》，中国社会科学出版社，2014。

8. 黄裕生：《宗教与哲学的相遇——奥古斯丁与托马斯·阿奎那的基督教哲学研究》，江苏人民出版社，2008。

7

斯宾诺莎:《伦理学》

[作者及作品简介]

B. 斯宾诺莎 (Baruch de Spinoza, 1632~1677), 17 世纪荷兰哲学家, 西方近代唯物论、无神论和唯理论的主要代表, 对后来西方哲学伦理学的发展产生了重要而深远的影响。

1632 年 11 月 24 日, 斯宾诺莎生于阿姆斯特丹一个犹太商人的家庭。他从小就进入犹太教培养拉比 (教师) 的学校学习, 后来他研究宗教典籍、犹太思想家和笛卡儿的著作, 并逐渐与正统神学发生分歧。1656 年 7 月, 他被犹太人公会革除教籍, 其后搬到阿姆斯特丹南边的一个小村庄以磨光学镜片为生。1660 年他写完了《简论神·人和人的幸福》、《理智改进论》和《笛卡尔哲学原理》①的大部分、《伦理学》的第 1 卷。《伦理学》一书于 1675 年完成, 但是其《神学政治论》于 1670 年的出版受到了有神论者和反民主势力的强烈抨击, 同时他们散布有关《伦理学》的谣言, 斯宾诺莎最终放弃了《伦理学》的出版。他接着写《政治论》但没有完成。由于从事磨制镜片的工作而损害了身体, 斯宾诺莎于 1677 年 2 月 20 日病逝。

1677 年, 《伦理学》收于其《遗著集》, 由他的朋友以拉丁文出版, 同年译为荷兰文。怀特的英文译本《伦理学》第 4 版于 1927 年出版, 流

---

① 也有人将其译为《笛卡儿哲学原理》。

行的英译版本还有波恩丛书中爱柳斯（Elwes）及人人丛书中波伊尔（Boyle）的译本。《伦理学》（贺麟译）的中译本于 1958 年出版，本导读采用的是该译本的第 2 版，此版本于 1997 年印刷发行。

[著作内容及导读]

斯宾诺莎《伦理学》的主要观点导读

斯宾诺莎的《伦理学》分别讨论了三个不同的主题。他首先探讨的是形而上学，然后论述各种情感和意志的心理学，最后基于前两步的讨论，阐述其伦理观。其中他的形而上学是笛卡儿的变体，心理学主要继承了霍布斯的相关思想，但显然前两者只是准备工作，服务于他对伦理学的探讨。伦理学才是斯宾诺莎《伦理学》最终的理论目的，也是其最具特色的部分。这种特色首先表现在斯宾诺莎的《伦理学》主要运用几何学的方法。他在笛卡儿式的理性主义基础上，把人的思想、情感、欲望都当作几何学上的点、线、面来研究，先提出定义和公理，然后再加以证明，再进行演绎。他在方法论上与笛卡儿是一致的，但出发点完全不同，笛卡儿是个二元论者，斯宾诺莎则从客观世界出发来说明世界本身。

总体说来，斯宾诺莎的《伦理学》由 27 个界说（即定义）、22 个公则（即公理）、259 个命题组成，这些命题讨论了神、心灵、情感、自由等问题。以下围绕这些问题分别做简要解读。

一　论神

《伦理学》包含五个部分：第一个部分是"论神"；第二个部分是"论心灵的性质和起源"；第三个部分是"论情感的起源和性质"；第四个部分是"论人的奴役或情感的力量"；第五个部分是"论理智的力量或人的自由"。如果单纯从这些题目来看，很难把这些内容和"伦理学"联系起来。但整部著作却被命名为"伦理学"，显然这就是斯宾诺莎心目中的伦理学。这一伦理学没有脱离讨论善恶这一主题。"论神"何以是伦理学的问题？斯宾诺莎认为，心灵的绝对德性就是理解。而心灵所能理解的最高的东西就是神。没有神就不存在理解，所以心灵能理解的最高东西就是神。对神的认识就是心灵最高的德性，对神的知识就是心灵的最高的善。在《简论上帝、人及其心灵健康》中，斯宾诺莎指出，认识的完善有赖于和最高的完善的东西的结合。能够和最高的完善的东西结合的人是最完善的人。这样一来，就必须在悟性中设想一个最完满的人的观念。不能使我们接近这种完满的就是恶，凡是有助于我们接近这种完满的就是善。善恶不过是一些思想的方式。这样一来，对神的讨论本身就是阐发最高的德性。

既然心灵的活动本身就是神自身的活动，对神的认识就变成了自身的活动对自身的认识。这一逻辑用概念来表达就是实体。斯宾诺莎对实体的规定是在自身内并通过自身而被认识的东西。这显然是自因，本质就包含着存在，本性是存在着的，本质和存在是自身决定的关系，存在可以认识本质。这样就规定了神，神不过是一种绝对无限的存在，每一属性都表示永恒无限的本质。这无疑是说，每一个属性都具备永恒性，都具备无限性。认识神就变成了对属性的无限性和永恒性的认识，这就是把握最高的善和最高的德性。

《伦理学》的第一部分主要讨论神，主要分如下几个方面。

（一）神的无限性和永恒性

"神（Deus），我理解为绝对无限的存在，亦即具有无限'多'属性的实体，其中每一属性各表示永恒无限的本质。"① 斯宾诺莎认为，神是一种绝对的、无限的、多属性的实体。那么，他理解的实体是怎样的呢？所谓"实体（Substantia），我理解为在自身内并通过自身而被认识的东西"②。"神，或实体，具有无限多的属性，而它的每一个属性各表示其永恒无限的本质，必然存在。"③ 根据第一部分界说（五）④，实体的分殊即样式，样式是在神之内的，并通过神被认识。"一切必然地无限地存在着的样式，或者是必然出于神的某种属性的绝对本性，或者是出于某种属性的分殊，而这种分殊是必然地无限地存在着。"⑤ "凡是出于神的任何一个属性的东

---

① 〔荷兰〕斯宾诺莎：《伦理学》（第2版），贺麟译，商务印书馆，1997，第3页。
② 〔荷兰〕斯宾诺莎：《伦理学》（第2版），贺麟译，商务印书馆，1997，第3页。
③ 〔荷兰〕斯宾诺莎：《伦理学》（第2版），贺麟译，商务印书馆，1997，第10页。
④ 斯宾诺莎《伦理学》第一部分界说（五）："样式（modus），我理解为实体的分殊（affectiones），即在他物内（inalio est）通过他物而被认知的东西（per alium concipitur）。"
⑤ 〔荷兰〕斯宾诺莎：《伦理学》（第2版），贺麟译，商务印书馆，1997，第25页。

西，只要它是处于一个由于这个属性而必然地无限地存在着的分殊的状态中，则这个东西也一定必然地无限地存在着。"①所以，若是样式被理解为无限的，则它必定是通过神的某一属性而被认识的，而该属性也表示了它存在的必然性与无限性。"凡是从神的任何属性的绝对本性而出的东西必定永远地无限地存在，或者凭借这个属性而成为永恒的和无限的。"② 也就是说，神所产生或创造的东西也是永恒存在的。因为不论是神的何种属性都是从神绝对的本性中出的，而神的属性是不变的，所以神的属性是必然的。他在第一部分命题十九中明确提到神的永恒性："神，或神的一切属性都是永恒的。"③ 因为神是实体，而实体是必然存在的，根据第一部分命题七④，存在是实体的本性⑤，所以神的本性是存在的，根据第一部分界说（八）⑥，永恒即存在，所以神是永恒的。

（二）神的必然性

斯宾诺莎认为神是唯一的实体，世间不能存在其他实体，也不能设想其他实体的存在，如果存在实体，那这一实体肯定是神。"一切存在的东西，都存在于神之内，没有神就不能有任何东西存在，也不能有任何东西被认识。"⑦ "除了神以外，不能有任何实体，也不能设想任何实体。"⑧ 所以他把神和实体看成同一的存在。一物只能有两种状态，一种状态是被决定，而这种状态只能因为神被决定，而不能被其他事物决定。另一种状态是不被决定，那它就只能处于不被决定的状态，而无法自己决定自身的动作。"一物被决定而有某种动作，必然是被神所决定；那没有被神所决定的东西，不能自己决定自己有什么动作。"⑨ "万物除了在已经被产生的状态或秩序中外，不能在其他状态或秩序中被神所产生。" 这就是说，神能

---

① 〔荷兰〕斯宾诺莎：《伦理学》（第2版），贺麟译，商务印书馆，1997，第25页。
② 〔荷兰〕斯宾诺莎：《伦理学》（第2版），贺麟译，商务印书馆，1997，第24页。
③ 〔荷兰〕斯宾诺莎：《伦理学》（第2版），贺麟译，商务印书馆，1997，第23页。
④ 斯宾诺莎《伦理学》第一部分命题七："存在属于实体的本性。"
⑤ 〔荷兰〕斯宾诺莎：《伦理学》（第2版），贺麟译，商务印书馆，1997，第6页。
⑥ 斯宾诺莎《伦理学》第一部分界说（八）："永恒（aeternitas），我理解为存在的自身，就存在被理解为只能从永恒事物的界说中必然推出而言。"
⑦ 〔荷兰〕斯宾诺莎：《伦理学》（第2版），贺麟译，商务印书馆，1997，第15页。
⑧ 〔荷兰〕斯宾诺莎：《伦理学》（第2版），贺麟译，商务印书馆，1997，第14页。
⑨ 〔荷兰〕斯宾诺莎：《伦理学》（第2版），贺麟译，商务印书馆，1997，第27页。

主宰万物,因为他们只能由神来决定,无法自我决定。① 第一部分命题二十七提到:"被神所决定而有某种动作的东西,不能使其自身不被决定。"② 也就是说,神的决定具有必然性,如果一物被神决定有某种动作,那它必然就会有某种动作,而不能自已。这一事物决定与否全在于神,而不是其他任何事物,包括它自身。"自然中没有任何偶然的东西(contingens),反之一切事物都受神的本性的必然性所决定而以一定方式存在和动作。"③ 这句话的意思就是说,一事物被决定是必然的,而且只能被神决定。

(三) 神是一切事物存在的前提

"神是万物的内因(causa immanens),而不是万物的外因(causa transiens)。"④ 一切事物都是因神而被认识的,如果没有神的存在,其他事物也无法被认识。神是一切事物存在的前提,因此事物可以通过这一前提被推导出来。"从神的本性的必然性,无限多的事物在无限多的方式下(这就是说,一切能作为无限理智的对象的事物)都必定推得出来。"⑤ 在第一部分命题二十五中:"神不唯是万物的存在的致动因,而且是万物的本质的致动因。"⑥ 一切事物的本质和存在都是由神的本性必然推出的,而神是自因的,所以神是一切事物的原因。"凡是由神产生的事物,其本质不包含存在。"⑦ 根据第一部分界说(一)⑧,若一事物由神产生,那么它就是他因的,不是自因的,它本质就不包含存在。只有自因的事物的本质才包含存在。"神只是按照它的本性的法则而行动,不受任何东西的强迫。"⑨ 因为一切事物都是因神的存在而存在的,所以除了神自身,无物可以决定神,所以神始终按照自身本性而行动,不受其他事物的牵制或者强迫。"我们理解到一切在神的力量以内的东西必然存在。"⑩ 因为在神的力量以

---

① 〔荷兰〕斯宾诺莎:《伦理学》(第2版),贺麟译,商务印书馆,1997,第32页。
② 〔荷兰〕斯宾诺莎:《伦理学》(第2版),贺麟译,商务印书馆,1997,第27页。
③ 〔荷兰〕斯宾诺莎:《伦理学》(第2版),贺麟译,商务印书馆,1997,第29页。
④ 〔荷兰〕斯宾诺莎:《伦理学》(第2版),贺麟译,商务印书馆,1997,第22页。
⑤ 〔荷兰〕斯宾诺莎:《伦理学》(第2版),贺麟译,商务印书馆,1997,第19页。
⑥ 〔荷兰〕斯宾诺莎:《伦理学》(第2版),贺麟译,商务印书馆,1997,第26页。
⑦ 〔荷兰〕斯宾诺莎:《伦理学》(第2版),贺麟译,商务印书馆,1997,第26页。
⑧ 斯宾诺莎《伦理学》第一部分界说(一):"自因(causa sui),我理解为这样的东西,它的本质(essentia)即包含存在(existentia),或者它的本性只能设想为存在着。"
⑨ 〔荷兰〕斯宾诺莎:《伦理学》(第2版),贺麟译,商务印书馆,1997,第19页。
⑩ 〔荷兰〕斯宾诺莎:《伦理学》(第2版),贺麟译,商务印书馆,1997,第36页。

内的东西都在神之内，必然是出于神的本质，所以也必定存在。

二 论心灵

斯宾诺莎认为，神是一个能思想的东西，人的心灵具有神的永恒无限的本质的正确知识。具有对神的知识越多，一个人为他人而追求这种善的愿望也就越大，因而必须要探究心灵的性质和起源。人的心灵是神的无限理智的一个部分，心灵的善当然是去理解神的无限理智自身。

《伦理学》的第二部分讨论心灵问题，主要分以下几个方面。

（一）关于"心灵"的论述

"构成人的心灵的现实存在的最初成分不外是一个现实存在着的个别事物的观念。"① 一个事物的观念存在，必定是由于此事物真实存在。若一事物不存在，那么它的观念也不可能存在。若人的心灵的观念存在，那么人的心灵现实存在。"构成人的心灵的观念的对象有了什么变化，必定为人的心灵所觉察；换言之，那个对象变化的观念将必定存在于人的心灵之中。"② 根据第二部分命题九的绎理③，个别对象的观念发生变化，由于对象的相关知识在神之内，此对象的观念发生变化时神有所察觉，又由于神构成人的心灵的本性，人的心灵对此变化有所察觉。"人的心灵除了通过人的身体因感触而起的情状的观念外，对于人身以及人身的存在无所知觉。"④ 人身的情状的观念是就神构成人心的本性而言的，是在神之内的，对此时人心是知觉人身的，若没有因感触而起的情状，则没有因触动而有的观念，则人心无法感知人身。"在心灵中除了观念作为观念所包含的意愿或肯定否定以外，没有意愿或肯定与否定。"⑤ 心灵的观念是在神之内的，对此时因意愿或肯定否定而起的情状而有的观念，人的心灵是可以感知的。若没有肯定或否定的意愿，则人的心灵无法感知。"心灵的观念和

① 〔荷兰〕斯宾诺莎：《伦理学》（第 2 版），贺麟译，商务印书馆，1997，第 54 页。
② 〔荷兰〕斯宾诺莎：《伦理学》（第 2 版），贺麟译，商务印书馆，1997，第 55 页。
③ 斯宾诺莎《伦理学》第二部分命题九的绎理："在每一观念之个别对象上发生任何变化，其知识皆存在于神内，只就神是具有该对象的观念而言。"
④ 〔荷兰〕斯宾诺莎：《伦理学》（第 2 版），贺麟译，商务印书馆，1997，第 66 页。
⑤ 〔荷兰〕斯宾诺莎：《伦理学》（第 2 版），贺麟译，商务印书馆，1997，第 88 页。

心灵相结合正如心灵自身和身体相结合一样。"① 心灵的观念与心灵的观念的对象相结合,即心灵自身。因为身体是心灵的对象,所以心灵与身体相结合。"凡是由心灵中本身正确的观念推演出来的观念也是正确的。"② 这个命题是个重言式命题。由正确的观念不可能推导出错误的观念,若推出了错误的观念,说明最原始的观念就是错误的。"人的心灵具有神的永恒无限的本质的正确知识。"③ 人的心灵具有观念,并用观念来认识它自身和外界事物。由第二部分命题四十五④和四十六⑤知,一事物的观念必定包含神的永恒无限的本质,且这种知识是正确的。"在心灵中没有绝对的或自由的意志,而心灵之有这个意愿或那个意愿乃是被一个原因所决定,而这个原因又为另一个原因所决定,而这个原因又同样为别的原因所决定,如此递进,以至无穷。"⑥ 由《伦理学》第一部分得知,只有神才是自身的自由因,其他一切事物都是由神而来的,所以心灵作为神的分殊也是如此,只能由神而来。

(二) 关于"观念"的论述

根据第二部分界说 (三)⑦,观念是心灵所形成的概念。"在神之内,必然有神的本质的观念以及一切从神的本质必然而出的事物的观念。"⑧ 根据第一部分命题十六⑨,神能形成自己本质的观念,所以也必然能形成一切从神本质而形成的事物的观念。"无限多事物在无限多的方式下所由出的神的观念只能有一个。"⑩ 因为神是唯一的,神的观念是神的分殊,所以神的观念也是唯一的。"观念的形式的存在只以神为其原因,但只就神被

---

① 〔荷兰〕斯宾诺莎:《伦理学》(第 2 版),贺麟译,商务印书馆,1997,第 67 页。
② 〔荷兰〕斯宾诺莎:《伦理学》(第 2 版),贺麟译,商务印书馆,1997,第 77 页。
③ 〔荷兰〕斯宾诺莎:《伦理学》(第 2 版),贺麟译,商务印书馆,1997,第 86 页。
④ 斯宾诺莎《伦理学》第二部分命题四十五:"一个物体或一个现实存在的个体事物的观念必须包含神的永恒无限的本质。"
⑤ 斯宾诺莎《伦理学》第二部分命题四十六:"对于每一个观念所包含的神的永恒无限的本质的知识是正确的和完满的。"
⑥ 〔荷兰〕斯宾诺莎:《伦理学》(第 2 版),贺麟译,商务印书馆,1997,第 87 页。
⑦ 斯宾诺莎《伦理学》第二部分界说 (三):"观念,我理解为心灵所形成的概念,因为心灵是能思的东西。"
⑧ 〔荷兰〕斯宾诺莎:《伦理学》(第 2 版),贺麟译,商务印书馆,1997,第 46 页。
⑨ 斯宾诺莎《伦理学》第一部分命题十六:"从神的本性的必然性,无限多的事物在无限多的方式下 (这就是说,一切能作为无限理智的对象的事物)都必定推得出来。"
⑩ 〔荷兰〕斯宾诺莎:《伦理学》(第 2 版),贺麟译,商务印书馆,1997,第 47 页。

认作能思想者而言，而不是就神为别的属性所说明而言。"① 因为神是其他事物存在的原因，所以观念的形式的存在只承认作为能思想者的神自身为其致动因。"观念的次序和联系与事物的次序和联系是相同的。"② 因为事物的观念存在，此事物才存在。观念的次序和联系存在，所以事物的次序和联系存在，所以观念的次序和联系与事物的次序和联系是相同的。"构成人心的形式的存在的观念不是简单的，而是多数观念组成的。"③ 构成人心的形式的存在观念是一个物体的观念，而由第二部分公设一④知，这一物体由许多不同性质的个体组成，而个体由许多复杂的部分组成，每一组成这个物体的个体的观念在神之内，由很多观念组成，所以构成人心的形式的存在的观念并不简单。

"人体中任何一个情感或情状的观念不包含对于外界物体的正确知识。"⑤ 人体中的情状的观念只能认识到该情状下的自身，而不能认识自身之外的其他事物，也就无法认识外界物体的正确知识了。"人体的任何一个情状的观念不包含对人体自身的正确知识。"⑥ 因为人的情状在不同的触动下有不同的观念，每一特定情状下的观念有其对应的对象，因此只能认识这一特定情状下的自身。"人体的任何情状的观念之观念不包含对人心的正确知识。"⑦ 由第二部分命题二十七⑧知，人体的情状的观念不包含对人体自身的正确的认识，也就不能正确认识人心的本性。"一切与神相关联的观念都是真观念。"⑨ 因为一切观念都是在神之内的，与神相关的观念的对象与对应的观念是一致的，所以是真观念。"在观念中没有任何积极的东西使它们成为错误的。"⑩ 如果一个观念不在神之内，那么这个观念是

① 〔荷兰〕斯宾诺莎：《伦理学》（第2版），贺麟译，商务印书馆，1997，第48页。
② 〔荷兰〕斯宾诺莎：《伦理学》（第2版），贺麟译，商务印书馆，1997，第49页。
③ 〔荷兰〕斯宾诺莎：《伦理学》（第2版），贺麟译，商务印书馆，1997，第62页。
④ 斯宾诺莎《伦理学》第二部分公设一："人身是许多不同性质的个体所组成，而每一个个体又是许多复杂的部分所组成。"
⑤ 〔荷兰〕斯宾诺莎：《伦理学》（第2版），贺麟译，商务印书馆，1997，第69~70页。
⑥ 〔荷兰〕斯宾诺莎：《伦理学》（第2版），贺麟译，商务印书馆，1997，第71页。
⑦ 〔荷兰〕斯宾诺莎：《伦理学》（第2版），贺麟译，商务印书馆，1997，第71页。
⑧ 斯宾诺莎《伦理学》第二部分命题二十七："人体的任何一个情状的观念不包含对人体自身的正确知识。"
⑨ 〔荷兰〕斯宾诺莎：《伦理学》（第2版），贺麟译，商务印书馆，1997，第74页。
⑩ 〔荷兰〕斯宾诺莎：《伦理学》（第2版），贺麟译，商务印书馆，1997，第74页。

不存在的。若一个观念存在，那它必定在神之内，也就是真观念，所以不存在观念或者观念的对象使它们成为错误的。"在我们心中，每一个绝对的或正确的、完满的观念都是真观念。"① 一个完美的、正确的观念存在于神之内，根据第二部分命题三十二②，那么这一观念必定是真观念。"错误是由于知识的缺陷（privation cognitionis），而不正确的、片段的和混淆的观念，必定包含知识的缺陷。"③ 错误是因为知识的缺陷，这种缺陷导致了对知识的认识不正确。不管是正确的观念还是错误的观念都是有其必然性的，因为正确的观念是神的观念的分殊，存在于神之内，所以是必然的。错误的观念是因为知识的缺陷，该观念在最初就有片面性，导致了错误的知识，所以也是必然的。"不正确的和混淆的观念，正如正确的或清楚明晰的观念，都出于同样的必然性。"④ "具有真观念的人，必同时知道他具有真观念，他决不能怀疑他所知道的东西的真理性。"⑤ 人的观念是属于神之内的，所以必定是真观念，这种真观念具有必然性，所以他对他所知道的知识具有确定性，也不会怀疑其掌握的知识的真理性。"一个物体或一个现实存在的个体事物的观念必须包含神的永恒无限的本质。"⑥ 一事物的观念存在于神之内，所以该事物也包含神的永恒无限的本质。每一观念是真观念，所以对神的永恒无限的本质的知识是正确的。

（三）关于"知识"的论述

"对于我们身体的绵延我们仅有很不正确的知识。"⑦ 只有在神之内的知识是完全的和正确的，对于身体的绵延，人的认识是不完全的，所以我们的认识也是不完全正确的。"对于在我们以外的个体事物的绵延，我们仅有很不正确的知识。"⑧ 对于我们自身之外的事物，其情况类似于我们自身，根据第二部分命题三十⑨，所以我们对我们以外的事物的认识

---

① 〔荷兰〕斯宾诺莎：《伦理学》（第2版），贺麟译，商务印书馆，1997，第74页。
② 斯宾诺莎《伦理学》第二部分命题三十二："一切与神相关联的观念都是真观念。"
③ 〔荷兰〕斯宾诺莎：《伦理学》（第2版），贺麟译，商务印书馆，1997，第74页。
④ 〔荷兰〕斯宾诺莎：《伦理学》（第2版），贺麟译，商务印书馆，1997，第75页。
⑤ 〔荷兰〕斯宾诺莎：《伦理学》（第2版），贺麟译，商务印书馆，1997，第81页。
⑥ 〔荷兰〕斯宾诺莎：《伦理学》（第2版），贺麟译，商务印书馆，1997，第85页。
⑦ 〔荷兰〕斯宾诺莎：《伦理学》（第2版），贺麟译，商务印书馆，1997，第72页。
⑧ 〔荷兰〕斯宾诺莎：《伦理学》（第2版），贺麟译，商务印书馆，1997，第73页。
⑨ 斯宾诺莎《伦理学》第二部分命题三十："对于我们身体的绵延我们仅有很不正确的知识。"

不完全正确。"只有第一种知识是错误的原因，第二和第三种知识必然是真知识。"① "只有第二种和第三种知识，而不是第一种知识，才教导我们辨别真理与错误。"② 斯宾诺莎把知识分为三种。第一种是由感觉和记忆得来的，这种知识没有确定性，也不能使我们洞见事物的本质。他称之为意见或想象。第二种是由推理得来的，如数学知识，是由对事物的特有的概念和正确观念形成的观念，他称之为理性。第三种是直观知识。此种知识将由神的某种属性形成的正确观念作为出发点，从而达到对事物本质的认识。此种知识能把握住事物的本质，因此是最高的知识。斯宾诺莎认为感性知识没有确定性、不可靠，只有"理性知识"和"直观知识"才是可靠的。

他认为第一种知识是错误的原因，第二种和第三种知识则必然是真的。人们接受这种观念。斯宾诺莎认为感性认识有局限性，只有理性认识才能把握事物的本质，由此观之，他把理性知识片面地夸大和绝对化，否定感性认识的可靠性，把知识的起源最终归于理性直观。尤其是第三种知识，在斯宾诺莎看来，是以神的观念为直接原因的，因而可以使人的心灵得到最高的满足，使人达到最理想的境界。

三　论情感

对于神的真知识不过是通过自身而对自身的认识，这种真知识不能克制情感，只有这种真知识本身成为一种情感的时候，才能克制情感。这就要求意识到的情感自身成为善恶的知识。圆满不圆满只是思想的样式，善恶本身也是思想的样式。快乐的样式是善，痛苦的样式是恶。快乐是达到更大的圆满的过渡。

斯宾诺莎把情感分为主动的和被动的，认为被动的情感与第一种知识联系在一起。人在被动情感的支配下，就处在一种被奴役的状态。第二种和第三种知识则可以克制被动情感，使人摆脱受奴役的状态。斯宾诺莎在《伦理学》第三部分和第四部分讨论情感，这也是他的哲学体系的心理学部分，主要分如下几个方面。

---

① 〔荷兰〕斯宾诺莎:《伦理学》（第 2 版），贺麟译，商务印书馆，1997，第 80 页。
② 〔荷兰〕斯宾诺莎:《伦理学》（第 2 版），贺麟译，商务印书馆，1997，第 81 页。

（一）关于"情感"的论述

斯宾诺莎认为情感是身体的感触，这些感触使人的身体活动起变化，会产生顺畅或阻碍的感觉，而这些情感或感触的观念也会随之增强或减弱。① "快乐是一个人从较小的圆满到较大的圆满的过渡。"② "痛苦是一个人从较大的圆满到较小的圆满的过渡。"③ "爱是为一个外在原因的观念所伴随着的快乐。"④ "恨是为一个外在原因的观念所伴随着的痛苦。"⑤

根据第三部分命题十六⑥，一物能引起我们的快乐或痛苦，那么我们就会对其产生爱或恨。⑦ 根据第三部分命题十七⑧，若一物既能使我们感受到快乐，又能使我们感受到痛苦，我们就会对该物既爱又恨。假如一物能使人感到快乐，若它存在，人就会快乐；若它不存在，人就会痛苦。假如一物能使人感到痛苦，若它存在，人就会痛苦；若它不存在，人就会快乐。其中也会伴随着此人的痛苦。根据第三部分命题二十一⑨，人与对他所爱之物感受到的快乐或痛苦的程度是一样的。⑩ 假如某人对我们所爱之物感到快乐，我们就会对他产生爱；若某人对我们所爱之物感到痛苦，我们就会对他产生恨。⑪ 假如某人对我们所恨之物感到快乐，我们就会对他产生恨；若某人对我们所恨之物感到痛苦，我们就会对他产生爱。⑫ 若一

---

① 〔荷兰〕斯宾诺莎:《伦理学》（第2版），贺麟译，商务印书馆，1997，第98页。
② 〔荷兰〕斯宾诺莎:《伦理学》（第2版），贺麟译，商务印书馆，1997，第151页。
③ 〔荷兰〕斯宾诺莎:《伦理学》（第2版），贺麟译，商务印书馆，1997，第152页。
④ 〔荷兰〕斯宾诺莎:《伦理学》（第2版），贺麟译，商务印书馆，1997，第153页。
⑤ 〔荷兰〕斯宾诺莎:《伦理学》（第2版），贺麟译，商务印书馆，1997，第154页。
⑥ 斯宾诺莎《伦理学》第三部分命题十六:"假如我们想象着某物具有与平常引起心灵快乐或痛苦的对象相似的性质，虽则某物与此对象相似的性质，并不是这些情感的致动因，而我们将仍然会仅仅由于这些性质相似之故，而对那物发生爱或恨的情感。"
⑦ 〔荷兰〕斯宾诺莎:《伦理学》（第2版），贺麟译，商务印书馆，1997，第112页。
⑧ 斯宾诺莎《伦理学》第三部分命题十七:"若我们想象着一个常常引起我们痛苦情绪的东西，与一个常常同等地引起我们大快乐的情绪的对象有相似之处，则我们对于那物将同时既恨且爱。"
⑨ 斯宾诺莎《伦理学》第三部分命题二十一:"当一个人想象着他所爱的对象感到快乐或痛苦时，他也将随之感到快乐或愁苦；爱者所感快乐或痛苦之大小和被爱的对象所感到的快乐或痛苦的大小是一样的。"
⑩ 〔荷兰〕斯宾诺莎:《伦理学》（第2版），贺麟译，商务印书馆，1997，第116页。
⑪ 〔荷兰〕斯宾诺莎:《伦理学》（第2版），贺麟译，商务印书馆，1997，第116～117页。
⑫ 〔荷兰〕斯宾诺莎:《伦理学》（第2版），贺麟译，商务印书馆，1997，第118页。

人的痛恨对象痛苦，他将产生快乐；若他痛恨的对象快乐，他将产生痛苦。我们对能使我们产生快乐之物持肯定态度，对能使我们产生痛苦之物持否定态度。① 我们对使我们所恨对象产生痛苦之物持肯定态度，我们对使我们所恨对象产生快乐之物持否定态度。② 我们努力实现有利于增加我们快乐之物，努力消除不利于我们快乐之物。③ 人们都是趋乐避苦的，所以一事在使别人快乐的同时，也能使自己快乐，我们应努力做此事；若一事使别人痛苦，我们也会痛苦，应避免做类似的事。④ 若我们所爱之物也被别人所爱，我们的这份爱会更持久；若别人恨我们所爱之物或爱我们所恨之物，我们的这份爱就会减弱。⑤ 对于我们所爱之物，别人也会想要分享一份，不会让一人独享。⑥ "假如我们爱一个与我们相同的对象，则我们将尽可能努力使他也反转来爱我们。"⑦ 人与人之间的感情是相互的，需要有呼应。根据第三部分命题三十五⑧，若甲与乙之间的情谊和乙与丙之间的情谊相似，那么甲将会恨乙，且嫉妒丙。⑨ 若甲开始恨乙，那么甲对乙的爱就会消失，若从前甲对乙的爱越深，此时甲对乙的恨越深。⑩ 若我们所爱之物使我们感受的快乐越大，我们将更感欣慰。⑪ 若甲恨乙，甲将会利用手段使乙受损害；若甲爱乙，甲将设法使乙更快乐。⑫ 根据第三部分命题四十⑬和四十一⑭，若甲恨乙，但没有证据表明乙恨甲，甲还是会恨

---

① 〔荷兰〕斯宾诺莎：《伦理学》（第 2 版），贺麟译，商务印书馆，1997，第 118～119 页。
② 〔荷兰〕斯宾诺莎：《伦理学》（第 2 版），贺麟译，商务印书馆，1997，第 119 页。
③ 〔荷兰〕斯宾诺莎：《伦理学》（第 2 版），贺麟译，商务印书馆，1997，第 120 页。
④ 〔荷兰〕斯宾诺莎：《伦理学》（第 2 版），贺麟译，商务印书馆，1997，第 123 页。
⑤ 〔荷兰〕斯宾诺莎：《伦理学》（第 2 版），贺麟译，商务印书馆，1997，第 124 页。
⑥ 〔荷兰〕斯宾诺莎：《伦理学》（第 2 版），贺麟译，商务印书馆，1997，第 125 页。
⑦ 〔荷兰〕斯宾诺莎：《伦理学》（第 2 版），贺麟译，商务印书馆，1997，第 125 页。
⑧ 斯宾诺莎《伦理学》第三部分命题三十五："假如有人想象着他所爱的对象与另一个人结有相同或更亲密的交谊，胜过他前此独自与他所结的友谊，那么他将恨他所爱的对象，并且嫉妒那另一个人。"
⑨ 〔荷兰〕斯宾诺莎：《伦理学》（第 2 版），贺麟译，商务印书馆，1997，第 126 页。
⑩ 〔荷兰〕斯宾诺莎：《伦理学》（第 2 版），贺麟译，商务印书馆，1997，第 129 页。
⑪ 〔荷兰〕斯宾诺莎：《伦理学》（第 2 版），贺麟译，商务印书馆，1997，第 126 页。
⑫ 〔荷兰〕斯宾诺莎：《伦理学》（第 2 版），贺麟译，商务印书馆，1997，第 130 页。
⑬ 斯宾诺莎《伦理学》第三部分命题四十："假如一个人想象着有人恨他，并且相信他没有可以引起那人恨他的原因，那么他也将恨那人。"
⑭ 斯宾诺莎《伦理学》第三部分命题四十一："假如一个人想象着有人爱他，而他并不相信他有引起那人爱他的原因，则他也将爱那人。"

乙；若甲爱乙，但没有证据表明乙爱甲，甲还是会爱乙。① 甲由于爱或荣誉施与恩惠给乙，若乙忘恩负义，甲会痛苦。② 若甲恨乙，同时乙恨甲，他们之间的恨会增加；若甲恨乙，同时乙爱甲，他们之间的恨会抵消。③ 因爱而化解的恨最终会变成爱，而这种爱比单纯的爱更强烈。④ 根据第三部分命题四十五⑤，若甲爱乙，而丙恨乙，则甲会恨丙。⑥ 若甲的快乐或痛苦来源于与甲不同阶级或国家的乙，那么甲不仅爱或恨乙，而且会爱或恨乙所属阶级或国家。⑦ 如果甲对乙有爱、恨和其他情感，那么爱和恨会彼此消磨，直至最终消逝。根据第三部分命题四十九⑧，以自由为基础的爱和恨大于以必然为基础的爱和恨。一物会在无意间成为人快乐或者痛苦的来源，同一事物对于甲在不同时期内和同一事物对任何人能引起不同的情感。⑨ 我们的情绪因刺激对象而定，会派生出很多情绪。⑩ 不同的个体会产生不同的情感，因个体而异。⑪ "就心灵是主动的而言，在所有与心灵相关联的一切情绪中，没有一个情绪不是与快乐或欲望相关联的。"⑫ 斯宾诺莎认为一个人无法控制自己的情感，行为不受自身控制，被自身情感所奴役，只能接受命运的安排。⑬ 情感的增长和保存是受外在力量决定的，我们自身的力量不是决定力量。⑭ 若要克制一种情感，必须通过另一种与它相反的情感来克制。⑮ 若有一种情感是我们想起的，那么这种情感必然要

---

① 〔荷兰〕斯宾诺莎：《伦理学》（第 2 版），贺麟译，商务印书馆，1997，第 132 页。
② 〔荷兰〕斯宾诺莎：《伦理学》（第 2 版），贺麟译，商务印书馆，1997，第 133 页。
③ 〔荷兰〕斯宾诺莎：《伦理学》（第 2 版），贺麟译，商务印书馆，1997，第 134 页。
④ 〔荷兰〕斯宾诺莎：《伦理学》（第 2 版），贺麟译，商务印书馆，1997，第 134 页。
⑤ 斯宾诺莎《伦理学》第三部分命题四十五："假如一个人想象着另一个与他相同的人，对他所爱的与他相同的对象怀有恨心，那么他就会恨那人。"
⑥ 〔荷兰〕斯宾诺莎：《伦理学》（第 2 版），贺麟译，商务印书馆，1997，第 135 页。
⑦ 〔荷兰〕斯宾诺莎：《伦理学》（第 2 版），贺麟译，商务印书馆，1997，第 135 页。
⑧ 斯宾诺莎《伦理学》第三部分命题四十九："对于一个我们想象以为自由的东西的爱和恨，按照同样的原因，必较大于对于一个必然的东西的爱和恨。"
⑨ 〔荷兰〕斯宾诺莎：《伦理学》（第 2 版），贺麟译，商务印书馆，1997，第 138～139 页。
⑩ 〔荷兰〕斯宾诺莎：《伦理学》（第 2 版），贺麟译，商务印书馆，1997，第 145 页。
⑪ 〔荷兰〕斯宾诺莎：《伦理学》（第 2 版），贺麟译，商务印书馆，1997，第 147 页。
⑫ 〔荷兰〕斯宾诺莎：《伦理学》（第 2 版），贺麟译，商务印书馆，1997，第 149 页。
⑬ 〔荷兰〕斯宾诺莎：《伦理学》（第 2 版），贺麟译，商务印书馆，1997，第 166 页。
⑭ 〔荷兰〕斯宾诺莎：《伦理学》（第 2 版），贺麟译，商务印书馆，1997，第 174 页。
⑮ 〔荷兰〕斯宾诺莎：《伦理学》（第 2 版），贺麟译，商务印书馆，1997，第 175 页。

比其他情感强烈。若这一情感是必然的，势必比偶然的情感强烈。① 不管
一事物是即将到来的还是已经消失的，距离我们当下越近，所能引起的情
感越强。② 若这一事物的情感是过去的，必定强烈于不存在的偶然事物的
情感。③ 善恶只有作为一种情感的真知识才能使情感克制。④ 从善恶的真知
识产生的欲望可以被其他情感刺激出来的欲望所克制。⑤

（二）关于"善"与"恶"的论述

善是对我们有用的事物，恶阻碍我们占有有用的东西。⑥ 关于善恶
的知识引起的关于将来的欲望较易被当前的关于甜蜜的欲望所克制。⑦
这种知识与偶然事物产生的欲望易被当前事物的欲望所克制。⑧ "心灵的最
高的善是对神的知识，心灵的最高的德性是认识神。"⑨ 一事物符合人之本
性为善，违反人之本性才是恶，若它与我们无共同点，则不善不恶。⑩ 若
一物能保持人的各部分和谐为善，若使人的各部分动荡为恶。⑪ 快乐对应
的是善，痛苦对应的是恶。⑫ 愉快永远是善，没有过度；烦闷永远是恶，
没有程度之别。⑬ 欢乐过度是恶，若欢乐是恶，则忧愁是善。⑭ 恨、希望与
恐惧的情绪不能是善。过奖与轻蔑的情绪是恶。⑮ "关于恶的知识是不正确
的知识。"⑯ 若人为情欲所控制，则不能说与本性相符。⑰ 若甲为情欲所左
右，则甲的本性是可以变的。⑱ "只要人们为情欲所激动，他们便可以互相

---

① 〔荷兰〕斯宾诺莎：《伦理学》（第 2 版），贺麟译，商务印书馆，1997，第 176～177 页。
② 〔荷兰〕斯宾诺莎：《伦理学》（第 2 版），贺麟译，商务印书馆，1997，第 178 页。
③ 〔荷兰〕斯宾诺莎：《伦理学》（第 2 版），贺麟译，商务印书馆，1997，第 179～180 页。
④ 〔荷兰〕斯宾诺莎：《伦理学》（第 2 版），贺麟译，商务印书馆，1997，第 180 页。
⑤ 〔荷兰〕斯宾诺莎：《伦理学》（第 2 版），贺麟译，商务印书馆，1997，第 180 页。
⑥ 〔荷兰〕斯宾诺莎：《伦理学》（第 2 版），贺麟译，商务印书馆，1997，第 170 页。
⑦ 〔荷兰〕斯宾诺莎：《伦理学》（第 2 版），贺麟译，商务印书馆，1997，第 181 页。
⑧ 〔荷兰〕斯宾诺莎：《伦理学》（第 2 版），贺麟译，商务印书馆，1997，第 181～182 页。
⑨ 〔荷兰〕斯宾诺莎：《伦理学》（第 2 版），贺麟译，商务印书馆，1997，第 189 页。
⑩ 〔荷兰〕斯宾诺莎：《伦理学》（第 2 版），贺麟译，商务印书馆，1997，第 190 页。
⑪ 〔荷兰〕斯宾诺莎：《伦理学》（第 2 版），贺麟译，商务印书馆，1997，第 201 页。
⑫ 〔荷兰〕斯宾诺莎：《伦理学》（第 2 版），贺麟译，商务印书馆，1997，第 203 页。
⑬ 〔荷兰〕斯宾诺莎：《伦理学》（第 2 版），贺麟译，商务印书馆，1997，第 203 页。
⑭ 〔荷兰〕斯宾诺莎：《伦理学》（第 2 版），贺麟译，商务印书馆，1997，第 203 页。
⑮ 〔荷兰〕斯宾诺莎：《伦理学》（第 2 版），贺麟译，商务印书馆，1997，第 207 页。
⑯ 〔荷兰〕斯宾诺莎：《伦理学》（第 2 版），贺麟译，商务印书馆，1997，第 220 页。
⑰ 〔荷兰〕斯宾诺莎：《伦理学》（第 2 版），贺麟译，商务印书馆，1997，第 191 页。
⑱ 〔荷兰〕斯宾诺莎：《伦理学》（第 2 版），贺麟译，商务印书馆，1997，第 192 页。

反对。"①

（三）关于"德性"和"理性"的论述

一个人愈能寻求自身利益或保持其存在，则他愈有德性，若他忽略自身利益或其自身存在的保持，则他便是软弱无能的。② 甲由不正确的观念导致的某些行为不被认为是遵循德性的，只有甲出于理解的行为才能说是遵循德性的。③ 绝对遵循德性的行为是以理性来指导人的生活和行动，以寻求自身利益。④ 遵循德性的人的最高善是每个人都应共享的。⑤ 每个人遵循德性都是为了寻求善，且也愿意为别人寻求善，若他对神的知识知道得愈多，他为别人追求善的意愿愈大。⑥ 不管是在避免还是在征服危险方面，自由人的德性都同样伟大。⑦

若甲是一个遵循理性指导生活的人，他必会以德报怨。⑧ 只有遵循理性指导的生活，甲的本性才能永远相符合。⑨ 怜悯对于甲来说毫无益处，是恶。⑩ 好感是符合理性的，且能从理性中产生。⑪ 自我满足能起源于理性，且起源于理性的自我满足是最高的满足。⑫ 卑谦、懊悔不是德性，即卑谦、懊悔不起源于理性。人的行为可由情感或理性决定。⑬ 基于理性的欲望不会过度。⑭ 心灵依照理性指导理解之物的观念是同一的。⑮ 被恐惧笼罩的人不能说是受理性指导的。⑯ 依理性指导，两善相权择其大，两恶相权择其小。⑰ 从长远角度考虑，人们会选将来较大的善，而舍弃当下较小

① 〔荷兰〕斯宾诺莎：《伦理学》（第 2 版），贺麟译，商务印书馆，1997，第 192 页。
② 〔荷兰〕斯宾诺莎：《伦理学》（第 2 版），贺麟译，商务印书馆，1997，第 185 页。
③ 〔荷兰〕斯宾诺莎：《伦理学》（第 2 版），贺麟译，商务印书馆，1997，第 187 页。
④ 〔荷兰〕斯宾诺莎：《伦理学》（第 2 版），贺麟译，商务印书馆，1997，第 187 页。
⑤ 〔荷兰〕斯宾诺莎：《伦理学》（第 2 版），贺麟译，商务印书馆，1997，第 195 页。
⑥ 〔荷兰〕斯宾诺莎：《伦理学》（第 2 版），贺麟译，商务印书馆，1997，第 196 页。
⑦ 〔荷兰〕斯宾诺莎：《伦理学》（第 2 版），贺麟译，商务印书馆，1997，第 223 页。
⑧ 〔荷兰〕斯宾诺莎：《伦理学》（第 2 版），贺麟译，商务印书馆，1997，第 206 页。
⑨ 〔荷兰〕斯宾诺莎：《伦理学》（第 2 版），贺麟译，商务印书馆，1997，第 194 页。
⑩ 〔荷兰〕斯宾诺莎：《伦理学》（第 2 版），贺麟译，商务印书馆，1997，第 208 页。
⑪ 〔荷兰〕斯宾诺莎：《伦理学》（第 2 版），贺麟译，商务印书馆，1997，第 209 页。
⑫ 〔荷兰〕斯宾诺莎：《伦理学》（第 2 版），贺麟译，商务印书馆，1997，第 210 页。
⑬ 〔荷兰〕斯宾诺莎：《伦理学》（第 2 版），贺麟译，商务印书馆，1997，第 215 页。
⑭ 〔荷兰〕斯宾诺莎：《伦理学》（第 2 版），贺麟译，商务印书馆，1997，第 218 页。
⑮ 〔荷兰〕斯宾诺莎：《伦理学》（第 2 版），贺麟译，商务印书馆，1997，第 218 页。
⑯ 〔荷兰〕斯宾诺莎：《伦理学》（第 2 版），贺麟译，商务印书馆，1997，第 219 页。
⑰ 〔荷兰〕斯宾诺莎：《伦理学》（第 2 版），贺麟译，商务印书馆，1997，第 220～221 页。

的善；选当下较小的恶，而舍弃将来较大的恶。①

"自由的人绝少想到死；他的智慧，不是死的默念，而是生的沉思。"②
若一个人生来就是自由的，当且仅当他是自由的，他绝不会形成善与恶的
观念。③ 若甲是自由人，他生活在一群无知的人中，他将尽量避免接受来
自其他人的恩惠。④ 自由人之间的感恩才是最诚挚的。⑤ 自由人的行为永远
是正直的，不做欺骗之事。⑥

四 论自由

其行为仅仅由人自身决定的东西叫作自由。自由的人的行为是由自身
决定的。在斯宾诺莎看来，一个生来就自由并能保持自由的人只会具有正
确的观念，将不会形成善恶的观念，因而探究达到自由的途径就是伦理学
重要的任务。

斯宾诺莎在第五部分"论理智的力量或人的自由"主要考察理性怎样
克制情感，什么是心灵的自由或幸福，什么是人类的最高德性，如何达到
最高的善。他认为人的最大幸福不是肉体的享乐，而是心灵与自然协调一
致的知识如何使人的情感服从自然的必然性，这只有通过对神的知识掌握
才能达到。只有获得此知识，理智才能克制情感，才能寻求到克服情感的
方法。

（一）人与自然的关系

自由就是对自然必然性的认识。自然有普遍的规律，而人并不是无所
作为的，人是理性的动物，理性作为人的一种认识能力，是人所特有的。
人通过理性的认知能获得关于世界的真知识，从而把外界的必然性转化为
人内在的必然性，人再根据此种必然性来认识和改造自然，此为人的自由。

（二）人与社会的关系

人是社会性的动物，不能长期在孤独的环境中生活，只有通过人与人

① 〔荷兰〕斯宾诺莎：《伦理学》（第2版），贺麟译，商务印书馆，1997，第221页。
② 〔荷兰〕斯宾诺莎：《伦理学》（第2版），贺麟译，商务印书馆，1997，第222页。
③ 〔荷兰〕斯宾诺莎：《伦理学》（第2版），贺麟译，商务印书馆，1997，第222页。
④ 〔荷兰〕斯宾诺莎：《伦理学》（第2版），贺麟译，商务印书馆，1997，第224页。
⑤ 〔荷兰〕斯宾诺莎：《伦理学》（第2版），贺麟译，商务印书馆，1997，第225页。
⑥ 〔荷兰〕斯宾诺莎：《伦理学》（第2版），贺麟译，商务印书馆，1997，第225页。

之间的互相合作，他们才能更容易获取各种需求，从而避免遇到威胁人类自身生存的各种危难。此时就需要国家和社会，国家制定良法，全国公民都要遵守符合理性的法律，因此公民不能为所欲为。在这样的环境政策下，相比于在自然状态下，人类将更自由。

（三）人与自身的关系

感情是人性所固有的一些特性。感情能使身体和心灵的力量顺畅或阻碍，是人在寻求自身存在时身体和心灵的体现。但人极易被情感奴役或支配，此时行为就失去了自主权，使人受命运宰割。人最终需要理智来征服人的情感。用理智来获取知识，从而能清楚地判断情感本身或情感与外界的关系，这样人才有力量通过理智来审视身体的活动，抑制感性欲望，使心灵能最大限度地按自身本性的必然性去活动，最终成为自由的人。

斯宾诺莎提倡用理智来控制情感，这是使人的心灵由被动转为主动状态的关键。显然，以上三个方面是一个联系的整体，我们不能在实践中将其分开，只能在观念中把它们分开。所谓自由，就是人在理性的指导下，认识必然，去摆脱自然界、人类社会和人自身情感的束缚，按照自身的必然性、内在的必然性、自由的必然性而行动方能达到的。

五　简评

在西方伦理学史上，斯宾诺莎的《伦理学》一反通常的伦理学研究方法，他把"善""恶"等范畴和"神"联系在一起，从而确定了实体至善的理论原则。在这一原则下，斯宾诺莎突出了神自我认识的重要性，从而规定了心灵活动的善恶问题。而达到自由和幸福的状态是其伦理学的理论归宿。这是斯宾诺莎伦理学研究的基本思路，也是我们理解其伦理学的关键所在。

《伦理学》的上述布局结构常常受到质疑，斯宾诺莎把形而上学、物理学、心理学、理学诸多问题集中在《伦理学》中讨论，而这些问题又和伦理学有多大的关系呢？斯宾诺莎在一封信中提到此问题的答案："众所周知，伦理学应当以形而上学和物理学为基础。"[①] 这个回答在一定程度上

---

① 〔荷兰〕斯宾诺莎:《斯宾诺莎书信集》，洪汉鼎译，商务印书馆，1993，第130页。

回答了我们的问题。

［参考文献］

1. 〔荷兰〕斯宾诺莎:《伦理学》(第 2 版),贺麟译,商务印书馆,1997。

2. 朱煜:《自由的遐想——以斯宾诺莎〈伦理学〉为中心的探讨》,《学术探讨》2012 年第 1 期。

3. 吴树博:《作为普遍哲学的伦理学——论斯宾诺莎伦理学概念的内涵及其多重维度》,《复旦学报》(社会科学版) 2015 年第 3 期。

4. Charlie Huenemann, ed. , *Interpreting Spinoza: Critical Essays*, Cambridge University Press, 2008.

5. Baruch Spinoza, *Ethics*, trans. by Elwes, The Floating Press, 2009.

6. 〔荷兰〕斯宾诺莎:《斯宾诺莎书信集》,洪汉鼎译,商务印书馆,1993。

8

哈奇森：《论美与美德观念的根源》

［作者及作品简介］

弗朗西斯·哈奇森（Francis Hutcheson，1694～1746），1694 年 8 月 8 日生于北爱尔兰的德拉姆里格（Drumalig）。哈奇森的父亲和祖父都是长老派牧师。1710 年，16 岁的哈奇森进入格拉斯哥大学，他在该校学习了 6 年，开始学习哲学、古典学和文学，后来专注于学习神学。大学毕业后，哈奇森回到了北爱尔兰，在一个小型长老派教会担任牧师工作，成绩斐然。与此同时，哈奇森的创作开始在都柏林受到大众认可，他因此结识了不少名人，例如，莫尔斯沃思伯爵（Lord Molesworth）、格兰维尔伯爵（Lord Granville）等。哈奇森于 1725 年出版了《论美、秩序、和谐与设计》和《论道德善与恶》，1728 年，他出版了《论激情和感情的本性与表现，以及对道德感官的阐明》。1726 年，他把 1725 年出版的著作的标题改为"根据沙夫茨伯里阐述过的原则用两篇论文论美与美德观念的根源并批驳《蜜蜂寓言》的作者；根据古典道德学家的情感建立道德善与恶的观念并把数学计算法引入道德主题"并出版第二版。在都柏林居住期间，他写了《论笑》（批判霍布斯）、《蜜蜂寓言的观察》以及《论美德或道德善》等论文，所有这些文章后来于 1772 年结集出版。1729 年，哈奇森被遴选为格拉斯哥大学道德哲学主席，接替当年哈奇森读大学时曾给他带来深刻影响的卡迈克尔（Gerschom Carmichael）教授。有意思的是，截至哈奇森担任道德哲学教授之时，所有哈奇森的作品均匿名出版，尽管大众业已对作者心知肚明。1730 年，哈奇森开始履职，以《论人的社会本性》为题发表了就职演说，此后，哈奇森尽心履教授之职，培养了包括亚当·斯密在内的众多优秀弟子，其讲稿被他的儿子于他过世后以《道德哲学体系》之名结集出版。

虽然哈奇森的哲学在西方哲学史上并不占有重要地位，哈奇森也始终被排除在一流哲学家的行列之外，可是，哈奇森却拥有"现代美学之父"等标签。哈奇森是苏格兰启蒙运动的开创者之一，他的哲学覆盖了包括形而上学、逻辑学、伦理学、美学、宗教、政治经济学等在内的多个学科，不过，他的名声主要来自道德哲学和美学领域。他提出的标志性概念包括"美的感官""道德感官"等，在道德哲学领域，他第一次把"最大多数人最大幸福"引入英语世界，但他的道德哲学并不属于功利主义阵营，而仅仅属于 18 世纪英国道德情感主义传统。他之所以投身于美学和道德哲学的研究，其重要目的之一是为沙夫茨伯里的《论特征》进行辩护并对以霍布斯为代表的那种类型的道德哲学给予反驳和批判。在此意义上，人们时常认为他的哲学是对沙夫茨伯里哲学的系统化，尽管实际上他在对沙夫茨伯里的《论特征》进行系统化哲学阐释的过程中也对其核心思想予以了十分重要的推进，并为休谟和斯密的情感主义者提供了十分丰富的养分。在 18 世纪美学和道德哲学的舞台上，他和沙夫茨伯里阐释过的"美的感官"和"道德感官"等概念虽然只是昙花一现，但却深刻影响了其追随者和学生，尤其是以休谟和斯密为代表的美学和道德哲学研究者。

哈奇森的声誉主要源于履职前匿名出版的两本著作①。本章内容节选自哈奇森的第一本代表作，即《论美与德性观念的根源》中的论文二中的第三节。在哈奇森的全部哲学体系中，本节选的内容十分具有代表性，不仅展现了他在道德哲学中提出的核心观点，而且凸显了隐藏在他的道德哲学中的理论矛盾。

---

① 哈奇森共有两本代表作，即《论美与德性观念的根源》和《论激情和感情的本性与表现，以及对道德感官的阐明》，这两本代表作分别由两篇论文组成。

[节选]

第三节　美德的感觉，与之有关的各种看法可简化为一个一般基础；计算行为之道德程度的方法①

Ⅰ. 倘若考察无论在何处都被视为可爱的所有行为并研究其受人赞成的基础，我们将发现，在赞成它们的人看来，它们始终表现为仁爱，或，源于对他人的爱以及对其幸福的研究，不管赞成者是被爱之方还是获利之方②。因此，推动我们谋求他人幸福的所有那些友善感情以及被认为出自该感情的所有行为都在道德上为善，倘若它们同时对某些人显得友善，它们就不会对他人有害。我们不会在没有仁爱的任何行为中发现任何可爱之处，也不会在不以仁爱为目的的行为中发现任何可爱之处。不仅如此，如前文③所言，即使极有用的行为，若我们知其并非出于以他人为指向的友善意图，就会显得毫无道德美。然而，致力于提升公共善的不成功之举，若源于强烈的仁爱，就会和最成功的举动一样可爱④。

Ⅱ. 因此，使我们对施恩者行善的那些感情会显得可爱，相反的感情会显得可恶，即使我们的行为可能不会给他带来什么益处或伤害。这样，对施恩者报以真诚的爱与感激，欢欢喜喜地满足他的要求，不管多么麻烦，心甘情愿地顺从他的意图，对他带给我们的现状表示满意，是我们对该人所能展示的最强烈的仁爱的证据。因此，它们必定会显得十分可爱。所有这一切都蕴含着一种理性的虔诚，或，对我们能表现出的善良之神的宗教虔诚⑤。

　　……

---

① 本部分内容节选自 Francis Hutcheson, *An Inquiry into the Original of Our Ideas of Beauty and Virtue in Two Treatises*, edited and with an introduction by Wolfgang Leidhold, Indianapolis：Liberty Fund, 2004, pp. 116 – 135, 参考《论美与德性观念的根源》（高乐田等译，浙江大学出版社，2009）的译文，本节选中的译文略有修订。

② 仁爱是道德的基础。

③ 指第二节条目三中的第一段以及条目六中的第二段。

④ 美德以仁爱为动机，即使未能真正实现善，只要出自仁爱的动机，此举也会被视为可爱的行为。这表明，在进行道德判断的过程中，哈奇森持有审美动机论。

⑤ 当我们对施恩者报以仁爱时，这意味着我们的行为中蕴含着一种理性的虔诚，这意味着哈奇森把仁爱视为宗教的基础。

Ⅲ.再者，我们知道，爱或仁爱是社会美德中的一切卓越之处的基础，且让我们仅看这点：就该主题而言，不同派系会持有不同的情感，解决一切纷争的方法仍然是爱或仁爱，即探究该行为或相反的行为是否会最有效地提升公共善①。一旦该行为对人类普遍自然善的自然趋向或影响得到了认可，道德会立即受到调整。从整体看来，凡所产生的善多于恶，则可被称为善；否则，便被视为恶。因此，我们仅仅只把行为者的善或我们以此种方式予以研究的那些人的善视为大系统的组成部分②。

……让我们考察一下，日常生活中的行为基于什么基础而受到赞成或谴责、辩解或谅解。我们普遍耻于因一种行为益于我或行为者的利益而称其为公正的行为，而我们极少会因一种友善的行为对我们或行为者无益而谴责它。责备或谴责的基础是公共恶的趋向、主体之私恶的原则或对他人善的忽视以及性情的非人道之处或使主体忽视他人苦难的强烈的自私性。因此，即使该行为丝毫不会影响我们自己，我们也会予以责备或谴责。人们会基于这点对出自偏狭的恶并显现为恶的行为进行动人且令人信服的辩解：它们必然会产生能抵消这种恶的更大善，例如，"对少数人的严苛即对多数人的同情；暂时的责罚必然会消除更长久的恶；此时若无痛苦，诚实之人将无法生活"。如果我们宣称"这只是毫无恶意的疏忽所致，或只是偏狭的善良本性、友谊、同情、天然感情或团体之爱所致"，即使行为不会完全受到辩护，罪过却可大减。所有这一切都表明了我们的道德善恶感的普遍基础，即，一方面是以他人为指向的仁爱，另一方面是恶意甚或对显而易见的公共恶的视而不见或漠不关心③。这表明，我们并不认为所有人都仅只出于自爱而行动，我们普遍希望他人关注公共善，缺乏这种关注，我们不会只视之缺乏道德善或美德，甚至还会视之为恶与可憎。

Ⅳ.反例亦可互证，让我们据此更具体地看看我们的道德恶的感觉的一般基础。无功利的恶意或幸灾乐祸被我们视为最大恶，诸行为，只要被认为出自这种感情，都会表现为恶。强烈的激情或许时常会使人深陷其

---

① 哈奇森哲学中的仁爱以他人的善（或利益）为目的，推而广之，以仁爱为基础的社会美德以公共善（或公共利益）为目的。

② 对善赋予整体视角，这体现了哈奇森道德哲学对沙夫茨伯里道德哲学的继承。

③ 由于对他人的恶意甚或对公共善的漠不关心可被视为缺乏仁爱的表现，我们可以说，道德谴责或赞同的基础是仁爱。

中，而我们对敌人产生的一时的愤怒就代表此类可憎的意向。不过，据上文所述的理由，人性中极有可能并不存在这种冷酷无情的恶，即，即使丝毫不会增进我们的利益，它也会乐于因他人遭受苦难而喜悦①。

……

人类恶行的常见根源，必定是发生了严重错误且战胜了仁爱的自爱，或是因对人类抱有错误而草率的看法而陷入的缺乏仁爱的感情②。当人们彼此抱有好感但碰巧陷入利益对立时，易于基于恶意想象一种蓄意的对立，从而削弱彼此的好感，若非如此，人们几乎难以相互憎恨。因此，同一岗位的两位候选人都会希望对方身故，因为这是为对方留出空位的常见方式。不过，如果彼此都能如仁爱之人那样对美德予以反思，那么，即使有对立，也不会有憎恨，而如果没有竞争，另一个更好的岗位落到了他们中间的某个人身上，另一个人就会因此而感到欣喜③。

V. 有些行为，仅出自自爱，但并不缺乏仁爱，对他人也没有害处，似乎与道德完全无关，既不会激发观察者的爱，也不会引起恨。我们的理性的确发现，在某些边界之内，我们不仅会基于与整体善一致的自爱而行动，而且每个人在此边界内为自身善之故以这种方式做出的行动都绝对为整体善所必需，而若无这种自爱，则会普遍有害。因此，对一个追求私人善的人来说，若使自身的私人善同整体善的构造相吻合，那么，越追求私人善，就越能直接使自己为神效力，或，越能增进人类的善，这种行为不仅无罪，而且令人尊敬且富有美德：因为在这两种情形中，仁爱的动机与自爱合流，共同推动了他的行为④。因此，忽视我们自身的善，就会在道德上为恶，并证明对整体缺乏仁爱。不过，一旦自爱打破了上述边界并使我们做出了有害他人的和整体的行为，或，使我们对慷慨友善的感情麻木不仁，

---

① 哈奇森试图证明，人性中不存在无功利的邪恶。

② 哈奇森在本节第二段和第三段（囿于篇幅限制，本节选删除了这两段，有兴趣的读者可参见 Francis Hutcheson, *An Inquiry into the Original of Our Ideas of Beauty and Virtue in Two Treatises*, edited and with an introduction by Wolfgang Leidhold, Indianapolis: Liberty Fund, 2004, pp. 120 – 121）分别举了尼禄和暴君的例子来证明该观点。

③ 哈奇森用该例证明，若无利益对立，人性中就不会产生恶意和憎恨。

④ 关于自爱（私人善）和仁爱（他人善或公共善）在道德哲学中的地位问题，是 17～18 世纪英国道德哲学中的重要主题。哈奇森道德哲学认为，仁爱是道德的基础，不过，需要注意的是，当哈奇森宣称仁爱是道德的基础时，他并未把自爱排除开来。对于与仁爱（或公共善）相吻合的自爱，哈奇森道德哲学采取了高度认可的态度。

那么，它就会显现为恶并遭受责难。同理，由于遭受了微不足道的伤害或出于一时气愤或某些脆弱的迷信思想，我们的仁爱消失殆尽以至于沉迷于对人类或部分人抱有不公正的可憎的看法，似乎他们全然为恶或充满恶意，或者说，似乎他们是一种比他们的实际表现更坏的生物，这些看法必定会使我们陷入恶毒的感情，或，至少会削弱我们的善良感情并使我们真正变得邪恶。

Ⅵ. 我们在此也一定知道，每个道德主体都正当地视自身为理性系统的组成部分，对整体来说，这是有用的，因此，他可以部分地成为自身仁爱的对象。不仅如此，进一步说，如上文所示，他知道，系统的保存要求每个个体无罪地关心自己。因此，他可以认为，行为若给主体带来的恶大于给他人带来的善，无论它在主体身上表现出了多少强烈的仁爱或高尚意图，也都必定会建基于实际上不存在的、对公共善的错误看法之上。因此，公正推理并顾及整体的人，即使怀有强烈的仁爱，也不会陷入这种行为，也不会给他人推荐这种行为，虽然他或许认为，因善的行为而使主体受到损害的确是美德的有力证据①。不仅如此，进一步说，如果某种善受到了主体的追求，而他有一个各方面都与他势均力敌的竞争者，如果不受感恩束缚，或，如果没有某种其他外在因素使他拱手相让，那么，最高的仁爱可能也不会使明智之人对竞争者服软。心中怀有最强烈的仁爱的人，会像对待第三者（该人与竞争者形成了势均力敌的竞争态势）一样对待自己，在这种情况下，对其中一个人的偏爱并不证明缺乏仁爱，因此，爱自己甚于爱势均力敌的对手也不证明缺乏仁爱②。

当对自己的关心和对他人的关心一样会产生等量的整体善时，或，当加于自己的恶等于为他人所获的善时，尽管这种情形中的行为是为了他人的善，而我也真正表现出了非常可爱的行为意向，但出于对自己的关心而以相反的方式行动，这其中并无恶的行为意向，也不缺乏最广泛的仁爱，因为整体善的量在这两种情形中都精确相等③。在此要注意的是，这并不

---

① 在强调仁爱的重要性的同时，如果行为给主体带来的恶大于给他人带来的善，该行为并不会受到哈奇森道德哲学的认可。怀有强烈的仁爱，固然是有美德的表现，但并不因此就意味着主体自身的利益会受到损害。

② 哈奇森在此讨论了竞争与仁爱的关系。

③ 尽管仁爱是道德的基础，尽管整体善高于私人善，但当一个人对自己的关心和对他人的关心一样会趋于整体善时，哈奇森道德哲学并不主张放弃或牺牲私人善，从而成全他人善。

会取代豪爽或慷慨馈赠的必要性，尽管在这种情形中，施与者之损失与受与者之所得等量，因为对任何人而言，在任何既定的情形中，善都处于善自身的量与人的困难度的复合比例中。因此，礼物对收礼者之幸福的增加会大大超过送礼者遭受的损失：最有用、最重要的礼物是富者送给穷人的礼物。贫富相等者之间的赠礼，也并非一无是处，因其时常会增加二者的幸福，也时常会证明彼此的友爱。不过，由贫者给予富者的赠礼却真正显得愚蠢，除非它们只是微弱地表达了使双方都感到欣喜的感激：对仁爱的富有者表达感激，会令之欣然接受，而接受本身就会令贫穷的赠礼者感到欣喜。

同理，当行为给主体带来的害处大于给公众带来的善时，这表明做出这种行为的主体具有可爱和真正高尚的意向，尽管他的行为显然建立在错误的责任观之上①。不过，如果该行为给主体带来的私人恶大到使他此后无法为更大的公共善做出贡献，那么，就该行为为较小善之故而先在地忽视了较大善而言，它真正为恶②。

Ⅶ. 行为的道德美丑不会因对象的道德性质而变，正如对象的性质不会增加或减少行为中的仁爱或它意欲达到的公共善一样③。这样，对最坏的性格的仁爱，或，对其善的研究，和对其他事物的仁爱一样可爱，而且往往比对善的对象的仁爱更可爱，因为它表明这种强烈的仁爱战胜了最大的障碍，即，对象中的道德恶。因此，对不公正的仇敌的爱可被视为处于最高的美德之列。然而，当我们对恶人的仁爱鼓励了他们不可告人的意图或增强了他们作恶的能力时，就会减少或毁损该行为的美甚或使之为恶，因为它忽视了更有价值的他人的善，较之被我们偏爱的人，对他们的恩惠将产生更多公共善。不过，如果对恶人的仁爱既不会鼓励他们作恶也不会增强其作恶的能力，更不会转移我们对更有用之人的仁爱，它就和任何其他行为一样具有道德美。

---

① 由于这种行为被哈奇森视为建立在错误的责任观之上，这表明哈奇森并不主张为公共善之故而损害私人善。

② 对于为公共善之故而损害私人善的行为，倘若公共善大于该行为所致力于达到的那种善，那么，基于对善的量的比较而言，哈奇森认为这种行为不仅不善，而且为恶。

③ 与当代西方道德哲学不同的是，以沙夫茨伯里、哈奇森等为代表的18世纪道德情感哲学总是从美学视域出发讨论道德善恶，求美与求善并不冲突。

Ⅷ. 在比较行为的道德性质时，为了从各种不同的行为中做出选择，或，为了从中发现最大的道德卓越之处，受关乎美德的道德感官的指引，我们会如此判断：当行为可以产生相同程度的幸福时，美德与幸福得以覆盖的人数成正比（人的尊严或道德重要性在此可以弥补人数的不足）；而当人数相等时，美德与幸福或自然善的量成正比；或者说，美德处于善的量与受惠人数的复合比例中。同理，道德恶或恶行也与苦难的程度和受损者的数量成正比。因此，为最大多数人获得最大幸福的那种行为就是最好的行为，以同样的方式引起苦难的行为就是最坏的行为①。

Ⅸ. 再者，当行为的后果具有混合本性——部分有益而部分有害——时，当善的效果大于恶的效果——即对多数人有用而对极少数人有害——时，行为为善，反之，则为恶，在此，性格的道德重要性或人的尊严可弥补人数之不足，一如幸福或苦难的程度也可如此：行为使多数人得到微不足道的善但却使少数人遭遇极大的恶，则为恶，而使少数人得到极大的善却可胜过使多数人遭遇极小的恶②。

不过，对行为之道德程度造成影响的后果不仅包括行为自身的直接自然效果，而且还包括若非如此则不会发生的所有那些事件。很多不会产生直接或自然恶的效果而事实上会产生善的效果的行为却可以为恶，如果一个人在他人做出愚蠢的行为时预见到该行为所产生的恶将远大于该行为所产生的所有善或不做该行为所产生的所有恶，那么，在这种情形中，双方都将考虑或然率问题。这样，当我的行为因他人的错误或欺骗而在类似例证中被视为非常邪恶的行为先例时，或，当我做出的善的行为使他人基于某种错误的权利观做出了非常邪恶的行为时，只要做该行为所产生的恶大于不做而产生的恶，那么，我对上述诸考量的预见会使我的行为为恶。

---

① 虽然哈奇森在道德判断问题上持动机论，但在比较行为的道德善恶时，他显然并未从行为者的动机出发，而是从行为的后果出发进行比较。这表明哈奇森道德哲学在道德判断的基础问题上表现出了理论不一致。"最大多数人最大幸福"后来成为功利主义的核心表达，18 世纪意大利刑法学家切萨雷·贝卡里亚（Cesare Bonesana Beccaria，1738～1794）在《论犯罪与刑罚》（*Dei delitti e delle pene*）的导言中曾使用过该表达，而杰里米·边沁（Jeremy Bentham，1748～1832）称"最大多数人最大幸福"为"功利原则"。不过，需注意的是，虽然哈奇森第一次把"最大多数人最大幸福"引入英语界，但哈奇森的道德哲学并不属于功利主义。

② 本段以及后面两段进一步讨论了行为的后果对行为之道德性质的影响，这充分表明，哈奇森在道德判断问题上已经偏离了动机论。

为什么很多法律一般会禁止很多行为,即使某些被禁行为十分有用,原因在于,考虑到人们可能会犯下的错误,较之普遍禁止,普遍允许会带来更大的害处,而正确和错误之间也将不复有特殊的边界。因此,遵守大体上有用的宪法就是人的义务所在,或者说,在某些非常重要的实例中,若不遵守法律而产生的恶小于遵守法律,人虽必须耐心地承受国家为有价值的整体目的而制定的那些惩罚,但这种意义上的不遵守法律却与犯罪无关①。

X. 基于后面两个例证,我们可以明白,我们的道德感官作为最圆满的高尚行为推荐给我们选择的行为是在我们的影响力所能覆盖的范围内能给所有理性主体带来最大且最广泛幸福的最不受限制倾向的行为②。所有的仁爱,只要不与整体善相悖,即使只以部分人为目的,都是可爱的,不过,这种仁爱中的美德较弱,除非是由缺乏权力而非以整体为目的的仁爱导致我们的恩惠受到了限制。所有对党派、派别、宗派的依附都只有不完美的美,除非整体善要求更严格地依附于部分,一如要求自然感情或高尚的友谊一样,或者说,当部分对整体十分有用时,甚至普遍的仁爱也要求我们对其利益报以特殊关爱和情感。普遍的仁爱会使我们更关心身处高位的伟大而慷慨之人的利益,或者说,使我们更迫切地研究拥有致力于提升普遍善的组织结构的一切慷慨社会的利益。因此,建筑学中的优良设计会引导无力负担绝对规则的建筑物的人选择一种能与整体保持一致的装饰,使其避免由整体上无法完成导致部分也无法完成的那种虚妄尝试。最完美的建筑规则会避免超出整体比例而过度装饰某部分,除非那部分位于大厦的显眼处,例如,主大门或公共入口,那么,装饰它将比同样装饰任何其他部分更能美化整体③。

当行为或意向以这种方式增加道德美时,根据善的效果所覆盖的人数,我们会明白为什么基于极亲密的关系——例如,两性之间的关系或我们对后代的爱——而做出的行为,即使善的量相同,也不会像基于不怎么

---

① 哈奇森从行为的后果出发对守法的道德义务进行了解释,再次需要注意的是,这种解释与动机论无关。
② 道德感官基于行为后果把该行为作为最高尚的行为推荐给我们。
③ 哈奇森道德哲学把"普遍而平静的无功利仁爱"(universal calm disinterested benevolence)视为道德的基础,并基于对这种仁爱所产生的道德后果的分析讨论道德判断原则和行为规范原则。无论是讨论道德的基础,还是道德判断原则或行为规范原则,哈奇森的讨论都渗透着浓厚的美学元素。

亲密的关系而做出的行为那么可爱和高尚。很显然，这些强烈的本能被自然限定于少数人身上，例如，我们的妻子或孩子，而在没有特殊关系的前提下给他人带来类似的善的量的行为意向，如果伴有完成其意图的自然能力，就会给整体带来令人不可置信且极富成效的巨大善良效果。

行为意向中的自然的或习得的，使我们对他人行善或者说为了该目的而被设计、被习得或被培养出来的善的观念产生于行为道德善的这种首要观念①。因此，那些能力，若不与此相对立，就会增加我们对其拥有者的爱，而只要它们被认为有害公众，就会使我们更加憎恨他：入木三分的判断，刻骨铭心的记忆，迅速的发明，劳作、痛苦、饥饿以及等待的耐心，对财富、流言、死亡的蔑视都是如此。这一切，与其被称为道德品质，不如被称为自然能力。因此，对这些品质的敬重，一旦超出公共善的边界，就是愚蠢，而且还源于建基于错误看法之上的道德感，而如果我们只看到其使用者的恶意，它们就会使主体显得更可恶。

XI. 为了找到一条普遍准则来计算我们自己或他人做出的所有行为的道德程度及其全部要素，须遵从下列命题或公理②。

1. 任何主体的道德重要性，或，由他所产生的公共善的量，处于他的仁爱与能力的复合比例中，或者说，$M = B \times A$（取各词首字母，M 代表善的量，而 m 代表恶的量）③。

2. 同理，私人善的量，或，任何人给自己谋取的利益，处于其自爱与能力的复合比例中，或者说，$I = S \times A$（取首字母）。

---

① 根据是否有益于公共善而对行为意向中的善的观念进行道德判断。

② 哈奇森提出的这些命题或公理就是著名的道德代数法。道德代数法根据仁爱的行为的后果，即善的量以及主体的产生仁爱的能力，计算美德或仁爱的量的大小。哈奇森道德哲学之所以提出道德代数法，目的是对以仁爱为情感基础而做出的行为的道德程度进行计算。就哈奇森的道德理论而言，道德代数法虽然主要基于行为的后果而确定仁爱（或美德）的大小，因为仁爱已被这种道德理论确立为确定不移的道德动机；但是，对于一般意义上的道德理论而言，哈奇森道德代数法得以运用的基础却是行为的后果。进一步说，当仁爱已被确立为道德动机时，哈奇森的道德代数法具有理论一致性，而一旦仁爱在一般意义上并未被确立为道德动机时，这种道德代数法就将面临理论不一致的矛盾性。事实上，当哈奇森的追随者——休谟和斯密——沿着哈奇森的传统进一步阐述诸道德情感问题时，仁爱是否可被视为唯一的美德或道德情感就成为一个待讨论的问题，随之而来的是，哈奇森提出的道德代数法也不复有理论有效性。

③ B 代表仁爱，即 Benevolence；A 代表能力，即 Ability；I 代表私人利益，即 Interest；S 代表自爱，即 Self-love。

3. 若比较主体能力相等的两种行为的美德, 它们在类似情景中产生的公共善的量随仁爱而定, 或者说, $M = B \times I$。

4. 当两个主体的仁爱相等而其他情景也相似时, 公共善的量随能力而定, 或者说, $M = A \times I$。

5. 主体的美德或仁爱始终直接随主体在类似情景中产生的善的量而定, 而与其能力成反比, 或者说, $B = \dfrac{M}{A}$。

6. 不过, 行为的自然后果各异, 有的对我们自己为善却对公众有害, 而有的却对我们自己有害却对公众为善, 或者说, 要么同时对我们自己和公众为善, 要么同时对二者有害, 善行的全部动机也并非始终只有仁爱①, 或者说, 恶的动机并非始终只有恶意 (有的恶往往没什么动机)。在大多数行为中, 我们必须视自爱为另一种力量, 当我们同时为私人利益和公共善所推动, 它就会与仁爱合流并协助它; 而当善行在践行中有困难或痛苦或其结果有害于主体, 它就与仁爱对立。在前一种情形中, $M = (B + S) \times A = BA + SA$; 因此 $BA = M - SA = M - I$, 以及 $B = \dfrac{M - I}{A}$。在后一种情形中, $M = (B - S) \times A = BA - SA$。因此 $BA = M + SA = M + I$, 以及 $B = \dfrac{M + I}{A}$。

这些自私的动机随后会得到详细解释, 我们在此在一般意义上用利益指代。当它在能增加或减少的行为中与仁爱一起发生作用, 就会比单独发生作用产生更大善。因此, 当行为中以主体为目的的善的量等同于仅受仁爱影响、以另一主体为目的的善的量, 前者不及后者高尚, 在这种情况下, 必须减去利益以便发现仁爱或美德的真实效果。同理, 当利益与仁爱相对立却为仁爱所战胜时, 利益须被添加到善的量之中以便增加行为的美德或仁爱的强度。换句话说, 对不费力的美德而言, $B = \dfrac{M - I}{A}$, 而对费力、痛苦、危险或昂贵的美德而言, $B = \dfrac{M + I}{A}$。后一种情形中的利益是主

---

① 当哈奇森说仁爱并非所有善行的动机时, 他的言外之意是想说, 自爱也能成为善行的动机。相对于霍布斯的哲学来说, 这种观点改变了道德哲学对自爱的道德价值的看法。因此, 该定理表明, 自爱可以成为道德善的组成部分。但是, 难道除了自爱或仁爱, 道德行为就不会有其他情感动机吗? 对此, 休谟和斯密的道德哲学不这样认为。

体因放弃该行为而获得的好处,因为该行为从动机上否定了该好处,而一旦被减掉,就变成了肯定。

不过,我们在此须注意,意料之外的益处,尽管其行为会不经意或自然增进收益,但却丝毫不会影响其道德程度,使之不怎么可爱,而任何未被预见或意料之外的困难或恶不会使友善的行为更高尚,因为在这种情形中,自爱既不会协助也不会反对仁爱。不仅如此,只要没有预料到这种利益,就不会产生这种行为,或,等量的善也不会从主体那里产生,那么,自我利益才会减少仁爱。没有这种利益,该行为就不会使主体感到愉悦,或者说,等量的恶就不会从主体那里产生,只在此时它才会减少恶行的恶。

公理六只解释了人们在没有深入人心的情况下进行判断的外在标记,在许多情形中,人们的确有足够的仁爱去战胜困难,但却根本不会遇到任何困难。在那种情形中,主体无疑同样有美德,尽管他并不能像已经用友善的行为战胜了困难那样对同伴证明什么。对没有困难需要战胜的神而言,必定就是这样。

由于主体的仁爱或美德随 $\dfrac{M}{A}$ 或 $\dfrac{M \pm I}{A}$ 而定且人人都不能超越自然能力而行动,那么,当 $M = A$ 时或当主体尽最大努力为公共善效力时,就必定是完美的美德,因此,这种情况下的完美的美德或 $\dfrac{M}{A}$ 就会随整体而定。这向我们表明,斯多葛学派所夸耀的唯一基础是"无罪的生物通过竭尽所能地追求美德就会在美德领域与诸神等同"。因为在这种情况下,如果 $[A]$ 或能力无限,除非 $[M]$ 或整体善也无限,美德就不会绝对完美,而商永远不会大于整体。

XII. 同样的公理可用于计算行为的道德恶,即,使我们作恶、产生憎恨的行为意向,尽管它时常只是未曾考虑到结果的自爱。

第一,主体所产生的恶的量会随其憎恨与能力的乘积而定,或,$U = H^{①} \times A$。

第二,当能力相等时,$H = U \times I$。

第三,当憎恨相等时,$U = A \times I$。

————————

① H = Hatred.

第四，由憎恨或忽视公共善产生的等量道德恶或恶行的度可表述为

$$H = \frac{U}{A}。$$

第五，利益的动机可以与憎恨一起起作用，或用反对仁爱的相同方式来反对它，那么，既然自我利益可以部分地推动行为并以这种方式减少恶，或劝阻并以同样的方式增强它，战胜它的那种恶意，或 $H = \frac{U \pm I}{A}$，以类似的方式与道德善的情形一样。

但须注意，不仅所有人都是无罪的，而且人可基于本性在一定程度上为公共善效力，因此，仅缺乏这种欲望就足以使主体背负恶名，因为以公共恶为目的的意图不会必然使行为为恶，而出自自爱且完全忽视他人善或对我们实际预料或设想到的苦难漠不关心则足以使行为为恶。

作为我的行为的后果，既未被我充分料想到也未被我实际推测到的公共恶的确不会使我当下的行为显得可恶或可憎，而即使我在严格的审视下预料到了这种恶，也是如此，因为这种行为目前没有表现出恶意或缺乏仁爱①。不过，同样肯定的是，由于之前没有检查我的行为的趋向，这种疏忽肯定表明我缺乏高尚性格所必须具有的那种程度的善良感情，因此，罪过完全源于这种疏忽而非受善良意图推动的行为。然而，无法审查主体之意图或隐秘想法的人类法律须在假定我们实际获得了被迫获得的那些知识的情况下对行为自身做出整体评价。

同理，实际上未曾被我预料到的善的效果不会使我们的行为在道德上为善，然而，无法深入了解人的意图或知晓其隐秘想法的人类法律或统治者会公正地奖励趋于公共善的行为，尽管主体只出于自私的目的而做出了那些行为且不受任何高尚意图的影响。

因无知（相对行为的自然趋向来说，这种无知可以被消除，是一种错误）而生的罪过与因恶意或直接的恶的意图而生的罪过之间的区别在于，前者因先在的忽视而显得缺乏仁爱或正确的感情，但后者却直接表现出了

①　即使产生了公共恶，但由于我在当下并未表现出恶意或缺乏仁爱，我的行为还是不会显得可憎或可恶。很显然，这表明，哈奇森试图基于动机进行道德判断。在道德判断的基础问题上，动机论与后果论在哈奇森道德哲学中同时并存，这使得这种道德哲学在道德判断的基础问题上表现出了理论不一致。

更可恶的邪恶感情①。

XⅢ. 根据公理五，我们可大致形成可信的结论，"我们会对行为中的善和美形成一种有别于益处的感觉"，如果行为受赞许的基础只在于我们从中获得的益处，而如果行为的目的指向我们自己，那么，我们就不会对主体的能力进行解释，而只会根据能力的大小勉强尊敬它们。能力之所以介入进来，只是为了显示仁爱的程度，而仁爱被认为必然是可爱的。当得知贫瘠而多石的农场极大地增加了产量时，当不便利的房屋容纳了它的拥有者时，难道人们不会因此心生喜悦吗？当我们面对包含极微小的善的行为时，宣称"那是贫穷的主体为公众和朋友所能做的一切"会极大地增加该行为的美。

XⅣ. 性格的道德美出自行为，或者说，根据其能力出自对公共善形成的真诚意图。我们根据稳定的行为意向而非任何偶然发生的不友善的激情——尽管这些激情像友善感情可以减少不友善感情的丑一样减少善良性格中的美——而判断行为。使性格显得高尚的，不是偶尔迸发出的同情、自然感情或感恩，而是始终推动我们基于最大的审慎和对他人利益的考量而受稳定的人道或我们的影响力所能覆盖的所有人的公共善的欲求而做出的一切恩惠。强烈的仁爱不会不使我们细心地提醒自己用最正确的方法为人类利益效力。友善的感情的确在一定程度上会显得可爱，不过，我们却会根据占主导地位的原则命名该性格。

XⅤ. 我不知道某些人出于什么理由不认为出于本能或激情的行为是高尚的行为，不过，这些人如何自圆其说呢？他们说，"美德源于理性"。除了我们在坚持某种目的时具有的那种睿智，何谓理性？普通的道德学家所追求的终极目的是主体自身的幸福，他注定只能出于本能而追求它。以公众或他人善为目的的另一种本能难道不能像指向私人幸福的本能一样恰当地成为美德的原则？② 难道不是相同的诱因激发了我们使用理性，从而像追

---

① 由于重视道德动机，由恶意导致的罪过甚于由无知导致的罪过。

② 自爱与仁爱在道德哲学中孰优孰轻？这是 17～18 世纪英国道德哲学中的热点问题。霍布斯的道德哲学认为，自爱虽然在人性中占支配地位，但并不直接导致美德，因此，美德与人性并无天然连接的纽带。在反对霍布斯等人的道德哲学的同时，哈奇森试图证明，仁爱如同自爱一样可以成为有效的美德原则，与自爱不同的是，仁爱可以直接成为美德的原则，而这也意味着美德与人性之间具有紧密的天然关联性。

求前者一样追求后者? 当我们对他人的自私行为报以最大的冷漠时, 当行为出自以他人为指归的友善感情或激情时, 若辅以审慎以达到目的, 那么, 我们肯定可以从中看到某种可爱之处。如上文所示, 我们充满激情的行为并非总是指向自我利益, 因为我们的意图不是为了把我们自己从这种激情造成的不适感中解放出来, 而是为了改变对象的状态。

如果有人说, "出自本能的行为不是审慎和选择的效果", 那么, 可以像反驳出自自爱的行为一样同样有力地予以驳斥, 因为若要像提升私人善一样找到提升公共善的恰当手段, 就必须使用我们的理性。必定是先于理性而产生的本能或决意推动我们像追求私人善那样把追随公共善视为我们的目的, 当我们选择提升任何一种善的恰当手段时, 同样都离不开审慎和选择。我认为我们可以说, "人类天然喜欢美德且不会完全保持无动于衷, 以至于仅仅只做对自身私人善有益的那些行为"。对某种仁爱的普遍本能的假定无疑会更多地把人性及其创造者推荐给善人的爱, 并在设想并确定权利、法律和宪法以及发明、践行艺术而使那种慷慨的意向以最有效的方式得到满足的过程中给我们的理性留下发挥作用的足够空间。如果我们必须引入自爱从而使美德变得富有理性, 些许的反思显示, 一如后文所示, 这种仁爱是我们的最大幸福, 因此, 我们会尽可能培养这种甜蜜的行为意向并压制每一种相反的利益。如果我们只想得到与恩惠相伴的快乐而不爱他人, 我们就不是真正高尚的人, 毋宁说, 这种快乐本身的基础就是有意识地把对他人的无功利之爱作为我们的行为动机。不过, 当我们选择在这种令人愉悦的状态中继续如此行动时, 自我利益也可以成为我们的动机, 尽管它不会是使我们在道德意义上显得高尚的独一或主要行为动机。

把数学计算用于道德主题, 起初或许会显得不合时宜和荒诞不经, 不过, 下文轻而易举且毫无疑问会推理出来的某些必然结论会显示这种做法的便利性, 如果这种做法可被进一步论证的话。现在, 我们只想指出最卑微的人所能想象得到的最大喜悦, 即, "命运中没有哪一种外在因素, 没有哪一种非自愿的不利之处, 会把凡人排除在最具英雄气概的美德之外"。不管一个人所能完成的公共善的量多么微不足道, 如果他的能力也相应微不足道, 那么, 用以表达美德的程度的商也和任何其他行为一样大。这样, 不仅充斥于各民族、各时代的王子、政客、将军等大人物能有真正的英雄气概, 而且我们也能在诚实的商人、友善的朋友、忠实而审慎的忠告者、慷慨好客的邻人、温和的丈夫以及慈爱的双亲、恬静而愉悦的同伴、德行的慷慨助手、争辩中的谨慎平息者以及在熟人之间推动爱与善意的理解之人身上发现它，如果我们认为，所有这一切都是他在这个世界上的地位给人提供的相互协作的机会，我们就必定会认为这种性格会同那些令不明智的世人感到迷失的那些外在的显赫之物一样真正可爱，即，"他们是美德中的唯一英雄"。

[解读与简析]

在 18 世纪英国道德哲学的舞台上，哈奇森以道德情感主义者的身份被世人所铭记。哈奇森的道德情感哲学与沙夫茨伯里一脉相承，二者都共同反对以霍布斯为代表的自爱说或利己主义道德学说。与此相应，以沙夫茨伯里和哈奇森为代表的 18 世纪英国道德情感哲学也提出了与霍布斯哲学迥异的政治哲学思想。作为哈奇森最出色的学生，斯密不仅进一步深化了哈奇森道德哲学中的诸多思想并创作了《道德情操论》，而且以此为基础而创作的《国富论》最终真正得以第一次为人类现代世界确立了现代秩序。就哲学与人类现代性的关联而言，被称为启蒙哲学的 18 世纪英国情感哲学与现代性的关联远比霍布斯哲学显得更为紧密。即使如此，我们始终不能忘记，18 世纪英国情感哲学之所以能在英国启蒙思想的舞台上描绘出浓墨重彩的历史新篇章，与沙夫茨伯里、哈奇森做出的理论贡献不无关联。本节主要讨论了两个核心问题，即情感主义道德判断的一般基础是什么以及如何理解自爱与仁爱在道德判断的一般基础中的地位。

一　情感主义道德判断的一般基础是什么？

哈奇森在本节重点讨论的第一个核心问题是情感主义道德判断的一般基础是什么。哈奇森展开讨论的前提是仁爱已被视为道德的基础和主体的行为动机，就此而言，要讨论仁爱为何具有道德价值，为了避免循环论证，哈奇森选择了从仁爱的后果入手展开讨论。在此意义上，本节选中的条目八告诉读者，为最大多数人获得最大幸福的那种行为就是最好的行为，以同样的方式引起苦难的行为就是最坏的行为。众所周知，这就是为功利主义高度认同的标志性表达，即最大多数人最大幸福原则。但需要注意的是，当哈奇森第一次把该表达引入英语世界时，其不是为了论证功利主义道德理论，而是为了论证仁爱的道德有效性。

什么样的行为是道德的行为？哈奇森道德哲学认为，受道德感官（Moral Sense）认可的行为就是道德的行为，更确切地说，仁爱不仅是道德感官进行道德判断的基础，也是全部道德乃至宗教的基础。据此，衡量一个行为道德程度的高低，事实上就是衡量仁爱的量的大小，该量越大，道德程度就越高。那么，如何衡量仁爱的大小？哈奇森认为，我们可以根据这种情感所覆盖的人数的多寡来确定仁爱的大小。由于仁爱被视为美德的唯一内容，仁爱所覆盖的人数越大或越多，也意味着美德越多或越大。由于仁爱所覆盖的人数或恩惠所惠及的人数可以被计算，因此，哈奇森道德哲学认为我们可以借助一些数学公理来衡量仁爱或美德的大小。在计算的过程中，需要考虑的因素共有五个，即公共善的量 M（Moment of Good），私人善的量或利益 I（Interest），仁爱 B（Benevolence），自爱 S（Self-love）以及道德主体的能力 A（Ability）。能力（A）既可以产生仁爱与公共善，也可以产生自爱与私人善，同时，它既可以引起道德善，也可以导致道德恶，因此，在涉及道德善与道德恶的全部计算公式中，能力都是不容忽视的重要因素。仁爱（B）所指向的目标是他人或由众多他人组成的公共善，因此，公共善的总量可以被认为和道德总量是一回事。$B = \frac{M}{A}$ 是用来计算行为之道德程度的第一个公式。如果把这个公式量化，可以得出结论：一个行为的道德程度和公共善的量或道德总量（M）成正比，和主体的能力（A）成反比。如果一个人的能力很强，可以轻易完成道德行为，那么这个行为道德程度不高。如果一个人的能力很弱，费了很大力气才完成道德行为，那么，该行为所包含的艰难困苦、忍耐、毅力等正是高尚品格的集中体现。由于仁爱（B）同公共善的量或道德总量（M）成正比，那么，当能力（A）相等的时候，公共善的量或道德总量（M）越大，行为中的仁爱（B）就越大。对于由相同的能力引起的同一个行为而言，享受善的总量的人数越多，公共善的量或道德总量（M）就越多，因此，该行为体现的道德程度即仁爱（B）就越高，而仁爱（B）越高，就说明该行为越好。据此，哈奇森得出结论，"为最大多数人获得最大幸福的那种行为是最好的行为"。

二 自爱和仁爱在道德判断的一般基础中分别占什么地位?

在列出了第一个道德计算公式后,哈奇森的道德代数还讨论了另一个非常重要的问题,即,自爱(S)以及由自爱导致的私人善或利益(I)与仁爱或由仁爱所代表的公共善或善的量(M)分别在道德判断的一般基础中占据什么地位。根据本节选的内容,我们知道,哈奇森用第二个公式,即,$B = \dfrac{M \pm I}{A}$,向我们展示了自爱与仁爱在道德判断的一般基础中的地位。

对于由自爱引起的私人善或利益的多寡问题,如同公共善的量或道德总量处于仁爱和能力的复合比例中,哈奇森的道德代数法也认为它处于自爱和能力的复合比例中,因此,可用 $I = S \times A$ 这个公式予以表达。在道德领域内如何处理公共善(M)和私人善或利益(I)之间的关系,既是哈奇森同时代的人所面临的时代课题,也是哈奇森个人学术思考面临的理论难题,对这个问题的解决构成了哈奇森学术研究的重要动力之一。为了反驳以霍布斯为代表的那种类型的道德哲学,哈奇森道德哲学试图向世人证明,道德的基础是仁爱,仁爱不仅决定了道德的天然性,而且决定了美德的大小。不过,哈奇森的道德代数法也向我们表明,虽然仁爱之于美德显得至关重要,但这并不意味着,要成为一个高尚的美德之人就要彻底放弃自爱。在哈奇森看来,自爱以公共善为边界。位于公共善的边界之内的自爱意味着这种情感是一种与整体善一致的情感,虽然其目的是私人善,但是由于有益于整体善,这种行为也可被视为尊荣且高尚的行为。进一步说,倘若缺乏这种自爱,不仅谈不上美德,相反还会发展成恶。对于处于公共善的边界之内的自爱来说,若要计算其道德程度,就必须考虑到两种情形。第一,当道德主体追求的公共善有利于实现或增加自己的私人善或利益时,若要考察道德善的总量,就必须加上自爱,若用公式表达,即 $M = (B + S) \times A$。这个公式可以做下述推理:$M = (B + S) \times A \rightarrow M = BA + SA \rightarrow BA = M - SA \rightarrow BA = M - I \rightarrow B = \dfrac{M - I}{A}$,即,美德的大小与被减去了自我利益的善的总量成正比。第二,当道德主体追求的公共善不利于或有损于自己的私人善或利益时,若要考察道德善的总量,就必须减去自爱的因素，若用公式表达，即 $M = (B - S) \times A$。这个公式也可以做下述推理：

$$M = (B - S) \times A \rightarrow M = BA - SA \rightarrow M = BA - I \rightarrow B = \frac{M + I}{A}$$，即，美德的大小

与加上了自我利益的善的总量成正比。上述两种情形中的道德计算法可以

合并成一个公式，即，$B = \frac{M \pm I}{A}$。这个公式清晰地表明了两层含义：其

一，在衡量行为的道德程度时，自爱虽然不是道德的基础，但拥有自爱的
人，绝非不道德的人；其二，要成为一个道德高尚的人，最重要的不是完
全消除自爱，而是妥善处理好自爱（私人善）与仁爱（公共善）的关系，
为公共善之故而放弃私人善，固然高尚且富有美德，但在公共善的边界内
坚守自爱或私人利益，也绝不会被视为不道德，更不会遭受谴责。不仅如
此，本节选中的条目六还向我们进一步表明，行为若给主体带来的恶大于
给他人带来的善，无论它在主体身上表现出了多少强烈的仁爱或高尚意
图，也必定意味着该行为建基于实际上不存在的、对公共善的错误看法之
上，在此意义上，公正推理并顾及整体的人，即使怀有强烈的仁爱，也不
会陷入这种行为，更不会给他人推荐这种行为，虽然因善的行为而使主体受
到损害或许的确会被视为美德的有力证据，然而，高度重视仁爱的哈奇森道
德哲学绝不会为此而鼓励道德主体放弃自爱或自我利益。

[简评]

本节选的内容在向我们展示哈奇森道德哲学的耀眼之处的同时，也向
我们揭示了哈奇森道德哲学中的深刻矛盾性或理论的不一致，即道德判断
动机论与后果论或功利原则之间的冲突。哈奇森对道德的研究始于美学研
究，通过研究美的根源，哈奇森美学认为，人们在审美过程中，经由美的
感官（Sense of Beauty）这一内感官的作用就可知觉到一种超越一切功利后
果的内在快乐。道德关乎情感，更确切地说，关乎情感秩序。最美的情感
秩序就是最道德的秩序，因此，道德行为是所有美的事物中最美的事物，
由道德之美所产生的美是最高的美。沿着该思路，或许读者会理所当然地
认为，作为美中之最，被视为美德的情感当然也具有一切美的事物共同具
有的美学特征——会令人产生超功利的审美快乐。然而，道德代数法中所
涉及的多种计算因素，均有浓厚的功利色彩，其中丝毫不包含哈奇森在理

论建设之初所提出的非功利美学特征。这表明，哈奇森的道德代数法在问世之初就与他在写作之初所宣称的关于道德、情感等问题的看法形成了较严重的理论冲突。事实上，当这种冲突进一步发展时，我们不难看见，哈奇森在道德判断的一般基础问题上已经在动机论和后果论之间表现出了较严重的分歧和理论不一致。无疑，这深深地损害了哈奇森道德哲学在西方伦理思想史上的历史地位。事实上，当18世纪道德情感主义思想发展到休谟和斯密这里时，他们不仅发现了蕴含在哈奇森道德理论中的理论矛盾，而且试图从根本上解决这种矛盾。随着"道德感官"进行道德判断的权力被连根拔除，随着仁爱与美德之间的"等号"被打破，以休谟和斯密为代表的道德情感哲学把沙夫茨伯里和哈奇森开创的18世纪英国道德情感主义理论传统推到了一个值得被永远铭记的历史新高度。

［参考文献］

1. Francis Hutcheson, *An Inquiry into the Original of Our Ideas of Beauty and Virtue in Two Treatises*, edited and with an introduction by Wolfgang Leidhold, Indianapolis: Liberty Fund, 2004.

2. William Robert Scott, *Francis Hutcheson: His Life, Teaching, and Position in the History of Philosophy*, Bristol: Thoemmes Press, 1900.

3. 〔英〕弗兰西斯·哈奇森：《论美与德性观念的根源》，高乐田等译，浙江大学出版社，2009。

9

休谟:《道德原则研究》

[作者及作品简介]

大卫·休谟（David Hume，1711～1776）出生于苏格兰爱丁堡，其家族算是贵族，但到他这一代已经家境平平。他年少便展现出较强的天赋，因此在其兄入爱丁堡大学学习时，休谟也随其去大学并广泛学习了各类知识，包括科学、哲学、历史、文学等。家里希望他能够在经济上自给自足，因此让他学习法律，然而他没学多久便觉得法律过于枯燥，并立志研究"人的科学"（Science of Man）。毕业之后他还曾经尝试过参与商业经营，却也无疾而终。他随后移居法国，并隐居在一个以耶稣会大学知名的村庄中，在那里，他不仅广泛阅读了欧洲大陆学者的著作，还时常与耶稣教会学者们为宗教信仰问题辩论，并开始写《人性论》。然而，其于1737年发表的第一部著作并未如他所期望的那样大获成功。在这本著作中，休谟尝试着想要像牛顿发现物理学规律一样去探索人类的本性及道德规律，并构建一个人学的体系。对于该书未能赢得读者的原因，他认为主要不在于自己的理论有什么问题，而是在文风和表述方式上不够吸引人。因此，他随后将这本书的主要内容改写为关注人类认识能力的《人类理智研究》和关注人类道德起源的《道德原则研究》。其中，《道德原则研究》虽然整体来说与《人性论》一脉相承，但不论是在行文风格和结构安排，还是在对人类道德原则的具体分析上，都更具逻辑性、更严密，也无怪于休谟都自认为这本书是其所有作品中最为优秀的著作。

除了他以"人的科学"为研究对象的三本重要著作，休谟还撰写了《英国史》和一些宗教哲学著作如《自然宗教对话录》等。他是近代早期哲学家中最重要的几位之一，特别是他将科学实验的经验观察法运用到对人的认知和道德的研究上，这是哲学史上一种具有颠覆性的思维方法。休谟认为，如果想要让哲学真正取得进展，就要将对人类本性的研究作为中心议题，并以一种经验性的而非形而上学的方式去探讨它，在他之前，不论是古代哲学家还是近代哲学家们，都仍然将自己的理论建立在先验的假设之上，并没有真正关注人类本性实际上是何种样子。因此，休谟试图重新以人类的普遍经验和观察为基础建立起完全不同的有关人类认识能力和道德原则的体系，特别是在对道德这个"比其他一切更使我们关心的一个论题"的分析上，休谟贯彻了他的经验主义实验归纳法，例如在《道德原则研究》中，他就是通过归纳总结所有那些被人们视为德性的能力、行为、品格的共同特征来推断人类道德之源泉。

在《道德原则研究》中，休谟继承了苏格兰启蒙学派特别是弗朗西斯·哈奇森的情感主义道德哲学传统，在回答道德原则和道德价值的来源问题时，休谟批判了当时以自爱为道德之基础的理论和道德理性主义，并构建了自己的情感主义伦理学体系，成为这一伦理学学派的主要代表。另一方面，一般认为，他对"有用性"作为道德价值来源的讨论，对边沁的功利主义理论有重要的启发——虽然在休谟到底属不属于经典功利主义者的问题上，当代学者之间有不少争议。

本篇导读所采用的主要是曾晓平的译本（2001），中译本中表达比较难以理解或可能造成误解的部分则以施内文德（Schneewind）编注的英文本为准，译文做相应的调整。

[节选一]

《道德原则研究》第一章　论道德的一般原则

[1] 有一场近来发生的争论很值得加以考察，这场争论涉及道德的一般基础：道德是导源于**理性**，还是导源于**情感**；我们获得对于道德的知识是通过一系列论证和归纳，还是凭借一种直接的感受和较精致的内在感

官；道德是像对于真理和谬误的所有健全判断一样对一切有理性的理智存在物应当相同，还是像对于美和丑的知觉一样完全基于人类特定的组织和结构。

[2] 古代的哲学家们，尽管他们经常断言德性不外乎是遵奉理性，然而大体上似乎都认为道德是由趣味和情感派生出其实存的。另一方面，我们现代的探究者，尽管他们也侈谈德性的美和恶行的丑，然而通常都努力通过形而上的推理和通过从知性的最抽象的原则出发的演绎来说明这些区别。在这些主题上笼罩着程度如此严重的混乱，以致后果极端严重的对立能够流行在体系与体系之间，甚至几乎每一单个体系的部分与部分之间；但是直到晚近，竟没有一个人觉察这一点。高贵的沙夫茨伯里勋爵第一个引起人们注意这一区别，而他大体上坚持古代先哲们的原则，自己并没有完全摆脱这同一种混乱。

[3] 必须承认，这个问题的两个方面都能获得似是而非的证明，人们可以说，道德区别是可以由纯粹**理性**分辨清楚的；由此关于这一问题又进一步产生在日常生活中以及在哲学中所盛行的许多争论；争论双方经常提出一串串论据，援引例证，诉诸权威，运用类比，查探谬误，引出推论，使各个结论适合于他们自己的适当的原则。真理是可争辩的，趣味则不然；实存于事物本性中的东西是我们的判断力的标准，每个人在自身中感受到的东西则是我们的情感的标准。几何学的命题可以被证明，物理学的体系可以被反驳；但诗韵的和谐，情爱的温柔，机趣的光华，则必定给予人直接的快乐。没有人对他人的美进行推理，但经常对他们的行动的正义或不正义进行推理。在每一堂刑事审判中，被告的第一个目标是反驳所指控的事实，否认所归之于他的行动；第二个目标则是证明，即使这些行动是实在的，它们也可以证明为正当的，即无罪的和合法的。我们承认确断第一点必须通过知性的演绎，我们如何能假定确定第二点必须运用心灵的另一种不同的能力呢？

[4] 另一方面，那些想把一切道德规定都分解成**情感**的人可能努力表明，理性要引出道德推论是绝不可能的。对于德性，他们说，它属于**可亲的**东西，而恶行则属于**可恶的**东西。这就形成它们的真正本性或本质。但是理性或论证能将这些不同的辞藻分配给某些主体，并预先宣布这必定产生爱，那必定产生恨吗？或者说，除了天生适合于接受这些情感的人类心

灵的原始组织和构造，我们还能将什么别的理由永远派定给这些感情吗？

[5] 一切道德思辨的目的都是教给我们以我们的义务，并通过对于恶行的丑和德性的美的适当描绘而培养我们以相应的习惯，使我们规避前者，接受后者。但是这难道可能期望通过知性的那些自身并不能控制这些感情或并不能驱动人们的能动力量的推理和推论来达到吗？推理和推论发现真理；但是在它们所发现的真理是冷漠的、引不起任何欲望或反感的地方，它们就不可能对任何行为和举动发挥任何影响。凡是光荣的东西、凡是公平的东西、凡是合适的东西、凡是高贵的东西、凡是慷慨的东西，都占据我们的胸怀，激励我们接受它们、坚持它们。凡是可理解的东西、凡是明证的东西、凡是或然的东西、凡是真实的东西，都只获得我们的知性的冷静的同意，在满足一种思辨的好奇心时终止我们的研究。

[6] 熄灭一切对德性的火热的情和爱，抑制一切对恶行的憎和恶，这使人们完全淡漠无情地对待这些区别，道德性则不再是一种实践性的修行，也不再具有任何规范我们生活和行动的趋向。

[7] 双方的这些论证（还可能炮制更多）是如此貌似合理，以致我不由得猜想，双方的所有这些论证都可能是可靠的和令人满意的，**理性**和**情感**在几乎所有道德规定和道德推论中都是共同发生作用的。很可能，那宣判性格和行动是可亲或可恶、是值得称赞或令人谴责，那给它们打上光荣或耻辱、赞许或责难的印记，那使道德性成为一条能动的原则并将德性规定为我们的幸福而将恶行规定为我们的苦难的最终的裁决：我是说，很可能，这种最终的裁决依赖于大自然所普遍赋予整个人类的某种内在的感官或感受。因为除它之外，难道还有什么别的能够具有这种性质的影响力吗？但是，为了为这样一种情感铺平道路并确切地分辨它的对象，我们发现，事先进行大量的推理，做出精细的区分，引出合理的结论，建立广泛的比较，考察复杂的关系，确定和确断一般的事实，常常是必要的。……

[8] ……如果我们在本探究过程中能够非常幸运以至于发现道德的真正起源，那时情感或理性在所有道德规定中到底起多大作用就将容易显现出来。为了达到这个目的，我们将努力采取一种十分简单的方法，我们将分析形成日常生活中我们称为"个人价值"（Personal Merit）的东西的各种心灵品质的那种复合，我们将考虑一个人心灵中使其成为或者敬重和好感或者憎恨和轻蔑之对象的每一种属性，并将考虑那如果被归于任何个人

则意味着对他不是称赞便是谴责,并可能影响对他性格和作风的任何颂扬或讽刺的每一种习惯、情感或能力。……推理的唯一目标是发现这两方面中为这些品质所共通的因素,一方面观察那些受尊敬的品质所一致具有的特定因素,另一方面观察那些遭谴责的品质所一致具有的特定因素,进而由此达到伦理学的基础,找出一切责难或赞许最终由之发源的那些普遍的原则。由于这是一个事实问题,而不是一个抽象科学的问题,我们只能期望通过采用实验的方法和通过从特定事例的比较中推演出一般的准则来获得成功。另一种科学的方法,即首先确立一条一般的抽象的原则,而后将之分化为各种不同的推论和推断,其自身可能更完善些,但更不适合于人类的不完善的本性,是道德和其他各种主题中幻想和错误的一个共同的源泉。……现在是他们应该在所有道德研讨中尝试类似这样一种改革,拒绝一切不是建立在事实和观察基础之上的不论多么玄奥或精妙的伦理学体系的时候了。

[解读与简析]

在《道德原则研究》的第一章中,休谟以关于道德究竟是来源于理性还是感性的争论开篇,但他并未继续像在《人性论》中那样集中论证情感在道德原则形成中的作用,而是通过描述理性派和情感派双方的主要论点来表明,这两种对道德起源的理解都各自有一定的说服力,但也存在一些缺陷。由此,休谟承认道德原则的形成是理性和情感共同起作用的结果,情感为道德原则的形成提供了基础和人们以此来实践的动力,而确切地探究和分辨情感的对象则必须借助于理性的分析能力。在承认了理性和情感两者的共同作用之后,休谟便不需要再继续纠结于这场争论,而是提出更深一层的问题:通过发现道德的真正根源来展现出理性和情感在道德中究竟起了多大的作用。探究这一点所采取的方式是通过仔细分析那些被称为个人价值(Personal Merit)并能够获得人们赞许的德性,并通过归纳的方式找出它们的共同之处,由此来追溯道德原则的真正根源。由此可见,休谟采取的是与以往道德哲学家们通过预设一个普遍原则并以此为基础推断出不同推论的演绎法完全不同的、在近代物理学和其他科学中所普遍采取的新方法——实验归纳法。

关于道德究竟来源于感性还是理性的争论,休谟在第一段对争论双方的主要观点进行了总结：理性派相信，人类对于道德的知识需要借助理性的分析和推理才能获得，正因如此，任何一个有理性的存在物通过分析和推理所获得的道德知识也应该如同自然科学知识一样具有普遍性。而情感派则认为，人类对于道德的知识其实来源于人们的直接感受，是依赖于某种人类特有的内感官的体验而产生的，因此，这种道德必须基于某种人类所特有的结构。在休谟看来，古代哲学家们往往既认为德性是对人的理智的遵循，也承认道德需要依赖于趣味（taste）和情感才能得到其实存。但是近代的道德哲学家们却选择了以形而上学的演绎法来论证道德善恶问题，这种尝试并不成功，只会引发自相矛盾和混乱。的确，古希腊罗马道德哲学传统中既有以苏格拉底、柏拉图为代表的理性主义倾向，也有亚里士多德对理性和情感（或曰激情）的双重承认，而如伊壁鸠鲁学派和斯多亚学派等承认快乐和痛苦等情感对幸福的重要影响的哲学家也往往最终还是将他们对善和幸福的理解归到理智的判断力和对激情的摆脱上。只有怀疑主义者才真正挑战了理性主义的传统，认为所有的争论都不过是造成灵魂烦扰的原因，应该悬置一切判断。而近代道德哲学家们则大都通过演绎的方式，从一个他们认为毋庸置疑的基本道德原则出发来论证自己的道德体系，这种形而上学的道德论传统在休谟看来是失败的，解决形而上学道德论问题的唯一方法只有另辟蹊径，以在自然科学研究中已经获得成功的经验归纳法来重新探究道德的来源问题。

那么近代理性主义道德哲学家们所做的尝试问题出在哪里呢？休谟认为，一切关于道德的思考最终的目的并不是要寻求道德原则的真相，而是要通过对道德的来源、德性与恶行等问题的分析和区分，促使人们按照某种道德标准来行动，去追求德性而避免恶行。也就是说，道德不仅要关乎道德知识，更要能够推动人们去按照道德规范来进行道德实践。而理性的推理既不能够像亚里士多德所认为的那样控制与驾驭人们的情感与激情，也不能单凭它来激发人们去按照德性去行事的意志，因为理性的推理即便能够最大地发挥其作用，达到的也只能是关于道德知识的真理，满足的是人们的好奇心。了解道德知识与按照这些道德原则来行动之间还需要某种推动力，而这种真正能够推动人们去行动、去进行道德实践的力量来源于人的情感。真正能够使道德原则成为一个能动的原则、能够激荡人心的是某种大自然给予所有人类的"内在的感官或感受"。人类的这种普遍的内在感受性让他们能够对人的性格和行为做出赞许或谴责的判断，而这些道德判断又反过来激励人们去做那些会得到赞许的善行，避免那些会遭到谴责的恶行。但当然，通过理性分析，人们对内在感受和道德判断会拥有更加清晰的了解。这样，在理性和情感的共同作用之下，我们才会按照道德原则去行动、去实践。

道德研究的对象是人们的具体道德行为和实践，因此，其是经验性的，完全依赖于形而上学的演绎法也许能够推出一套完备的道德原则，然而要记住，休谟所要寻找的道德原则最终是要激励人们去进行道德实践的，形而上学的道德体系却无法保证一定能够对人们的行为产生影响。由于休谟道德研究的这种实践性，他必须要回到人们的经验世界之中，通过观察和归纳来找出人们已有的对于德性的道德判断中所隐含的道德原则。这就是休谟在该书中想要完成的任务。

[节选二]

《道德原则研究》第五章　效用为什么使人快乐

[1] 把我们所赋予社会性的德性的称赞归因于它们的效用，这似乎是如此自然的想法，以致人们会期望在道德作家们那里到处碰见这条原则，作为他们推理和探究的主要基础。在日常生活中，我们可以观察到，效用这个因素总是被求助着；我们也可以设想，所能给予任何一个人的最伟大的颂扬莫过于展示他对公众的有用性，列举他对人类和社会做出的贡献。甚至一种无生命的形式，如果其各部分的规则性和优雅性并不破坏其对任何有用的目的的适合性，将受到何等称赞！……于是，一个其习惯和行为于社会有害、于每一个与他有交往的人有危险或危害的人，应当因此而成为责难的对象，并传达给每一位旁观者以最强烈的厌恶和憎恨的情感，这有什么奇怪呢。

　　……

[2] 根据社会性的德性的这种显而易见的有用性，古代的和现代的怀疑主义者都毫不费力地推断，一切道德区别都起源于教育，是通过政治家们的诡计首先发明出来，而后鼓励起来的，为的是使人们驯服和抑制他们

那种使他们不能适应于社会的天然的残暴性和自私性。诚然，必须承认，训导和教育这条原则具有极其强大的影响力，它常常可以凌驾于他们的自然标准之上而增进或减弱他们的赞许或厌恶的情感，而且在特定事例中甚至可以无须任何自然原则就创造一种新的这种性质的情感，这在一切迷信活动和仪式中都是显而易见的；但是，说一切道德的好感或厌恶都产生于这个起源，却一定不会被任何一个明智的探究者所承认。如果大自然没有基于心灵的原始构造而做出任何这样的区别，那么"光荣的"和"耻辱的"、"可爱的"和"可憎的"、"高尚的"和"卑鄙的"这些词语就绝不会出现在任何一种语言中；如果政治家们发明了这些术语，他们也绝不可能使它们得到理解，或使它们传达给听众以任何观念。因此，再没有什么是比怀疑主义者的这一不通之论更肤浅的……

[3] 因此，必须承认，社会性的德性具有一种自然的美和亲切，这种自然的美和亲切最初先于一切训导或教育，把这些社会性的德性推荐给未受教化的人类，并博得他们的好感。由于这些社会性的德性的公共效用是它们由以派生出它们的价值的主要因素，它们所趋向于促进的目的必定是某种令我们感到愉快的方式，必定抓住我们的某种自然的感情。这个目的必定或者出于对自我利益的考虑，或者出于更慷慨的动机和考虑而使人快乐。

[4] 人们经常断言，由于人人都同社会有着牢固的联系，都觉察到自己不可能独自生存，他们才变得赞成所有那些促进社会秩序、保证他们平静拥有那样可贵的赐福的习惯或原则。我们在何种程度上重视我们自身的幸福和福利，我们就必定在何种程度上欢呼正义和人道的实践，唯有通过这种实践，社会的联盟才能得到维持，每一个人才能收获相互保护和援助的果实。

[5] 这个根据自爱或对私人利益的尊重而做出的道德演绎是一种清楚明白的思想，完全不是产生于怀疑主义者的不负责任的俏皮话和嬉闹式的攻击。且不说别人，古代最严肃、最明智、最道德的作家之一波里比阿，也认为我们的所有德性情感全都起源于这种自私性……然而，这并不是一件由权威来决定的事情，大自然和经验的声音似乎明显地反对这种自私论。

[6] 我们常常把称赞赋予十分久远的时代和十分遥远的国度所发生的有德性的行动，而在那里我们的极端精巧的想象力也不能发现任何自我利益的表现，或找到我们当前的幸福和安全与这些距离我们如此久远的事件

之间的任何联系。

……

[7] ……我们已经发现一些事例,在其中私人的利益与公共的利益是相分离甚至相对立的;然而我们观察到道德情感继续着,尽管有这种利益上的分裂。无论哪里这些截然分明的利益明显地同时发生,我们总是发现道德情感有一种明显的增长,发现一种对德性的更强烈的好感和对恶行的更强烈的厌恶,或我们恰当地称为感激或报复的东西。迫于这些事例,我们必须放弃这种用自爱原则来说明一切道德情感的理论。我们必须采纳一种更公共的感情,并承认社会的利益甚至就它们自身而论也不是与我们完全漠不相关的。有用性只是一种对一定目的的趋向;当一个目的本身决不影响我们时,说任何事物作为达到这个目的的手段而使人快乐,这是自相矛盾的。因此,如果有用性是道德情感的一个源泉,如果这种有用性并不总是被关联于自我来考虑,那么结论就是,凡是有助于社会的幸福的东西都使自己直接成为我们的赞许和善意的对象。这是一条在很大程度上说明道德性之起源的原则……

……

[8] ……在没有私人性的考虑吸引我们通过伤害我们的同胞被造物而寻求我们自己的晋升或好处的地方,当我们权衡行动的几种动机时,我们一定考虑他人的幸福和苦难,并倾向于他人的幸福。如果人道的原则能够在许多事例中影响我们的行动,它们必定在任何时候都对我们的情感具有某种权威,并给予我们以一种对凡是有用于社会的东西的一般的赞许和对凡是危害或有损于社会的东西的一般的谴责。这些情感的程度可以是争论的主题;但它们的实存的实在性,我们应当认为,必定是每一种理论或体系都予以承认的。

……

[9] 因此,无论我们以什么眼光来考察这个主题,所赋予社会性的德性的价值看来仍然都是始终一致的,这种价值主要产生于天然的仁爱情感使我们对人类和社会的利益所怀抱的那种尊重。如果我们考虑诸如日常经验和观察中所显示的人类结构的原则,我们必定先天地(a priori)推断,像人这样的一个被造物,不可能完全漠不关心他的同胞被造物的幸福和苦难,不可能在没有任何东西使他怀有任何特定的偏向时不无须任何进一步

的尊重或考虑就自行地乐于主张：凡是促进他们的幸福的东西就是善，凡是加重他们的苦难的东西就是恶。于是，这里就是诸行动之间的一种一般的区别的微弱的雏形或者至少轮廓；依照这个人的人道所应当增进的他与那些受害者或受益者的关系和他对这些人的苦难或幸福的生动思想的程度，他随后发生的责难或赞许就获得相应的活力。……我们的心将直接被打动，我们的同情将活跃起来，我们的冷淡的赞许将转变为最热烈的友谊和尊重的情感。这些似乎是人类本性的一般原则的一些必要的和可靠无误的后果，正如在日常生活和实践中所发现的那样。

[10] 再颠倒这些观点和推理，后天地（a posteriori）考虑这个问题，并在权衡这些后果时，探究社会性德性的价值是否在很大程度上并非导源于它据以影响旁观者的人道感受。看来事实是：效用这个因素在所有主题中都是称赞和赞许的源泉，它是关于行动的价值或过失的所有道德决定经常诉诸的，它是正义、忠实、正直、忠诚和贞洁所受到的尊重的唯一源泉，它是与其他社会性德性如人道、慷慨、博爱、和蔼、宽大、怜悯和自我克制不可分离的，一言以蔽之，它是道德中关乎人类和我们同胞被造物的那个主要部分的基础。

[11] 看来事实还是在我们关于性格和作风的一般的赞许中，社会性的德性的有用趋向不是通过对自我利益的某些尊重来打动我们的，而是具有一种更普遍和更广泛得多的影响力。看来，对公共利益的趋向和对促进社会和平、和谐和秩序的趋向，总是通过影响我们本性结构中的仁爱原则而使我们站在社会性的德性一边。看来，作为一个额外的确证，这些人道和同情的原则如此深刻地进入我们所有的情感，并具有如此强大的影响力，以至于可以使它们有能力激起最强烈的责难和赞许。……

［解读与简析］

在分别分析了社会性的德性如仁爱、正义等德性之后，休谟找到了这些德性之所以受到人们称赞、能够在人们心中激起愉悦之情的根源：这些德性的效用，即它们对社会的有用性。它们能够为整个社会带来好处，为周围人带来效用，促进人类的利益，造福人类社会，正是因为有这样的趋向，这些社会性的德性才会激发人们的赞许之情，并成为拥有道德价值的德性。

在"效用为什么使人快乐"这一章中，休谟进一步探讨了效用为何能够成为社会性的德性的来源，仅仅通过观察人们的日常生活，我们便可以发现，对人最高程度的赞扬就是展现出他对人类的贡献——也就是对人类的有用性，而当人们看到对社会有害的行为时，就会产生厌恶之情，即便他们自身是做出这些行为的主体时，他们也仍然会为自己的行为而羞愧，效用与赞许和谴责之情之间的关联从经验上看十分明确。然而有些道德哲学家并不认为效用是道德的来源，休谟接下来对这些观点分别进行了批驳，并由此论证以效用来区分道德上的善行和恶行的根源是一种更加根本的道德情感。

第一，怀疑主义者们通过对社会性的德性的有用性的观察，断言道德区别其实起源于教育，是政治家们以何种德性对社会更有用为标准发明出来，并且通过习俗、教育等方式去鼓励人们接受并遵循这些德性，从而控制他们不适应社会的那种天然的残暴和自私。休谟承认，后天教育的确可以增进或减弱人们的赞许或厌恶的感情，有时甚至能够无须诉诸自然情感基础而直接培养出这两种感情，尽管如此，他仍然坚信，由此并不能得出一切道德好恶都产生于这个起源的结论。借助语言起源于自然的理论，休谟试图论证如果道德区别不是来源于自然，那么就不会在不同的语言中都出现相似的、区分善恶的词语，而这些词语如果是政治家们人为地构造出来的，也不可能在他们教育的对象心中产生任何效果。因此，怀疑主义者们的立场站不住脚，社会性的德性所具有的自然的美和亲切应该先于任何教育。

第二，许多伦理学家虽然承认社会性的德性源于自然情感，但将这种自然情感归结到人们对自己的生存与福利的关心。人们正是意识到了自己不能全靠自己而活下来，需要依赖其他人和社会，因此才会基于自爱与自我利益去赞许促进社会幸福和公共利益的德性，简而言之，正义、仁爱这些社会性的德性其实源于人们的自爱之情与对自我利益的关心。休谟承认，这种道德源于自私性的理论相较于怀疑主义来说要更加清楚明白，也更具说服力一些。

然而从经验中可以观察到另外一种情况，人们对于与他们在时间和空间上相隔十分遥远的人的性格和行为同样会产生称赞和谴责之情，也就是说，即便是与自己的利益和自爱并不相关的情况，人们也仍会被激发出这些道德情感，甚至在更加极端的情况下，即便对方的行为会有损于自身的利益，人们仍然可能称赞这些行为。因此，对与自己的利益和幸福不相关的那些对象之所以会产生赞许之情，应该是有某种比自爱自利更加普遍的情感在起作用。

由此，休谟便正式开始追溯这种能够让人们在与自己利益似乎不相关甚至对立时仍然会因为其社会效用而给予赞许的情感基础。通过具体分析在道德实践中人们是因何而对这些于己似乎不相关的行为甚至是有所损害的行为产生赞许之情的，休谟得出的结论是，在这些情况下，这些行为正是因为有助于社会的幸福，才直接获得了人们的赞许。进一步追问为何有助于社会幸福的行为就会得到人们的赞许之后，休谟发现，这种赞许的最根本来源是在人性中存在的一种普遍的与他人的同胞感（fellow-feeling），或曰人道或仁爱。休谟并未尝试论证为何会在人性中普遍存在这样的情感，他认为只要能够通过经验的观察发现这种情感的存在就足够了。根据经验，人们会对他人的幸福产生快乐的感受，对他人的苦难产生痛苦，这种同胞之情——对其他人类的同情（sympathy）令我们能因他人的幸福和苦难而感同身受地产生快乐和痛苦的情绪。虽然这种情感在强烈程度上有可能与自身获得幸福或遭遇苦难有所不同，但仍然会在旁观者身上激起这样的情感，并进一步让人们对一切能够为人类带来幸福的行为表达称赞，对为人类带来苦难的行为表达谴责。也正是因为这种人人都天然地拥有的人道情感的存在，一种普遍性的德性标准才变得可能。由此，通过观察和分析经验中人们对于各种行为的赞许和谴责做出判断的原因，休谟总结，一方面，从先天来看，人们都会对同胞产生一种人道的情感，会天然地被他人的感受所打动，这种情感让我们对他人的幸福和困难产生相应的快乐和痛苦之情成为可能；另一方面，从后天的具体经验事实来看，效用的确是人们形成赞许和谴责的判断的重要根源，而人们之所以会对社会性的德性的有用性如此重视，不仅有自我利益的考量，更重要的是人类更为普遍的人道或仁爱的原则让我们对公共利益和社会的幸福有着天然的趋向性，让我们总是对那些社会性的德性表达称赞。由此，休谟最终从社会性的德性的有用性作为道德原则的源泉这一原则进一步追问，并推到了有用性能够成为源泉的原因是人们的人道或仁爱之情让他们更加偏好于那些对人类的幸福有用的行为。

[简评]

我们可以看到,虽然休谟认为《人性论》和《道德原则研究》的基本原则是一致的,后者只是在行文风格和论证形式上有所修改以令他的理论更容易为读者接受,他的道德哲学整体上也是一以贯之的,然而《道德原则研究》还是在《人性论》的主题上更进了一步,休谟不再侧重于论证情感和理性何者才是道德之根源的问题,而是去追溯各类社会性的德性和个体的品质之所以被认为是道德的根本原因。在《道德原则研究》中,休谟批驳的重点不再是理性主义者们,而是霍布斯以"自我利益"为基础的道德判断理论。在他看来,社会性的德性的道德源泉是它们对人的有用性,而有用性之所以成为道德的源泉,能够激发人们的赞许,最终的根源在于"人道",即人类天然就拥有的对同胞被造物的感同身受,正因为这种感同身受,人们才会在看似不关涉自己利益的时候仍然会产生间接的快乐和痛苦之情。另外,个体的德性同样也因这些德性来源于人道而能够使自己和他人产生愉悦之情,并能够成为赞许的可靠根源。所以在休谟这里,道德的最终根源在于人们与生俱来的、能够与他人感同身受的人道情感,这样,休谟的情感主义道德体系便建立了起来。

然而,相较于休谟的《人类理智研究》在认识论领域的巨大影响力,他的情感主义伦理学在近代伦理学领域虽然启发了边沁的功利主义理论,但更深远的影响则在当代:自20世纪初开始,不论是情感主义伦理学的当代研究还是后果主义哲学家们,都通过他们的研究唤起了人们对休谟道德哲学的重视,体现出他的理论持久的生命力来。

[参考文献]

1. David Hume, *An Enquiry Concerning the Principles of Morals*, edited by J. B. Schneewind, Hackett Publishing Company, Inc., 1983.

2. 〔英〕休谟:《道德原则研究》,曾晓平译,商务印书馆,2001。

3. William Edward Morris and Charlotte R. Brown, "David Hume," *Stanford Encyclopedia of Philosophy Archive(Summer 2020 Edition)*, https://plato. stan-ford. edu/archives/sum 2020/ entries/hume/.

4. James Baillie, *Routledge Philosophy Guidebook to Hume on Morality*, Routledge, 2000.

10

康德:《道德形而上学奠基》

[作者及作品简介]

伊曼努尔·康德（Immanuel Kant，1724～1804），出生于德国普鲁士的哥尼斯堡，德国伟大的哲学家，德国古典哲学的创始人和奠基者。康德同时被视为启蒙运动时期最重要的哲学家之一，不仅对后世的德国哲学而且对整个现当代西方哲学的发展都产生了广泛而深刻的影响，被誉为希腊三贤（苏格拉底、柏拉图、亚里士多德）之后最重要的哲学家。

康德出身贫寒，父母均为虔敬派新教教徒，虔敬派的宗教观念对康德后来的思想产生了微妙的影响。康德在1740～1746年就读于哥尼斯堡大学，1746年因父亲去世而离开大学，其后两年的大部分时间都用于处理父亲去世的事务。1748～1754年为了生计，康德不得不先后在哥尼斯堡地区的几个富贵之家做家庭教师。1754年康德回到哥尼斯堡大学继续学业，于次年（1755）取得哥尼斯堡大学硕士学位并获得编外讲师资格，1770年被任命为哥尼斯堡大学的逻辑和形而上学教授。自1769年起，康德曾先后收到埃尔兰根大学、耶拿大学、哈勒大学等的教授职位邀请，但均予以回绝。康德的教学和学术研究一直是在哥尼斯堡大学进行的，直至1804年去世。在此期间，康德一直深居简出且终身未娶，过着极其自律而单调的学者生活。

康德一生著述颇丰。普鲁士皇家科学院（即后来的德国柏林-布兰登堡科学院）于1900年开始出版《康德全集》，共29卷，其中第26卷尚未出版。在引用康德原著时，当代研究一般将该版本（简称"学院版"

［AK］）作为标准版（涉及卷数、页码等的标注）以便统一。一般认为，以 1770 年为界，康德的著述可分为前批判时期和批判时期，批判时期的著述又可分为理论哲学和实践哲学两大部分。在前批判时期，康德发表了若干著作和论文，主要研究与自然科学相关的观念，但其最具影响的著述集中于批判时期。1770～1781 年，康德专注于其"纯粹理性批判"的规划，几乎没有发表作品。1781 年 5 月《纯粹理性批判》的出版是其批判哲学的开端，1785 年《道德形而上学奠基》的出版则标志着其实践哲学的开端，其后又出版了《实践理性批判》（1788）和《判断力批判》（1790），康德的哲学奠基规划由此基本完成。康德晚年打算重述整个批判哲学，但未完全实现。他对三大批判做了一些修订，发表了一系列重要的哲学著作如《单纯理性限度内的宗教》（1793）、《论永久和平》（1795）、《道德形而上学》（1797）、《实用人类学》（1798）等，并且去世时康德留下了大量未竟的手稿。

　　作为康德实践哲学的开端，《道德形而上学奠基》的德文版、英译本、中译本均有多种。本导读节选部分的中译以伍德（Allen W. Wood）的英文注译本为底本，其中一些地方参考了李秋零等的中译本（2016）。

［节选］

第一部分^①　从普通理性的道德认知到哲学的道德认知^②

　　［1］在这个世界乃至这个世界之外，我们都无法想象除了绝无仅有的**善意志**，还有其他任何东西能被视为无限制地善的。心智的**才能**如理解

---

①　节选自 Immanuel Kant, *Groundwork for the Metaphysics of Morals*, edited and translated by Allen W. Wood, Yale University Press, 2002, pp. 9–17（AK4：393–402），为第一部分的第 1～16 段。由于康德这部分的论述很晦涩，本导读将在必要之处给出一些随文注释，即文中带圈序号的注释；原作者即康德的注释以﹡序号来表示以相区别。另外，方括号中的内容是为了补足文意而添加的；每一段之前带方括号的序号，则是为了方便后面的导读而做出的标记。原文斜体以示强调之处，中译均加粗来表示。

②　本部分标题的英译为 "From Common Rational Moral Cognition to Philosophical Moral Cognition"，依据该英译以及康德对于"理性"和"理性存在者"的用法，这里的中译与国内通行的译法有明显的区别。按照康德道德哲学中的用法，"普通理性"通常指运用常识道德来做出日常道德判断的普通人。

力、机智、判断力，如此等等，或者是**气质**（temperament）上的品质如勇气、果断、执着，在某些方面无疑是善的且为人们所希求；但是，如果运用这些自然禀赋的意志（而其特有的构造因此被称作**性格**）并不是善的，那么这些禀赋也可能成为极端邪恶和有害的。**命运的赠予**（gifts of fortune）① 也同样如此。权力、财富、荣誉，甚至健康以及归于**幸福**名下的整个生活美好和境况如意，如果没有善意志来纠正它们对心灵的影响进而对整个行为原则的影响，使它们变得普遍地合目的（purposive）的话，那就会导致无所畏忌并由此还常常使人自负；更不要说，一个生活顺心如意的人要是没有一丁点纯粹的善意志，那么不偏不倚的理性旁观者（a rational impartial spectator）② 甚至在看到这种顺心如意的时候也绝不可能感到快慰。因此，善意志看来甚至是构成配享幸福的必不可少的条件。

　　［2］对于这种善意志本身来说，有些品质甚至是有益的，能够让善意志的发挥容易得多；尽管如此，但它们仍然没有无条件的内在价值，反而总是要以善意志为前提：人们原本肯定会对它们大加称颂，而善意志却对这种称颂加以限制，并且不允许把它们认作绝对地善的。感情和激情方面的适度、自制、深思熟虑，不仅对于许多目标来说是善的，而且看上去甚至构成了一个人**内在**价值的一部分；然而它们（尽管在古人那里得到了无条件的称颂）要被宣称为无条件的善，那就仍然欠缺甚多。因为要是没有属于善意志的原则，它们就可能变成极端的邪恶，从而一个恶棍的沉着使他的危险大增，而且与没有这种品质相比，具有这种品质的这个恶棍在人们眼里更为可憎。

　　［3］善意志之为善，不是由于其所促成的事物，也不是由于它达成预

---

① "命运的赠予（gifts of fortune）"含有"幸运"或"运气"的意思，若与理性的必然性相对照，则还有"来自命运的偶然性"的意味。另可结合第5段关于"自然的合目的性"的论述来理解。

② "不偏不倚的理性旁观者（a rational impartial spectator）"是自近现代以来西方伦理学中的一个重要观念，它强调在一些根本的道德问题上需要一种绝对正义或公正的视角。以康德为代表的理性主义伦理学尤其强调不偏不倚的道德视角，以达成一种可普遍化的道德原则。而诸如休谟之类的情感主义者在讨论正义、同情等问题时也在理想意义上诉诸"公正的旁观者"观念。在康德这里，这个观念似乎与上帝的观念有一定的渊源，或许可以这样来理解，虽然在理性的道德讨论中不应诉诸宗教式的信念，但类似于上帝的视角在理论设想中仍有意义。不偏不倚（impartiality）与偏倚性（partiality）仍然是当代伦理学中的一个重要论域，但进一步淡化了宗教或形而上学的色彩。

期目的的有效性，而仅仅是由于其意愿亦即善本身。并且单就其自身来考虑，它应被给予无与伦比的高评价；任何可能由它带来且满足禀好（incli-nation）① 的事物甚至满足所有禀好之总和的事物，都不能望其项背。即使由于命运多舛或无情自然的苛待，这种意志完全缺乏实现其目标的资具，乃至竭尽全力却依然一无所得，而剩下的只有善意志（当然它不是单纯的愿望，而是用尽力所能及的一切办法），这种善意志自身也如同那些自身有着完整价值的事物，依然如宝石一般闪耀光芒。其有效不能对这种价值有所增益，其无效也不能使之有所贬损。其有效性仿佛只是为了衬托善意志的价值：使它在日常交往中更容易为人所把握；或引起那些尚未充分认识其价值的人的注意，但不是要推荐它，让专家来确定其价值。

［4］然而，"纯粹意志具有绝对价值且在对它的评价之中绝不纳入对效用的考虑"这一观念之中存在令人费解之处，乃至会出现这样的情况：尽管所有人（甚至包括普遍理性）都同意这一观念，但必定会引发这样的怀疑——它暗中据以成立的基础仅仅是某种不切实际的高调，并且就其让理性来统管我们的意志而言，它所持有的目标可能误解了自然的旨意。因此，我们将从这一视角来检验该观念。

［5］在有机存在者——亦即有目的地安排生活的存在者——的自然的预定安排（natural predisposition）② 之中，我们假定了这样一种原则：其中任何机制都不会与某个目的相悖，反而要最适合、最便于这个目的。那么

---

① 康德伦理学中的 inclination 一词尚未找到令人满意的中译，目前有"禀好""爱好""倾向""趋向""性好"等多种译法。"禀好"这一译法虽然不太符合中文表达的常规，但综合各方面的考虑，或许是较优的选择。要之，inclination 在康德伦理学中大概有如下几层意思：其一，它暗指出于人的自然性情；其二，作为行为动机，它是由外在于人的、经验的或偶然的原因引发的；其三，与基于理性原则的不偏不倚动机相比，其动机的性质带有明显的偏向性。

② "自然的预定安排（natural predisposition）"这一术语之中的"自然"是在传统目的论的意义上说的，不是指自然界，也不是"自然而然"的意思，而是类似于斯多亚学派"自然法则"或"自然法"概念中的"自然"。它暗含这样的意思：宇宙是由某个无上的存在者有目的地创造出来的，并且遵循预先设定好的理性秩序（这一点可参看前面塞涅卡的相关论述）。当然，康德本人是否持有这种观念，这是不清楚的，但至少其伦理学并没有强调这一观念。这里康德借用这一观念，很可能是为了回应前一段提出的反驳。另外，predisposition 是由 disposition 加上前缀 pre-组合而成的，pre-表示"在先的"或"预先的"，disposition 更常见的译法是"性情""气质""意向""倾向"等。但在这一段有关自然目的论的语境中，"安排"这一不常见的译法可能更贴近。

如果就一个具有理性和意志的存在者而言，其**保存**和**福祉**——一言以蔽之亦即其**幸福**——是自然的真实目的，那么自然把理性指派给这种被造物来完成这个目标，就原本设计了一个极其糟糕的安排。因为就这个被造物为达成这种目标而不得不采取的所有行为及其整个行为规则来说，自然准确得多的安排将会是让被造物的本能去完成的，并且比起借助理性，由本能来达成这个目的的可能可靠得多。并且如果理性是作为至关重要的东西被赐予这种受眷顾的被造物，那么对于这种被造物来说，理性的功能本来就只会是这样的：使该被造物考虑这种属于其本性的幸福的预定安排，对这种预定安排表示赞赏和喜悦，并且让它对其仁慈的肇因感恩戴德；而不是让其欲求官能受制于那种柔弱而带有欺骗性的指南，从而干预自然的目标。总之，自然本来会阻止理性在**实践运用**中发挥大用，阻止理性运用其柔弱的省察力做这样的非分之想：自行设想其关于幸福的规划以及达成幸福的途径。无论是这种选择的目的还是手段，自然本来都会接管过来，并运用其睿智的预见而把两者完全托付给本能。

　　[6] 我们事实上还发现，一个开明的（cultivated）理性越是致力于享受生活和幸福这一目标，[拥有这种理性的] 这个人就越是得不到真正的满足。由此只要他们肯坦率地承认这一点，许多人特别是那些最惯于这样开明地运用理性的人就会对理性产生某种厌恶。因为即使算上他们所得的所有好处——且不说属于日常奢侈的各种新奇玩意，甚至还包括那些最终在他们看来同时是知性上的奢侈——他们仍然会发现，给他们带来的最终结果与其说是幸福享受，不如说是烦恼缠身；也因此最终的结果是，对于这样的一些人——其更通常的特征是宁愿以纯粹的自然本能为指南，而不允许其理性对其行为和过失产生较大影响——上述具有精明理性的人油然而生的态度是羡慕，而不是鄙视。并且我们必定在很大程度上会承认：对于那种认为"理性在幸福与生活满足方面可以给我们提供值得大加颂扬的益处"的观点，有些人相当不以为然，甚至认为这样的益处应该降到零以下。这些人的判断绝不是对世界主宰之仁慈的抱怨或忘恩，而毋宁是暗中基于这样的观念：他们是为了另一种目标而生存，从而拥有伟大得多的尊严；正是为了这一目标而不是为了幸福，理性一直被赋予了其全然固有的使命，并且也因此，这个目标作为无上的条件，是人类的私人目标必须在绝大多数情况下要服从的。

　　[7] 在其对象以及我们所有需求的满足方面，理性不足以有效地为意

志提供可靠的指导，反而在一定程度上让我们的需求本身倍增；而在达成这一目的方面，未经开化的自然本能给我们提供的指导当然会有效得多。然而，既然理性已经作为一种实践官能亦即应当作为应当对**意志**发生影响的官能而被赋予我们，其真实的使命就因此必定不是要产生某种立意以作为某个其他目的的**手段**，而毋宁是要产生**善意志本身**，为此理性就是绝对必要的，因为在其他一切方面，自然在分配其预定禀好时也是有目的地发挥作用的。因此，这种意志可能不是唯一的和全部的善，但必定是最高的善；并且它是其余一切善的条件，甚至是对于幸福的一切要求来说的条件。在这种情况下，善意志就能够与自然的智慧结合在一起，而这时人们就会看出，对理性的培植是善意志所必需的，由此在许多方面限制着第二个目标的实现；这个名为幸福的第二个目标，至少在这种生活中总是受限制的，幸福甚至可能被贬得一钱不值，如果自然在这方面的运作不是不合目的的话。因为在树立善意志的过程中识别其最高实践使命的理性，能够从这一目标的实现之中获得其独有的满足，亦即从实现仍然仅仅是由理性来确定的目的之中获得的满足，即使这种满足应该不可避免地伴随着对属于禀好的各种目的的某种侵犯。

[8] 但是，对善意志的敬重来自其本身而无须任何进一步的目的，恰恰就像是它在天然地健康的知性中已经存在，无须教导而只需启发出来，因而在对行为价值的全部评价中，善意志就始终高居首要地位，并且构成了行为中其他一切东西的条件。为了形成这样的善意志概念，我们将把**义务**这一概念摆在面前予以考察。义务包含善意志这一概念，尽管其中夹杂着某些主观的限制和障碍；然而这些限制和障碍远不能把善意志掩盖得不可辨识，反而在相互对照之下将善意志衬托得更加显赫，让它发出更耀眼的光芒。

[9]［这里］我要忽略所有那些已被认为是违反义务的（contrary to duty）行为，即便它们对于这样或那样的目标来说是有用的；因为它们既然与义务甚至是相冲突的，那就根本不会产生它们是否可能**出于义务**（from duty）这样的问题。我还要搁置这样的行为：它们实际上符合义务（in conformity with duty），然而其行为者完全没有与之直接相应的禀好，而是由于另一种禀好的驱使才这么做。因为在这里可以轻而易举地分辨，这种符合义务的行为是**出于义务**，还是出于自利的目标。分辨起来要困难得多的情形在于：某行为符合义务，而其行为主体除了有这种禀好，还有**直**

接与行为相应的禀好。例如，如下做法确实是符合义务的：商人不应对缺乏经验的顾客溢价，而且在生意兴隆时精明的商人也不会要高价，而是对所有顾客都保持固定的一般价格，乃至一个孩子购买时的价格和其他任何顾客一样便宜。因此，人们得到的是**诚实的**服务。然而这绝不足以让我们相信，这个商人由此就一直是出于义务并依据诚实的原则才这么做的。他的利益需要他这么做，而这里不应做出这样的假定：认为他除此之外对顾客还有与其行为直接相应的禀好，乃至可以说他出于爱而给每个人的都是同等的价格。因此，这种行为既不是出于义务也不是出于与行为直接相应的禀好，而仅仅是出于自利的目标。

[10] 相比之下，保存自己的生命是义务，此外每个人都具有对此的直接禀好。但是，大多数人因此而怀有的通常是焦虑性的关切，却仍然没有任何内在的价值，并且其准则完全没有道德的内容。请注意，他们对自己生命的保存，**符合义务**但并非**出于义务**。相比之下，如果逆境和令人绝望的悲伤完全夺去了生命的趣味，如果这个不幸的人心智坚强，对于自己的命运，他心怀的不甘超过怯懦和沮丧，虽然期望死亡、不爱生命却仍然保存自己的生命，这就不是出于禀好或恐惧，而是出于义务，那么其准则就具有道德的内容。

[11] 力所能及地行善是义务，此外还有一些人心灵极其富有同情心，乃至无须虚荣或自利等其他任何动机也能快慰于给周遭的众人带来快乐，并且只要他人的满足是他们引起的，他们就会感到高兴。但我要申言，在此情形中的行为，无论可能多么地符合义务、显得多么亲切，都不具有真正的道德价值，而是与其他禀好一样，出于同一类立场。例如，一旦幸运地与某种事实上有助于公共善的东西有交集且符合义务，对荣誉的禀好就由此是值得尊敬的，值得称赞和鼓励，但并不值得尊崇；因为这种准则缺乏道德内容，亦即做出道德行为的准则不是出于禀好而是**出于义务**。那么假定这位慈善家的心灵为其自己的悲伤所笼罩，从而消解了他对他人命运的所有同情；他仍然有行善的资源来帮助那些身处不幸的人们，但他不会为他人的不幸所打动，因为其自身的不幸已经够他受了。那么现在任何禀好都不再刺激到他，而此时他从这种死一般的麻木中挣脱出来，不出于任何禀好而仅仅出于义务地做出这种行为，仅当他这时做出的行为才首次具有真正的道德价值。更有甚者，假如有这样一个人：自然几乎没有赋予他

多少同情心；他确实是正直的，但或许是由于其本人被给予了某种特定的禀赋——具有忍受自身不幸的耐力和刚毅，他在气质上就是对他人的苦难无动于衷、漠不关心的，同时他料想甚至要求他人也是如此。如果自然没有把这个人造就成一个慈善家（但他的的确确不会成为自然最坏的产品），难道他就不会在其自身之中找到某种源泉，从而给予他本人一种比慈善家气质可能具有的价值要高得多的价值吗？当然可以！恰恰是在这里才出现了性格的价值，这种价值是道德的且是无与伦比地最高的，也就是说，他行善不是出于禀好而是出于义务。

[12] 获得自身的幸福（至少间接地）是义务，因为为诸多悲伤和得不到满足的需求所缠绕从而对自己的境况不满，这可能很容易成为某种重大的**诱因，诱发对义务的侵犯**。但即便不考虑义务，所有人都总是对自身幸福怀有最强而内在的禀好，因为所有的禀好结合在一起的总和正是在于幸福这一观念。然而关于幸福的教义大多是这样构成的：它会严重地违反某些禀好，而对于一切禀好的总满足，人类无法在"幸福"的名称下形成任何确定而可靠的概念。因此，这样的情况并不鲜见：单一的某个禀好如果在其实现的希望和能够获得满足的时间方面是确定的话，其分量就能够压倒某个游移不定的观念。某人比如说一个痛风患者，可能选择享受他觉得不错的乐事，同时承受必定要遭受的折磨，因为按照他的想法，至少在此时此地通过对某种幸福——它被认为在于健康——或许无根由的期望，他并没有牺牲当下的享受。但同样是在这种情况下，如果对幸福的一般禀好没有决定他的意志，至少如果对他来说，健康在他想来并不算是必要的，那么就和其他一切情形一样，这里仍然存有一种法则，亦即并非出于禀好而是出于义务地促进他的幸福，由此只有从这个时候开始，其所作所为才具有真正的道德价值。

[13] 毫无疑问，我们正应该用这样的方式来理解如下经文：爱邻人甚至敌人，这是对我们的指令（command）①。因为作为禀好的爱是不可能

① 康德这里表述的观念，其依据是《圣经》的经文。康德的这种解读似乎隐含着，其所主张的纯粹道德应该是不偏不倚的，其源头也应该是形式的；或者说义务的根据应该是纯形式的法则。因为经验意义上的禀好或对某一类人或事物的爱，总是基于某种有偏向的选择，而我们预先选择了一方，同时也就意味着舍弃或看轻其他各方，也就达不到不偏不倚，也不可能普遍化。当然，康德的这种观念仅仅是在道德根基的意义上或纯理性的意义上讲的。这里的 command 是指一种从上至下的规范，按照其含义亦可译为"命令"，但为了与康德"绝对命令"这一核心概念区分开，故译为"指令"。

被指令的；仅仅出于义务而行善，即便完全没有任何禀好的驱使，即便有自然的和无法抑制的反感之抗拒，也是**实践的**而不是**病态的**（pathological）①爱。这种爱在于意志而不在于感觉的偏向，在于行为的原则而不在于温存的同情；唯有这种爱才可能是被指令的。

[14] 第二个命题是：出于义务的行为所具有的道德价值，**不在于该行为要达成的目标**，而在于决定行为时所遵循的准则；因而其价值不取决于行为对象的实现与否，而仅仅取决于行为**立意的原则**，出于义务的行为就是根据这种原则来做出的，而无须考虑欲求官能的对象。由前文论述可知，我们在行为及其效果以及意志的目的和刺激中可能持有的目标，都不可能给予行为以无条件的和道德的价值。这种价值如果不存在于与行为预期效果相关的意志之中，那么可能存在于何处呢？它只能仅仅存在于**意志的原则之中**，无关于通过这些行为而能够实现的目的。因为意志居于形式的先天原则和质料的后天刺激这两者之间，仿佛处在十字路口；并且既然必定以某种方式为某个东西所决定，那么意志如果做出出于义务的行为就必定是由一般立意的形式原则来决定的，因为所有的质料原则都已经从中抽离。

[15] 第三个命题是由前两个命题推演而来的结论，我将之表述如下：**义务是对于某种行为来说的必然性，这种行为是出于对法则的敬重而做出的**。对于行为的对象（它是我预期的行为效果），我当然可以有**禀好**，但**绝不会有敬重**，这正是因为它只是意志的效果而不是意志的活动。正是由于同样的道理，对于一般意义上的禀好，无论是我自己的还是别人的，我也不可能怀有敬重。对于自己的禀好，我顶多可能赞许，对于别人的禀好，我有时甚至可能喜欢，也就是说视之为有利于我自己的利益。唯有纯粹作为根据而绝不作为效果而与我的意志相关联的东西，唯有不服从于我的禀好而是分量重于禀好或至少把禀好从选择考虑之中全然排除的东西，从而唯有自为的纯粹法则，才能成为敬重的对象从而成为指令。于是，出于义务的行为就被认为是完全脱离了禀好的影响以及与之相伴的意志的所

---

① pathological 的一般含义是"病态的""病理学的"，但并非中文语境中通常蕴含的"不健康""有问题"等含义，而是指"由感性冲动所规定的"，需要接受理性的检验。在此意义上，这里的"病态的"侧重"有待诊断或检验"的意思，即尚未确定其是否具有道德价值，需要经过诊断才能确定。

有对象的影响，那么其他任何东西都不能决定意志，而只有作为客观的法则以及对该实践法则的主观地纯粹的敬重，因而就只有遵循如此法则的准则*才能决定意志，即便这种准则违背了我的所有禀好亦如此。

[16]　因此，行为的道德价值不在于来自行为的预期效果，因而也不在于需要从该预期效果获取其动机的某个行为原则。因为所有这样的效果（比如自己境况的适意，甚至对他人幸福的促进）也能够通过别的原因来实现，而对于这些效果来说，理性存在者的意志因此并非必要的；但是，唯有在这样的意志之中，我们才能发现最高且无条件的善。因此，法则自身的表象（representation）①显然仅仅发生于理性存在者本身之中而不在于预期的效果，正是这种表象而不是别的任何事物，才是意志的决定根据，并因而构成如此优越的善，我们把这种善称作"道德的"；这种善已然呈现于按照它来行动的行为者本身，但首要的是，我们绝不可预期它来自效果**。

---

　*　**准则**是立意的主观原则，客观的原则（即，如果理性对欲求的官能具有充分的控制力，这种原则就会同时主观地作为一种实践原则服务于所有的理性存在者）是实践**法则**。

　①　这里的 representation，可以从两方面来理解：一方面是指法则自身向我们的呈现或表现，另一方面是指理性的意志能够通过这种表现来领会和把握法则。"表象"是通行的译法，但要注意，它是与认识论中"表象"的含义有明显区别的。

　**　人们可能指责我说，我只是以一种模糊的感受（feeling）而把**敬重**这个词用作遁词，而不是用某个理性概念来清晰地答复这个问题。然而，敬重即便是一种感受，也不是那种通过影响而**得来**的感受，而是那种通过理性概念而**由自己造成**的感受，因而与前一种可归诸禀好或恐惧的感受有种类上的区别。我如果把某事物直接认作对我的法则，那就是以敬重来承认该事物，这里的敬重所表示的仅仅是，我的意志无须任何"属于对我之感官的其他影响的"中介就**服从某个法则**的意识。意志直接为法则所决定以及对此的意识就叫作**敬重**，乃至敬重应被视为法则对主体的**效果**，而不应被视为法则的**原因**。真正说来，作为对价值的表象，敬重所表象的价值会侵犯我的自爱。因此，敬重是这样的：它既不被认作禀好的对象，也不被认作恐惧的对象，尽管它与二者同时有某种类似。敬重的**对象**由此仅仅是**法则**，并且具体地说是那种我们加诸**自己**的法则，而又是那种其自身为必然的法则。作为法则，我们无须征求自爱的许可就服从它；作为我们自己加诸我们的法则，它却是我们意志的后果；并且它从第一点看与恐惧有类似之处，从第二点看与禀好有类似之处。恰当说来，对一个人的所有敬重，仅仅在于这样一种对法则（诸如正直之类的法则）的敬重：这个人为我们提供了法则的范例。我们还把扩展我们自己的才能视为义务，因而我们把有才能的人也作为**一个法则的范例**（通过练习而在这方面变得与它类似）表象给我们自己，仿佛我们要在这方面类似于这个人，而这就构成我们的敬重。一切所谓道德上的**兴趣**（interest）都仅仅在于对法则的**敬重**。

[解读与简析]

本部分的要点可梳理如下。

一　善意志具有绝对价值，并且这种价值具有无与伦比的可贵性（第1~3段）

康德在开篇第一句已经鲜明地表达了这个论点，随后围绕这个论点展开解释或论证。但是，善意志到底是什么呢？康德并没有直接给出正面的定义，而是通过侧面或反面的对照来描述。可以通过梳理康德的描述来逐步理解康德伦理学中的善意志。

（一）善意志与其他善事物之间的区别

第一，善意志与其所谓仅为有条件的善之间的区别。这些有条件的善包括心智的才能和气质上的品质。康德指出，心智的才能、气质上的品质和禀赋一旦其使用者不是善意志，就会变得极其糟糕。即使是所谓次德（secondary virtues）如勇气和自制、果断和沉着，也只有在有助于意志去追求普遍目的的条件下才有价值。这样康德就把人类的其他特征与善意志区分开来。

第二，善意志也区别于我们的自然禀好所要求的事物。（1）禀赋：权力、荣誉、财富和健康。（2）幸福，即境况如意、自然愿望以合理的方式得到满足。

康德的这个对照隐含这样的意思：善意志不是一种禀赋，也无关乎偶然性和运气。康德在《单纯理性限度内的宗教》（AK6：47－50）中对此讲得更清楚：善意志是习得的，是来自确立某种性格的行动，有时是由于某种改造。这种改造一旦通过培育德性以及支持该德性的思维和情感方式而得到强化，就得以持久。

第三，康德尤其强调，幸福也不是无条件的善。针对古希腊以来的相关伦理学传统，康德指出，一个拥有财富和幸福的人如果毫无善意志，那就不能取悦于不偏不倚的理性旁观者。由此康德提出了其伦理学的一个特有主张：善意志应当是配享幸福的必要条件。

（二）善意志的善性质及其绝对价值（第3段）

善意志是自身善，其善性来自其自身且是独立于外因的。康德在此指出，善意志之所以为善，并不是由于其所实现的事物，也不是由于它适合于产生具体的给定目的。即使拥有善意志的人因缺乏机会或自然禀赋而不具备实现其意图的能力，其善意志的价值也毫不减损。

善意志具有无与伦比的绝对的价值。康德认为，善意志是无法估价的，其价值远远高于自然禀好的满足，实际上还高于我们（可允许的）全部自然禀好的有序满足即幸福。对于善意志价值的无与伦比性，罗尔斯提出的一种诠释可供参考①。他指出，这种无与伦比的性质可理解为一种词典式的优先性（lexical priority）：它意味着善意志的价值高于其他所有的价值，无论这些价值就其自身的估价有多高。如果善意志的诉求与其他价值的诉求之间发生冲突，那么善意志的无上要求占有绝对的权重。

二　通过说明理性的特殊目的来支持前面关于善意志的观点（第4～7段）

为何要提出理性的特殊目的？对此的解释蕴含于康德在第4段设想的反驳。他担心，第1～3段关于善意志具有绝对的和不可比拟的价值这一说法，尽管符合我们的常识判断，但可能看上去仍然很极端。为了缓解这种极端感，康德根据如下观点来展开分析：自然不会赋予我们以包括理性在内的任何能力，除非这种能力最适合于其所要达成的目的。

我们拥有理性的目的是什么？这是第5～6段论说的主要内容。第5段给出了论证的基本思路：理性的目的不是获取自身幸福，因为自然可以通过赋予我们适当的本能来更好地达到这种目的。那么，自然赋予我们以理性，其目的一定是产生善意志。我们如果拥有关切实践理性原则的意志，那拥有理性的能力和理解理性原则的能力就显然是必需的。因此，在一个自然以有目的的方式分配天赋的世界中，我们拥有理性，其目的一定是产生善意志。

在第6段，通过对比拥有善意志与实现幸福目的各自获得的满足，康德做出了补充说明。康德认为，为了实现拥有善意志这一首要目的，我们会获得某种满足，即达成仅由理性规定的目的。这种满足不能混同于自然禀

---

① 参见 John Rawls, *Lectures on the History of Moral Philosophy*, edited by Barbara Herman, Harvard University Press, 2000, p. 156。

好和需要被满足时带来的快乐；毋宁说，它是我们在依照实践理性的法则而做出行为的过程中找到的满足，其中我们作为理性的且通情达理的（rational and reasonable）行为者表现出某种实践的兴趣（a practical interest）[①]。

作为对善意志和幸福的相关对比的延伸，对最高善（highest good）和完善（complete good）做了重要区分（第 7 段）。康德指出，最高善是善意志，是所有其他善的条件，甚至是我们要求幸福的条件。然而它并不是完善：完善特指善意志享有与自身相称的幸福。即使实现幸福这低一层次的目的并未实现，或如康德所谓幸福低于零，但自然仍然能够实现最高的目的。

三　围绕义务展开的讨论（第 8～16 段）

可以围绕与义务相关的三个命题来做简要的梳理。

（一）第一个命题：善意志是符合义务的行为的意志，这种行为不是出于自然禀好，而是出于义务

这个表述来自对第 8～12 段核心要点的概括，而不是来自康德本人的表述。因为康德没有对此给出明确的表述，但其第 14 段和 15 段开头表明：第一个命题是存在的，且蕴含于第 8～12 段的讨论。按照叙述的顺序，第 8～12 段的脉络及要点如下。

从善意志过渡到对义务的讨论（第 8 段）。按照康德的说法，善意志和义务之间的紧密关联，集中体现在行为的道德性以及对行为价值的评价。就两者的关联而言，康德指出，"义务包含善意志这一概念，尽管其中夹杂着某些主观的限制和障碍"。其中"主观的限制和障碍"似乎是指与行为动机相关的一些问题。

对义务相关的行为做出了一个基本的划分（第 9 段）。首先康德指出，道德意义上的行为可分为违反义务的行为与符合义务的行为。但他认为，这两者的区别很明显，乃至无须讨论。接着他提出，重要的是必须区分符合义务的行为与出于义务的行为。也就是说，符合义务的行为可进一步分为并非出于（但符合）义务的行为与出于义务的行为。康德进而用诚实商

[①] 这里的"兴趣"（interest）与"利益"的含义是相通的，可理解为精神上的满足或益处。可参见前面塞涅卡关于施恩行为之所得的观念。

人的例子说明：符合但不出于义务的行为，仅仅是外在表现上符合义务（或者说诚实的原则）；其动机与这种表现并不相应（对于与表现相应的动机，康德文中的说法是直接的禀好），是出于谋利，而不是出于把诚实作为义务的动机。

分别讨论保存自己生命的义务、行善的义务和获得自身幸福的义务（第10～12段）。按照康德的分析，保存自己生命、行善和获得自身幸福，都符合义务但不一定出于义务。符合义务的行为只有其动机与外在表现相一致，才是出于义务的行为，才是真正道德的行为。可以这样来理解：就符合义务的行为而言，其外在表现都是道德的，而如果其内在的动机也是道德的，那么它就进而是出于义务的，也才是真正道德的。康德进一步提出：行为的道德价值完全在于其内在的动机是道德的；而这种内在的动机如果是道德的，就应该来自善意志；善意志的立意依据，则在于形式的原则且不受外因的影响。在此意义上，行为的道德价值仅在于立意的形式原则。

通过引用《圣经》的观念来概括和强化第9～12段的核心论点（第13段）。在此康德强调，理性的道德要求不可能基于自然禀好（感觉的倾向）或通常的道德情感（病态的爱或基于同情的行善），而只能依据行为的原则。

（二）第二个命题：出于义务的行为所具有的道德价值，不在于该行为要达成的目标，而在于决定行为时所遵循的准则

第14段提出并讨论了这个命题。康德指出，这个命题提出的根据是前面关于善意志和义务的论述，或者说对前面内容的概括和提炼。接着康德对该命题做了进一步的讨论，其中大概包含三个要点。

（1）意志必须总是按照某种立意原则行事。康德认为，这一点可以根据第2段的内容概括出来。

（2）康德指出，存在两类立意原则：形式的和质料的，它们相互排斥、相互抵消。

（3）所有质料的立意原则都不是出于义务的行为之立意原则。这一点可以从该命题以及质料的立意原则之定义推出。

（三）第三个命题：义务是对于某种行为来说的必然性，这种行为是出于对法则的敬重而做出的

第15～16段围绕这个命题而展开，其中的关键在于如何理解其中的

"敬重"。康德的解释要点可概括如下。

（1）"敬重"的指向是向内而不是向外的，是与意志的活动而不是其效果相关的。

（2）"敬重"指向的（内在）对象是纯粹形式的法则，而不是含有经验内容（或者说质料）的实践准则。

（3）"敬重"不是一般意义上的情感甚至也不是通常的道德情感，而是对法则自身及其道德价值的自觉。

康德还指出，第三个命题可以从前两个命题推演出来，可视为对前面所论述内容的总结和提炼。但是，在总结的同时他也意识到，其中还蕴含大量需要解释的问题。他的两个注释对此做了重要的提示。实际上，这种纯粹形式的法则是怎样的？"敬重"到底是怎样一种情感，又如何能够为行为者提供动力或动机？这些都是在后两部分乃至《实践理性批判》中反复讨论的问题。可以说，这三个命题既浓缩了康德对理性主义道德观的基本设想，也为康德伦理学后面的讨论提供了基础和线索。也正因为如此，其中一些观点随着其伦理学的展开，才能逐渐清晰。

［简评］

对于康德的整个伦理学乃至实践哲学来说，《道德形而上学奠基》都是名副其实的奠基之作，在当代西方伦理学者看来是其整个伦理学著作中最具原创性、最受关注也是最能引发争议的。如康德在其前言中指出的，《道德形而上学奠基》的基本目标是要探寻最高的道德原则，为此分三个部分展开：第一部分是从普通理性之道德认知到哲学之道德认知的过渡，第二部分是从通俗的道德哲学到道德形而上学的过渡，第三部分是从道德形而上学到纯粹实践理性批判的最后步骤。其中，第二部分的主要内容是关于绝对命令的三个公式①或者说道德法则的三种陈述，引发的当代争议最多。第三部分既总结和提炼前两个部分的观念，也提示《实践理性批判》所要研究的问题，显然蕴含承上启下的考虑。而第一部分则蕴含着康德伦理学的基本立场、总体设想和根本观念。如罗尔斯所言，"理解康德

---

① 当代相关研究一般分别称之为普遍法则公式、自主性公式和自在目的的人性公式（或简称人性公式）。

的整个道德哲学,在相当程度上依赖于如何看待善意志的价值及其两种作用,以及康德对道德法则所给予的重要性"①。其中"对道德法则所给予的重要性"在道德行为层面集中体现在义务这一概念。可以说,本导读所选取的第一部分,对于理解康德伦理学来说具有根本上的重要意义。

按照康德的思路,《道德形而上学奠基》第一部分是要从普通的道德常识出发,然后通过揭示关于行为道德价值的日常道德判断背后的原则,最终转向哲学的认知。其中牵涉的问题和观念众多,这里仅围绕"善意志"和"义务"这两个核心概念,结合康德伦理学其他部分的一些内容来做简要的评述。

先分两个方面来看善意志的概念:一是善意志本身的道德含义,二是善意志对于行为者的作用。就善意志的含义而言,虽然康德没有直接给出其定义,但综合康德的相关论说,可以概括出如下几点。其一,善意志总是自身善,是无条件的善。其他事物仅在某些特定条件下为善,无论这种有条件的善是自身善还是手段善抑或是两者兼而有之。其二,我们自然欲求的合理有序的满足亦即幸福,或许是自身善,但只有在配享它们或有善意志的情况下,才是完全的善。其三,基于第 3 段和 14 段的相关论说,我们可以从形式表现的意义上看出善意志是什么:拥有善意志的人都有一种坚定的性格,并且始终如一地按照纯粹实践理性的原则来行事。但我们并不知道这些原则的内容,因而不知道拥有善意志的人实际上会如何行为,或认可哪些义务。总之,我们可以把康德提出的善意志理解为一种形式的概念。那么,为什么善意志在康德这里是一种形式概念?这就必须联系义务的概念以及善意志的作用来理解。

结合整个康德伦理学来看,善意志有两种作用。第一种作用是使我们成为一种可能的目的王国之一员的条件。实践理性的力量对于我们作为理性而通情达理的人来说必不可少。因而善意志的能力规定了道德法则的范围,亦即其适用范围在于拥有实践理性的和道德感的力量之人。我们正是由于是这样的存在者,才受制于正义和行善的义务。与此同时,其他人对我们的做法也必须尊重正义和行善的义务。因此,我们受制于同时也受保

---

① John Rawls, *Lectures on the History of Moral Philosophy*, edited by Barbara Herman, Harvard University Press, 2000, p. 159.

护于道德法则。

善意志的第一种作用即目的王国的观念颇具吸引力，不仅在当代伦理研究中得到各种解读和讨论，而且在政治思想中也以各种形式被广泛接受，并成为后来诸多民主思想的基础。如马克思关于自由人联合体的理念与康德的这个观念有着深刻的渊源。当然严格说来，这个观念并非康德的原创，而是源自卢梭的相关观念，但经过康德的阐发，它呈现出更有力也更富吸引力的形式。

善意志的第二种作用则包含肯定（positive）和否定（negative）两个方面。其否定的一面是指：除非在道德法则的限制之内追求我们的目标，否则我们的生活就毫无价值。其中蕴含着康德坚持的正当优先的立场，这一点在他后来的著作中讲得更清楚："如果正义消失了，人活在尘世上就不再有任何价值了。"① 其肯定的一面是，通过尊重道德法则和努力实现善意志，我们能够且确实可以赋予我们的在世生活乃至世界本身以意义。② 在《判断力批判》中，他由此讨论了人类因其文化能力而成为自然的终极目的，以及因其道德力量而成为造物的最终目的。

如果说善意志的第一种作用得到了广泛的接受，那么善意志的第二种作用尤其是其否定作用则颇具争议。康德在此的核心观点在于，人生价值依赖于对道德法则的敬重。很多人对此并不赞同，认为赋予道德以这种意义有失偏颇，在以绝对命令的形式来表达且有正当优先的含义时尤其如此。

再看康德的义务概念。一般认为，康德伦理学也是典型的义务论伦理学，其义务概念牵涉诸多问题，这里仅就本部分涉及的若干问题做简要评述。

其一，义务的根据。按照康德的绝对命令及其自主性公式，义务所依据的是行为者的意志给予自身的法则，这种法则是纯粹形式且独立于任何外因的，是无涉于经验内容的先天形式原则。③ 就此而论，义务从根本上

---

① 〔德〕康德：《康德道德哲学文集》（注释版），李秋零等译注，中国人民大学出版社，2016，第 507 页（AK6：332）。

② 参见〔德〕康德《判断力批判》，邓晓芒译，人民出版社，2002，第 82~84 节。

③ 参见 Immanuel Kant, *Groundwork for the Metaphysics of Morals*, edited and translated by Allen W. Wood, Yale University Press, 2002, pp. 54–56（AK4：436–438）。

说是排除经验的理由的，从经验的角度看是为义务而义务。或许正是在这个意义上，第 15 段的第三个命题才说，"义务是对于某种行为来说的必然性"。从原则的角度看，其所依据的形式法则其实是一种检验标准；任何行为准则只有通过了这种检验，才能成为道德的①，进而以之为依据的行为才是出于义务的。

其二，义务行为中的敬重。按照康德的说法，这里的敬重针对法则本身，不是一般意义上的情感或者说经验中的情感。这对于康德坚持其理论的融贯性来说是必要的，因为如果它是经验意义上的情感，那么道德的基础部分就包含情感的因素，这违背了康德的理性主义立场。但是，义务要是实践的或者说见之于行为，就必须有相应的驱动力。因此，康德指出，敬重与经验中的情感有类似之处。那么，这种非经验的"情感"到底是什么呢？结合康德的人性公式以及在《道德形而上学奠基》第三部分和其他著作中的相关论述，我们可以将之理解为对"理性的人格尊严"或"人的理性能动性"的自觉②。

其三，义务行为的动机。与前两点相关，康德的义务行为有着复杂的动机结构。按照康德的思路，它要呈现为实际的行为动机，包含起决定作用的形式原则以及结合经验内容而形成的质料原则（或准则）两大部分。而康德关于假言命令和绝对命令、完全（perfect）义务和不完全（imperfect）义务的划分，让这种动机结构更加复杂。总体上，康德所主张的道德动机或义务动机是内在论的，来自人的主体性或主观世界③。因此，即使义务是一种道德上的必然性，也是主体的必然性甚至带有主观主义的必然性。对于康德探寻的最高道德原则或道德真理这一目标来说，这种思路在元伦理问题的层面有可能要诉诸一些宗教因素④，而其主观主义进路也可能导致道德虚无主义的结果。

① 参见 John Rawls, *Lectures on the History of Moral Philosophy*, edited by Barbara Herman, Harvard University Press, 2000, pp. 167 – 170。

② 参见 Allen W. Wood, "Humanity as End in Itself," in Derek Parfit, *On What Matters(Vol. Ⅱ)*, Oxford University Press, 2011, pp. 59 – 63。

③ 参见 Derek Parfit, "Kant's Motivational Argument," in Derek Parfit, *On What Matters(Vol. Ⅱ)*, Oxford University Press, 2011, pp. 690 – 718。

④ 参见 John Rawls, *Lectures on the History of Moral Philosophy*, edited by Barbara Herman, Harvard University Press, 2000, pp. 160 – 161。

　　总体上，《道德形而上学奠基》的基本目标是要确立道德的最高原则亦即康德所称的道德法则，这个目标又是与人的自由问题紧密相关的。在康德看来，道德法则是自由的认识理由。也就是说，我们认识自由并证成其真实性，首先是在实践理性（而不是理论理性）亦即道德的领域，通过确立道德法则而实现的。而对道德法则的揭示，正是从善意志入手，并且围绕善意志的相关问题而逐步展开的。在此意义上，对善意志的理解，不仅是理解《道德形而上学奠基》的基础，而且可视为理解其中各论题的中心线索。

［参考文献］

1. 〔德〕康德：《康德道德哲学文集》（注释版），李秋零等译注，中国人民大学出版社，2016。

2. 〔美〕保罗·盖耶尔：《康德》，宫睿译，人民出版社，2015。

3. 江畅：《自由的哲学论证：康德批判哲学解读》，科学出版社，2017。

4. Immanuel Kant, *Groundwork for the Metaphysics of Morals*, edited and translated by Allen W. Wood, Yale University Press, 2002.

5. John Rawls, *Lectures on the History of Moral Philosophy*, edited by Barbara Herman, Harvard University Press, 2000.

6. Allen W. Wood, *The Free Development of Each: Studies on Freedom, Right, and Ethics in Classical German Philosophy*, Oxford University Press, 2014.

11

康德：《实践理性批判》

[作品简介]

[作品简介]

　　作为其第二批判，《实践理性批判》也是康德伦理学的重要著作之一。该著初版于 1788 年，其后德文版、英译本、中译本也有不少。本导读节选部分的中译以普鲁哈尔（Pluhar）的英译本为底本，不少地方参考了韩水法的中译本（1999）。

[节选一]

第二章　纯粹理性在决定至善概念时的辩证论①

　　[1] **至高者**（the highest）这一概念已经含有某种歧义：如果不注意这一点，就可能引发不必要的争议。至高者的意思既可能是"至上者"（the supreme），也可能是"完满者"（the complete）。第一种意思是指其本身是无条件的条件，亦即不从属于其他任何条件；第二种意思是指整体，亦即不会出现这种情况：存在同类的更大整体，而它是其中的一部分。德性（作为对幸福的配享）是一切可能在我们看来值得欲求之物的**至上条**

────────────

　　① 节选自 Immanuel Kant, *Critique of Practical Reason*, trans. by Werner S. Pluhar, Hackett Publishing Company, Inc., 2002, pp. 141 - 145（AK5：110 - 114），译文及相关体例同《道德形而上学奠基》导读。

件，从而也是我们对幸福的所有追求的**至上条件**，因此是**至上的善**；［这个事实］在分析篇已经得到证实。但也因此，德性还不是作为有限的理性存在者欲求能力之对象的整体的和完满的善。因为为了成为完满的善，除了［德性］，**幸福**作为添加也是必需的；并且不仅那些怀有利己目标而采取有偏向的视角的人们会这么认为，甚至一个把一般的世人看作目的本身的、不偏不倚的理性存在者也会做出这样的判断。因为需要幸福同时又配享幸福却没有分享幸福，这根本上说是抵牾于一个全能的理性存在者的完美立意的，即便我们只是以试验的方式来设想有这样的存在者。德性和幸福加在一起就等同于一个人所拥有的至善，从而分配给［人们］的幸福恰好与［他们的］道德（其道德是这个人的价值及其对幸福的配享额）成比例，也就等同于可能世界的**至善**，那么就此而论，至善就意味着整体，［亦即意味着］完满的善。然而在这种完满的善之中，德性作为条件始终是至上的善，因为其上没有进一步的条件，而幸福尽管对于其拥有者来说总是合意的，其本身并不是绝对地独立的善且并非在所有方面均为善，而是始终要将道德上合法的行动作为其前提条件。

　　［2］**必然地**联结在一个概念之中的两种决定，必定是作为根据和结果而关联起来的。而且鉴于它们的如此关联，这个**统一体**要么被视为**分析的**（逻辑的关联），要么被视为**综合的**（真实的关联）；前者依据同一律，后者依据因果律。因此，德性与幸福的关联可能要么采取这样的理解——成为有德者的努力和对幸福的理性追求不是两个不同的行为，而全然是同一个行为，在此情形中，前者用作根据的准则不必与后者的准则有任何分别；要么这种关联按这样的方式来设定——就像某个原因产生某个结果一样，德性产生幸福，其中的幸福是作为某种与我们对德性的意识截然有别的东西。

　　［3］在古希腊的各学派之中实际上只有两个学派［讨论过这个议题］。在确定至善这个概念时，它们实际上遵循的是完全一样的方法，因为它们都不是把德性和幸福作为属于至善的两种不同要素来接受，从而是依据同一的规则来寻求原则的统一性；但它们转而又分别开来，因为在这两种［要素］之中它们的选择是不同的，它们选择了不同的基本概念。伊壁鸠鲁学派说，意识到导向幸福的准则，这就是德性；斯多亚学派说，意识到德性，这就是幸福。在前者看来，**审慎**（prudence）就等于道德；后者为

德性选择了更高的名位，在他们看来，唯有**道德**才是真正的智慧。

[4] 人们不得不感到遗憾的是，这些人（但人们同时不得不对他们表示钦佩，他们在如此之早的时代就已经尝试一切可设想的哲学征服路径）的敏锐机智不幸地用于这样的问题，即，在两种截然不相类的概念亦即幸福概念和德性概念之间求索同一性。不过，这与他们那个时代的精神是相称的，甚至如今还时而会误导敏感的心灵：对于原则中那些本质性的且完全不可统一的区别，他们以力图将之转化为语词之争的方式来取消，由此仅仅归结到称谓不同的名义之下而在表面上求得了概念的统一性；而且这通常也适用于如下情形，即，其中不同类的根据之间的结合极其高深，或者要求那些原本为哲学体系所接受的学说做出彻底的转变，乃至人们不敢深入探讨真实的区别，而宁可把这种区别当作纯然表述上的不一致来对待。

[5] 这两个学派虽然都力图求索德性的和幸福的实践原则的同一性，但就如何强行得出这种同一性而言，它们并不因此而彼此一致，而是分道扬镳，彼此愈行愈远，因为一派由此把自己的原则设定在感性方面，另一派则把它设定在逻辑方面；一派将之设定于对感性需求的意识之中，另一派则将之设定于实践理性对一切感性决定根据的独立性之中。在伊壁鸠鲁学派看来，德性的概念已经存在于促进自身幸福这个准则之中；但在斯多亚学派看来，对幸福的感受已经包含于对某个人之德性的意识之中。一个概念但凡被包含于另一个概念，虽然确实与包含它的那个概念的一个部分相等，但却并不与这整个概念相等。再者，两个整体尽管由同一种质料组成，但倘若两者中的各个部分是以完全不同的方式结合成整体的，那么它们仍然可能在种类上彼此有别。斯多亚学派声称，德性就是**整个至善**，幸福只不过是意识到对这种德性的拥有，这种意识属于主体的状态。伊壁鸠鲁学派声称，幸福就是**整个至善**，德性只不过是追求幸福［所借助］的准则形式，也就是说，在于达成幸福之手段的合理运用。

[6] 但是，从分析篇中可以清楚地看出，德性的准则和自身幸福的准则就它们的至上实践原则而言是完全不同类的，而且它们尽管都属于一种至善，但在使这种至善成为可能这一目标之下，它们却绝非一致，而是在同一个主体中极力相互制约、相互妨碍。因此，尽管迄今为止人们做出了各种协同的努力，但**至善在实践上如何可能**这个问题仍然未曾得到解决。但是，分析篇已经给出使之成为难题的难解之处，亦即幸福和道德是至善

的两个在种类上完全**不同的要素**；并且因此，我们不可能**分析地**（比如说，正是在寻求其幸福的行为中，某人通过对其概念的纯然分解而发现自己是有德性的，或者正是在对遵循德性的行为本身的意识中，某人发现自己是幸福的）认识到这两者的联系，这种联系反而是概念的**综合**。但是，这种联系被认识为先天的从而是实践上必然的，最终不被认作从经验中派生出来的，并且至善的这种可能性因此不依赖于任何经验的原则；因此，对这个概念的**演绎**就不得不是**超越的**（transcendental）。**通过意志的自由而产生至善**，这是先天地（在道德上）必然的；因此，至善的可能性条件也必然仅仅依赖于先天的认识根据。

［解读与简析］

本部分的要点可简析如下。

一　对至善概念的厘清（第1段）

按照论述的顺序，康德的厘清可分为如下几层意思。

第一，其所讨论的"至善"是指完满的善或整体的善，而不是"至上的善"。后者是"至善"的一个组成部分，在康德看来就是德性。

第二，分别说明至善所包含的德性与幸福这两个要素。德性是其中无上的善，是无条件的善，是实现幸福的限制条件亦即个人配享幸福的条件。幸福虽然是受限的，但对于至善的实现来说却是必要的；因为不偏不倚的完美理性存在者必然会做出如此判断，或许我们可以把康德这层意思理解为来自绝对正义的要求，或者说理想意义上的理性道德之要求。康德在别处还指出，幸福的必要性也是道德法则的实践要求，因为缺乏幸福，道德法则也缺乏相应的实践动力。

第三，个人的至善与可能世界的至善。至善可以从个人和世界这两个层次来理解。就个人而言，至善的实现意味着个人享有的幸福是与其德性相配的或者说成比例的。从世界的层次看，至善意味着，实现至善的世界是所有可能世界中最好的或最完美的世界，其中人类享有的幸福是按照其德性成比例地分配的。

第四，强调德性在至善中的地位。最后康德强调，德性在至善中始终是至上的，是起限定作用的无条件者；而幸福尽管是某种善，但并非独立的，亦即要以合乎德性为前提条件才能成为真正的善。

二 对至善包含的两个要素之间关系性质的分析（第2段）

其要如下。

康德提出，作为一种统一体的至善概念，其中德性与幸福这两个要素的关联就是必然的。其中蕴含的意思应该是这样的：至善概念要是合理的，就必定要将之理解为一种统一体（否则这个概念就是拼凑的或不稳定的杂合）；统一体的构成要素之间的关系或者说统一体的结构是必然的（而不是偶然的）；也就是说，德性与幸福作为至善的构成要素，两者之间的关系是必然的。

康德进而指出，有两种情况可能使两者呈现为必然的关系。一种情况是两者的关系是逻辑的，依据的是同一律，由此作为两者统一体的至善是个分析的概念；另一种情况是两者的关系是真实的（real），依据的是因果律，由此至善是个综合的概念。如果是第一种情况，那么德性与幸福作为至善的两个要素必然具有某种同质性（由"分析"这一术语的含义可得出）；如果是第二种情况，两者就不必有同质性，而可能是完全异质的。

结合第1段以及该著的分析篇来看，康德实际上已经判定，至善是个综合的概念，应该把德性与幸福的关系理解为因果的。所谓"综合的"（其对应的英译是 synthetic），这里主要是"合成的"的意思。按照康德的建构主义方法，它是指形式与质料的合成，其中由形式来决定或规定质料。至善之中德性与幸福的因果关系，意味着德性应该是幸福的导因，而德性与幸福两者本身是异质的，前者的根据是形式原则，后者的根据是质料原则。

三 对古希腊两大流派至善观的辨析与批判（第3~5段）

按照论述的顺序，其要可梳理如下。

提出对伊壁鸠鲁学派与斯多亚学派至善观的基本判断（第3段）。康德认为，对于至善问题，这两个学派虽然得出的结论相反，但在思考方法上犯了同样的错误：把至善看作一个分析的概念，其中德性与幸福的关系应该遵循同一律。

通过揭示上述错误所造成的理论后果，指出该错误的严重性及其对人们思考至善之实现问题的不良影响（第4段）。康德认为，正是由于在幸福和德性这两种截然不相类的概念之间求索同一性，这两大流派虽然都做出了卓越的哲学努力，但只能以转化为语词之争的方式来取消两个概念的根本区别，由此都没有得出真正合理的结论。

对于两个学派从思考方法上的同样错误出发到达成彼此对立的结论，康德做出了进一步的分析并深入到哲学的层面（第5段）。康德的分析意味着，正是由于把至善理解为分析的概念，两派都力图把至善要么归结为德性要么归结为幸福，从而将至善要么统一于理性（逻辑）要么统一于感性。这种统一是通过将实际上异质的双方（德性和幸福）同质化为某一方来实现的，用当代伦理学的术语来说是把一方理解为另一方的随附（supervenience）。

四　总结解决至善如何可能这个问题的关键并提示基本思路（第6段）

通过总结前面两段的辨析，康德指出，由于在思考至善的出发点上的错误，伊壁鸠鲁学派和斯多亚学派乃至此前思想史的相关思路，都无法解决至善的实践可能性或者说如何实现的问题。要解决这个问题，必须把至善理解为综合的概念，并且将其中德性与幸福这两个概念的关系理解为先天必然的。而康德的结论即"至善的可能性条件也必然仅仅依赖于先天的认识根据"，也意味着他把解决这个问题的关键归结于道德法则。

［节选二］

作为纯粹实践理性之公设的上帝存在①

［1］在前面的剖析中，道德法则导致了无须感性刺激（incentive）的任何参与而单单由纯粹理性规定的实践难题，也就是要［产生］至善最首要的部分亦即**道德**的必然完备性这一难题，并且既然这个难题唯有在一种永恒中才能完全得到解决，那就导致了**不朽**的公设。这同一个法则也必定导致至善第二个要素的可能性，亦即与那种道德相衬的**幸福**的可能性；并

---

①　节选自 Immanuel Kant, *Critique of Practical Reason*, trans. by Werner S. Pluhar, Hackett Publishing Company, Inc., 2002, pp. 157–161（AK5：124–127）。

且它必定是用和前面一样的无私且仅仅从不偏不倚的理性出发来达到这一点。换言之，它必定导致这样一种预设，即存在着足以达成这种效果的原因；它必定把**上帝的存在**公设为必然属于至善（我们意志的这一对象是与纯粹理性的道德立法必然联结在一起的）的可能性。我们将令人信服地展示这种联系。

[2]　**幸福**是世间这样一个理性存在者的状态：对他来说，在其存在的整个期间**凡事都按照他的愿望和意志而进行**。因此，幸福在于自然与这个人的整体目的以及他意志的本质性决定根据之间的协调一致。现在，道德法则作为一条自由的法则是通过一种决定根据来发布指令的，这种决定根据应当完全独立于自然，也独立于自然与我们的（作为刺激的）欲求能力之间的协调一致；但是，在世间行动着的理性存在者毕竟并不同时是这个世界和自然本身的原因。因此，在道德法则中没有丝毫的根据在这样一种存在者的道德与随之成比例的幸福之间建立必然联系：这种存在者属于这个世界的一分子且由此依赖于这个世界，且正因为如此，他不可能通过其意志而成为这个自然的原因，并且就其幸福而言，他不可能依靠其本人的能力使自然与他的实践原则保持一贯的协调一致。尽管如此，在纯粹理性的实践难题亦即必然致力于至善的难题中，这样一种联系却被公设为必然的：我们**应当**力求促进至善（从而至善终究是必然可能的）。因此，整个自然的一个原因之存在（它显然有别于自然）也就被**公设**了，这个原因包含着上述联系的根据，亦即[人们的]幸福与道德恰好协调一致的根据。但是，这个至上的原因应该不仅包含自然与理性存在者的意志法则一致的根据，而且就这些理性存在者把这一法则设定给自己以作为**意志的至上决定根据**而言，还应该包含自然与该**法则**的表象相一致的根据，从而其所包含的自然与道德的一致，不仅是指自然一致于根据其形式的道德，而且一致于作为其动机的道德性亦即这些理性存在者的道德态度。因此，唯有假定自然的一个至上原因，这个原因具有符合道德态度的因果性，在这个世界上的至善才是可能的。现在，一个能够按照法则的表象采取行动的存在者就是一个**理智者**（intelligence）①（一个理性存在者），而且这样一个存

---

① intelligence 也可直接译为"理智"，但康德这里的意思是指一种特定的存在者，即完全理性的存在者，故译为"理智者"可能更清楚。

在者按照法则的这种表象的因果性就是他的**意志**。因此，只要为了至善而必须预设自然的至上原因，那么作为这个原因的存在者就是通过**知性**和**意志**而成为自然的原因（因而是创造者），亦即**上帝**。因此，**派生的至善**（最好的世界）的可能性之公设同时就是一种**源始的至善**的现实性之公设，亦即上帝存在的公设。那么，促进至善对于我们来说本来就是义务，因而预设这种至善的可能性就不仅是我们的权限，而且是作为一种需要而与义务相联结的必然性；至善既然仅仅在上帝存在的条件下才成立，那就把上帝存在的预设与义务不可分割地联结在一起；也就是说，假定上帝的存在，这是道德上必然的。

[3] 这里必须严加注意的是：这种道德的必然性是**主观的**，亦即一种需求；而不是**客观的**，亦即其本身不是义务。因为根本不可能有一种假定某个事物存在的义务（因为这么做仅仅关涉理性的理论运用）。我这么说的意思也不是指，必然要把上帝的存在假定为**一切一般职责的根据**（因为如已经充分证明的，这个根据仅仅在于理性本身的自主性）。这里属于义务的，唯有为世间至善的产生和促进而努力，这种至善的可能性因此是可以公设的。但是，我们的理性发现，只有预设一个最高的理智者，这种可能性才是可思议的；因此，假定这一理智者的存在是与我们的义务意识联结在一起的，尽管这种假定本身属于理论理性。仅仅就理论理性而言，这种假定作为解释根据来看可以叫作**假说**。但它毕竟是关于由道德法则安排给我们的对象（至善）的可理解性，从而是关于带有实践目标的需求的可理解性，此时我们可称之为**信仰**，具体说来是纯粹**理性的信仰**，因为唯有纯粹理性（在其理论运用也在其实践运用中）才是这种信仰由以产生的源泉。

[4] 依据上述**演绎**，我们现在就可以理解，为什么**希腊各学派**从来未能成功解决他们关于至善之实践可能性的难题。这是因为，他们总是使人的意志运用其自由的那个仅有规则成为这种可能性的唯一且独自充足的根据，在他们看来为此并不需要上帝的存在。他们不依赖于这一公设而仅仅从理性与意志的关联出发来确立道德自身的原则，从而使之成为至善的**至上实践条件**，就此而论他们确实做得对；但是，这种原则并不因此就是至善的可能性的**全部**条件。诚然，**伊壁鸠鲁学派**把一个完全虚假的道德原则亦即幸福的原则假定为最高的原则，并且把依照每一个人的禀好进行任意

选择的准则替换成法则。但是，他们的做法倒是足够**前后一贯的**：他们以同样的方式亦即以与他们的原则的卑微相配的方式来贬低他们的至善，并且其所期望的幸福，并不超出通过人的审慎（节制和禀好的适度也属于审慎）所能够获得的；而如人们所知，这种审慎必定相当微不足道，其结果也随具体情况而极为不同，更不用说他们的准则必须不断地承认种种例外，而这些例外使得这些准则不适合用作法则。与之相反，**斯多亚学派**相当正确地选择了他们的至上实践原则，亦即选择德性作为至善的条件。但他们认为，德性的纯粹法则所需的德性程度是在今生完全可以达到的；就此而论，他们把**人类存在者**的道德能力不仅在**圣贤**（sage）①的名义之下扩张到大大超出人之本性的所有限制的高度，并假定某种与人类的所有知识相矛盾的东西，而且首要的是，他们还拒绝把属于至善的第二个成分亦即幸福，接受为人的欲求能力的一个特殊对象。他们反而使他们的**圣贤**宛如一位意识到其人格之卓越的神祇一般（在其满足方面）完全独立于自然，从而实际上使他即使经受生活的种种不幸也不屈服（同时把他描述为还摆脱了恶的）。于是，他们实际上略去了至善的第二个要素亦即人自身的幸福，因为他们把幸福仅仅设定在行动和对个人人格价值的满足中，从而也将之纳入人们对道德思维方式的意识；但是在这里，他们只要听从其本性的声音，本来就足以能够驳倒他们自己。

[**解读与简析**]

本部分主要论述上帝存在的公设为什么对于至善的实现来说是必然的，其要点可概括如下。

一 为什么在至善的实现问题上上帝存在的公设是道德上必然的（第1~2段）

可分两方面来简要说明。

第一方面可视为引论，旨在承接上文并引出下文将要论证的论点，即上帝存在这一公设对于至善的实现来说是必然的（第1段）。至善的实现

---

① 结合古希腊的相关观念看，这里的 sage 偏重道德智慧的含义，但仍然是就人格立言的。

意味着，其两个要素亦即德性与幸福都应该达到完满的状态。在上文（该著第二卷第二章第四部分）康德论证了灵魂不朽的公设对于个人道德的完满来说是必要的，因为人类存在的有限寿命，不足以确保其道德的完善。接着康德指出，至善的另一个要素亦即幸福要达到完满状态，还必须预设上帝的存在。此即下文要论证的基本论点。

第二方面是讨论上帝存在这一公设为什么是必然的（第2段）。康德在此的论证逻辑可梳理如下①。

（1）幸福是世间理性存在者的一种存在状态，亦即对他来说，在其存在的整个期间凡事都按照他的愿望和意志而进行。

（2）人的意志不是自然的原因，从而没有能力使自然与他的意志的诸原则完全协调。

（3）因此，在道德法则中没有任何根据让我们能够期待在人的道德与幸福之间建立一种必然的关联。

（4）但是，这种关联已经预设于至善的概念以及我们应该寻求至善的命令。

（5）至善因此必须是可能的。

（6）因此，必须悬设某个原因，它是足以使至善得以可能的原因。

（7）这种原因必须是自然的创造者，并借助知性和意志来行动。这样的存在者即上帝。

在上述论证中，（1）（2）（4）是前提，（3）（5）（6）是推论，（7）是结论。这是一个与自然目的论论证表面上类似但有实质区别的论证。

二　对上帝存在这一公设之道德必然性的解释（第3段）

按照第2段的结论，上帝存在这一公设是道德上必然的。在第3段，康德对这种道德必然性做出了进一步的解释，其中大致包含了如下几层意思。

上帝存在的公设是人作为理性存在者主观上必然的需求，并没有客观的必然性。康德的意思可能是说，这个公设本身并不意味着要对人们提出某种客观的道德要求，而是为了维系道德理想而提出的合理设想。

---

① 参见〔美〕贝克《〈实践理性批判〉通释》，黄涛译，华东师范大学出版社，2011，第340页。

这个公设是合乎理性的解释,但不意味着为至善的可能性而提出的理论论证①,在此意义上,它可视为一种假说。

它对于我们理解至善及其可能性来说是有益的,可视为一种纯粹理性的信仰。

三 基于上帝存在的公设对古希腊两大至善观的进一步批判(第4段)

可以从两个方面来概括。

对伊壁鸠鲁学派的批判。康德认为伊壁鸠鲁学派的错误在于,把幸福原则假定为最高原则,这样不仅贬低了道德本身的价值,使至善缺乏(可以由上帝存在的公设来设想)理想的维度,而且由此产生的各种实践准则缺乏普遍适用性。

对斯多亚学派的批判。康德认为,斯多亚学派在至善问题上不仅过分夸大了人的道德能力(圣贤的观念或许意味着,把人的能力提高到了与上帝同等的高度),没有充分认识到人本身的各种局限,而且彻底否定了幸福对人类本身的价值。由此斯多亚学派所谓的至善是不完整的,并且其至善在人类的现实生活中缺乏充分的实现根据。

[简评]

节选两部分的核心议题是至善概念,至善论是康德伦理学极富特色的组成部分。以下结合康德的其他思想,分三个方面做简要评析②。

一 至善的概念及其构成

按照康德的解释,其至善概念是指完满的善,包括所有善的事物。就善的性质而言,它包括无条件的(或无上的)善和有条件的善;从实践理

---

① 康德在《道德形而上学奠基》中指出,"除非能够把某种可以在可能经验中被给予的对象追溯至法则,否则我们什么也不能解释"。Immanuel Kant, *Groundwork for the Metaphysics of Morals*, edited and translated by Allen W. Wood, Yale University Press, 2002, p. 75 (AK4: 459). 由此可见,康德对理论论证有较清晰的要求。这里的公设显然不能看作论证,而只能看作一种形而上的合理推想。

② 本部分的简评主要参考了〔美〕贝克《〈实践理性批判〉通释》,黄涛译,华东师范大学出版社,2011;〔英〕拉尔夫·拜尔斯《康德的至善论》,阮航译,载邓晓芒、戴茂堂主编《德国哲学(2019年上半年卷)》,社会科学文献出版社,2020,第62~92页。

性的角度看，它们分别对应于纯粹实践理性的对象（道德善）和经验实践理性的对象（病态善）。前者即德性，后者则是幸福。也就是说，至善由德性与幸福这两个要素构成。康德进而指出，至善是个先天综合的而不是分析的概念，由此两要素之间的关系是因果性的。也就是说，至善之中德性是规定者，幸福是被规定者，由此引出了幸福应该按照与德性成比例的方式来分配的观点。

康德的上述观点应该说是极富原创性的，也是与其批判哲学和理性主义进路分不开的。在康德看来，按照上述方式构成的至善概念是必要的。其一，如果没有至善的概念，那么各种善或目的之间就缺乏统一性，就不可能形成一种合理有序的善或目的的系统。进一步说，如果道德要约束我们，那就必须预设至善的可能性，因为只有以这样的方式才能有诸目的的必然体系，如果理性要最终不陷入自相冲突进而破坏正好是道德根源的部分，那么这个体系就是必需的。这样一来，道德命令就能够是无条件的，同时仍然可以预设至善的可能性。其二，这也是理性统一性所提出的要求。理性本身应该是统一的，无论是理论理性还是实践理性，其实是同一个理性，只不过是人的理性在不同方面的运用，或者换个角度来说，是我们从不同的视角来考察人的理性能力。同时与至善的构成相关的是，康德认为，在理性的统一之中，实践理性具有首要性（primacy）[①]。其三，至善之为先天综合概念、德性与幸福之间的规定与被规定关系，是与康德的建构主义方法相关的。结合康德伦理学的基本观点来说，幸福之所以应按照与德性成比例的方式来分配，是因为幸福只有在与德性相伴随的程度上才是善的，才是实践理性的对象，由此使得产生幸福的理由是与德性的程度相匹配的；鉴于至善之中幸福与德性是由可先天认知的必然联系来建立关联的，这种联系要求德性成为幸福的根据，这就转而要求幸福的分配是成比例的。

二　至善的可能性及其相关公设

康德对此的讨论相当复杂，至少包含如下三个方面的内容。由于篇幅

[①]　中译通常译为"优先性"，但按照英译以及康德对此的解释，似以"首要性"更确切。参见 Immanuel Kant, *Critique of Practical Reason*, trans. by Werner S. Pluhar, Hackett Publishing Company, Inc., 2002, p. 152。

所限，前两个方面的内容未纳入节选，这里做些概括以作为补充。

（一）纯粹理性在决定至善时会陷入诡辩或二律背反

在本导读节选的两部分之间，康德首先指出这一点。这种二律背反的发生，是由于无论是理论理性还是实践理性，理性都总是要为有条件者寻求无条件者[①]。在康德看来，理论理性所陷入的二律背反，是由于人类理性的僭越，人类试图认识超出自身认识能力的事物，从而陷入先验的幻象。实践理性的二律背反，在康德看来则对人类的道德追求来说是必然且有益的。具体地说，它是纯粹实践理性在确立至善之可能性时所陷入的二律背反。根据康德的相关论述，因循他在论述理论理性二律背反时的做法，实践理性的二律背反可表述如下：

> 正题：至善是可能的。证据：它是道德法则的必然需求。
> 反题：至善是不可能的。证据：德性与幸福之间的关联既不是分析的，也不是先天综合的，亦非经验中可给予的。

康德认为，实践理性的二律背反是可以解决的，其基本解决思路在于：如果自然法则具有排他性的统治权威，那么反题对感性世界就是真实的；正题对于理性世界也可能是真实的，因为德性（作为根据）与幸福（作为结果）之间的先天综合关联是可能的。按照贝克的解读，实践理性的二律背反可能还蕴含着至善之中德性与幸福之间关系的二律背反：

> 正题：德性的准则必须是幸福的原因。
> 反题：德性的准则并非产生幸福的有效原因；幸福之获得，只能来自对自然法则的知识的成功运用。

可以说，康德的分析清晰地勾画出人类道德生活中存在的深刻问题，而这个问题的存在，直接影响到道德本身能否为人类行为提供足够的动力。同时对于康德所主张的自律型道德来说，这个问题也显示出道德理想

[①] 为了便于理解，或许可以简单地说，人类理性总要寻求某种终极原因，以终结经验之中无限系列的因果链条，由此就要进行形而上学的玄思或推衍。

与道德现实之间存在着一定的紧张关系。康德的相关论述，为后来的哲学伦理学思考提供了颇有启发且富有活力的理论思路。

（二）德性的完满与灵魂不朽的公设

德性既然是至善之中的决定性要素，那么至善的实现首先意味着德性的完满。对于如何算是德性完满，我们可以提出一种康德式的解释。首先，德性的完满意味着拥有德性的行为者的行为动机完全符合道德法则，或者说其行为是出于义务的。其次，它还意味着，行为者仅仅在其个别或一部分行为中表现出德性是不够的，而必须在每一行为中都应该是有德性的。最后，它还要求上述出于义务的动机是一贯的，构成一个清晰而有条理的行为系列，对于行为者来说就是要求一贯如此，形成特定的性格或者说善意志。

在康德看来，德性完满所提出的这些理想性的要求，是作为不完全理性或有限理性的人类不可能达到的。现实生活中的人尤其是在对道德法则的认知不够清晰时难免偏离德性的轨道，甚至做出各种恶行。那么，德性的完满要是可能的，就要求人类有无限数量的时间，而一旦认识到道德法则，认识到行为道德价值之所在，我们就可能出于义务而行为。就这样的行为者之行为整体来看，无限量的时间就可以让其恶行所占的比例变得越来越小，从而无限地接近德性的完满。因此，我们可以设想，在灵魂不朽的情况下，德性作为至善的决定性要素是可能达到完满的。也可以说，以这种公设为前提，人类就有可能达成神圣型的道德人格。

（三）成比例的要求与上帝存在的公设

幸福按照与德性成比例的方式来分配，可理解为至善的构成性要求，也就是说至善之中德性（作为根据）与幸福（作为结果）之间呈现必然关联。

至善的这个成比例要求，无论是在个人层面还是在世界层面都必须预设上帝的存在。就个人而言，即使是一个意欲幸福如此分配的德性行为者，也不能确保事实如此，因为幸福的获得受制于自然法则，而人类并没有左右自然法则运作的能力，不是自然的原因。换句话说，要满足成比例的要求，仅有"全善"是不够的，必须预设某种类似"三位一体（全知、全善、全能）"的存在，亦即上帝的存在。在世界的层面至善之中成比例的要求要成为可能,就更需要上帝存在的公设。一方面,即使某个人实现了至善,也只能希望而没有足够的能力让他人同样如此;另一方面,一种能够实现至善的世界,只能是上帝意志的对象,而不是如人类一般有限生物的对象。只有能够控制自然法则或者说是自然原因的存在者,才可能在所有可能世界中选择如至善所安排的理想世界。为了维系道德理想,我们可以设想这个选择者亦即上帝的存在。

在探讨至善可能性的过程中,康德提出了不少深刻而颇有争议的理论设想和观念,并成为其后伦理思想史中经久不衰的论题。在不同的历史时期,这些论题可能以不同的面目出现。就当代伦理学而言,人的自由问题、理想世界理论、道德与宗教的关系、各个层次的正义问题等都或多或少涉及康德的这些观念,其中也不乏对康德理论的质疑。比如就其思考方法来说,康德采取的是先建构理想型道德,然后再来检验和规定现实道德。这种"由上至下"的进路,不仅在规范现实道德生活时会遭遇各种难题,而且其本身也很难避免形而上独断性或宗教性的质疑。为此,当代伦理学的理由基础主义有针对性地提出了"由下至上"的进路。

三 对伊壁鸠鲁学派和斯多亚学派至善论的批判

康德认为,古希腊仅有这两派探讨至善问题,这个判断有些以偏概全。实际上,至少从苏格拉底开始,至善以及幸福就已经成为重要的伦理议题,其间经过亚里士多德对幸福的综合性探讨,而伊壁鸠鲁学派和斯多亚学派沿着两个不同的方向做了较深入的发展①。在此意义上,这两派可视为古希腊各学派在至善和幸福问题上最后的典型,其观点具有代表性。

不过,康德的意旨似乎在于立根于思想史来探讨至善问题,无论是其本人的观点还是由此出发对两派的批判都是颇具吸引力的,也确实拓展了对这些议题的思考空间。值得注意的是,康德实际上对相关概念做出了重新解释和定位,在此意义上是至善论的再出发。按照罗尔斯的解释,康德是秉持"正当优先于善"的立场来重新思考这个问题,这在相当程度上也是古代伦理学与现代伦理学的一个根本分别。

---

① 可参见 Terence Irwin, *The Development of Ethics: A Historical and Critical Study(Vol. I)*, Oxford University Press, 2007, pp. 1–6。

［参考文献］

1.〔德〕康德：《实践理性批判》，韩水法译，商务印书馆，1999。

2. Immanuel Kant, *Critique of Practical Reason*, trans. by Werner S. Pluhar, Hackett Publishing Company, Inc., 2002.

3.〔美〕贝克：《〈实践理性批判〉通释》，黄涛译，华东师范大学出版社，2011。

4. 江畅：《西方德性思想史（近代卷）》，人民出版社，2016。

5.〔美〕阿利森：《康德的自由理论》，陈虎平译，辽宁教育出版社，2001。

6.〔英〕拉尔夫·拜德尔：《康德的至善论》，阮航译，载邓晓芒、戴茂堂主编《德国哲学（2019 年上半年卷）》，社会科学文献出版社，2020，第 62～92 页。

12

边沁:《道德与立法原理导论》

[作者及作品简介]

边沁（Jeremy Bentham, 1748~1832）是英国法学家、政治改革家和近代功利主义哲学流派的代表人物。虽然在他之前，约翰·盖（John Gay）、弗朗西斯·哈奇森、大卫·休谟和爱尔维修等人已经在他们的论著中对"功利"（Utility，又译为"功用"）在道德哲学、政治哲学等领域的重要作用做出了论述，然而，真正令功利主义不仅成为重要的哲学流派，还成为深刻地影响着近现代西方社会政治结构、法律体系和社会发展，具有极强现实性的重要理论的，则是边沁，特别是他在《道德与立法原理导论》中对功利主义基本原理的论述。

边沁出生于一个保守派律师家庭，受到了很好的教育，在威斯敏斯特公学读书 5 年之后便因其天才的学习能力而于 12 岁进入牛津大学的女王学院就读。然而，他却对自己在威斯敏斯特公学和牛津受到的教育颇为不满，认为这些教育只不过是无聊而充斥着特权的内容，特别是被迫立誓支持英国国教三十九条信纲的传统让他对整个英国国教都产生反感。边沁进入英国最高法院见习，为自己的法律职业生涯做准备，并获得了文学硕士学位。他于 1769 年获得律师资格，但同年他从休谟、爱尔维修和意大利学者贝卡利亚的作品中发现了功利原则，并决定转而投身于分析法学、法律改革和社会政治改良中。他在休谟的《人性论》中发现了德性与功用之间的密切关系，而贝卡利亚在《论犯罪与刑罚》中提出的评价任何法律的价值都应该以

"最大多数人的最大幸福"为标准也大大启发了边沁，在他们的理论基础上，边沁开始了其作为法理学家的工作。他于 1776 年匿名发表了《政府片论》，引起了英国一些政治家和法学家的关注，并与他们结交。边沁在对待自己的作品上十分谨慎，《道德与立法原理导论》成书于 1780 年，然而他却并未公开发表，觉得该书仍然有不少缺点，需要进一步修正，直到 9 年之后发表之时，边沁也仍然在序言中自认该书还有一些问题，但因为书中的不少内容已经由朋友们零散地先行发表出来，而自己也没有更多时间将这本书加工整理得更加完善，才不得已将这本书公开发表出来。

在这本重要著作之外，边沁还在刑法学、政治经济学、社会福利制度改革、动物权益等方面提出了不少重要的学说，其中如"环形监狱"的著名设计是他将自己的功利主义理论应用于现实中的重要尝试。1823 年他还出资创办了《威斯敏斯特评论报》，支持激进派在其中发表观点。晚年时边沁已经在英国和欧洲大陆都同样获得了非凡的声誉，受到法律界和政界的大力褒扬——虽然也许真正实践他理论的人并不太多。大概是为了能彻底地践行功利原理，体现出就是死亡也应该提供某种功用性的目的，边沁在最终的遗嘱中要求将自己的遗体捐献出来做科学用途，在伦敦大学学院公开解剖，随后他的遗体被摆放在该校校内的展示柜中。直到今天，当伦敦大学学院有十分重大的决定时，人们仍会按照传统将他搬出来"投票"。边沁的功利主义原理虽然在他的有生之年并未如他希望的那样对英国和欧洲社会的改革产生巨大影响，然而这一原理在西方社会的近现代发展中却具有巨大而深远的影响力，直到今天，无论是政府决策体系还是资本社会的运行都仍然能体现出这一原理的运用来。

本篇导读所采用的主要是时殷弘的译本（2000），中译本中表达比较难以理解或可能造成误解的部分则以巴托彻出版社（Batoche Books）2000 年的英文本为准，译文做相应的调整。

[节选一]

《道德与立法原理导论》第一章　功利原理

[1] 自然把人类置于两位主公——快乐和痛苦——的主宰之下。只有

它们才能指示我们应当干什么，决定我们将要干什么。是非标准，因果联系，俱由其定夺。凡我们所行、所言、所思，无不由其支配：我们所能做的力图挣脱被支配地位的每项努力，都只会昭示和肯定这一点。一个人在口头上可以声称绝不再受其主宰，但实际上他将照旧每时每刻对其俯首称臣。功利原理*承认这一被支配地位，把它当作旨在依靠理性和法律之手建造福乐大厦的制度的基础。凡试图怀疑这个原理的制度，都是重虚轻实、任性昧理，从暗弃明。

但譬喻和雄辩之辞用得够多了：伦理科学并非靠此类手段可以改进。

[2] 功利原理是本书的基石。因此在一开头清晰明确地讲述它意指什么，将是恰当的。功利原理**是指这样的原理：它按照看来势必增大或减小利益有关者之幸福的倾向，亦即促进或妨碍此种幸福的倾向，来赞成或非难任何一项行动。我说的是无论什么行动，因而不仅是私人的每项行动，而且是政府的每项措施。

[3] 功利是指任何客体的这么一种性质：由此，它倾向于给利益有关者带来实惠、好处、快乐、利益或幸福（所有这些在此含义相同），或者倾向于防止利益有关者遭受损害、痛苦、祸患或不幸（这些也含义相同）；如果利益有关者是一般的共同体，那就是共同体的幸福，如果是一个具体的个人，那就是这个人的幸福。

---

* 作者 1822 年加注：该名称后来已由"最大幸福或最大福乐原理"来补充或取代。这是为了简洁，而不详说该原理声明所有利益有关的人的最大幸福，是人类行动的正确适当的目的，而且是唯一正确适当并普遍期望的目的，是所有情况下人类行动特别是行使政府权力的官员施政执法的唯一正确适当的目的。功利一词不像幸福和福乐那么清晰地表示快乐和痛苦概念，它也不引导我们考虑受影响的利益的数目；这一数目作为环境，对形成这里所谈论的标准起最大的作用；而此是非标准，则是每一种情况下人的行为是否合适可依此得到适当检验的唯一尺度。在幸福和快乐概念与功利概念之间，缺乏足够显著的联系：这一点我每每发觉如同障碍，非常严重地妨碍了这一在相反情况下会被接受的原理得到认可。

** （原理）原理一词来源于拉丁词 principium，它看来是由 primus 和 cipium 合成的。primus 意即首要，cipium 则是一个似乎来源于 capio（取、拿之意）的词尾……它是个意思非常含糊和宽泛的术语，用来指被设想作为任何运作系列之基础或开端而起作用的任何事物，这一运作在某些场合是物质的和有形的，在眼下则是精神的。

这里谈论的原理可以用来指一种心理行为，一种情感，即赞许的情感。当以此为对待一项行动时，赞成其功利，把这功利当作该行动的这么一个性质：它应当被用来决定对该行动赞成或非难的程度。

　　[4] 共同体的利益是道德术语中所能有的最笼统的用语之一，因而它往往失去意义。在它确有意义时，它有如下述：共同体是个虚构体，由那些被认为可以说构成其成员的个人组成。那么，共同体的利益是什么呢？是组成共同体的若干成员的利益总和。

　　[5] 不理解什么是个人利益，谈论共同体的利益便毫无意义。* 当一个事物倾向于增大一个人的快乐的总和时，或同义地说倾向于减小其痛苦总和时，它就被说成促进了这个人的利益，或为了这个人的利益。

　　[6]（就整个共同体而言）当一项行动增大共同体幸福的倾向大于它减小这一幸福的倾向时，它就可以说是符合功利原理，或简言之，符合功利。

　　[7] 同样地，当一项政府措施（这只是一种特殊的行动，由特殊的人去做）之增大共同体的幸福的倾向大于它减小这一幸福的倾向时，它就可以说是符合或服从功利原理。

　　[8] 当一项行动，或特别是一项政府措施，被一个人设想为符合功利原理，那么为论述方便起见，可以想象有一类法规或命令，被称为功利的法规或命令，并且如此谈论有关行动，把它当作符合这样的法规或命令。

　　[9] 如果一个人对任何行动或措施的赞许或非难，是由他认为它增大或减小共同体幸福的倾向来决定并与之相称的，或者换句话说，由它是否符合功利的法规或命令来决定并与之相称的，这个人就可以说是功利原理的信徒。

　　[10] 一个人对于一项符合功利原理的行动，总是可以说它是应当做的，或者至少可以说它不是不应当做的。也可以说，去做是对的，或者至少可以说去做是不错的：它是一项正确的行动，或者至少不是一项错误的行动。应当、对和错以及其他同类用语做如此解释时，就是有意义的，否则没有意义。

　　[11] 这个原理的正确性有没有遭到过正式的非议？应当认为它曾遭到那些不知自己所云为何的人的非议。它是否能由任何直接的证据来证明？应当认为不能，因为被用来证明其他每个事物的，其本身无法被证明：证据之链必定有其始端。给予这样的证据既无可能亦无必要。

　　[12] 活生生的人，不管多么愚蠢或堕落、并非或未曾在一生的许多

---

　　*（利益）利益是不属于任何更广泛的逻辑种类的词汇之一，无法以通常的方式来定义。

或许绝大多数场合不遵从这个原理。人类身心的天然素质,决定人们在一生的绝大多数场合一般都信奉这个原理而无此意识。这即使不是为了规范他们自己的行动,也是为了评判他们自己的以及别人的行动。与此同时,倾向于全心全意地、无保留地信奉它的人却不多,或许甚至在最有智慧的人中间也不多。至于未曾在这个或那个场合与之争辩的人就更少了,原因在于他们并不总是懂得如何应用它,或在于他们怀有自己害怕加以检验的或不敢放弃的偏见。无论在原则上还是在实践中,无论思想行为方式是对是错,最罕见的人类品质是首尾一贯,始终如一。人的天性就是如此。

……

[解读与简析]

在《道德与立法原理导论》的开篇,作为一位严谨的、十分关注语言与逻辑的哲学家和法学家,边沁旗帜鲜明地提出了他整本书最关键的两个论点:"快乐"与"痛苦"对人们所起的重要作用,以及以这些重要作用为基础形成的功利原理,并对功利原理、个人利益和共同体利益等概念进行了明确的界定。他坚信,快乐与痛苦是人们进行任何行为、判断任何行为应不应当做的最终是非标准,而功利原理则是人们日常实践中虽对此毫无意识却一直践行的重要原则,尽管如此,他承认毫无保留地信奉这一原理的人却并不多,原因在于人们要么怀有偏见,要么不懂得如何正确应用功利原理。

我们很难说边沁的思想中存在自然主义的倾向,从他的立法理论来看,他甚至是反对自然法和自然权利理论传统的。但是他的理论最初的根源还是在于人类的自然倾向,即大自然将人类放在了快乐和痛苦这两种情感的主宰之下。这种主宰具有两方面的意义。其一,快乐与痛苦会为人们指出应当干什么,不应当干什么——也就是说,在伦理学的意义上为我们是否应当做某事提供判断标准,当这件事能够导致快乐时,我们就应当这么做,当它会导致痛苦时,我们就应当避免这么做,带来快乐的行为是善的,而带来痛苦的行为则是恶的。其二,快乐与痛苦还会为人们提供行为的动机,也就是说,对快乐的追求和对痛苦的回避是人们进行一切行为的动力,正如休谟也曾经试图论证的那样,即便人们知道了何谓善行何谓恶行,最终的道德判断还需要有种心理上要去这么做的决心,然后才会激发人们的实践。在边沁这里，快乐与痛苦这两个人类无法摆脱的主宰就既为人们的行为提供了道德善恶的标准，也提供了去做善行而回避恶行的行为动机。而功利原理就正是建立在承认快乐与痛苦这两个人类的自然主宰的基础之上的。

边沁接下来便具体地阐述了功利原理的内涵：通过一个行动是会造成所有与这个行动有利益上的相关性的人的幸福的增加或减少——也就是促进还是阻碍他们的幸福——来对这一行动做出赞成（approve）或非难（disapprove）的判断。而且，这个原理不仅适用于对私人之行动的评价，也适用于对政府的一切措施的评价。虽然边沁并未着重讨论这个内涵中"利益相关者"（the party whose interest is in question）这一概念，但这一概念却在随后特别是在当代政治哲学与政治理论中变得十分重要，因此，我们在此对这个概念还是要略做澄清。按照边沁的分类可以看到，在私人的行动上，所有的利益相关者包括的既有行动的主体，也有这一行动所涉及的他人，行动的后果可能波及的所有人——甚至是其他会感受到快乐和痛苦的生物，如动物，也正因如此，边沁才在后文对于虐待动物的行为明确提出法律应该惩罚施暴者，这一理论使他成为动物权益理论的近代先驱之一。而在政府的行动上，所有的利益相关者所涉及的范围就更广了，从社会共同体、各类组织到每一个受到这一行动影响的个体——在当代政治哲学语境中还需要考虑全球可能受到影响的其他社会共同体、其他组织和其他个体。因此，利益相关者这一概念涵盖的主体范围可以变得十分宽泛。

那么功利具体地又是指什么呢？有用性/功利作为判断德性的重要因素之一虽然是在近代成为重要的伦理学概念的，然而从古希腊开始就已经在各式各样的道德哲学中体现出来，不论是苏格拉底、亚里士多德，还是中世纪的托马斯·阿奎那，都将功利当作德性的重要方面——虽然他们并未提供更详细的论证，仅仅把它看作不言自明的标准来使用。真正对功利特别是社会性功利为何成为道德判断来源提供了较为详细论述的是休谟，在他看来，社会性德性之所以会激发人们赞许（appraise）的感情，就在于它们有社会性的功利，能够促进社会的幸福。边沁继承了休谟的看法，将功利定义为能够为利益相关者带来好处、快乐、利益或幸福的东西，或是能够防止对利益相关者造成各种损害的东西。边沁直接地将实惠、好处、快乐、利益和幸福等同起来，当作完全可以互通的词语，同样将损害、痛苦、祸患或不幸也等同起来。然而在他晚年（1822）补充的注释中可以看出，他意识到了"幸福和快乐"概念与"功利"概念之间其实还缺乏一种显著的联系。的确，这似乎是近代功利主义者们无法解决的问题，不仅快乐与功利之间的联系边沁并未表述得很清楚，快乐和幸福是否能够轻易等同也是自希腊化时期伊壁鸠鲁及他的快乐主义哲学提出之后享乐主义、情感主义者们与理性主义者长期以来的重要分歧。尽管存在这些问题，之后边沁还是将功利原理简化为"最大多数人的最大幸福"原则。

接下来，边沁还对共同体的利益与个体的利益进行了界定。能够促进个人利益或为了个人利益的事物指的是能够增加个体的快乐之总和，或同样地，能够减轻痛苦之总和的事物。也就是说对于个体而言，对个体利益的促进不是对个体的某一种快乐的增加或者痛苦的减少，而需要考虑到个体的快乐和痛苦的总和，只有增进总的快乐、减少总的痛苦的事物才是符合个体利益的。同样地，既然共同体是由构成这个虚构集合体的个体所组成的，那么共同体的利益就应该是组成共同体的所有成员的利益总和，也就是说，将每个个体的利益都考虑在内才能获得共同体的利益。不过，按照边沁的界定，就会立刻出现一个近代的道德哲学家们都不得不面对的问题：共同体的利益和个体的利益不相一致时该如何计算。不难想象，共同体内的所有个体的利益至少不总是完全一致的，一定会有某个事物或某种行动能够让某些成员总体的快乐增加，而另一些成员总体的快乐减少，这时该如何判断这一事物或行为究竟对共同体的利益而言是促进还是阻碍的呢？这便是边沁的功利主义理论之后一直被批判的重点之一，即"最大多数人的最大幸福"原则是否意味着支持通过牺牲少数人的幸福来促进共同体总体幸福的做法。虽然在边沁这里，这一问题恐怕不能得到轻易地解决，但当代的功利主义者还是提出了不少可行的回应。

通过以上的界定，边沁进一步澄清了，当他说符合功利或符合功利原理时，他指的是共同体的行动或所有政府措施增大共同体幸福的倾向大于减少这一幸福的倾向的情况，这样的行动就可以被称为符合功利法规的行动。也就是说，对于一项行动是否符合功利的判断取决于行动的结果最终是否更能够增进共同体的幸福，还是减少这一幸福。进一步地，当我们做出关于一项行动是否应当以及这么做是对是错的道德判断时，总是将应当和对的判断赋予符合功利原理的行动，而将不应当和错的判断赋予不符合功利原理的行动时，我们的道德判断本身才是有意义的。这样，边沁就对道德和立法的最基本原理——功利原理做出了最基本的解释。然而，他并未进一步论证这一原理，而是将它作为整个论证最初的论证起点，并认为既没有必要也不可能论证这一原理的正确性。他随后颇为自信地断言，所有人都不可能没有在一生的任何时候——甚至是绝大部分场合——遵从功利原理。在第一章的最后，他甚至还妥协地为不同意这一原理的人提供了思考的思路：反思自己所坚持的原理是否真的完全反对功利原理，如果真的这样，他自己所相信的原理是否也属于独断的原理，最终，如果功利之外的原理真的正确，那么那一原理能否不借助任何功利的因素就成为人们遵从这个原理去做的动机。在边沁看来，如果这样去检验其他与功利原理相反的原理，就会发现它们要么其实仍然采取的是功利原理，只不过是对这一原理的误用——如与享乐主义对应的禁欲主义，要么其实也与功利原理颇为相符——如情感主义伦理学传统。当然，边沁在这里并未考虑到他的功利主义伦理学面对的最大对手——义务论伦理学，即不去考虑行动会造成的后果，而仅仅考虑行动的意图是否正当的理论，这一传统的代表人物康德就在《道德形而上学奠基》中对边沁的理论做出了批驳，并引发了后果主义与义务论两种伦理学传统绵延至今的重要争论。

[节选二]

《道德与立法原理导论》第四章　如何估算快乐和痛苦的值

[1] 据前所述，追求快乐和避免痛苦是立法者考虑的目的，这就要求他必须了解它们的值。快乐和痛苦是他必须运用的工具，因而他不能不了解它们的效能，而这从另一个角度看*也就是它们的值。

---

* 这些情况往后被命名为一项快乐或痛苦的值的要素或方面。第一版出版后不久，为更好地记住这几点（它们可被认为是整个道德和立法大厦的基石），鄙人编了几句口诀：强烈经久确定，迅速丰裕纯粹——无论大苦大乐，总有此番特征。倘若图谋私利，便应追求此乐；倘若旨在公益，泽广就是美德。凡被视为苦者，避之竭尽全力；要是苦必降临，须防殃及众人。

［2］对一个人自己来说，一项快乐或痛苦本身的值多大多小，将依据下列四种情况来定：

（1）其强度；

（2）其持续时间；

（3）其确定性或不确定性；

（4）其邻近或偏远。

［3］这是在估计每一项快乐或痛苦本身时所要考虑的情况。然而，在为了估计任何行动的造苦造乐倾向而考虑这一苦乐之值时，还需要考虑其他两种情况，它们是：

（5）其丰度，指随同种感觉而来的可能性，即乐有乐随之，苦有苦随之。

（6）其纯度，指相反感觉不随之而来的可能性，即苦不随乐至，乐不随苦生。

不过，这最后两种情况严格说来，几乎无须被认为是一项快乐或痛苦本身的属性。因此严格地说，在估算该项快乐或痛苦的值时无须把它们考虑进来。严格地说，它们需被认为仅是产生了此种快乐或痛苦的行动或其他事件的属性，因而仅需在估量此种行动或事件时予以考虑。

［4］对一群人来说，联系其中每个人来考虑一项快乐或痛苦的值，那么它的大小将依七种情况来定，也就是前面那六种——

（1）其强度；

（2）其持续时间；

（3）其确定性或不确定性；

（4）其邻近或偏远；

（5）其丰度；

（6）其纯度；

以及另外一种：

（7）其广度，即其波及的人数，或者（用另一句话）说，哪些人受其影响。

［5］于是，可以照下面的程序，确切地估量任何影响共同体利益的行动的总倾向。首先从其利益看来最直接地受该行动影响的人当中，挑出任何一人来考察、估算：

（1）看来由该行动最初造成的每项可辨认的快乐的值；

（2）看来由它最初造成的每项痛苦的值；

（3）看来由它随后造成的每项快乐的值，这构成最初快乐的丰度以及最初痛苦的不纯度；

（4）看来由它随后造成的每项痛苦的值，这构成最初痛苦的丰度以及最初快乐的不纯度；

（5）把所有的快乐之值加在一起，同时把所有的痛苦之值加在一起。如果快乐的总值较大，则差额表示行动之有关个人利益的、好的总倾向；如果痛苦的总值较大，则差额表示其坏的总倾向。

（6）确定利益有关者的人数，对每个人都按照上述程序估算一遍。于是可以看到有两种人：一种是就他而言行动的倾向总的来说是好的，另一种是就他而言其倾向总的来说是坏的。把表示行动之有关每个前一种人的、具有多大程度好倾向的所有数值加在一起，同时把表示行动之有关每个后一种人的、具有多大程度坏倾向的所有数值加在一起。如果快乐的总值较大，则差额表示有关当事人全体或他们组成的共同体的、行动的总的良善倾向；如果痛苦的总值较大，则差额表示有关同一共同体的、行动的总的邪恶倾向。

［6］不要指望在每个道德判断之前，或者在每项立法或司法操作之前，上述程序都会严格地得到遵守。但是，可以始终考虑到它；而且，在这些场合实际遵从的程序与之越接近，就将越准确。

［7］同一个程序可以应用于估算无论何种快乐和痛苦，不管它们的外表如何，也不管它们靠什么名称被人识别。可以用来估算快乐，无论其名曰善（严格说来这是快乐的原因或手段）、收益（这是远乐，或远乐的原因或手段）、便利、有利、实惠、报酬、幸福或其他等；可以用来估算痛苦，无论其名曰恶（与善对应）、危害、不便、不利、损失、不幸或其他等。

［8］这一理论既非徒然无用，亦非标新立异和缺乏证据。它整个来说，无非是一种与明了自身利益的人的实践相符合的理论。为什么一项财产（例如一块地产）有价值？因为它使一个人产生种种快乐以及——实际上是同一个意思——使他避免种种痛苦。然而，这样一项财产的价值被普遍认识到是按照下列因素增减起落的：它由一个人经营的时间长短、归其

所有的确定性或不确定性、开始归其所有的时间远近。至于一个人可以从中得到的快乐的强度，则从不被考虑，因为这取决于每个具体的人如何来享用它，而这在考察他可能从中得到的具体快乐或者他可能据此规避的具体痛苦以前，无法估计。由于同样的原因，他也不考虑这些快乐的丰度或纯度。

［解读与简析］

边沁的功利原理受到的另一个重要挑战就是前述已经有所提及的问题：既然符不符合功利是按照某项行动带来个体或共同体的幸福的增加或减少来判断，那么，该如何去计算所有那些各式各样的快乐和痛苦的值呢？在《道德与立法原理导论》的第四章，边沁提出了详细的估算快乐与痛苦的方法。

首先，获得快乐、避免痛苦是立法者在制定法律时所应该考虑的目的（ends），也就是说，立法是为了增加共同体的快乐，减少共同体的痛苦，同时，它们还是立法者不得不使用的工具，也就是说，借助人们趋乐避苦的自然倾向来令法律成为引导人们行动的准则。因此，在立法时，首先清楚地了解快乐和痛苦的价值（value）以及它们的力量（force）十分必要——在边沁看来，快乐和痛苦的力量换言之也是它们的价值，因为快乐和痛苦对人的行为的约束力其实就在于人们为了追求更多快乐、避免痛苦而会做出相应的行动。所以，快乐与痛苦的价值如何计算是立法的前提。

边沁随即对个体的快乐与痛苦以及共同体的快乐与痛苦分别该如何计算进行了详细的解说。首先，就个体某一种快乐或痛苦本身的价值而言，需要考虑的四个因素如下：强度（Intensity），也就是快乐或痛苦的强烈程度；持续时间（Duration），也就是快乐或痛苦所能持续的时间；确定性或不确定性（Certainty or Uncertainty），也就是快乐和痛苦的感受是否确切；邻近（Propinquity）或偏远（Remoteness），也就是说快乐与痛苦在时间和空间上与个体的距离是近还是远。在这四个因素中，较难理解的是最后一个，但我们可以这样来理解：例如，对个体而言，当因为即时感官刺激而感受到快乐和回忆那种感官刺激时——也就是在时间上较远的情况下——感受到的快乐是不同的，前者更加强烈而生动，而后者则不那么生动。因此，即便是对同一个个体而言，就快乐和痛苦本身来说，其也会因时间和距离的远近而产生价值上的差异。除此之外，边沁还补充了两个因素，它们不直接衡量快乐和痛苦本身的价值，而是关涉与某种特殊的快乐和痛苦相伴随的感受，即丰度（Fecundity，若译为增殖性也许更能表明其含义），也就是说这种快乐伴随着同样的快乐感受，或痛苦伴随着同样的痛苦感受的可能性；以及纯度（Purity），即快乐不会伴随痛苦、痛苦不会伴随快乐的可能性。在给出定义时，边沁用的是"伴随"（follow）而非"造成"（produce），如果按照休谟的理论，这种相伴随的关系并不必然意味着原因和结果，根据边沁随后的解释，他是把丰度和纯度这两个因素视为不属于快乐和痛苦本身的性质，而属于造成快乐和痛苦的行为或事件的性质，所以这两个因素在严格意义上也不能用来衡量快乐和痛苦的价值，而只是用来衡量这样的行为或事件的趋势——但我们知道，边沁要考量的最终是行为的结果，因此行为或事件的趋势同样也应该被考虑在内。

其次，就一群人的快乐和痛苦而言，除了与个体相同的六个因素，还需要加上最后一个因素——广度，也就是受到影响的群体中的个体的数量。边沁认为，只要这七个因素都能够考虑在内，之后就可以按照一定的程序来确切地计算出每一个影响群体的利益的行动的总体倾向是否符合功利原理。这个程序看上去似乎很简单明了：首先计算这一行动对个体造成的可辨认的每项最初的快乐和痛苦的值，然后再计算随之而来的每项快乐的值，即由最初的快乐引起的下一步的快乐，以同样的方式计算所有的痛苦的值，然后将所有快乐的值相加、所有痛苦的值相加之后，比较两者的差额，如果快乐的总值在算数上大于痛苦的总值，那么这个行动对这个个体而言就是总体而言好的，促进个体利益的；相反，则总体而言是坏的，是阻碍个体利益的。然后以同样的方式计算出群体中每一个与这个行动有关的利益相关者由这个行动带来的总体好的或坏的趋势，将他们分成这一行动总体而言对他们是好的和总体而言对他们是坏的两类，然后将前者的好的倾向的所有数值相加，将后者的坏的倾向的所有数值相加，最后将这两个总数值进行算数比较，如果好的总数值大于坏的总数值，就意味着这个行动对群体而言是善的，反之就是邪恶的。边沁很现实地承认，不可能在每一项道德判断、每一项立法时都能践行这个原则，但越是能够更好地践行它，就越能准确地做出判断。同时他还以财产为例证明在实践中，人们也往往采取与这个程序相符合的方式来计算价值。随后，边沁还在第五章对不同的快乐和痛苦进行了分类，在第六章中探讨了影响人们对于同样的快乐和痛苦感受的程度差异的各种不同因素。仅从第四章和第五章的内容来看，边沁虽然似乎提供了详细的分类，却并未强调快乐和痛苦的价值除了算数意义上的值的差异，是否还有诸如高级快乐和低级快乐之分，然而通过他在第六章的分析，我们还是能看到，他认为在立法特别是决定惩罚的类型和程度的过程中，立法者虽然不可能充分地考虑每个个体对快乐和痛苦的敏感度差异，但是仍然应该对此予以考虑，并做出相应的差别性安排。因此，边沁至少对快乐和痛苦的程度因人而异是有所意识的。

尽管如此，如果我们仅考虑第四章中的具体计算程序，仍旧会产生疑问，如果完全贯彻边沁的算数比值方法，以上提及的七种因素是否都应该占据同样的分量呢？例如，持续时间长算一分，丰度也同样算一分吗？那么何种持续时间算一分，何种持续时间可以算两分呢？——因为我们完全可以想象到有些快乐只会持续较短的时间，而有些快乐可以持续很久。如果要进行算数比较，就一定要有十分精确的量化标准，不仅每个因素本身需要有量化标准，不同因素之间是否等价进行量化也是这个计算程序若要成立就亟待解决的问题。而边沁即便在分类上考虑得十分细致，但在计算程序上仍然缺乏客观的、精确量化的标准，这也是他的功利主义原理受到批驳的另一个重要方面。

[简评]

通过以上的简介和分析，我们对边沁的功利主义原理有了最基本的了解。通观《道德与立法原理导论》，虽然前六章边沁都主要在论述关于快乐和痛苦的功利主义原理的各个方面，但他仍然将更大的篇幅放在了针对各种不同的具体的人类行为、性情和动机来对应地进行立法——特别是关于惩罚的刑法的分析上。对于不太关注法理学的读者，他的讨论也许显得过于烦琐，然而我们仍然需要明确地意识到，边沁写这本书的最终目的更多的是通过对道德原理的分析引申出对立法原理的分析和实践方案，而不是要建构一个道德哲学体系，也正因如此，他在这本书的论述中十分重视对各类概念的界定，对不同感受、行为、行为后果等的细致区分，只有以此为基础，才能建立起一个既能反映人类的本性和趋向，又能对共同体更有利、对最大多数人的最大幸福更有利的法律体系。

这样的法律体系也许对人们的现实幸福的确能够提供比传统的法律体系更好的保障，"共同体内最大多数人的最大幸福"原则也成为许多决策者——不论他们自己是否意识到自己正在运用这一原则——做出行动的重要指南。即便如此，我们仍然需要意识到，这种功利原理的两个致命伤即第一，个体利益可能因为整体而被牺牲，这种牺牲很难得到合理性证明，至少很难为人们的道德直觉所接受；以及第二，快乐和痛苦的总值计算——即所谓的"最大幸福"——难以按照边沁建议的那样进行量化比较，从而很难在现实中彻底地被贯彻，这是边沁无法解决，当代结果主义者似乎也始终未能提供有说服力的解决方法的核心问题。

但是无论功利主义有着何种理论缺陷，它成为近现代西方社会道德、政治、法律等各个领域中主流的原则之一，这一事实是不可否认的，也正因如此，边沁和他的这本《道德与立法原理导论》直至今日都仍然是任何对于以上这些领域感兴趣的读者都无法绕过的重要经典作品之一。

[**参考文献**]

1. 〔英〕边沁：《道德与立法原理导论》，时殷弘译，商务印书馆，2000。

2. Jeremy Bentham, *An Introduction to the Principles of Morals and Legislation*, Kitchener: Batoche Books, 2000.

3. James E. Crimmins, "Jeremy Bentham," *Stanford Encyclopedia of Philosophy Archive(Summer 2020 Edition)*, https://plato.stanford.edu/archives/sum2020/entries/bentham/.

4. R. Harrison, *Bentham*, London: Routledge and Kegan Paul, 1983.

5. F. Rosen, *Classical Utilitarianism from Hume to Mill*, London & New York: Routledge, 2003.

克尔凯郭尔:《恐惧与颤栗》

[作者及作品简介]

索伦·克尔凯郭尔（Soren Aabye Kierkegaard，1813～1855），或译作祁克果，丹麦哲学家，享年仅 42 岁。克尔凯郭尔一生著述 25 部，但这些作品在当时并没有受到重视。直至 20 世纪，克尔凯郭尔的作品被人们重新发现，并由此产生了"存在主义"的哲学思潮，因而克尔凯郭尔又被称为"存在主义先驱"。

克尔凯郭尔的思想与其个人生活之间存在着深刻的必然联系，读者往往能从作品中窥见他在生活中的一些古怪想法和举止的缘由。而在索伦·克尔凯郭尔短暂的生命中有三个不得不提的重要人物——他的父亲、他的恋人和他的仇人。

首先介绍克尔凯郭尔与其父亲的关系。其父亲马尔·克尔凯郭尔（以下简称老克尔凯郭尔）从事食品贸易，是丹麦有名的富商。老克尔凯郭尔笃信路德虔信教，并在他的家庭中推行了严格的宗教教育，教导子女们应敬畏上帝。同时，老克尔凯郭尔也是一个病态的忏悔者，认为自己曾犯下两宗罪孽。第一宗罪孽是诅咒了上帝，当老克尔凯郭尔还是丹麦日德兰北部一个穷乡僻壤的放牛娃的时候，他曾因为对生活的绝望，对着天空诅咒了上帝。第二宗罪孽是背叛了配偶。老克尔凯郭尔在原配妻子临终前，和女仆（克尔凯郭尔的母亲）发生了不正当关系。因此，老克尔凯郭尔认为自己冒犯了上帝，必遭上帝的惩罚。《圣经·旧约》中有"父母犯罪，报应子孙"的说法，克尔凯郭尔从小就被灌输了这样的想法，这造成了他一生的痛苦和扭曲的个性。他认为自己生来就背负沉重的罪孽，必定会遭受惩罚而早夭，这一想法也使得克尔凯郭尔穷其一生来探索一个问题——何为真正的基督教徒。这个问题贯穿了克尔凯郭尔的全部著作，也包括本篇导读所选的《恐惧与颤栗》。

其次看克尔凯郭尔的爱情经历。24 岁的克尔凯郭尔遇到了 14 岁的雷金娜·奥尔森，他对其一见钟情并展开热烈的追求。在雷金娜 17 岁时，克尔凯郭尔向雷金娜求婚成功。然而在订婚消息发布之后不久，他就单方面撕毁了婚约。但克尔凯郭尔这样做并非玩弄爱情，而是因为"上帝反对这个婚姻"。如果他一味坚持世俗的婚约，不过是在更深层的意义上否定了他们的爱情。在《恐惧与颤栗》中，他以寓言式的文字传递了与之相关的隐秘信息。婚约的不幸破裂使得克尔凯郭尔的心灵愈加脆弱，他前往柏林学习哲学，其间短暂地返回了哥本哈根，但为了躲避雷金娜，他再次回到了柏林，并在柏林完成了他最知名的著作——《恐惧与颤栗》。

最后，我们来看看克尔凯郭尔的社会关系。克尔凯郭尔生性孤僻，不喜欢戏剧之外的社交活动，加上他有先天的身体缺陷，这使得他更加习惯于远离众人。但因为克尔凯郭尔家族是当时哥本哈根的名门望族，所以当时社会公众仍然热衷于关注克尔凯郭尔的生活，一些报刊也喜欢刊登关于他的文章。也由此引发了著名的"海盗报事件"。当时的丹麦青年诗人哥尔德施米特创办了一份周刊《海盗报》，并受到当时公众的欢迎。该刊物发行量大，但趣味低级，经常揭发个人隐私，发动人身攻击。哥尔德施米特在《海盗报》刊登了一篇赞美克尔凯郭尔的文章，克尔凯郭尔却认为这是对他极大的侮辱，于是公开发文批评。为了反击，《海盗报》持续性地发表文章讽刺克尔凯郭尔，攻击他的身体缺陷和个人生活。公众的嘲笑让克尔凯郭尔的心理更加孤僻和扭曲，愈发不愿意与众人为伍，晚年更是远离公众生活。

克尔凯郭尔的人生充满了痛苦、扭曲和孤独，而这也深深影响了他的哲学思想。克尔凯郭尔思想的主要特征是对德国理性主义哲学的反思，尤其是反对黑格尔主义把人理解为理性的存在，克尔凯郭尔认为个人的存在是非理性的；非理性的情绪取代了理性的认识，驱使个人做出决断，进行非此即彼的选择。

克尔凯郭尔的主要代表作有《非此即彼》（1843）、《恐惧与颤栗》

（1843）、《哲学片段》（1844）、《人生道路诸阶段》（1845）、《致死的疾病》（1849）。学习克尔凯郭尔著作还有一个值得注意的地方，就是他的笔名与著作之间的关系。在这些著作的署名中，有《非此即彼》的"作者A"和"作者B乔治·威廉"、《恐惧与颤栗》的"沉默的约翰尼斯"、《哲学片段》的"克里马库斯"，以及《致死的疾病》的"反克里马库斯"。其中"作者A"代表了审美的生活，而"作者B乔治·威廉"是伦理生活的象征，"沉默的约翰尼斯"是对伦理生活发起了质疑，而"克里马库斯"则是以非基督徒的身份来对"何为真正的基督教徒"进行哲学思考，"反克里马库斯"则是以基督徒的身份来思考时代的致死疾病。[1]《恐惧与颤栗》是克尔凯郭尔的代表性著作，书名《恐惧与颤栗》（*Fear and Trembling*），出自《圣经·旧约》中《诗篇》第二篇第11节"当存畏惧侍奉耶和华，又当存战兢而快乐"。全书以《圣经·旧约》中"亚伯拉罕献祭以撒"的典故为切入点，由此进一步探讨"何为真正的信仰"以及信仰的悖论。书中提出了三个问题：可以对合乎伦理的东西进行神学的怀疑吗？存在着对上帝绝对的义务吗？亚伯拉罕对撒拉、以利以谢和以撒隐瞒他的计划，这在伦理学上是可以得到辩护的吗？这三个问题都指向了一个问题，就是伦理生活与宗教生活之间的断裂。克尔凯郭尔认为宗教（信仰）生活与伦理生活之间是不可通约的，人无法借由伦理生活中的普遍性规则而进入宗教生活。

本篇导读所选择的原著节选，取自1994年贵州人民出版社出版的中译本（刘继译）。

[节选]

《恐惧与颤栗》（部分）[2]

可见的外部世界有一种古老的说法："唯有劳作者方能得食。"奇怪的

---

① 〔丹麦〕克尔凯郭尔：《恐惧与颤栗》，刘继译，陈维正校，贵州人民出版社，1994，"中译者序"第3页。

② 本部分节选自1994年贵州人民出版社出版的《恐惧与颤栗》中译本"引"（第3~7页）以及"问题一"（第30~43页）。

是，这种说法与其身居的世界并不相合，因为，外部世界的法则是不完善的——在那里，经常出现的情况是，不劳者反得食，睡大觉者甚至比劳作者所得更多。外部世界的一切都属于所有者，一切都服从冷漠的法则。……

精神世界的情况与此则不相同。在这里，起支配作用的是永恒的神性法则；而神性法则的雨露，在这里并不将正义和非正义同时滋润；神性法则的阳光，在这里也不将善与恶同时普照。① 在这里，真正的情形是唯劳作者才得食，唯不安（Angest）者才得安宁……亚伯拉罕的故事代代传诵，可是，有多少人为之寝食不安呢？

当然，亚伯拉罕的故事自有它不同凡响之处，这使它永远意味深长（herlig），不管人们对它的理解是多么地贫乏；不过，问题是人们是否愿意辛勤劳作和承担重负。人们虽然想要理解亚伯拉罕的故事，却不愿辛勤劳作。人们赞美亚伯拉罕，但是如何赞美的呢？人们反复背诵那整个故事："（亚伯拉罕的）伟大之处在于他如此热爱上帝，以至于他愿意献出他最好的东西。"这是非常真确的。但"最好的"是一个含糊不清的字眼。人们无论在口头上还是在心里都将以撒与最好的相等同。思想者在沉思默想之时可以悠然自得地抽吸烟斗，听讲者在久坐之后可以舒服惬意地伸腿漫步。要是耶稣在路上遇见过的那位富裕青年将他所有的东西出售，并将售得的金钱分给穷人②，我们将像赞美一切伟大的行为那样赞美他，即便我们不劳神费力就无法理解他。不过，尽管他牺牲了他最好的东西，他仍然不能成为亚伯拉罕。人们在亚伯拉罕的故事中所遗漏的是不安（Angesten），因为，我对钱没有伦理上的责任，但父亲对儿子则有最高、最神圣的责任。不安对于柔弱的心灵而言，是一件可怕的事情。然而，人们虽然想要谈论亚伯拉罕，却忘记了这一点。人们就是这样谈论亚伯拉罕的，而且在谈论中交换那两个术语：以撒和最好的东西。在这个过程中一切都进行得很好。可是，如果我们假定有某位因失眠而痛苦不堪的凝神倾听

----

① 参见《圣经·新约》"马太福音"（5：44）中的一段话："只是我告诉你们，要爱你们的仇敌。为那逼迫你们的祷告。这样就可以作为你们天父的儿子。因为他叫日头照好人，也照歹人，降雨给义人，也给不义的人。"节选部分的脚注均为 1994 年贵州人民出版社出版的《恐惧与颤栗》中译本的校注，下同。

② 见《圣经·新约》"马太福音"（19：16—23），一富裕少年问耶稣怎样才能进入天国获得永生，耶稣说："你若愿意作完人，可去变卖你所有的，分给穷人，就必有财宝在天上，你还要来跟从我。那少年听见这话，就忧忧愁愁地走了，因为他的产业很多。"

者，那么，最可怕、最深刻、最具悲剧性、也最滑稽的误解就很容易发生。他回到家里，也想要做亚伯拉罕所做过的事情，因为儿子毕竟就是那最好的东西。但如果教士发现了这一切，他也许会走向他，并且会调动所有的教会尊严，吼道："你这卑鄙小人，社会渣滓，鬼迷心窍到如此地步，竟要谋杀你的儿子。"这位教士，在宣讲亚伯拉罕时从未发热冒汗过，此刻会惊讶地发现自己竟能以雷鸣般的声音将真诚的愤怒倾泄在那个可怜的人身上。他会对自己感到愉快，因为他从未宣讲得如此起劲，如此动情。他会对他自己和他的夫人说："我是一个演说家——所缺少的只是机会。星期天我关于亚伯拉罕的宣讲，我感到根本没有被理解。"如果这同一宣讲人所理解的也并不多的话，那么，当那罪人（synderen）镇静而又带着尊严回答道"毕竟你星期天所讲的就是这些时"，他就会失掉他的信心。牧师怎么可能想到事情竟会这样，但事情就是这样，他的唯一的错误在于他对他所讲的并不理解。一个决心去喜欢塞满了废话与胡说的喜剧和小说的诗人，是不存在的。滑稽的和悲剧的在绝对的无限之中相遇。上述布道者的宣讲其本身或许就足够荒唐的了，可是通过它的效果它进一步变得无限荒唐；当然，这也是十分自然的。假定那不示抗议的罪人没有被牧师严肃的宣讲说服，可是那热诚的牧师愉快地回到家里，竟沉浸在一种惬意的想法之中——他不仅在布道坛上是有说服力的，而且作为一个精神顾问，他还握有一种不可抗拒的力量；因为在星期天他感动了听众，而在星期一他又像一个佩戴赤红宝剑的天使，将自己置于了这个罪人的面前。此人的行为违背了一种古老的说法，因为那古老的说法告诉人们：世上的事情并不会像布道者所宣示的那样发生。

然而，要是那罪人仍然冥顽不化，那么他的情景实际上就会是悲剧性的。接着，他可能被处决或被送进疯人院。总之，就所谓的实际而言，他曾经有过不幸，从另一种意义讲，我可以肯定，亚伯拉罕曾使他幸福，因为劳作者不会死。

但是，如何解释在这个宣讲者身上所碰到的同类矛盾呢？难道说事情竟会这样——亚伯拉罕获得了一种成为伟人的指令性权利，他之所为因而是伟大的，其他人对同样事情之所为则是一种罪，一种十恶不赦的罪？如果情况果真如此，很抱歉，我不会加入这样空洞的赞颂。如果信仰不能使情愿谋杀自己儿子成为一个神圣的行为，那就让同样的判断像加诸任何他人那样加诸亚伯拉罕吧。如果一个人缺乏勇气去反思一下他自己的思想，并且承认亚伯拉罕是个谋杀犯，那么，去获得这种勇气就肯定比浪费时间去作不当的赞颂要有意义得多。亚伯拉罕之所为的伦理表述是，他意图谋杀以撒；而宗教表述则是，他有意献出以撒。但在这一矛盾之中令人无法成眠的正是不安，没有这种不安，亚伯拉罕就不是亚伯拉罕。或者，如果亚伯拉罕也许根本没有干过故事里所说的那一切，如果因当天的条件也许有些事情其实面目全非，那么，就让我们忘记亚伯拉罕，因为有什么必要劳神费力地去记住那已经不能成为现在的过去呢？或者，那讲述者忘记了什么，而这正相当于伦理上的忘却，即以撒是亚伯拉罕的儿子。换言之，如果信仰因变成为零和无而被剥夺，那么所剩下的一切就只是一个残酷的事实，即亚伯拉罕意图谋杀以撒；而这对任何人来说，都很容易仿效，如果他没有信仰，就是说，没有那使他深感为难的信仰的话。

问题一：可以对合乎伦理的东西进行神学的怀疑吗？

伦理的东西是具有普遍性的，而作为普遍性的东西它适用于一切人；从另一个角度看，这意味着它适用于一切时代。它内在于它自身，它没有任何外在的东西；这正是它的目的（τελος），但目的本身却是为万物而设的；当伦理的东西将此融入自身时，它并未前进一步。在感觉上和精神上都属于直接性（Umiddelber）的个人（Enkelte），是抱有普遍性目的的个人，在普遍性中表达自身，或放弃自己的个别性以成为普遍的东西，是他的伦理任务。而只要个人在与普遍性相对的个别性之中维护自己，他就是在犯罪；但只有承认这一点，个人才能与普遍性重新达成一致。每当个人由于进入普遍性而感到无力将自己作为个体来维护的时候，他就是处于一种精神磨难之中，他只有作为带着悔意的个人屈从于普遍性，才能够驱使自己去行动。假如这就是关于人及其存在可以言说的最高的东西，那么，伦理的东西就与人的永恒拯救具有共同的性质——既然要能够听从摆布，即听从神学的悬疑是一个矛盾，那么它就是人的永恒的目标，因为，一旦它被悬疑，它就会遭到抛弃；但被悬疑的东西在成为它目标的更高的东西中却会得到保留，而不是抛弃。

以上所说如果是事实的话，那么黑格尔在"善与良心"中的观点就是正确的，在那里他将人限定为个人，并将这种限定视为"恶的形式"（这一点在《法哲学》中尤其明显）。而恶的形式在道德神学中将被废除，因为仍然停留在那一阶段（Stadium）的个人此时不是在犯罪，就是在经受精神的磨难。然而，当黑格尔谈论到信仰的时候，他却是错误的；他之所以是错误的就在于，当亚伯拉罕应当被揭示和表明为一个凶手的时候，他没有大声而又清楚地反对亚伯拉罕对自己作为信仰之父的荣耀感和愉快感。

信仰即是这样一种悖论，个体性（Enkelte）比普遍性为高；请记住，其表现形式为，该运动重复不断，致使作为个体的个人在进入了普遍性之后又将自己作为更高的东西与普遍性分离开来。假如这不是信仰，我们就不会再有亚伯拉罕，而信仰也不会在这个世界上存在过，因为它其实一直存在。假如伦理的、道德的东西是最高的，假如在一个人身上毫无不可通约性，而这种不可通约性又被视作是邪恶的（即将在普遍性中得到表达的个人），那么，除了古希腊哲学所有的，或通过一致性的思考从中推导出来的之外，就不会有什么范畴是必需的了。黑格尔不该隐瞒这一点，因为，毕竟他研究过希腊哲学。

那些深深地缺乏知识同时又总是被授予陈词滥调的人经常说，基督教的世界阳光普照，异教徒的大地黑夜漫漫。这种说法使我感到奇怪，因为每个更加首尾一贯的思想者，每个真挚诚实的艺术家，都可以在希腊的永恒青春中获得重生。对此的解释是，人不知道应该说点什么，而只知道必须说点什么。说异教徒没有信仰是相当正确的，但要是假定某物就是所说的那样的话，人们就必须对信仰是什么有一个较为清楚的理解，否则人就会落入陈词滥调之中。不知道信仰是什么，却带着信仰去解释一切存在是不难的；而且，一个因此解释而指望受到景仰的人并不是一个傻瓜，这正如布瓦洛（Boileau）①所说：傻瓜总是可以找到比他更傻因而景仰他的傻瓜。

信仰正是这样一种悖论，单独的、个体性的东西比普遍性的东西更高；它在普遍性的东西之前得到辩护，但不是作为低于后者而是作为高于后者的东西得到辩护；不过，请记住，其表现方式为：个人在作为个体而从属于普遍性的东西之后，又借助普遍性而成为比普遍性的东西更高的个

---

① 布瓦洛（1636~1711）：法国诗人和文学批评界的泰斗。文中引语出自他的代表作之一——《诗艺》。

体；此外，作为个体的个人与绝对处于一种绝对的关系中。这种立场是不可调解的，因为一切调解都只有通过普遍性来进行；它是而且仍将继续是一个悖论，对于永恒而言，它简直不通情理。信仰即是这样一个悖论；要不然（我请求读者将这些结果铭记于心，尽管对我而言要将它们全部写下太过于冗长），要不然信仰就根本不曾存在，因为它一直存在；要不然我们就已失去了亚伯拉罕。

毫无疑问，个人的确可以轻易地将这个悖论与精神考验混为一谈，人们不应隐晦这一点。毫无疑问，许多人的确是如此构造的，以至于他们对信仰总是排斥。但人们不应当因此而将信仰改造成它物，以便使信仰也可以为他们所拥有；相反，人们应当承认没有信仰，而与此同时，拥有信仰者则应当准备说明那些使悖论区别于精神考验的特征。

亚伯拉罕的故事正包含了一种对伦理学的神学怀疑。这里不乏敏锐的头脑及与之相称的学者。他们的智慧所达到的是一切都一样这一美妙的命题。更进一步地看，我非常怀疑在这整个世界有任何人能够找到一个简单的类比，而且，即便能找到这样的类比，假如亚伯拉罕的确代表了信仰，信仰在他身上有着明白无误的显示，同时他的生活又不仅在可以想象的范围内最为怪诞，甚至怪诞得不可思议，那么，这样的类比就说明不了什么。亚伯拉罕的行为怪诞，因为他是一个个体，却比普遍的东西更高，这就是怪诞。这个悖论无可调解，只要亚伯拉罕开始如此行动，他就不得不自承在经受一种精神上的磨炼；而如果事情真是那样，他就决不会献出以撒；或者说，如果他献出了以撒，他也一定会在愧疚之中返回普遍性。因此，他得回以撒，完全是一种荒诞。总之，亚伯拉罕决非悲剧英雄，他与悲剧英雄完全不同，他要么是一个凶犯，要么是一个秉持信仰者。亚伯拉罕毫无那种可以拯救悲剧英雄的中介手段。这就是为什么我可以理解悲剧英雄，却无法理解亚伯拉罕，尽管我对他的景仰在某种意义上胜过了对任何他人的景仰。

在伦理学上，亚伯拉罕对以撒的关系可以径直表述为：父亲对儿子的爱应该胜过对他自身的爱。当然，在其自身的范围之内，伦理有多种多样的等级。下面，我们将看到，亚伯拉罕的故事是否含有对伦理东西的更高表达，这种表达可以对他的行为进行合乎伦理的解释，可以替他对伦理学上的父道的怀疑进行合乎伦理的辩护，而同时又不逾越关于合乎伦理事物的目的论。

当一种关涉整个民族的大业受到阻碍，当关于这一大业的计划因神灵的不满而被搁置，当愤怒的神灵用沉默来嘲笑一切努力，当占卜术士悲伤地履行他的任务，宣称神灵要求一位年轻的姑娘作为祭品，父亲就必须英勇地献出这个祭品。他必须高尚地掩藏住他的痛苦，尽管他希望他是一个"敢于哭泣的小人"，而不是必须按王者风度行事的国王。尽管他那独有的痛苦令人肝肠寸断，而且全国只有三个人知道，但很快整个民族就会参予到他的痛苦、他的行为中来。因此为了整个民族的福祉，他要献出她，他的女儿，他那可爱的女儿。呵，多么美丽的胸脯！多么漂亮的面庞！多么迷人的金发！女儿俯首垂泪揉碎了父亲的心灵，父亲转过脸去伤痛欲绝，但是，英雄必须拔出刀子。① 当此消息传到这位父亲的家乡，美丽的希腊少女们会感到极为惭愧；而如果那位女儿已经订婚，她的对象会为分担了她父亲的行为感到自豪，而不是愤怒，因为姑娘将会更加柔顺地委身于他，而不是她的父亲。

当那及时地拯救了以色列的勇敢的士师在那一瞬间因同样的允诺而将上帝与自己联系在一起的时候，他会英雄般地改变那少女的欢快，即将被爱的女儿的欢快改变成痛苦，而整个以色列都会为她纯洁的青春感到痛惜。但是，每一个生而自由的男人都理解耶弗他（Jephthah），每一个果断的女人都景仰耶弗他，每一个以色列的少女都希望像他女儿那样去献身，② 因为，要是他不保持希望的话，对他而言，赢得胜利又有什么意义？难道说就不能从人们那里再次夺得胜利吗？

当一个儿子忘记了他的职责，当国家把判断的权力托付给父亲，当法律要求以父亲的手进行惩罚，那么，父亲就必须英雄式地忘记那有罪之人

---

① 此处指的是古希腊神话中阿伽门农献祭自己亲生女儿伊芙琴尼亚的故事。阿伽门农在率军征讨特洛亚的途中，无意间冒犯了女神阿耳忒弥斯。女神大怒之下使阿伽门农舰队所在的奥利斯港平静得没有一丝微风，致使希腊大军困在港口。为摆脱困境，预言家指示只有阿伽门农献祭自己的爱女才能平息女神的愤怒。在众将士反叛相威胁下，阿伽门农只得牺牲女儿。女神果然息怒，希腊舰队重获顺风，驶向特洛亚。

② 见《圣经·旧约》"士师记"第十一章，耶弗他是以色列勇士，曾率以色列人与亚扪人作战。战前，他向耶和华许愿说，如果主能保佑他战胜亚扪人，在他凯旋回家时，他将把最先出门来迎接他的人献为燔祭。在耶和华的帮助下，他果然战胜了亚扪人，但他没料到最先来迎接他的人竟是自己的独生女儿。耶弗他为此悲痛万分，但他女儿非常理解父亲，勇敢献身，实践了耶弗他许下的诺言。

正是他的儿子。他必须高高地隐藏起他的痛苦。但是，无人，包括他的儿子会因此而不敬仰他。每当罗马法被解释的时候，人们都会记住，很多人的解释都更加高深，但没有谁的解释比布鲁托斯（Brutus）的行为更加动人。

　　要是阿伽门农（Agamemnon）在舰队于顺风之中满帆驶往目的地的时候，已经派走了去取伊芙琴尼亚来作祭献的那位使者；要是耶弗他没有受制于任何能够决定民族命运的允诺，但对他女儿说出，悲伤吧，为你短暂的青春，两个月后我就要将你献祭；要是布鲁托斯有一个正直的儿子，但仍然传唤执法吏将他儿子押赴刑场——那么谁会理解他们呢？如果被问及为什么这样做，这三人都会答道：这是一场测试，在其中我们受到考验。可是，难道人们会因此回答而对他们理解得更好吗？

　　当阿伽门农、耶弗他和布鲁托斯在关键时刻英勇地克服了痛苦，英勇地失去了他们的所爱并在表面上完成了他们的任务的时候，如果无人洒下同情和景仰的热泪，世上就决无高尚的心灵。但要是这三人在关键时刻想给他们那与痛苦俱生的英雄气概增添一点小尾巴的话，即认为事情无论如何是不会发生的——那么谁会理解他们呢？要是他们解释说，我们相信这全凭荒诞，谁因此会更好地理解他们呢？既然一个人不容易理解荒诞的事物，他又怎能理解居然有人相信荒诞呢？

　　然而，悲剧英雄与亚伯拉罕之间的区别是非常明显的。悲剧英雄仍然处在伦理的范围之内。他容许关于合乎伦理事物的表达在关于合乎伦理事物的更高表达中有其目的。他用一种感情来衡量父子或父女的伦理关系，这种感情在其与道德观的关系中有其辩证法（Dialektik）。这里，毫无疑问存在着一种对伦理本身的目的论上的悬疑。

　　亚伯拉罕的情况颇为不同。通过他的行动，他超越了整个伦理的范围，并在它之外拥有更高的目的，而且由于这一目的他对合伦理的事物进行了怀疑。我确确实实想知道亚伯拉罕的行为是如何与普遍性相关的，我确确实实想知道除了亚伯拉罕逾越普遍性之外，我们是否在亚伯拉罕的所作所为与普遍性之间还能找到任何接触点。亚伯拉罕的所作所为不是为了拯救一个民族，不是为了抬高国家的观念，也不是为了安抚上帝。假如神灵的愤怒是个问题，那么神灵也只是对亚伯拉罕感到愤怒，亚伯拉罕的行为与普遍性完全无关，而纯粹是一种私人事务。因此，悲剧英雄因他的道德德行而伟大,亚伯拉罕则纯然因他个人的德行而伟大。在亚伯拉罕的生活中,除了父亲应该爱儿子之外,再不会有更高的对合乎伦理的事物的表达了。道德意义上的合乎伦理性在这里完全无关紧要,因为,只要普遍性一出现,那深藏在以撒内心之中的话就会通过以撒的嘴吼叫出来:不要这样,你在毁灭一切。

那么,亚伯拉罕到底为什么要这样做呢?为上帝,也为他自己,二者是完全同一的。他为上帝而这样做,是因为上帝要求这一关于他的信仰的证据;我为他自己而这样做,是因为他能证明这一点。二者的统一体已经完全正确地表达在用来描述这一关系的语词之中了。它是一场考验、一种诱惑。一种诱惑——但这是什么意思呢?作为一项规则,诱惑一个人就是使人不去履行职责,但在这里,进行诱惑的是伦理本身;它想使亚伯拉罕不去执行上帝的意志。然而,什么是职责?职责简直就是上帝意志的表现。

在这里,为理解亚伯拉罕而设立一种新范畴的必要性开始显现。异教徒不知道这样一种对神圣物的关系。悲剧英雄进入不了与神圣物的任何私人关系,但伦理的即是神圣的,因此此处的悖论可以在普遍性得到调解。

亚伯拉罕则是无可调解的;换言之,他无法言说(tale)。只要我言说,我就是在表达普遍事物,而如果我不言说,人们又不能够理解我。同样,只要亚伯拉罕想要在普遍事物中表达自身,他就必须宣称他的处境是一种精神考验,因为他没有更高的关于普遍事物的表达,而这种更高表达处于他所冒犯的普遍事物之上。

因此,尽管亚伯拉罕引起了我的景仰,可他同时也使我毛骨悚然。通常因责任而否定自身、牺牲自身的人是会放弃有限以便获得无限的,而这可以得到充分的保证。悲剧英雄也常为了更加确定的东西而放弃确定的东西,旁人甚至会充满信心地看待他。但是,那放弃普遍的东西以获得某种更高的、却无普遍性的东西的人,到底在做什么?那有可能不是一场精神考验吗?如果可能,而那个个人又犯了错误,那么,他会得到什么样的拯救呢?他经受着一切悲剧英雄所经受的痛苦,他粉碎了他在世上的一切欢乐,他放弃了一切,与此同时他还把自己隔绝在崇高的欢乐之外,而这种欢乐又是如此地珍贵,以至于他乐于出任何价钱来购买它。旁人根本不可能理解他,甚至也不可能充满信心地看待它。或许,由于其之不可想象,信仰者的意图是根本不可能实现的。或许,就算信仰者的意图是可以付诸实行的，但那个个人却误解了神灵，那么，他会得到什么样的拯救呢？悲剧英雄需要并要求眼泪；可是，那艳羡的眼睛是在哪里变得如此干枯，以至于不能为阿伽门农哭泣呢？那怯懦的灵魂又是在哪里迷失路途，以至于敢于为亚伯拉罕哭泣呢？悲剧英雄在时间中的一个特殊时刻完成了他的任务，可随着时间的消逝；他的所作所为的意义并未稍有减低：他访问那个陷于痛苦之中的人，那人长叹短吁，心情沉重得泪流不止。他出现在那人面前，结束了他的痛苦，松开了他的束缚，唤起了他的热泪，后者被悲剧英雄的痛苦感动得忘记了自己的痛苦。然而，有谁会为亚伯拉罕哭泣呢？人们看待他总带着一种恐怖的家教情绪，就像以色列人看待西乃山一样。①人们会想，也许他并非一个安全跨越深渊的梦游者，他人只配在山下仰望，在不安中动摇，甚至于不敢呼叫他，也许他独自爬上雄踞奥立士（Aulis）平原的高耸入云的摩利亚山是一个错误，也许他本人就是一个神经错乱者——谢谢！再谢谢！谢谢那为痛苦所压倒、因而裸露着留在后面的人，他触及到了可用来掩藏他的悲伤的语词、语言的丛林。也谢谢伟大的莎士比亚，你无所不能言，无所不能按其本来面目进行表达——可是，为什么你从未表现过这一痛苦？也许你将它留给了你自己，就像情人的名字不能外传一样；而带着这样一个不宜泄露的小秘密，诗人就可买下语词的力量去讲述他人的秘密。诗人不是使徒，他只能依靠魔鬼的力量去驱赶魔鬼。

　　但要是合乎伦理的东西在目的论上受到如此这般的怀疑，那么，使合乎伦理的东西在其身上受到怀疑的个人又是如何存在的呢？他是作为与普遍性相对的个体而存在的。他有罪吗？从道理上讲，这就是罪的形式。同理，尽管孩子并无罪过，因为他并没有意识到存在会是如此这般，但从道理上讲，他的存在仍然是有罪的——伦理学自始至终都在重申这一点。如果人们否认这种形式可以以不是罪的方式不断重复，这样的判断也就适用于亚伯拉罕。那么，亚伯拉罕又是怎样存在的呢？他依靠的是信仰。这就是个悖论。由于这一悖论他停留在了那个山顶，而又无法向他人解释这一

---

① 参见《圣经·旧约》"出埃及记"第19章，摩西率以色列人离开埃及后，来到西乃山下的旷野扎营。为了让以色列人永远尊奉耶和华为唯一的神，耶和华在雷电、火光中降临西乃山，并召摩西一人上山面授十诫。众以色列人在山下观望，无不震吓颤抖。

悖论。这个悖论就在于,他作为个体将自己置于了与绝对物的绝对关系之中。但是,他为自己辩护了吗?他的辩护也是一个悖论,因为,如果他为自己进行辩护,那也不是依靠他成为某种普遍的东西,而是依靠他成为个体性的东西。

然而,这个个人如何宽慰自己,说自己是合法的呢?要把一切存在都拉到与国家观念和社会观念相称的水平上一点也不困难。如果那样做,要进行调解也很容易;因为人们就不会碰到那个悖论,即作为个体的个人比普遍的事物更高。关于这一点我还可以用一个毕达哥拉斯的命题来作象征性的表示,即奇数比偶数更完满。或许在那些日子里会出现某种对那个悖论的反应,如:人根据结果来对之进行判断。但是,请注意,他就是一个人无法理解的悖论,是一个冒犯了他的时代的英雄,他会对他的同代人大声吼道:结果正好证明我得到了辩护。这种吼声在我们的时代罕有人听到,因为它不会产生英雄,这是它的缺点;它的优点是可以产生一点小丑。当人们在我们的时代听到这些话,根据结果来进行判断,人们立即就会知道人们是在荣幸地与谁谈话。用这种方式说话的人是一个巨大的种类,关于他们,我将在副教授的通名下来予以说明。带着一种安全感,他们生活在他们的思想中:他们有终生的职位,有一种在组织良好的国家中的可靠前途。他们与生存的巨大变动隔着千百年的距离;他们也不担心生存的巨大变动会重新出现,否则,警察和报刊说什么来着?他们生活的任务即是判断伟人,根据结果来判断伟人。他们的对待伟大的行为暴露出他们那自大与自卑的奇妙混合;说他们自大,是因为他们感觉到自己是被召唤来通过判断;说他们自卑,是因为他们感觉到自己的生活与伟人并无类似之处。任何稍具高贵品质的人都决不会变得冷漠异常或热情得让人腻味。如果他探讨伟大,他绝不会想不到:自从世界被创造以来,结果向来就是最后来到,而人真正要想从伟大的事物中学到什么,就必须意识到那开端。那即将开始行动的人欲要根据结果来判断自身,就不会有什么开始。尽管其结果将使整个世界欢呼雀跃,它却无助于英雄。英雄在整个事情结束之前是不会知道结果的,他不是靠结果而是靠开端成为英雄的。

进而言之,在其辩证法中,那个结果(就它是有限物对无限性问题的回应而言)与英雄的存在连在一起是不恰当的。否则,亚伯拉罕之令人惊奇地重新得到以撒不是足以证明他有理由将作为单个个体的他自己与普遍性连在一起吗？要是亚伯拉罕实际上真的祭献了以撒，难道他那样做的合理性就会因此而减少吗？

我们对结果感到好奇，正如我们对一本书感到好奇一样。我们对不安、灾难和悖论一无所知。我们对结果进行一种美学意义上的调情。它的来临既不可预测，又虚无缥缈，就像玩彩票一样。而即便是被缚住的教堂盗劫犯也不比以这样的方式来盗劫神圣的犯人更加卑劣，甚至那为了30块银币而出卖其主的犹大也不比以这样的方式去贩卖伟大的人更加可鄙。

以下这些事情与我的性情相违，即：无人道地谈论伟大，使伟大变成遥远的模糊的目标，或者让伟大成为与人无关的东西（而与人无关就不成其为伟大）。使我们成为伟大的东西是我之所作所为，而非碰巧在我身上发生了什么；同时，显然不会有人认为中彩会使人变得伟大。一个人可能会出生低下，但我仍然要求他不要不人道地对待自己，以至于只是远远地想象国王的城堡，模糊地憧憬它的伟大，并在抬高它的同时又毁灭它，因为他对它的抬高是如此地粗俗。我还要要求他充满信心地活着，充满尊严地活着。他决不能如此蛮横，以至于无礼地闯入王宫破坏一切。他应该在轻松地、从容地观看每一种合适的标价的过程中找到自己的欢乐，这会使他造就一副自由的心灵。当然，这只是一种比喻，其区别是精神距离的一种表现，而且只是一种不完满的表现。我更要求每个人都不要如此不人道地看待自己，以至于不敢进入那些供人们纪念的人所居住的，或者甚至是他自己所居住的殿堂。他不要鲁莽地进入它们并将自己的私货偷塞给它们。他要为每次在它们面前鞠躬而感到愉快；他应该满怀信心，精神轻松，并永远强似一个打杂女工；如果他不想那样，他就不得而入。对他有所帮助的东西是磨炼出伟大的不安和灾难。不然的话，如果他还有任何骨气，它们就只能引起他某种羡慕。任何只是在一定距离之外才会成为伟大的事物，任何某人只想使用空洞的言词来使之伟大的东西，都会毁在其人自己手中。

在这个世界上，谁像那位备受崇敬的妇女，上帝之母——处女玛丽亚一样伟大呢？而且我们如何才能够谈论她呢？她之备受推崇并不会使她变得伟大。如果能够像讲演者一样非人道地思考对于听众还不够奇特古怪的话，那么，每一位年轻姑娘都会问：我为什么会如此受到推崇呢？此外，如果我别无其他可说，我也不会将此问题视为愚蠢的问题，因为抽象地看，人人都有资格像他人一样受到崇敬。现在让我们把灾难、不安和悖论搁置一边。我的思想和任何人一样纯粹。能够以这种方式来思考的人肯定思想纯粹；如果不是这样，他就能够接受某种恐怖的东西，因为一旦经验到这些形象，人就不能再摆脱它们；如果人反对它们，它们就会静悄悄地进行可怕的报复，而这是比 10 个凶狠批评家的噪叫还要可怕的。诚然，玛丽亚生下那孩子令人惊奇，但她的生产是在"妇女方式之后"，而这样一个时间是不安、痛苦和矛盾的时间。诚然，那安琪儿是一个传递信息的精灵，但她并不是一个爱管闲事的精灵，走到以色列其他少女面前，说道：不要嘲笑玛丽亚，非凡的事情正在她身上发生。那安琪儿只是走向玛丽亚，而且无人能够理解她。有哪个妇女像玛丽亚那样遭到过侵犯呢？在同一瞬间，上帝庇佑之，他却诅咒之，这难道不是真的吗？这就是那精灵对玛丽亚的看法。玛丽亚决非衣着华丽、安逸闲散地与神子玩耍的女人；对我而言，那样说是大逆不道的。然而，当她不顾一切，说道，注意，是我一手造就了主，她是伟大的，我相信要解释为什么她成了上帝之母是不困难的。她需要世俗的崇敬，这有点像亚伯拉罕需要眼泪，因为她并非巾帼英雄，而他也不是须眉丈夫；但他们两人都比别人变得更加伟大，这不是靠免除了灾难、痛苦和矛盾，而恰恰是因为有了它们的缘故。

伟哉，当诗人为他的悲剧英雄争取公众的景仰而斗胆说出下面的话时，为他哭泣吧，他配得上这个。伟哉，配得上那配流眼泪的人的眼泪。伟哉，诗人敢于限制人们，敢于训练人们去分别检查自己，以决定他们自己是否值得为英雄而哭泣，因为好哭者不值钱的泪水着实是对英雄的贬损。不过，更为伟大的是那信仰的骑士，他敢于对高尚的、想为他一洒热泪的人说：不要为我哭泣，要为你自己哭泣。

我们在这里接触到的，我们在这里回顾的，是那些美丽的时代。充满柔情蜜意的渴想将我们引领到我们所愿望的目标之前，我们看到基督在希望之乡漫步。我们于是忘记了不安、灾难和悖论。可是，不要出错是小事一桩吗？在人群中漫游的此人就是上帝，这还不可怕吗？坐下来与他共进午餐难道不恐怖吗？成为一位使徒不是很容易吗？等等。其结果是，18 个世纪助长了一种可鄙的欺骗，我们因此而自欺欺人。我不认为我足够勇敢，以至于愿意因那样的事件而成为一个当代人，但我也不会因此而严词责备那些犯了错误的人，更不会去贬低那些知道什么是正确的人。

还是让我回到亚伯拉罕。在结果出来之前的那段时间里，要么亚伯拉罕每分每秒都是一个凶犯，要么我们面对一个悖论：那比一切调和的等级都更高。

由此可见，亚伯拉罕的故事包含着一种在神学上对伦理的怀疑。作为个体，他比普遍性的东西更高。这是一个悖论，它无法进行调和。他何以进入这一悖论与他何以停留在这一悖论之中一样令人费解。假如亚伯拉罕的情况并非如此，那么他甚至就不是一个悲剧英雄，而是一个凶犯。将他称为信仰之父是不可思议的，而要与只是对言词有兴趣的人谈论这一点也是不可思议的。一个人可以凭他自己的力量成为悲剧英雄，却不能成为信仰的骑士。当一个人走上了悲剧英雄那艰难曲折的道路，这里会有许多人可以给他忠告；可是对于走上了信仰的羊肠小道的人，却无人能够给予忠告，因为无人理解他。信仰是令人惊奇之事，无人能逸出其外；因为，将人类一切生活统为一体的是激情，而信仰就是激情。

[导读]

《恐惧与颤栗》的"亚伯拉罕颂"开篇就从四个角度细致地描述了亚伯拉罕献祭以撒的故事，并发出感叹"亚伯拉罕的伟大无人堪与比拟，那么有谁可以理解他呢?"①人人称颂亚伯拉罕，但有人知道所称颂的究竟是什么呢？这也是整本书开篇需要回答的问题——如何理解亚伯拉罕的举动？从伦理的角度看，这是一次毫无人性的谋杀。为了对神表示虔诚，而向自己的儿子举刀，这无疑是有违人伦的。从信仰的角度看，这是亚伯拉罕对神的超越了普遍性的伦理层次的信仰。

克尔凯郭尔发出疑问：亚伯拉罕的伟大无人堪与比拟，那么有谁可以理解他呢？答案是无人可以理解。假设有人想要模仿亚伯拉罕的伟大，那么他首先就要认识亚伯拉罕的伟大之处。应该如何理解呢？同一个事件从伦理的角度而言，就是谋杀；而从信仰的角度而言，就是献祭。通常世俗之人会对此有两种理解：第一种理解是亚伯拉罕杀死自己的儿子。第二种理解是亚伯拉罕献上自己最喜爱的事物。哪个是正确的呢？克尔凯郭尔认

---

① 〔丹麦〕克尔凯郭尔：《恐惧与颤栗》，刘继译，陈维正校，贵州人民出版社，1994，"绪"第5～6页。

为这两个理解都不对,原因是信仰的伟大无法通过理性普遍性来把握,用理性来把握信仰是一种懒惰,是企图不劳而获。如果人们采取第一种理解,那么显然就会出现一大群谋杀犯。如果人们采取第二种理解,亚伯拉罕献祭的是"自己最喜爱的事物",那么人们只需献祭出自己最喜爱的事物,就可以变得和亚伯拉罕一样伟大了。这显然也是错误的。所以,正确的理解是亚伯拉罕献祭的是他唯一的孩子"以撒"①,而非"自己最喜爱的事物"。因为信仰是属于个人的,是隐秘的,无法公开的;也是需要个人通过孤独、恐惧和颤栗的不安情绪来推动的。这些都是无法假手他人的,无法从他人的经验累积或者理性规律中习得的个人体验,因此,克尔凯郭尔认为信仰的法则是"真正的情形是唯劳作者才得食,唯不安(Angest)者才得安宁"②。

在《恐惧与颤栗》中,克尔凯郭尔还对比了阿伽门农的献祭和亚伯拉罕的献祭,他把阿伽门农称为悲剧的英雄,而把亚伯拉罕比作信仰的骑士,认为信仰的骑士高于悲剧的英雄③。悲剧的英雄能得到普遍性的伦理认同,但信仰的骑士却只能陷入沉默的孤独。因为一旦得到伦理的辩护,亚伯拉罕就不再是亚伯拉罕,而成为阿伽门农。阿伽门农献祭女儿是为了征战的胜利,甚至可以说是为了一个更具伦理高度的目的而"牺牲小我,成全大我"。所以,阿伽门农的献祭仍然可以在世俗伦理中得到普遍性的理解。而且阿伽门农还拥有主观言说的自由,也处于客观必然言说的境地,因为伦理范畴本身就要求着言说,言说意味着公开性。亚伯拉罕是沉默无语的,即使言说也无人能懂。其行为既不是美学的,也不符合伦理学标准,而是信仰的,其目的是隐蔽的。由此,克尔凯郭尔认为信仰是个体性的,宗教真理也是个体性的,是隐蔽的。而伦理是普遍性的,伦理原则也是普遍性的,是公开的。

克尔凯郭尔认为,真正的纯粹的信仰由一种"双重运动"组成,即"无限弃绝的行为"和"信仰的跳跃"。当亚伯拉罕(信仰的骑士)进行无限弃绝的行为时,他同时也放弃了社会伦理责任和义务。无限弃绝的行为

---

① 以撒是亚伯拉罕和撒拉所生的唯一的孩子,亚伯拉罕和妾室夏甲还有另一个孩子以实玛利。
② 〔丹麦〕克尔凯郭尔:《恐惧与颤栗》,刘继译,陈维正校,贵州人民出版社,1994,第3页。
③ 克尔凯郭尔在《人生道路诸阶段》中认为宗教(信仰)生活高于伦理生活和审美生活。

是一种纯粹的个人行为，是无法纳入普遍性的伦理准则的。所以，这样的行为无法在社会环境中得到证明和理解。亚伯拉罕的献祭行为并不具有普遍性的意义，因为通过他的无限弃绝的行为，他已经超越了普遍性的伦理生活。当亚伯拉罕实施无限弃绝的运动的瞬间，他也进行了信仰的跳跃。在克尔凯郭尔看来，信仰是非理性的，是荒谬的。信仰与理性是不可通约的两个世界，人的理性只能在伦理生活中畅通无阻，但不能进入宗教世界。宗教和理性是两个完全不同的东西，所谓"让上帝的归上帝，让凯撒的归凯撒"。所以个人是无法借由理性的普遍性而从伦理生活进入宗教生活的；要获得真正的信仰，需要个人与理性做彻底的断绝，实现非理性的跳跃。由此，克尔凯郭尔指出信仰的悖论就在于个体性比普遍性更高。

我们参照其他西方哲学家对信仰的理解，就可以发现克尔凯郭尔被称为"存在主义先驱"的原因。首先，我们来看《欧绪弗洛篇》里苏格拉底所追寻的问题：什么是对神的虔敬？苏格拉底希望能找到虔敬的本质，也就是"一类完美的型，它使不虔敬的事物成为不虔敬的，使虔敬的事物成为虔敬的"①。再来看西方近代哲学中对信仰的两种完全不同的解释。休谟认为人类最初的信仰并不是源于对自然的沉思而是源自人类心灵发展出来的希望和恐惧、未知的原因以及想象。在《宗教的自然史》中休谟这样解释信仰，"于是，这些未知的原因就成了我们不断产生希望和恐惧的对象，而对各种事件的焦急期待，又使这些激情陷于恒久的警觉之中，我们的想象，也同样被用来构成关于那些我们所完全依赖的力量的观念"②。黑格尔则认为信仰是纯粹精神性的，是永恒的。在《宗教哲学》中黑格尔以"绝对精神的确证"来界定人与神之间的关系，"在崇拜中，神处于一方，'我'处于另一方；崇拜的作用在于：促使我与神自身相合，知自身在神中犹如在其真中，并知神在自身中，——这也就是具体的统一。……崇拜乃是绝对精神对其社团来说之确证"③。在黑格尔看来，宗教不是一种外在的异在之物，而是人的内在精神，人离不开神；神也需要人来展示自己。真正的宗教是人绝对精神的体现。

① 〔古希腊〕柏拉图：《柏拉图全集》第 1 卷，王晓朝译，人民出版社，2002，第 239 页。
② 〔英〕休谟：《宗教的自然史》，徐晓宏译，上海人民出版社，2003，"编者导言"第 11 页。
③ 〔德〕黑格尔：《宗教哲学》上，魏庆征译，中国社会出版社，1999，第 171～172 页。

虽然苏格拉底、休谟、黑格尔对信仰的理解各不相同，但是他们对于信仰的把握方式却是共同的，是本质主义的，他们追求的是本质——形式因——是其所是。但存在主义认为本质不是预先就有的，预先就有的是存在。在存在主义者看来，本质概念无疑是对人的自由的剥夺，使得人无法选择自己的本质，无法选择成为其自身。存在主义哲学的著名口号是"存在先于本质"，萨特认为人是自由的、不受约束的，人的本质由自己决定创造，并承担责任。在存在主义者看来，本质概念恰恰掩盖了人的真实存在。克尔凯郭尔认为人的存在不是众人的存在，而是个人的存在（The Individual）。克尔凯郭尔的信仰观是超越普遍性的，信仰是超越伦理世俗层次的，强调个体直接面对上帝，个体比普遍性更高。克尔凯郭尔对于信仰的理解也是存在先于本质的，这是他被视为"存在主义先驱"的原因，也是他晚年公开反对丹麦国家教会到生命最后一刻的原因。因为在克尔凯郭尔看来，当时丹麦国家教会的一些教规和习俗，比如婴儿受洗，不过是在一个人进行自主选择之前就已经决定了他的信徒身份，而这样的人并不算得上是真正的信徒。真正的信徒应当是如他在书中所述的，怀着恐惧与颤栗，同时带着激情，沉默地踏上远离众人之路。

克尔凯郭尔的信仰观不仅是宗教哲学领域的重要议题，也对现代伦理学的发展，尤其是对美德伦理学的兴起有着重要意义。著名现代伦理学家阿拉斯代尔·麦金太尔将克尔凯郭尔的另一本著作《非此即彼》看作"启蒙运动为发现道德合理性证明所作系统努力的直接结果和墓志铭"①。麦金太尔认为克尔凯郭尔继承了康德的道德概念，但是又有了新的认识：对道德进行合理证明的运动已经失败。而康德的失败为克尔凯郭尔提供了出发点，即必须以选择来完成理性不能完成的工作②。在克尔凯郭尔的思想体系中，伦理生活是独立于我们的态度、偏爱和感情。人的应然生活与人的感受、情感无关。那么伦理生活的权威性从何而来呢？我们需要为这种权威性找到合理的理由。在克尔凯郭尔的时代，伦理的权威性理由就是诉诸宗教的权威。但在克尔凯郭尔看来，伦理生活与宗教生活之间是断裂的，人从世俗伦理进入纯粹信仰的世界，需要进行无限弃绝的行为和信仰的跳

---

① 〔美〕麦金太尔：《德性之后》，龚群等译，中国社会科学出版社，1995，第52页。
② 〔美〕麦金太尔：《德性之后》，龚群等译，中国社会科学出版社，1995，第61页。

跃，因此这种理由与权威之间的连接被破坏了。因此，麦金太尔认为克尔凯郭尔所主张的"伦理生活与宗教生活的断裂"恰恰揭示了"权威观念与理由观念并不像我的论述所揭示的那样内在地关联着，而是事实上相互排斥的"①。在世俗理性世界中，宗教权威无法为道德提供合理证明；人类社会文化传统也无法为道德提供一种共同的公开合理证明。

［参考文献］

1.〔丹麦〕克尔凯郭尔：《恐惧与颤栗》，刘继译，陈维正校，贵州人民出版社，1994。

2.〔美〕麦金太尔：《德性之后》，龚群等译，中国社会科学出版社，1995。

3. 俞吾金：《向主观世界回归——克尔凯郭尔哲学思想述要》，《上海财经大学学报》2009 年第 1 期。

4. 邓晓芒：《信仰三题：概念、历史和现实》，《马克思主义与现实》2015 年第 4 期。

5. 王平：《克尔凯戈尔论信仰的跳跃》，《徐州工程学院学报》（社会科学版）2017 年第 2 期。

6. 张庆熊：《面向上帝的个体生存之路——克尔凯郭尔思想解读》，《云南大学学报》（社会科学版）2017 年第 1 期。

---

① 〔美〕麦金太尔：《德性之后》，龚群等译，中国社会科学出版社，1995，第 65 页。

马克思:《1844 年经济学哲学手稿》

[作者及作品简介]

卡尔·马克思(Karl Marx)1818 年 5 月 5 日出生于普鲁士特利尔城的一个犹太人家庭。父亲亨利希·马克思是一名律师,敬仰 18 世纪启蒙思想和理性主义,喜爱文学和哲学,于 1816 年改信基督教新教。卡尔·马克思在青少年时代深受其未来岳父——路德维希·冯·威斯特华伦——一位颇有教养的普鲁士官员的影响。马克思对空想社会主义的最初接触、对古典文学的热爱和对知识的自信都与此人有关。

1835 年 10 月,马克思进入波恩大学学习,一年后转入柏林大学。他所学的专业是法律,但他把哲学和历史研究放在首位。1841 年,马克思凭借《德谟克利特的自然哲学和伊壁鸠鲁的自然哲学的差别》获得耶拿大学博士学位。从柏林大学毕业后,马克思本想回波恩大学当一名哲学教师,但由于当时各个大学都相继解聘进步学者,他不得不放弃在大学任教的打算。1842 年,马克思开始为《莱茵报》撰稿,当年 10 月,成为该报主编。《莱茵报》因激进的思想倾向而深受资产阶级欢迎,却引起普鲁士当局不满。当局计划从 1843 年 4 月 1 日起封闭该报。马克思为此在 3 月 18 日声明退出该报编辑部,但没能挽救《莱茵报》。

1843 年 10 月,新婚的马克思和妻子迁居巴黎,并在这里会见了弗里德里希·冯·恩格斯,开始了两人终身的深厚友谊。马克思从迁居巴黎开始，就不断被各个资产阶级政府驱逐，直到 1849 年 8 月，才得以在英国定居下来，并和家人在那里度过余生。1883 年，马克思与世长辞。此时，他和他的作品已经蜚声世界。

马克思生活的时代，正是工业资本主义迅猛发展的时代。工业革命在经济方面的无情，诸如工人阶级所遭受的剥削，深深触动了马克思；阶级冲突导致社会变革的历史观，也深深影响着他。马克思和他的终身伙伴——恩格斯通过研究得出结论：社会的剧烈变革是不可避免的也是正当的。马克思的哲学从总体上说，包含着伦理学因素，但并没有自觉地形成伦理学体系。在马克思的伦理学思想中，异化劳动理论是非常重要的方面。马克思一直反对纯粹思辨的批判，而密切关注现实的人的现实生活，其《1844 年经济学哲学手稿》中关于异化劳动的细致剖析就充分体现了他从伦理关系角度看到资本主义制度下劳动异化之事实的深入研究。

《1844 年经济学哲学手稿》是马克思旅居巴黎时在 1844 年 5 月到 8 月为《政治和国民经济学批判》一书而写的草稿，共包括三个手稿，即三个笔记，其中有一部分已经散失。这部手稿在马克思生前未能发表。1927年，苏联出版的《马克思恩格斯文库》第三卷附录中以摘要形式发表了手稿中的《第三手稿》即笔记Ⅲ。1931 年 1 月，德国社会民主党的月刊《红色评论》上，迈尔（J. P. Mayer）发表了一则题为《关于马克思的一部未发表的著作》的简短报道，称"发现了马克思的一部早期著作"，即《1844 年经济学哲学手稿》。1932 年，全部手稿以《1844 年经济学哲学手稿。政治经济学批判。附论黑格尔哲学的最后一章》为题公开发表在《马克思恩格斯全集》历史考据版第一部分第三卷。1954 年，位于莫斯科的马克思恩格斯列宁研究院对 1932 年的版本进行了核对，做了重要修改，并对某些标题进行重新审定或改写，增加了注释，于 1956 年发表在俄文版《马克思恩格斯全集》中。这一版本是目前较为完善的版本。

本文节选自《马克思恩格斯文集》第 1 卷（人民出版社 2009 年版）中的《1844 年经济学哲学手稿》"［笔记本Ⅰ］"和"［笔记本Ⅲ］"部分。

[节选]

[异化劳动和私有财产] ①

[XXII]　我们是从国民经济学的各个前提出发的。我们采用了它的语言和它的规律。我们把私有财产，把劳动、资本、土地的互相分离，工资、资本利润、地租的互相分离以及分工、竞争、交换价值概念等等当做前提。我们从国民经济学本身出发，用它自己的话指出，工人降低为商品，而且降低为最贱的商品；工人的贫困同他的生产的影响和规模成反比；竞争的必然结果是资本在少数人手中积累起来，也就是垄断的更惊人的恢复；最后，资本家和地租所得者之间、农民和工人之间的区别消失了，而整个社会必然分化为两个阶级，即**有产者**阶级和没有财产的**工人**阶级。

国民经济学从私有财产的事实出发。它没有给我们说明这个事实。它把私有财产在现实中所经历的**物质**过程，放进一般的、抽象的公式，然后把这些公式当做**规律**。它不**理解**这些规律，就是说，它没有指明这些规律是怎样从私有财产的本质中产生出来的。国民经济学没有向我们说明劳动和资本分离以及资本和土地分离的原因。例如，当它确定工资和资本利润之间的关系时，它把资本家的利益当做最终原因；就是说，它把应当加以阐明的东西当做前提。同样，竞争到处出现，对此它则用外部情况来说明。至于这种似乎偶然的外部情况在多大程度上仅仅是一种必然的发展过程的表现，国民经济学根本没有向我们讲明。我们已经看到，交换本身在它看来是偶然的事实。**贪欲**以及**贪欲者之间的战争即竞争**，是国民经济学家所推动的仅有的车轮。②

正因为国民经济学不理解运动的联系，所以才把例如竞争的学说同垄断的学说，营业自由的学说同同业公会的学说，地产分割的学说同大地产

---

①　节选自《马克思恩格斯文集》第 1 卷，人民出版社，2009，第 155～166 页。节选部分脚注同样出自此书。
②　手稿中这段话下面删去一句话："我们现在必须回顾上述财产的**物质**运动的本质。"——编者注

的学说重新对立起来。因为竞争、营业自由、地产分割仅仅被阐述和理解为垄断、同业公会和封建所有制的偶然的、蓄意的、强制的结果，而不是必然的、不可避免的、自然的结果。

因此，我们现在必须弄清楚私有制、贪欲以及劳动、资本、地产三者的分离之间，交换和竞争之间、人的价值和人的贬值之间、垄断和竞争等等之间以及这全部异化和**货币**制度之间的本质联系。

我们不要像国民经济学家那样，当他想说明什么的时候，总是置身于一种虚构的原始状态。这样的原始状态什么问题也说明不了。国民经济学家只是使问题堕入五里雾中。他把应当加以推论的东西即两个事物之间的例如分工和交换之间的必然关系，假定为事实、事件。神学家也是这样用原罪来说明恶的起源，就是说，他把他应当加以说明的东西假定为一种具有历史形式的事实。

我们且从**当前的**经济事实出发。

工人生产的财富越多，他的生产的影响和规模越大，他就越贫穷。工人创造的商品越多，他就越变成廉价的商品。物的世界的**增值**同人的世界的**贬值**成正比。劳动生产的不仅是商品，它还生产作为**商品**的劳动自身和工人，而且是按它一般生产商品的比例生产的。

这一事实无非是表明：劳动所生产的对象，即劳动的产品，作为一种**异己的存在物**，作为**不依赖于**生产者的**力量**，同劳动相对立。劳动的产品是固定在某个对象中的、物化的劳动，这就是劳动的**对象化**。劳动的现实化就是劳动的对象化。在国民经济的实际状况中，劳动的这种现实化表现为工人的**非现实化**，对象化表现为**对象的丧失**和**被对象奴役**，占有表现为**异化、外化**。

劳动的现实化竟如此表现为非现实化，以致工人非现实化到饿死的地步。对象化竟如此表现为对象的丧失，以致工人被剥夺了最必要的对象——不仅是生活的必要对象，而且是劳动的必要对象。甚至连劳动本身也成为工人只有通过最大的努力和极不规则的间歇才能加以占有的对象。对对象的占有竟如此表现为异化，以致工人生产的对象越多，他能够占有的对象就越少，而且越受自己的产品即资本的统治。

这一切后果包含在这样一个规定中：工人对**自己的劳动的产品**的关系就是对一个**异己的对象**的关系。因为根据这个前提，很明显，工人在劳动中耗费的力量越多,他亲手创造出来反对自身的、异己的对象世界的力量就越强大,他本身、他的内部世界就越贫乏,归他所有的东西就越少。宗教方面的情况也是如此。人奉献给上帝的越多,他留给自身的就越少。工人把自己的生命投入对象;但现在这个生命已不再属于他而属于对象了。因此,这种活动越多,工人就越丧失对象。凡是成为他的劳动的产品的东西,就不再是他自身的东西。因此,这个产品越多,他自身的东西就越少。工人在他的产品中的**外化**,不仅意味着他的劳动成为对象,成为**外部的**存在,而且意味着他的劳动作为一种与他相异的东西不依赖于他而**在他之外**存在,并成为同他对立的独立力量;意味着他给予对象的生命是作为敌对的和相异的东西同他相对立。

[XXIII] 现在让我们来更详细地考察一下**对象化**,即工人的生产,以及对象即工人的产品在对象化中的**异化**、**丧失**。

没有**自然界**,没有**感性的外部世界**,工人什么也不能创造。自然界是工人的劳动得以实现、工人的劳动在其中活动、工人的劳动从中生产出和借以生产出自己的产品的材料。

但是,自然界一方面在这样的意义上给劳动提供**生活资料**,即没有劳动加工的对象,劳动就不能**存在**,另一方面,也在更狭隘的意义上提供**生活资料**,即维持工人本身的肉体生存的手段。

因此,工人越是通过自己的劳动**占有**外部世界、感性自然界,他就越是在两个方面失去**生活资料**:第一,感性的外部世界越来越不成为属于他的劳动的对象,不成为他的劳动的**生活资料**;第二,感性的外部世界越来越不给他提供直接意义的**生活资料**,即维持工人的肉体生存的手段。

因此,工人在这两方面成为自己的对象的奴隶:首先,他得到**劳动的对象**,也就是得到**工作**;其次,他得到**生存资料**。因此,他首先是作为**工人**,其次是作为**肉体的主体**,才能够生存。这种奴隶状态的顶点就是:他只有作为**工人**才能维持自己作为**肉体的主体**,并且只有作为**肉体的主体**才能是工人。

(按照国民经济学的规律,工人在他的对象中的异化表现在:工人生产得越多,他能够消费的越少;他创造的价值越多,他自己越没有价值、越低贱;工人的产品越完美,工人自己越畸形;工人创造的对象越文明,工人自己越野蛮;劳动越有力量,工人越无力;劳动越机巧,工人越愚笨，越成为自然界的奴隶。)

国民经济学由于不考察工人（劳动）同产品的直接关系而掩盖劳动本质的异化。当然，劳动为富人生产了奇迹般的东西，但是为工人生产了赤贫。劳动生产了宫殿，但是给工人生产了棚舍。劳动生产了美，但是使工人变成畸形。劳动用机器代替了手工劳动，但是使一部分工人回到野蛮的劳动，并使另一部分工人变成机器。劳动生产了智慧，但是给工人生产了愚钝和痴呆。

劳动对它的产品的直接关系，是工人对他的生产的对象的关系。有产者对生产对象和生产本身的关系，不过是这前一种关系的**结果**，而且证实了这一点。对问题的这另一个方面我们将在后面加以考察。因此，当我们问劳动的本质关系是什么的时候，我们问的是**工人**对生产的关系。

以上我们只是从一个方面，就是从工人**对他的劳动产品的关系**这个方面，考察了工人的异化、外化。但是，异化不仅表现在结果上，而且表现在**生产行为**中，表现在**生产活动**本身中。如果工人不是在生产行为本身中使自身异化，那么工人活动的产品怎么会作为相异的东西同工人对立呢？产品不过是活动、生产的总结。因此，如果劳动的产品是外化，那么生产本身必然是能动的外化，活动的外化，外化的活动。在劳动对象的异化中不过总结了劳动活动本身的异化、外化。

那么，劳动的外化表现在什么地方呢？

首先，劳动对工人来说是**外在的东西**，也就是说，不属于他的本质；因此，他在自己的劳动中不是肯定自己，而是否定自己，不是感到幸福，而是感到不幸，不是自由地发挥自己的体力和智力，而是使自己的肉体受折磨、精神遭摧残。因此，工人只有在劳动之外才感到自在，而在劳动中则感到不自在，他在不劳动时觉得舒畅，而在劳动时就觉得不舒畅。因此，他的劳动不是自愿的劳动，而是被迫的**强制劳动**。因此，这种劳动不是满足一种需要，而只是满足劳动以外的那些需要的一种**手段**。劳动的异己性完全表现在：只要肉体的强制或其他强制一停止，人们就会像逃避瘟疫那样逃避劳动。外在的劳动，人在其中使自己外化的劳动，是一种自我牺牲、自我折磨的劳动。最后，对工人来说，劳动的外在性表现在：这种劳动不是他自己的，而是别人的；劳动不属于他；他在劳动中也不属于他自己，而是属于别人。在宗教中，人的幻想、人的头脑和人的心灵的自主活动对个人发生作用不取决于他个人，就是说，是作为某种异己的活动，神灵的或魔鬼的活动发生作用，同样，工人的活动也不是他的自主活动。他的活动属于别人，这种活动是他自身的丧失。

因此，结果是，人（工人）只有在运用自己的动物机能——吃、喝、生殖，至多还有居住、修饰等等——的时候，才觉得自己在自由活动，而在运用人的机能时，觉得自己只不过是动物。动物的东西成为人的东西，而人的东西成为动物的东西。

吃、喝、生殖等等，固然也是真正的人的机能。但是，如果加以抽象，使这些机能脱离人的其他活动领域并成为最后的和唯一的终极目的，那它们就是动物的机能。

我们从两个方面考察了实践的人的活动即劳动的异化行为。第一，工人对**劳动产品**这个异己的、统治着他的对象的关系。这种关系同时也是工人对感性的外部世界、对自然对象——异己的与他敌对的世界——的关系。第二，在**劳动**过程中劳动对**生产行为**的关系。这种关系是工人对他自己的活动——一种异己的、不属于他的活动——的关系。在这里，活动是受动；力量是无力；生殖是去势；工人**自己的**体力和智力，他个人的生命——因为，生命如果不是活动，又是什么呢？——是不依赖于他、不属于他、转过来反对他自身的活动。这是**自我异化**，而上面所谈的是**物**的异化。

［XXIV］我们现在还要根据在此以前考察的**异化劳动**的两个规定推出它的第三个规定。

人是类存在物，不仅因为人在实践上和理论上都把类——他自身的类以及其他物的类——当做自己的对象；而且因为——这只是同一种事物的另一种说法——人把自身当做现有的、有生命的类来对待，因为人把自身当做**普遍的**因而也是自由的存在物来对待。

无论是在人那里还是在动物那里，类生活从肉体方面来说就在于人（和动物一样）靠无机界生活，而人和动物相比越有普遍性，人赖以生活的无机界的范围就越广阔。从理论领域来说，植物、动物、石头、空气、光等等，一方面作为自然科学的对象，一方面作为艺术的对象，都是人的意识的一部分，是人的精神的无机界，是人必须事先进行加工以便享用和消化的精神食粮；同样，从实践领域来说，这些东西也是人的生活和人的活动的一部分。人在肉体上只有靠这些自然产品才能生活，不管这些产品是以食物、燃料、衣着的形式还是以住房等等的形式表现出来。在实践上，人的普遍性正是表现为这样的普遍性，它把整个自然界——首先作为人的直接的生活资料，其次作为人的生命活动的对象（材料）① 和工具——变成人的**无机的**身体。自然界，就它自身不是人的身体而言，是人**的无机的身体**。人靠自然界**生活**。这就是说，自然界是人为了不致死亡而必须与之处于持续不断的交互作用过程的、人的**身体**。所谓人的肉体生活和精神生活同自然界相联系，不外是说自然界同自身相联系，因为人是自然界的一部分。

异化劳动，由于（1）使自然界同人相异化，（2）使人本身，使他自己的活动机能，使他的生命活动同人相异化，因此，异化劳动也就使**类**同人相异化；对人来说，异化劳动把**类生活**变成维持个人生活的手段。第一，它使类生活和个人生活异化；第二，它把抽象形式的个人生活变成同样是抽象形式和异化形式的类生活的目的。

因为，首先，劳动这种**生命活动**、这种**生产活动**本身对人来说不过是满足一种需要即维持肉体生存的需要的一种**手段**。而生产生活就是类生活。这是产生生命的生活。一个种的整体特性、种的类特性就在于生命活动的性质，而自由的有意识的活动恰恰就是人的类特性。生活本身仅仅表现为**生活的手段**。

动物和自己的生命活动是直接同一的。动物不把自己同自己的生命活动区别开来。它就是**自己的生命活动**。人则使自己的生命活动本身变成自己意志的和自己意识的对象。他具有有意识的生命活动。这不是人与之直接融为一体的那种规定性。有意识的生命活动把人同动物的生命活动直接区别开来。正是由于这一点，人才是类存在物。或者说，正因为人是类存在物，他才是有意识的存在物，就是说，他自己的生活对他来说是对象。仅仅由于这一点，他的活动才是自由的活动。异化劳动把这种关系颠倒过来，以致人正因为是有意识的存在物，才把自己的生命活动，自己的**本质**变成仅仅维持自己**生存**的手段。

通过实践创造**对象世界**，**改造**无机界，人证明自己是有意识的类存在物，就是说是这样一种存在物，它把类看做自己的本质，或者说把自身看

---

① 手稿中"材料"写在"对象"的上方。——编者注

做类存在物。诚然，动物也生产。动物为自己营造巢穴或住所，如蜜蜂、海狸、蚂蚁等。但是，动物只生产它自己或它的幼仔所直接需要的东西；动物的生产是片面的，而人的生产是全面的；动物只是在直接的肉体需要的支配下生产，而人甚至不受肉体需要的影响也进行生产，并且只有不受这种需要的影响才进行真正的生产；动物只生产自身，而人再生产整个自然界；动物的产品直接属于它的肉体，而人则自由地面对自己的产品。动物只是按照它所属的那个种的尺度和需要来构造，而人却懂得按照任何一个种的尺度来进行生产，并且懂得处处都把固有的尺度运用于对象；因此，人也按照美的规律来构造。

因此，正是在改造对象世界的过程中，人才真正地证明自己是**类存在物**。这种生产是人的能动的类生活。通过这种生产，自然界才表现为**他的**作品和他的现实。因此，劳动的对象是**人的类生活的对象化**：人不仅像在意识中那样在精神上使自己二重化，而且能动地、现实地使自己二重化，从而在他所创造的世界中直观自身。因此，异化劳动从人那里夺去了他的生产的对象，也就从人那里夺去了他的**类生活**，即他的现实的类对象性，把人对动物所具有的优点变成缺点，因为人的无机的身体即自然界被夺走了。

同样，异化劳动把自主活动、自由活动贬低为手段，也就把人的类生活变成维持人的肉体生存的手段。

因此，人具有的关于自己的类的意识，由于异化而改变，以致类生活对他来说竟成了手段。

这样一来，异化劳动导致：

（3）**人的类本质**，无论是自然界，还是人的精神的类能力，都变成了对人来说是**异己的**本质，变成了维持他的**个人生存的手段**。异化劳动使人自己的身体同人相异化，同样也使在他之外的自然界同人相异化，使他的精神本质、他的**人的**本质同人相异化。

（4）人同自己的劳动产品、自己的生命活动、自己的类本质相异化的直接结果就是**人同人相异化**。当人同自身相对立的时候，他也同**他人**相对立。凡是适用于人对自己的劳动、对自己的劳动产品和对自身的关系的东西，也都适用于人对他人、对他人的劳动和劳动对象的关系。

总之，人的类本质同人相异化这一命题，说的是一个人同他人相异化，以及他们中的每个人都同人的本质相异化。

人的异化，一般地说，人对自身的任何关系，只有通过人对他人的关系才得到实现和表现。

因此，在异化劳动的条件下，每个人都按照他自己作为工人所具有的那种尺度和关系来观察他人。

[XXV] 我们的出发点是国民经济事实即工人及其生产的异化。我们表述了这一事实的概念：**异化的、外化的**劳动。我们分析了这一概念，因而我们只是分析了一个国民经济事实。

现在让我们看一看，应该怎样在现实中去说明和表述异化的、外化的劳动这一概念。

如果劳动产品对我来说是异己的，是作为异己的力量面对着我，那么它到底属于谁呢？

如果我自己的活动不属于我，而是一种异己的活动、一种被迫的活动，那么它到底属于谁呢？

属于**另一个**有别于我的存在物。

这个存在物是谁呢？

是**神**吗？确实，起初主要的生产活动，如埃及、印度、墨西哥建造神庙的活动等等，不仅是为供奉神而进行的，而且产品本身也是属于神的。但是，神从来不是劳动的唯一主宰。**自然界**也不是。况且，在人通过自己的劳动使自然界日益受自己支配的情况下，在工业奇迹使神的奇迹日益变得多余的情况下，如果人竟然为讨好这些力量而放弃生产的乐趣和对产品的享受，那岂不是十分矛盾的事情。

劳动和劳动产品所归属的那个**异己的**存在物，劳动为之服务和劳动产品供其享受的那个存在物，只能是人自身。

如果劳动产品不是属于工人，而是作为一种异己的力量同工人相对立，那么这只能是由于产品属于**工人之外的他人**。如果工人的活动对他本身来说是一种痛苦，那么这种活动就必然给他人带来**享受**和生活乐趣。不是神也不是自然界，只有人自身才能成为统治人的异己力量。

还必须注意上面提到的这个命题：人对自身的关系只有通过他对他人的关系，才成为对他来说是**对象性的、现实的**关系。因此，如果人对自己的劳动产品的关系、对对象化劳动的关系，就是对一个**异己的**、敌对的、强有力的、不依赖于他的对象的关系，那么他对这一对象所以发生这种关系就在于有另一个异己的、敌对的、强有力的、不依赖于他的人是这一对象的主宰。如果人把他自己的活动看做一种不自由的活动，那么他是把这种活动看做替他人服务的、受他人支配的、处于他人的强迫和压制之下的活动。

人同自身以及同自然界的任何自我异化，都表现在他使自身、使自然界跟另一些与他不同的人所发生的关系上。因此，宗教的自我异化也必然表现在世俗人对僧侣或者世俗人对耶稣基督——因为这里涉及精神世界——等等的关系上。在实践的、现实的世界中，自我异化只有通过对他人的实践的、现实的关系才能表现出来。异化借以实现的手段本身就是**实践的**。因此，通过异化劳动，人不仅生产出他对作为异己的、敌对的力量的生产对象和生产行为的关系，而且还生产出他人对他的生产和他的产品的关系，以及他对这些他人的关系。正像他把他自己的生产变成自己的非现实化，变成对自己的惩罚一样，正像他丧失掉自己的产品并使它变成不属于他的产品一样，他也生产出不生产的人对生产和产品的支配。正像他使他自己的活动同自身相异化一样，他也使与他相异的人占有非自身的活动。

到目前为止，我们只是从工人方面考察了这一关系；下面我们还要从非工人方面来加以考察。

总之，通过**异化的、外化的劳动**，工人生产出一个同劳动疏远的、站在劳动之外的人对这个劳动的关系。工人对劳动的关系，生产出资本家——或者不管人们给劳动的主宰起个什么别的名字——对这个劳动的关系。

因此，**私有财产**是**外化劳动**即工人对自然界和对自身的外在关系的产物、结果和必然后果。

因此，我们通过分析，从**外化劳动**这一概念，即从**外化的人**、异化劳动、异化的生命、**异化的人**这一概念得出**私有财产**这一概念。

诚然，我们从国民经济学得到作为**私有财产运动**之结果的**外化劳动**（**外化的生命**）这一概念。但是，对这一概念的分析表明，尽管私有财产表现为外化劳动的根据和原因，但确切地说，它是外化劳动的后果，正像**神原先**不是人类理智迷误的原因，而是人类理智迷误的结果一样。后来，这种关系就变成相互作用的关系。

私有财产只有发展到最后的、最高的阶段，它的这个秘密才重新暴露出来，就是说，私有财产一方面是外化劳动的**产物**，另一方面又是劳动借以外化的**手段**，是**这一外化的实现**。

[笔记本Ⅲ]①

[对笔记本Ⅱ第 XXXIX 页的补充]
[私有财产和共产主义]

X 补入第 XXXIX 页。但是，**无产**和**有产**的对立，只要还没有把它理解为**劳动**和**资本**的对立，它还是一种无关紧要的对立，一种没有从它的**能动关系**上、它的**内在**关系上来理解的对立，还没有作为**矛盾**来理解的对立。这种对立即使没有私有财产的前进运动也能以**最初的**形式表现出来，如在古罗马、土耳其等。因此，它还**不表现为**由私有财产本身设定的对立。但是，作为对财产的排除的劳动，即私有财产的主体本质，和作为劳动的排除的资本，即客体化的劳动，——这就是作为发展了的矛盾关系、因而也就是作为促使矛盾得到解决的能动关系的**私有财产**。

XX 补入同一页。自我异化的扬弃同自我异化走的是同一条道路。最初，对**私有财产**只是从它的客体方面来考察，——但是劳动仍然被看成它的本质。因此，它的存在形式就是"本身"应被消灭的**资本**。（蒲鲁东。）或者，劳动的**特殊方式**，即划一的、分散的因而是不自由的劳动，被理解为私有财产的**有害性**的根源，理解为私有财产同人相异化的存在的根源——**傅立叶**，他和重农学派一样，也把**农业劳动**看成至少是**最好的**劳动，而**圣西门**则相反，他把**工业劳动**本身说成本质，因此他渴望工业家**独占统治**，渴望改善工人状况。② 最后，**共产主义**是被扬弃了的私有财产的**积极**表现；起先它是作为**普遍的**私有财产出现的。由于这种共产主义是从私有财产的**普遍性**来看私有财产关系的，所以共产主义

（1）在它的最初的形态中不过是私有财产关系的**普遍化**和**完成**。而作

---

① 节选自《马克思恩格斯文集》第 1 卷，人民出版社，2009，第 182～187 页。节选部分脚注同样出自此书。

② 昂·圣西门的这些论点，见他的《实业家问答》1824 年巴黎版。——编者注

为这种关系的普遍化和完成，共产主义是以双重的形态表现出来的：首先，**实物财产**的统治在这种共产主义面前显得如此强大，以致它想把不能被所有的人作为**私有财产**占有的**一切**都消灭；它想用**强制的**方法把才能等等抛弃。在这种共产主义看来，物质的直接的**占有**是生活和存在的唯一目的；**工人**这个规定并没有被取消，而是被推广到一切人身上；私有财产关系仍然是共同体同物的世界的关系；最后，这个用普遍的私有财产来反对私有财产的运动是以一种动物的形式表现出来的：用**公妻制**——也就是把妇女变为**公有的和共有的**财产——来反对**婚姻**（它确实是一种**排他性的私有财产的形式**）。人们可以说，**公妻制**这种思想是这个还相当粗陋的和毫无思想的共产主义的**昭然若揭的秘密**。正像妇女从婚姻转向普遍卖淫一样，财富——也就是人的对象性的本质——的整个世界，也从它同私有者的排他性的婚姻的关系转向它同共同体的普遍卖淫关系。这种共产主义——由于它到处否定人的**个性**——只不过是私有财产的彻底表现，私有财产就是这种否定。普遍的和作为权力而形成的**忌妒**，是**贪欲**所采取的并且只是用**另一**种方式使自己得到满足的隐蔽形式。任何私有财产本身所产生的思想，**至少对于比自己更富足的**私有财产都含有忌妒和平均主义欲望，这种忌妒和平均主义欲望甚至构成竞争的本质。粗陋的共产主义者不过是充分体现了这种忌妒和这种从**想象的**最低限度出发的平均主义。他具有一个**特定的、有限制的**尺度。对整个文化和文明的世界的抽象否定，向**贫穷的**、需求不高的人——他不仅没有超越私有财产的水平，甚至从来没有达到私有财产的水平——的非**自然的**［Ⅳ］简单状态的倒退，恰恰证明对私有财产的这种扬弃决不是真正的占有。

共同性只是**劳动**的共同性以及由共同的资本——作为普遍的资本家的**共同体**——所支付的**工资**的平等的共同性。相互关系的两个方面被提高到**想象的普遍性：劳动**是为每个人设定的天职，而**资本**是共同体的公认的普遍性和力量。

把妇女当做共同淫欲的**虏获物**和婢女来对待，这表现了人在对待自身方面的无限的退化，因为这种关系的秘密在**男人**对**妇女**的关系上，以及在对**直接的、自然的**类关系的理解方式上，都**毫不含糊地**、确凿无疑地、**明显地**、露骨地表现出来。人对人的直接的、自然的、必然的关系是**男人**对**妇女的关系**。在这种**自然的**类关系中，人对自然的关系直接就是人对人的关系，正像人对人的关系直接就是人对自然的关系，就是他自己的**自然的**规定。因此，这种关系通过**感性的**形式，作为一种显而易见的**事实，表现出**人的本质在何种程度上对人来说成为自然，或者自然在何种程度上成为人具有的人的本质。因此，从这种关系就可以判断人的整个文化教养程度。从这种关系的性质就可以看出，人在何种程度上对自己来说成为并把自身理解为**类存在物**、人。男人对妇女的关系是人对人**最自然的**关系。因此，这种关系表明人的**自然的**行为在何种程度上是**合乎人性的**，或者，**人的**本质在何种程度上对人来说成为**自然的**本质，他的**人的本性**在何种程度上对他来说成为**自然**。这种关系还表明，人的**需要**在何种程度上成为**合乎人性的**需要，就是说，**别人**作为人在何种程度上对他来说成为需要，他作为最具有个体性的存在在何种程度上同时又是社会存在物。

由此可见，对私有财产的最初的积极的扬弃，即**粗陋的**共产主义，不过是私有财产的卑鄙性的一种**表现形式**，这种私有财产力图把自己设定为**积极的共同体**。

（2）共产主义（α）还具有政治性质，是民主的或专制的；（β）是废除国家的，但同时是尚未完成的，并且仍然处于私有财产即人的异化的影响下。这两种形式的共产主义都已经认识到自己是人向自身的还原或复归，是人的自我异化的扬弃；但是，因为它还没有理解私有财产的积极的本质，也还不了解需要所具有的**人的**本性，所以它还受私有财产的束缚和感染。它虽然已经理解私有财产这一概念，但是还不理解它的本质。

（3）**共产主义**是对**私有财产**即人的自我异化的积极的扬弃，因而是通过人并且为了人而对**人的**本质的真正**占有**；因此，它是人向自身、也就是向**社会的**即合乎人性的人的复归，这种复归是完全的复归，是自觉实现并在以往发展的全部财富的范围内实现的复归。这种共产主义，作为完成了的自然主义，等于人道主义，而作为完成了的人道主义，等于自然主义，它是人和自然界之间、人和人之间的矛盾的**真正解决**，是存在和本质、对象化和自我确证、自由和必然、个体和类之间的斗争的真正解决。它是历史之谜的解答，而且知道自己就是这种解答。

［V］因此，历史的全部运动，既是这种共产主义的**现实的**产生活动，即它的经验存在的诞生活动，同时，对它的思维着的意识来说，又是它的**被理解**和**被认识到的生成**运动；而上述尚未完成的共产主义则从个别的与

私有财产相对立的历史形态中为自己寻找**历史的**证明，在现存的事物中寻找证明，它从运动中抽出个别环节（卡贝、维尔加德尔等人尤其喜欢卖弄这一套），把它们作为自己是历史的纯种的证明固定下来；但是，它这样做恰好说明：历史运动的绝大部分是同它的论断相矛盾的，如果它曾经存在过，那么它的这种**过去的**存在恰恰反驳了对**本质**的奢求。

不难看到，整个革命运动必然在**私有财产**的运动中，即在经济的运动中，为自己既找到经验的基础，也找到理论的基础。

这种**物质的**、直接**感性的**私有财产，是**异化了的人的**生命的物质的、感性的表现。私有财产的运动——生产和消费——是迄今为止全部生产的运动的**感性**展现，就是说，是人的实现或人的现实。宗教、家庭、国家、法、道德、科学、艺术等等，都不过是生产的一些**特殊的**方式，并且受生产的普遍规律的支配。因此，对**私有财产**的积极的扬弃，作为对**人的生命**的占有，是对一切异化的积极的扬弃，从而是人从宗教、家庭、国家等等向自己的**合乎人性的**存在即**社会的**存在的复归。宗教的异化本身只是发生在**意识**领域、人的内心领域，而经济的异化是**现实生活**的异化，——因此对异化的扬弃包括两个方面。不言而喻，在不同的民族那里，运动从哪个领域**开始**，这要看一个民族的真正的、**公认的**生活主要是在意识领域还是在外部世界进行，这种生活更多地是观念的生活还是现实的生活。共产主义是径直从无神论开始的（**欧文**），而**无神论**最初还根本不是**共产主义**；那种无神论主要还是一个抽象。——因此，无神论的博爱最初还只是**哲学的**、抽象的博爱，而共产主义的博爱则径直是**现实的**和直接追求**实效的**。

我们已经看到，在被积极扬弃的私有财产的前提下，人如何生产人——他自己和别人；直接体现他的个性的对象如何是他自己为别人的存在，同时是这个别人的存在，而且也是这个别人为他的存在。但是，同样，无论是劳动的材料还是作为主体的人，都既是运动的结果，又是运动的出发点（并且二者必须是这个**出发点**，私有财产的历史**必然性**就在于此）。因此，**社会性质**是整个运动的普遍性质；**正像社会本身生产作为人**的人一样，社会也是由人**生产**的。活动和享受，无论就其内容或就其**存在方式**来说，都是**社会的**活动和**社会的**享受。自然界的**人**的本质只有对**社会的人**来说才是存在的；因为只有在社会中，自然界对人来说才是人与**人联系的纽带**，才是他为别人的存在和别人为他的存在，只有在社会中，自然界才是人自己的**合乎人性的**存在的**基础**，才是人的现实的生活要素。只有在社会中，人的**自然的**存在对他来说才是人的**合乎人性的**存在，并且自然界对他来说才成为人。因此，**社会**是人同自然界的完成了的本质的统一，是自然界的真正复活，是人的实现了的自然主义和自然界的实现了的人道主义。①

[导读]

《1844 年经济学哲学手稿》（以下简称《手稿》）是马克思系统建构自己学说的一次尝试，其中包含着马克思丰富的原创性思想，甚至是马克思新哲学的思想萌芽。在《手稿》中，马克思通过研究和批判资产阶级政治经济学、黑格尔哲学和空想社会主义，第一次把哲学、政治经济学和共产主义理论有机结合起来，试图对自己所获得的新观点进行综合阐述。因此，《手稿》被视为"马克思哲学革命的源头活水和思想基因"②。

《手稿》一书由"序言"、"笔记本 I"、"［笔记本 II］"和"［笔记本 III］"组成，全书约 11 万字。全书的总标题以及放在方括号里的小标题皆为编者所加。现整理出版的各种版本的《手稿》均不是完整的原手稿。在原手稿中，"序言"出现在《第三手稿》中，后来各版本均将它放在《手稿》的开头。"序言"主要说明了马克思写作《手稿》的目的、计划和内容，同时表明他对待青年黑格尔派布鲁诺·鲍威尔哲学和费尔巴哈哲学思想的态度，提出全面剖析黑格尔哲学的必要性。

"笔记本 I"分为四个部分："工资""资本和利润""地租""［异化劳动和私有财产］"。前三个标题是马克思在手稿中列出的，第四个标题为编者所加。在第四部分，即"［异化劳动和私有财产］"部分，马克思对自己所研究的资产阶级经济学成果进行了哲学概括，提出了"异化劳动"理论。"异化劳动"可以说是《手稿》最核心的部分。由此，"异化劳动"理论就成为这一时期马克思分析资本主义历史必然性的理论。

---

① 马克思在这一页结尾标示的通栏线下面写了一句话："卖淫不过是**工人普遍**卖淫的一个**特殊**表现，因为卖淫是一种关系，这种关系不仅包括卖淫者，而且包括逼人卖淫者——后者的下流无耻尤为严重——，因此，资本家等等也包括在卖淫这一范畴中。"——编者注

② 王东、刘军：《马克思哲学革命的源头活水和思想基因——〈1844 年经济学哲学手稿〉新解读》，《理论学刊》2003 年第 3 期。

　　"［笔记本Ⅱ］"是一本已经遗失的笔记的结尾部分的最后 4 页，没有标题。"［私有财产的关系］"这一标题是编者后来加的。从内容看，这几页是对"笔记本Ⅰ"的补充，是对异化劳动思想的深化和发挥。

　　"［笔记本Ⅲ］"由五部分组成。分别是"［对黑格尔的辩证法和整个哲学的批判］"、"［私有财产和需要］"、"［分工］"、"［货币］"以及对"［笔记本Ⅱ］"进行补充的两部分内容"［私有财产和劳动］""［私有财产和共产主义］"。总体来说，"［笔记本Ⅲ］"主要作为"［笔记本Ⅱ］"的补充，系统地阐发了马克思关于"共产主义"的理解。在"［对黑格尔的辩证法和整个哲学的批判］"部分，马克思通过对黑格尔哲学的批判，深化了关于辩证法的认识，并开始形成历史唯物主义。

　　在《手稿》中，影响最大、最引人注目的是异化劳动学说。而探讨异化劳动，在分析异化劳动的表现、实质及其后果、影响的同时，需要回答以下问题："未异化"的劳动是怎样的？它是怎样异化的，为什么会发生异化？劳动异化后的出路是什么？怎样才能消除这种异化状态？在马克思看来，异化是人的本质的异化。因此，异化劳动学说就涉及三个方面：第一，关于异化劳动的分析；第二，关于人的本质的思考；第三，关于扬弃异化的分析。这三个方面在《手稿》中紧密关联在一起，是马克思异化劳动学说的有机组成部分。

一　关于异化劳动的分析

　　马克思关于异化劳动的分析是从对国民经济学的批判开始的。在"笔记本Ⅰ"的"［异化劳动和私有财产］"部分，马克思首先明确规定自己的任务是要说明资产阶级不言而喻的前提——私有财产的起源问题，并对资产阶级经济学的批判进行了归纳，指出其问题是：从私有财产出发却没有说明私有财产的产生，从而把人当作私有者进行理论叙述，实际上就是把应当论证的东西当作前提，从而不能说明资本和劳动的对立，这表明，它没有说明劳动和劳动产品的关系。因此，马克思认为自己的任务是：根据资本主义私有制所包含的条件、基本矛盾来彻底阐发一切经济范畴。他认为，要完成这一任务，不能像国民经济学那样，把人类的原始状态作为出发点，而必须把私有制发展的最高阶段作为出发点。

　　为此，马克思从资本主义条件下工人与其产品之关系的"当前的事实"——劳动者生产的财富越多，他的产品的影响和规模越大，他就越贫穷；劳动者创造的商品越多，他就越变成廉价的商品——出发，认为，这一事实表明，劳动所生产的产品，即"劳动所生产的对象"，在资本主义条件下呈现出特殊的形态，即"作为一种异己的存在物，作为不依赖于生产者的力量，同劳动相对立"①。马克思用"异化劳动"概念来表示这一事实，并明确指出，劳动的这种现实化表现为工人的非现实化，对象化表现为对象的丧失和被对象奴役，占有表现为异化、外化。

通过对工人与其产品的关系的进一步分析，马克思揭示出蕴含在其中的"异化劳动"的四重规定。

（1）"物的异化"，即劳动者同自己的产品处于异己的对象关系之中：工人生产的越多，他能够消费的越少；他创造的价值越多，他自己越没有价值；他在劳动中耗费的力量越多，他所创造出的反对自身的、异己的对象世界的力量就越强大，他就越受对象世界的奴役和统治。

（2）"劳动的异化"，即劳动活动本身的异化。劳动者同自己的产品处于异化关系的原因在于劳动活动本身是异化的。首先，劳动对于工人来说是外在的强制的，不属于他的本质，这种劳动不是满足一种需要，而只是满足劳动以外的那些需要的一种手段。其次，人们逃避劳动。因为这种异化的劳动，对于人来说是一种自我牺牲、自我折磨的劳动。最后，劳动的属他性。"对工人来说，劳动的外在性表现在：这种劳动不是他自己的，而是别人的"②。

（3）人同自身的异化，即人同自己类本质的异化关系。这是"自我异化"的根源。造成人的类本质同人相异化的原因在于：第一，自然界，作为人类生存基础和劳动对象，同人相异化；第二，人同劳动的异化，即劳动本身同劳动者相异化。在这里，马克思借用费尔巴哈的术语说，人是类存在物。人通过对对象世界的改造，才确证自己是类存在物。而自由的自觉的活动就是人的类特性。但是，在资本主义私有制条件下，人的活动被贬低为维持肉体生存的需要的手段，从而，人的类本质，变成了仅仅维持他自己生存的手段，变成"对人来说是异己的本质"。

① 《马克思恩格斯文集》第1卷，人民出版社，2009，第156页。
② 《马克思恩格斯文集》第1卷，人民出版社，2009，第160页。

（4）人同人相异化。这是前一个规定的直接结果。因为，人对自身的任何关系，只有通过人对他人的关系才能得到实现和表现。当人同自己相对立的时候，他也就同他人相对立。既然人与自己的类本质相异化并与之相疏远，那么他也必然与其他人相分离并处于对立之中。通过异化劳动，人不仅生产出他同作为异己的、敌对的力量的生产对象和产品的关系，而且生产出其他人同他的生产和他的产品的关系，以及他同这些人的关系，而这种关系又意味着引起一切人适应其阶级利益的冲突和对立。

马克思从工人及其产品的异化这一经济事实出发，从工人方面考察了异化的、外化的劳动之后，得出一个结论：工人通过异化劳动、外化劳动生产出一个对劳动生疏的、站在劳动之外的他人对这个劳动的关系，即工人生产出对劳动的关系的同时，也生产出资本家对劳动的关系。这样，马克思就从异化劳动、异化的生命、异化的人的概念中得出了私有财产的概念。而私有财产是异化劳动的产物，同时，它又是劳动借以异化的手段，是这一异化的实现。由此，马克思就揭示了私有财产的起源。

在马克思看来，异化劳动代表资本主义生产关系，它既生产出了资本家的私有财产，也生产出工人的工资，工资实质上也是私有财产（工人变成了工资的奴仆）及这种私有财产制度的必然产物。国民经济学把私有财产看作天经地义的，实际上也就是表述了"异化劳动的规律"。而蒲鲁东虽然反对私有财产，但并不清楚这种制度的本质，从而只是要求以"公有财产"代替私有财产。但是，这种"公有财产"是以平等的小占有的方式，在"平等"交换产品的条件下掌握在直接生产者手中，这实际上是要求平均分配私有财产。他没有看到，即使是在小（"平等"）占有制度下，商品生产的现实矛盾依然存在。马克思认为，在蒲鲁东的理论中，社会就被理解为抽象的资本家。可见，问题的症结在于，"工资和私有财产是同一的"[①]，都是异化劳动的结果，异化劳动被扬弃，则异化劳动的结果也将被扬弃。

马克思通过对异化劳动与私有财产之关系的分析，得出扬弃异化劳动这一任务与无产阶级的历史使命之间的直接联系。他认为，私有财产是异化劳动的产物，同时，它又反过来成为劳动借以异化的手段。扬弃异化劳

---

① 《马克思恩格斯文集》第 1 卷，人民出版社，2009，第 167 页。

动就是社会从私有财产、从奴役制中解放出来。这个解放以工人解放为政治表现形式，其内容包含全人类的解放，因为"整个的人类奴役制就包含在工人对生产的关系中，而一切奴役关系只不过是这种关系的变形和后果罢了"①。

私有财产产生于劳动的异化，而劳动的异化是人类发展的一个必然阶段，因此，私有财产和异化劳动都是由历史产生的，是人类发展的必然阶段，从而也必将随着历史的发展而被消灭。马克思把私有财产的起源问题转变成为异化劳动同人类发展的关系问题，也就是把研究"物"的问题归结为研究人、人类的生产劳动发展问题。

二　关于人的本质的思考

马克思在《手稿》中明确把自己的思想称为"人的科学"："关于人的科学本身是人在实践上的自我实现的产物。"②《手稿》中关于"异化劳动"的四重规定同时也是对资本主义私有制条件下"人"的状况的描述和分析。如果说异化劳动的前两个规定——劳动者与劳动产品的异化和劳动活动本身的异化——生动描绘了作为个体的人身上的异化状态的话，那么，后两个规定——人与类本质的异化和人与人相异化——则揭示了资本主义私有制条件下人对自身的否定的实质和在社会中的具体体现。异化劳动导致了私有财产，而私有财产又造成人的进一步异化。可见，"人的问题"就是异化劳动问题。而这一问题的根本则在于私有财产，解决之道就是扬弃异化劳动，扬弃私有财产，实现人的本质的复归。因此，马克思表明了自己关于人的理解以及关于人的本质问题的思考。

首先，人具有自然属性，是直接的和能动的自然存在物。马克思从费尔巴哈关于人的理解出发，认为人是自然界的特殊的、有意识的存在物，其本质由外在对象的性质规定，在人之外的其他存在物是人的生存所必需的。"人只有凭借现实的、感性的对象才能表现自己的生命。"③ 人的这种自然属性，同其他动植物一样，是共同具有的属性。

---

① 《马克思恩格斯文集》第 1 卷，人民出版社，2009，第 167 页。
② 《马克思恩格斯文集》第 1 卷，人民出版社，2009，第 242 页。
③ 《马克思恩格斯文集》第 1 卷，人民出版社，2009，第 210 页。

　　人作为一个对象的、感性的存在物，是一个受动的存在物，需要一定的对象来满足自己的需要，即"受动性"，如果需要得不到满足就会感到痛苦，就会通过活动来消除痛苦，即产生激情、发挥能动性，投入对象化的实践，以实现自己的欲望。这体现了人作为一个生命体的基本属性。所以，马克思说，"贫困是被动的纽带"①，"对象性的本质在我身上的统治，我的本质活动的感性爆发，是激情，从而激情在这里就成了我的本质的活动"②。

　　但是，人的自然属性，无论是其内容还是其形式，都在人的历史过程中发生了变化，不断增添"人化"的性质。"人的能动和人的受动，因为按人的方式来理解的受动，是人的一种自我享受。"③他反对那种否定人的自然属性的倾向，也反对把人的自然属性降低到动物机能的做法，在坚持人作为生命体的自然属性的同时，充分重视和肯定人的受动性和能动性过程中"人的方式"，要求人在自己的历史发展过程中，通过对象化的实践活动实现人的现实性，不断朝向"人"的方向发展。

　　其次，人具有类属性。人的类属性是人类所共同具有的人性，是舍去人的个别特征的共性。马克思吸收和利用费尔巴哈的"类"概念，从人和动物之区别的角度肯定了人的类属性，明确提出"人是类存在物"，认为人从来都是以群体活动的形式存在的。人不仅把自然界作为自己的对象，而且还把人自身、人与人之间的联系作为自己的对象。在人与人的关系中，个人通过他人意识到自己，意识到自己和他人同属于人类，意识到"类"的共同性。类意识、关系的共同性和自由的有意识的活动构成了人的类属性的基本内容。

　　马克思认为，与动物仅仅把有限的自然对象作为自己的生活对象不同，人的"类生活"在于"人赖以生活的无机界的范围"比动物广阔，具有普遍性。人把自然界当作自己的"无机的身体"。对于人来说，一方面，自然界是"人的生活和人的活动的一部分"，是直接的生活资料和生命活动的材料、对象和工具，另一方面，自然是"是人的精神的无机界，是人

①　《马克思恩格斯文集》第 1 卷，人民出版社，2009，第 194 页。
②　《马克思恩格斯文集》第 1 卷，人民出版社，2009，第 195 页。
③　《马克思恩格斯文集》第 1 卷，人民出版社，2009，第 189 页。

必须事先进行加工以便享用和消化的精神食粮"，是科学和艺术的对象。而人的类生活呈现在社会之中，以个人生活的形式表现出来。人的生活和类生活并非完全不同，个人生活的存在方式是类生活的较为特殊的或者较为普遍的方式，而类生活则是较为特殊的或者较为普遍的个人生活；个人确证自己的现实生活并在思维中复现现实存在的意识是"类意识"，而"类存在则在类意识中确证自己，并且在自己的普遍性中作为思维着的存在物自为地存在着"①。

再次，人具有社会属性。这表现为"社会的活动和社会的享受"。它可能是直接通过与别人的交往表现出来并得以确证的形式，即"直接共同的"活动和享受，也可能是通过思考、研究等个人活动表现出来的形式。后一种活动形式虽然是个人的活动，但这种活动所需要的材料，甚至思想家用来进行活动的语言本身，都是作为社会的产品基于活动者的，而且活动者本身的存在就是社会的活动，"因此，我从自身所做出的东西，是我从自身为社会做出的，并且意识到我自己是社会的存在物"②。

最后，人具有个性特征，并且正是这种特殊性使他成为一个现实地单个的社会存在物和总体、观念的总体，被思考和被感知的社会的主体的自为存在。作为"特殊的个体"，他是一个现实地具体的存在，在现实中作为社会存在的直观和现实享受而存在，同时又作为人的生命表现的总体而存在。

可见，马克思在《手稿》中关于人的本质的规定性事实上有三重。第一，人的需要，包括两个方面：人的维持生命的基本需要，即自然需要或自然规定性；随现实生活的发展而不断发展出来的各种需要及其满足，这是规定人的本质的内在根据或内在本性。第二，人的本质的主体性规定，即人的类本质，是自由的有意识的活动。第三，人的本质的客观现实性规定，即人的社会本质。这是在一定的社会条件和社会关系中才能进行的社会性生产劳动。这三个方面的统一，构成了一个完整的关于人的本质的结构系统。由此，每个现实的人的本质，都是在他的现实的生活方式中体现出来的本质，这种本质必然地包含着三个方面：他在怎样的社会条件和社

---

① 《马克思恩格斯文集》第 1 卷，人民出版社，2009，第 188 页。
② 《马克思恩格斯文集》第 1 卷，人民出版社，2009，第 188 页。

会关系中，从事怎样的生产劳动，以满足自己的怎样的需要，就确证了自己的怎样的本质。

但是，异化劳动就是人的异化。一方面，工人把体现自己的类本质的劳动生活"异化"为维持肉体生存的谋生手段，而人的类本质不再内在地属于个人；另一方面，人同自身的任何关系，只有通过他与其他人的关系才能得到表现和实现，在异化劳动条件下，每个人都按照他本身作为工人所处的那种关系和尺度来观察和理解他人，由此，作为他的对象的其他人也都作为失去了人的类本质的异化形式而存在。在资本主义私有制条件下，无论是工人，还是资本家，都丧失了人的类本质，成为异化的存在。异化劳动就是人与其类本质的异化。

三 关于扬弃异化的分析

马克思分析异化劳动和私有财产的关系后指出，私有财产的本质不在于它的物的形式，而在于其主体本质——异化劳动。私有财产不过是异化劳动的感性表现。在资本主义私有制条件下，人变成了"对自己来说是对象性的"，同时变成了"异己的和非人的对象"，他的生命表现就是他的生命的外化，他的现实化就是他的去现实性。因此，扬弃私有财产也就是扬弃人的自我异化，只有扬弃人的自我异化，才能对私有财产本质有清晰的认识，才能彻底摆脱私有财产影响。

私有财产所表征的人的全面异化包括宗教等意识领域方面的异化和经济即现实生活方面的异化。全面扬弃异化就要积极扬弃这两个方面的异化。决不能仅仅扬弃宗教领域的异化而忽略扬弃经济领域的异化。只有强调扬弃经济异化、追求现实生活的时效，才能真正扬弃私有财产，实现人向自己的合乎人性的存在即社会的存在的复归。在《手稿》中，马克思把共产主义看作对于"私有财产即人的自我异化的积极的扬弃"，是"对人的本质的真正占有"，"是通过人并且为了人""向社会的即合乎人性的人的复归（扬弃异化）"。复归之后的共产主义被称为"完成了的自然主义"；复归之后的自然主义被称为"完成了的人道主义"。显然，马克思把共产主义理解为对私有财产的否定，理解为彻底废除私有制，认为这是人的解放和复归的一个现实的环节。

首先，只有扬弃了私有财产和人的自我异化，才能真正解决人与自然之间的矛盾，实现人与自然的统一，使自然体现人的真正本质。在资本主义私有制下，人的对象化产物，这种本应体现人的类本质的东西，并没有在人身上得到体现，而只有当人作为动物性的存在进行动物性活动时，劳动者创造出来的对象物才被他们意识到，成为他们真正占有的内容。因此，只有扬弃私有财产，才能使"异化了的占有"重新复归自身，体现人的本质。也只有在这种条件下，人的"一切对象对他来说也就成为他自身的对象化，成为确证和实现他的个性的对象，成为他的对象，这就是说，对象成为他自身"①。

其次，只有扬弃私有财产和人的自我异化，才能结束人与人之间的异化和对立，真正解决人与人之间的矛盾。人和人之间的关系，实质上是个人与"类"的关系，因为在交往中，每个人都是把对方当作同一类的对象来对待。在资本主义私有制条件下，个人受制于需要而将个人与他人、社会对立起来。在突破了私有财产和异化劳动的限制、消灭分工之后，人们不再以私有制条件下的眼光来看待人与人之间的关系。从而生产者所生产的产品，既体现了其直接生产者的特性，也成为其他人享受和发展的源泉；既体现了它的生产者为别人的劳动，也体现了别人为他的劳动，因为他从别人对产品的享受和评价中汲取了自身发展的源泉。此时，人们通过彼此互为生产者的对象化活动而联系在一起，人们的活动和享受在形式和内容两方面都具有社会的性质。从而，人与人之间的矛盾得到真正的解决。

最后，只有扬弃私有财产和人的自我异化，实现向社会的人的复归，才能实现个人与社会的统一。"社会的人"就是实现个人和社会统一的人，即实现人的本质的人。在现实中，人的本质力量要通过"对象性的现实"来确证。但是，私有制把人的丰富的本质异化为单纯的"拥有"，使人变得"愚蠢而片面"。只有扬弃私有财产，才能使人从绝对贫困的拥有感中摆脱出来，从仅仅知道对象的"纯粹的有用性"中解放出来，看到对象的丰富特性，从而自己也产生丰富的"人的感觉"，这样他才成为"具有人的本质的这种全部丰富性的人"。② 因此，人的自我对象化与人的社会性紧密相关，人的一切活动都是社会的活动。只有扬弃私有财产，个人的生存

---

① 《马克思恩格斯文集》第 1 卷，人民出版社，2009，第 191 页。
② 《马克思恩格斯文集》第 1 卷，人民出版社，2009，第 192 页。

活动才直接作为共同的社会活动组织起来，使他的生命形式真正成为社会生活的表现和确证，从而实现个体的独特性和普遍性的统一，使个人的特殊性和总体性得以充分展现。由此，人才能作为一个完整的人，占有自己的全面的本质，实现人的感性的彻底解放。

马克思关于异化劳动的理论立足于现实的社会经济内容，对资本主义私有制条件下劳动者同他的活动对象、产物之间的对抗性关系进行分析，把异化理解为"人的本质"的丧失，并用"异化劳动"这一概念来说明具体的社会经济事实，尤其是资本主义生产过程，指明私有财产和资本主义雇佣劳动只是历史进程中的一个必然阶段，人类社会的发展是异化劳动的扬弃、真正"人的社会"的自我创造和生成的过程。"异化劳动"不过是对人类历史发展中出现的社会关系异化的抽象，其本质是与资本主义生产方式密切相关的经济关系。它是在人类历史进程的一定阶段上产生又在一定阶段必然消亡的暂时现象。这是对资本主义生产方式之内在矛盾的分析，也是对资本主义现代性之内在矛盾的分析，马克思将之概括为"物的世界的增值同人的世界的贬值"，深刻揭示了资本主义社会发展中的一系列矛盾的对抗性，在一定意义上反映了一般现代化条件下特别是资本逻辑裹挟之下人们的生存状况和生存矛盾。

在关于"劳动""异化劳动"等概念的分析中，马克思深入考察了人的社会性，并系统提出了关于人的本质的理解，将人的本质归结为"自由的有意识的活动"，即人的实践活动，将人的本质及其自由的实现看作一个现实的、通过人的活动而不断生成的历史过程。这为人认识和发展自我提供了新的思路。据此，人的丰富性在根本上取决于其实践活动的发展，取决于其实践活动的深度和广度。人只有在其实践活动过程中并通过实践活动才能不断丰富和完善自我，实现自身生命的丰富性。

"异化劳动"概念，是马克思开始其政治经济学研究之后得出的一个重要成果。这一成果是马克思形成自己独特的政治经济学研究方法的重要标志。《手稿》中的基本理论，经过马克思多年的不懈努力，最终发展成为《资本论》。但是，《手稿》时期的马克思正处于从青年黑格尔派向唯物主义历史观发展的理论进程之中，从而《手稿》中的内容极具张力。正是这种张力，吸引着国内外的学术界来研究这部作品，并形成了大量风格和结论迥异的研究成果。《手稿》虽然不是马克思的一个成熟文本，却成为马克思主义的甚至西方传统中的一个经典文本；《手稿》中的"异化"理论的影响也是多元的，并被推广到对整个社会生活的思考和分析之中，成为一个永恒的话题。

［进一步阅读文献］

1. Alan G. Nasser, "Marx's Ethics Anthropology," *Philosophy and Phenomemological Research*, Vol. 35, No. 4, 1975.

2. Allen Wood, "Marx Against Morality," in P. Singer, ed., *A Companion to Ethics*, Blackwell, 1993, pp. 511 – 524.

3. E. Kamanka, *Marxism and Ethics*, London：Macmillan, 1969.

4. E. Kamanka, *The Ehical Foundations of Marxism*, Routledge & Kegan Paul, 1962.

5. George G. Brenkert, *Marx's Ethics of Freedom*, Routledge & Kegan Paul, 1983.

6. S. Lukes, *Marxism and Morality*, New York：Oxford University Press, 1985.

7. Richard W. Miller, *Analyzing Marx: Morality, Power and History*, Princeton University Press, 1984.

8. 〔美〕埃·弗洛姆德文编著《马克思论人》，陈世夫、张世广中文译编，王太庆译文校订，陕西人民出版社，1991。

9. 宋希仁：《马克思恩格斯道德哲学研究》，中国社会科学出版社，2012。

10.《西方学者论〈一八四四年经济学—哲学手稿〉》，复旦大学哲学系现代西方哲学研究室编译，复旦大学出版社，1983。

杜威:《批判的伦理学理论纲要》

[作者及作品简介]

约翰·杜威(John Dewey, 1859~1952),出生于佛蒙特州伯灵顿市,美国著名哲学家、教育家和心理学家,被公认为美国本土哲学——实用主义哲学的集大成者。

1875 年杜威考入佛蒙特大学,其间广泛涉猎哲学、心理学、生物学等学科领域,尤其是受到达尔文进化论的巨大影响。1879 年大学毕业后,他先后在一所中学和家乡的一所乡村学校任教。在这段时间,他阅读了大量西方哲学专著,并发表了两篇哲学论文(1882),由此开启了哲学研究之路。同年他成为约翰·霍普金斯大学哲学研究生,在这里修读了实用主义开创者皮尔士开设的课程,然而对他影响更大的是黑格尔派哲学家莫里斯(George Sylvester Morris)和实验心理学家霍尔(G. Stanley Hall)。1884 年,他以《康德的心理学》获哲学博士学位。

1884~1894 年(1888~1889 年在明尼苏达大学),杜威任密歇根大学哲学教师。在此期间,他发表了《批判的伦理学理论纲要》(1891)、《伦理学研究》(1894)等著作,研究领域主要集中于伦理学、心理学和教育学。1894 年,杜威被聘为芝加哥大学哲学系教师,后担任系主任,开始了另一个十年的芝大生活。1896 年,杜威创办了著名的实验学校,将实用主义哲学付诸教育实践,提出"教育就是生活,而不是生活的准备""从做中学"等教育理念。与此同时,他与塔夫茨、米德等人一起创立了芝加哥学派，这是美国实用主义运动中的一大重要事件。1904 年他转至哥伦比亚大学任教直至 1930 年退休。这是杜威学术创造力最旺盛的时期，其陆续发表了多部著作和论文，同时开启了他的实用主义宣讲之旅。他的足迹遍及日本、墨西哥、俄罗斯、土耳其等国，并于 1919 年来到中国，见证了五四新文化运动，在北京、南京、上海、广州、武汉等十余座城市发表了一系列演讲。他的两年讲学之旅在当时中国思想文化界迅速掀起了一股实用主义热潮，助推了中国五四新文化运动的发展。

杜威一生著述颇丰，研究领域广泛。他在理论上进一步发扬光大了由皮尔士开创、经詹姆士系统理论化的实用主义哲学，将其理论渗入社会、政治、文化、教育、伦理、心理等人文和社会科学的研究，并取得了丰硕的学术成果。他的哲学理论深刻地影响了美国社会的方方面面，因而被冠以"美国人的顾问、导师和良心"①。杜威不仅在美国思想史上具有举足轻重的地位，而且为扩大美国实用主义哲学的世界影响做出了卓越的贡献。

本导读节选部分所参考的中译本是《杜威全集·早期著作（1882—1898）》第 3 卷（吴新文、邵强进等译，2010）。

［节选］

杜威对康德伦理学的批判②

27. 形式伦理学

现在我们要讨论这一类伦理学理论，它们试图不仅在意志本身中，而且在不考虑其所要达到的任何目的的意志中发现善。这类理论中的典型特例，就是康德的理论。因此，我们将把康德的理论作为我们考察的根据。然而，康德的理论主要不是关于善的理论，而是关于义务的本性的理论，

---

① 原载《纽约时报》，转引自汝信主编《西方著名哲学家评传》第 8 卷，山东人民出版社，1985，第 385 ~ 386 页。

② 节选自〔美〕约翰·杜威《杜威全集·早期著作（1882—1898）》第 3 卷，吴新文、邵强进等译，华东师范大学出版社，2010，著作上篇第 27 ~ 33 节。文中带圆圈序号的注释为原作者杜威的注释，对应页数均为英文版页码。每一节的序号，则是为了方便后面的导读而做出的标记。

这使得对他的学说的阐述有些困难重重①。

在我们所能完成的限度内，如果把康德关于善的理论和关于义务的理论分离开来，就会得到下述结果：

（1）善属于意志，而且只属于意志。"除了善良意志，在这个世界之中或在世界之外，不可能设想有什么可以被称为无限制的善。"② 意志并不是由于它所导致的结果或者由于它所适合产生的结果而成为善的；即，并非基于适应于外在于其自身的任何目的的缘故，意志才是善的。意志就其自身而言，是善的。"这就像珠宝是由于自身的光芒而发光，并靠其自身而拥有其全部价值一样。"③

（2）因此，善不是在任何意志对象或欲望对象中被发现的，也不是在指向外在于它自身的目的的那种意志中被发现的。意志被倾向（inclination）或欲望所驱动，也就是被某种外在的目的所驱动，而这种外在的目的总是快乐（即康德在关于欲望对象的问题上同意快乐主义者的观点，但正因为如此，他也否认快乐是善的或可欲的）。假如，欲望的对象不能成为善良意志的动机，那么什么是其动机呢？显然，动机只能是来自意志本身的某种原则。善良意志是根据其自身的法则而行动的意志。

（3）什么是这种法则的本性？一切欲望的对象（即一切质料）已经被从这种法则中排除出去。因此，这种法则必须是纯粹形式的法则。关于善良意志法则的唯一内容就是法则本身的理念。自由意志的活动乃是源于对作为法则的法则的敬重。它不仅以符合法则的方式行动，而且把法则理解成自身的主导源泉。

（4）然而这种一般法则的动机在特定动机或行为那儿必须有某种应用。这种应用是像下面这样获得的：法则的理念同时是带有普遍性的理念或自身同一的理念。这样一来，基于法则的理念而行动就是要这样行动，其中行动的动机能够被普遍化——使一个动机成为一切行为举止的动机。善良意志是立法的意志，这种意志的动机能够成为行为举止的普遍法则。因此

---

① 康德认为："善恶概念一定不是在道德法则产生之前确定的（在我看来，似乎道德法则一定是善恶概念的基础），而是在道德法则之后并通过道德法则而确定的。"（《康德的伦理学理论》，阿博特译，朗文·格林出版社，1883，第 154 页）

② 参见〔德〕康德《道德形而上学奠基》，艾伦·伍德译，耶鲁大学出版社，2002，第 9 页。

③ 〔德〕康德：《道德形而上学奠基》，艾伦·伍德译，耶鲁大学出版社，2002，第 10 页。

一个特定情形中的问题就是：你这儿的动机可以成为普遍的吗？即成为一个法则吗？如果欲望的对象所决定的行为是恶的，那么这种行为就是偶然的、多变的，因为各种快乐对于不同的人总是不同的，而且对同一个人在不同的时刻也是不同的。因此，意志是善的，只要其动机（或准则 maxim）在行为的合法形式中被发现，或者在其适合于被普遍化为行为的普遍原则中被发现。这个善良意志的法则就是："像那样去行动，以至于意志的准则总是同时能够适用于成为一个普遍立法的原则"①。

（5）这一应用可以通过以下事例来说明：

a. 一个认为被其生活的整个不幸弄得精疲力竭的人提出要自杀，但他又自问：基于自爱原则的这一准则是否能够成为普遍的自然法则？"我们立刻会看到，在一个自然系统中，其职责是要迫使人保存生命的那种情感，应该通过一个普遍法则把人们引向死亡。这种自然系统没有矛盾是不可想象的"②。也就是说，那种把一个人引向自杀的动机原则，是不可能在不矛盾的条件下被普遍化的——它不能使一个法则具有普遍性。

b. 一个人要借钱，但又知道自己没有能力偿还。这一行为准则能够被普遍化吗？显然不能："在一个自然系统中，为了私人利益，作出许诺而又不去履行，如果要使其成为普遍法则的话，那将是自相矛盾的，因为没有人会相信这个许诺——这样许诺本身也就成为不可能了，它所追求的目的也同样成为不可能了。"③

c. 一个人发现自己有某种力量，但却不想发展这些力量。他能够使这一行为准则成为普遍法则吗？他不能指望这一准则成为普遍的。"作为一个理性存在物，他一定指望他的机能得到发展。"④

d. 一个成功人士不想减轻他人的不幸。他的这一准则能够被普遍化吗？"人们不可能指望这样的原则具有自然法则意义上的普遍有效性，因为这会使化解不幸的意志处于自相矛盾的境地。可能发生很多这样的案例，一个人需要他人的同情和爱，但通过这种源于他自身意志的自然法则，他

---

① 参见《康德的伦理学理论》，阿博特译，朗文·格林出版社，1883，第119页。
② 参见《康德的伦理学理论》，阿博特译，朗文·格林出版社，1883，第9~46页。
③ 《康德的伦理学理论》，阿博特译，朗文·格林出版社，1883，第105~120页。
④ 参见〔英〕凯尔德《康德的批判哲学》第二卷，詹姆士·麦理浩父子出版社，1889，第171~181页。

会剥夺自己获得他所渴望的上述帮助的所有希望。"①

总之,善就是善良意志本身。这种意志是善的,乃是因为其行为的纯粹形式而独立于所意欲的一切具体质料。

28. 这一理论与快乐主义的关联

如我们已经注意到的那样,康德的理论赞同快乐主义的心理学方面。它主张快乐是欲望的对象,但它颠倒了快乐主义从关于可欲的事物这一事实中所得出的结论。由于快乐是欲望的对象,而快乐又不能给予行为以法则或普遍性,所以行为的目的必须完全在快乐之外,因而也完全在欲望之外被发现。即它只能在意志自身的纯粹法则中被发现。

(1)快乐主义发现,行为举止的目的或者可欲的东西,完全是被人碰巧具有的各种特定欲望所决定的;而康德主义主张,要发现行为举止的目的,我们必须完全排除欲望。

(2)快乐主义主张,行为举止的正当性完全是由其后果所决定的;而康德主义则主张,后果与行为的正当性无关,行为的正当性完全是由行为的动机所决定的。

从这一对比中,我们可以预想对康德理论的批评以及关于真正的行为目的的概念。快乐主义和康德主义的基本错误如出一辙——它们都假定欲望只是为了追求快乐。即使我们承认,欲望是要追求那种被认为可以满足或发展自我的对象,并承认快乐对于自我机能的实现只是附带现象,我们也有办法避开康德主义以及快乐主义的片面性。可以看到,目的既不在于通过各种欲望而努力获得特殊快乐,也不在于根据一般抽象法则的单纯观念行动,而在于符合法则的欲望的满足。处于其特定品格中的欲望并不提供法则,如我们在批评快乐主义时所看到的那样。如果由欲望提供法则,这就是要把一切法则从行为那儿拿开,并使我们完全受来去不定的、偶然的欲望的支配。另一方面,法则并不是与欲望风马牛不相及的东西。如我们将要见到的那样,如果把法则与欲望完全分开,同样是要剥夺我们拥有能够主宰行为举止的法则。这种法则是欲望自身的法则——各种欲望的和

---

① 参见〔英〕凯尔德《康德的批判哲学》第二卷,詹姆士·麦理浩父子出版社,1889,第209~212页。

谐和调整，对于使它们成为实现行为者的特定使命或任务的工具是不可或缺的。

从同样的观点中，我们可以看到，行为的标准既不是在作为快乐的行为的后果中发现的，也不是在远离后果的地方被发现的。它确实是在行为的后果中发现的，但是在其全部后果中发现的——对行为者和社会而言，那些后果帮助或阻碍其实现各自的功能。

29. 对行为举止的康德式标准的批判

（1）关于个人的行为举止的统一。就作为欲望对象的快乐而言，我们现在无须多说，但可以立即着手批判一种理论。那种理论认为，根据一般性法则的单纯理念而行动的意志是人的目的，因而它也是其行为正误的标准。我们将试图证明，这种目的完全是空洞的，它（与快乐主义一样）不能把行为举止统一起来，或者不能对任何特定的行为在道德方面进行定位。康德所提出的这一目的的困难之处，在于它只是一个遥不可及的抽象。快乐主义者遗漏了行为举止中的一个要素，而只考虑纯粹特定的或者个人性的一面；而康德主义者则抽离出相反的要素——单纯普遍的要素。把这种形式的普遍或者剥离了所有特定内容的普遍看作行动的目的，至少有三个缺陷。

a. 这种目的会使那种要被当作目的的行为举止——即德行——成为不可能。在否认快乐是行动的目的时，我们也痛苦地表明，快乐（或者毋宁说那种起因于被认为是较好状态的快乐与被体验到的较坏状态的痛苦之间的张力的情感）在推动行动的力量中，是一个不可或缺的要素。关于目的的单纯概念纯粹是理智的概念；其中没有任何东西能驱使行动。目的必须像价值所表现的那样，被感到是有价值的，并比它能够激发行为之前的当下境况更有价值。简言之，它必须关心进而激发兴趣。但是，如果情感像康德所宣称的那样要从行为动机中被排除出去，因为它是病理学的（pathological）或者与作为欲望对象的快乐相关，那么怎么能够有某种驱动行为的力量存在呢？心灵似乎已经被设置好了，以反对那种无法把心灵和目的联结起来的关于目的的纯粹理论观念。除非目的使人感兴趣，除非目的激发情感，否则行为者为什么要追求这种目的呢？而如果法则确实激发情感或欲望，那么根据康德的理论，难道这种法则一定不是对快乐的渴求进而激活行为的道德吗？这样一来，我们似乎处于一种困境之中，这种困境一方面通过排除一切诱导力而使得道德意义上的行动成为不可能，另一方面又通过把不道德的因素引入动机之中而使道德行动成为不可能。

康德企图逃避这一困难，他宣称，存在一种本质上是理性的而非感性的情感，它不是通过苦乐概念被激发，而是通过道德法则自身的概念被激发的，这就是敬重（reverence）感。通过这种情感，我们可以趋向道德行动。一般法则的单纯理念是否能够激发某种道德情操？或者从另一方面来提出这一问题，康德对于敬重感是否给予我们一个真正的说明？如果放弃提出这一问题，那么显然，接纳敬重感对于康德的理论而言是致命的。如果欲望或情感本身是感觉的（或者像康德所表述的那样，是病理学的），那么我们有什么权利能使敬重感成为一个例外呢？而且如果我们能使敬重感成为例外，又为什么不能使其他情感成为例外呢？如果在敬重的情形中，理性的情感是可能的，那么为什么在其他情形中，比如说在爱国，或者友谊，或者慈善，或者爱——甚至好奇，或者愤慨，或者渴望满足或认可中，就不可能了呢？康德把敬重作为一种道德情操而与所有其他作为病理学上的情感区分开来，完全是武断的。我们能够作出的唯一区分是，当情感在刺激－反应中自然喷涌时，有一些情操是没有想到的，因而既不是道德的也不是不道德的，还有一些情操是通过行为的目的转化而来的。在此情形中，根据目的的特性，所有情操可能无一例外地是道德的或不道德的。康德的那种区分不仅在心理学上是武断的，而且在历史上是错误的。它与正确相距如此之远，以至于唯一的道德情操竟然是对法则的敬重，以至于人们在能够产生这种抽象的敬重感之前，多少世纪以来竟然一直是通过爱、恨以及社会关注的动机的驱动而行动的。还可能被质疑的是，像康德所处理的这种敬重感，甚至是否真的是道德情操的最高或终极形式——这种情感是否能转化为爱，在这种爱中，个人利益的一面与客观目的的一面存在着完满的统一吗？①

b. 康德式的目的将不会带来行为举止的系统化——相反，它很容易导致差异和冲突。如我们所见，把统一性给予行为举止的领域，需要一种原则。这种原则包含了行为的所有动机，并在对整体——一个把各种特定行

---

① 至于较大篇幅的批判，参见〔英〕凯尔德《康德的批判哲学》第二编第二卷第四章。

为组织进一个和谐体系中的普遍整体——的贡献中赋予每种动机以适当位置。而康德的善的概念，并不导致这样的结果。我们甚至可以说，它使这种结果成为不可能了。根据康德的观点，每个行为必须被认为是独立于每个其他行为的，而且必须能够基于其自身的缘故而普遍化。每个行为动机必须自身能够成为一个普遍的自然法则。因此，每一特殊的行为规则变成了绝对的规则，留给我们的不是包含了所有彼此相关的特殊的一种普遍，而是字面上的很多种普遍。这些普遍之间不仅无法统一，而且每个普遍作为绝对的普遍必然相互矛盾。如果"要一贯讲真话""一直要保护生命"这样的原则自身就是普遍的，而不是由于其和某种总体性的、主导性的生命原则的关联才是普遍的，那么当这些原则发生冲突的时候人们就一定不能调和这些原则了。①

c. 这一原则是如此空洞，毫无内容，以至于它不能使我们评判任何具体的行为。

在此应注意一个同样也适用于批判快乐主义的提醒：当我们说上述目的不能使我们评判具体行为时，我们的反对意见并不是说这种理论（在此情形中，可能是康德主义或快乐主义）没有为我们提供德行的规则。无论理论如何正确，为行为举止制定规则都不是某种理论的事情。理论只是要发现什么是目的，而正是所期待的目的才决定了具体行为。正如三角学（trigonometry）的任务就是丈量土地一样，伦理学的任务不过是告诉一个人应该做什么特定的事情。但是，三角学必须阐述土地得以被丈量的原则，同样，伦理学也必须阐述主宰行为举止的目的。对快乐主义和康德主义的反对意见在于，它们所给出的目的并非自身就处于与行为举止的某种实践关系之中的。我们并不是由于理论没有在具体行为方面帮助我们才反对康德主义的，而是因为当真正的道德目的必须决定整个行为举止时，康德所说的那种目的，即形式法则，对我们毫无帮助。

假定一个智力得到充分发展的人被抛到一个复杂的生活环境里，而他以前又没有关于正确或错误，或者关于流行的道德守则的知识。但他却知道，善是在善良意志中被发现的，善良意志就是那种被普遍性法则的纯粹

---

① 参见〔英〕凯尔德《康德的批判哲学》第二编，詹姆士·麦理浩父子出版社，1889，第187~190、215页。

观念所驱动的意志。我们能想象，这样的人从他的这种认识中，能获得任何关于他应追求的和应避免的具体目的的观念吗？他是被要求具体行动的具体环境所包围的，但他知道的一切就是，无论他做出什么行动，都是要从尊重善良意志的普遍性或立法的品质出发而行动。那么，在这一原则和他要做什么事情之间，存在什么共同性呢？从单纯的普遍法则的思想到由此法则产生的某种具体目的之间，并不存在沟通的桥梁。没有一个共同的原则能一方面生长出法则的概念，而另一方面又生长出行为的各种具体目的的概念。

然而，假定目的是被独立地加以倡导或提出的，那么康德的概念就可以被用于检验其道德恰当性了吗？目的必须能够被普遍化，这一概念是否告诉我们这种或那种目的是要被追随的目的？事实上，没有那样的目的，无论是源于自身还是基于自身（whatever that in or by itself），目的都不能被认为是自身同一的或普遍的。如果我们预设了某种规则，或者预设了某种道德秩序，那么可能真的出现这样的情况：一个既定的动机不和这种预设的规则或道德秩序发生冲突就不能被普遍化。但是，如果把与某种明确目的相关的道德体系搁在一边，而只出于比较的目的，那么，说谎就像讲真话一样，也能够被普遍化。在普遍的偷盗的动机中并不比在普遍的诚实的动机中存在着更多的矛盾——除非存在着作为标准的某种事物的秩序或体系，其中所提议的行动适合作为其组成部分。而这并没有导致这一行为的纯粹普遍性，而是造成了决定这一行为之道德性的体系或真正标准。①

30. 对行为举止的康德式标准的批判（续）

（2）关于共善或目的的繁荣发展。如果康德的目的是如此形式化、如此空洞，以至于使我们不能把个人的各种行为彼此联系在一起，那么我们可能会毫无争议地同意，这种目的也不能为我们提供一种目的，从而把不同人的行为统一进一个相互关联的行为秩序之中。那种基于对作为法则的法则的关注而行动的道德目的，是通过每个人自身而呈现在个人面前的，

---

① 关于前面的批判，参见布拉德雷《伦理学研究》第四篇论文；〔英〕凯尔德《康德的批判哲学》第二编，詹姆士·麦理浩父子出版社，1889，第 185～186、212～214 页，当然，还有第二卷的整个第二章。

而与这个人和他人的关系完全不相干。这个人具有这些关系，确实可能丰富了法则必须应用的素材，但这种东西与法则的特性却完全是风马牛不相及的。这种目的自身并非社会性的目的；如果在某些情形中，社会因素无论如何要被考虑的话，这也纯粹是偶然的。正是由于目的所具有的那种特质，它才诉诸作为孤立的个体的个人。

康德虽然没有明确放弃道德目的的纯粹形式特性，但他也赋予那种目的以越来越多的内容，并赋予那种内容以社会性。注意康德这样做的方式，是有趣的。道德法则不是由外在权威强加的，而是由理性的意志本身施加的。意识到一个普遍的、自我施加的法则，就是意识到一个人的自我具有普遍的方面。这种法则的源头和目的都存在于意志之中——存在于理性自我之中。因此，人（man）对其自身而言就是目的，因为理性自我就是人。这种存在物就是有人格的人（person）。"理性存在物是有人格的人，因为他们的本性把他们划出来作为目的本身，即作为永远不应被单纯用作手段的存在物……这种存在物不只是对于我们才是目的——由我们行为所带来的这种目的的存在而具有价值——而是客观目的，即其存在本身就是目的的那种存在物，这是一种其他目的所无法替代的目的，因而它不能被化约为纯粹的手段。"① 由此，我们获得了第二个公式。"在你自己的人格和他人的人格中，总是把人性（humanity）作为目的来对待，永远不要把人性单纯作为手段来对待"②。在此，行动的标准就不再是其动机的纯粹自相一致，而是其与行为者的理性本性的一致。正是这种本性，才把他构成为一个有人格的人。还有，"每一个理性存在物的意志同样也是一种普遍立法的意志"③。这样就引入了体现在他人与个人自身中的人（humanity）的概念，这样，我们的标准就被社会化了。然而到此为止，我们只是得到一群有人格的人，其中每一位都必须被看作是自在的目的，而没有得到其中每个人都被同等关注的社会统一体。在其"目的王国"的概念中，康德进入了后一个观念。"我们获得了一切目的的完整而系统相关的总体性这样

① 参见《康德的伦理学理论》，阿博特译，朗文·格林出版社，1883，第46~47页。
② 参见〔英〕凯尔德《康德的批判哲学》第二卷，詹姆士·麦理浩父子出版社，1889，第219页。
③ 参见《康德的伦理学理论》，阿博特译，朗文·格林出版社，1883，第49页。

的观念——一个自身作为目的的理性存在物的完整系统"①，同时也是其中每个通过自身就可以被建立起来的特殊目的的完整系统——即一个目的的王国。道德就是一切行为对这种立法活动的参照，而单靠这一立法活动就能使这种王国成为可能。这种把纯粹形式的普遍性转化成一个具有人格的人的社会或王国——它没有像康德所说的那样得到了足够的分析——确实给了我们一种社会性的标准，接下来我们要遇到与其相似的作为真正理想的某种东西。而最后要说的是，它在本质内容上和穆勒"把自己只看作一个集体的成员"的那种个人或者斯宾塞的自由社会中的自由个人并无区别。

31. 康德理论的价值

对于康德的理论，我们一定不要留下这样的印象，以为它只是哲学家头脑中的奇思怪想。如我们将要看到的那样，它至少在两方面为我们提供了必须被采纳的因素；而即使在错误的地方，康德理论也是极有教益的。

康德的基本错误在于：在他的概念中，一切欲望和自然倾向都是为了追求私人快乐，因而要从道德目的的概念中被排除出去。与此相应，康德关于善良意志是纯粹形式的结论，将不可避免地推出——如果这一结论成立的话——在自然倾向本身与理性或道德法则本身之间，存在着某种内在的对立。而如果存在这样的对立，那么一切欲望必须被从目的关系中排除出去。我们无法通过区分高级欲望和低级欲望来进行调和。相反，如果目的要有内容，它就必须包括一切欲望，一点也不遗漏自身被认为是低劣的或无价值的欲望。康德伟大的否定性工作在于表明，禁欲原则在逻辑上将导致纯粹形式主义——禁欲原则意味着把人的自然倾向从道德原则中分离出来。

康德所完成的肯定性的工作首先在于，他明确地洞察到这样的事实：善只在活动中才被发现；意志自身而非其自身之外的其他东西才是目的；要采用任何其他学说，就是采用了一种不道德的原则，因为这样做就是要让意志（品格、自我和人格）臣服于某种外在的目的。他的第二项伟大的肯定性工作在于表明，有必要把每一种欲望偶尔产生的直接满足视为无效，并把其隶属于某种不是在特定欲望中发现的法则。他还证明，不是特

---

① 参见《康德的伦理学理论》，阿博特译，朗文·格林出版社，1883，第 51~52 页。

定的欲望，而是那种被法则的观念所主宰的欲望才能成为道德行为的动机。即使他陷入了这样的错误，即坚称这意味着，欲望必须从道德动机中排除出去，这种错误也并没有降低下述命题的正确性：每一种特定欲望必须是被一个普遍法则所主宰的。禁欲主义的正确之处在于，欲望必须接受检查，直到它臣服于整个人的活动为止。①

32. 问题及其解决

如果我们把考察快乐主义和康德主义的结果汇总起来，就会大致得出如下的问题和解决方法。行为的目的或者善，就是实现了的意志、发展了的或被满足了的自我。这种被满足的自我，既不是在获得那种通过偶尔产生的欲望的满足而获得很多快乐中被发现的，也不是在只因为是法则所以服从法则中被发现的。它是在符合法则的欲望的满足中被发现的。然而，这种法则不是外在于欲望的某种东西，而是欲望自身的法则。每一种欲望只是品格趋向更大行动的一种努力，它真正能够发现满足（即经过内在努力而达到外在行动）的唯一方式是作为品格的表现形式。欲望，被看作只渴求其自身明显的或直接目的的欲望，是一个抽象。它是那种渴求整体性和连续性活动的欲望，其满足需要其适应这种整体性和连续性的活动，需要使其可以符合那种把整个人带入行动的条件。正是这种符合或适应，才是欲望的法则——"普遍"在主宰其特殊的性质。这种"符合"不是机械性的削足适履，也不是揠苗助长，而是对自然欲望的重建，直到其成为整个人类的表现为止。因此，问题就在于发现那种包容并转化一切特殊欲望的品格或自我的特殊形式。这种品格的形式同时也就是善和人的法则。

我们不能满足于这样的观念，即目的是自我的满足，而这种满足同时也包容并主宰特殊欲望的各种目的。这一观念并没有告诉我们什么积极的东西——无论它多么有价值，它可能只是消极地警告我们要反对那些片面的观念——到我们知道什么是整体的自我、其满足具体在什么方面为止。作为朝向这种更为具体的公式的第一步，我们可以说：

---

① 参见〔英〕凯尔德《康德的批判哲学》第二卷，詹姆士·麦理浩父子出版社，1889，第200、203~207、226~227页。

33. 道德目的或善就是通过人并作为个体性的人的实现

当我们说这种实现是通过人并作为人时，并没有说出什么新的东西。我们只是重复了我们对德行已经了解的东西。行为举止并不是直达某种后果的活动——一颗子弹从步枪中射出就是这样的活动。只有当后果已被预见时，才存在行为举止并产生行动的理由。人是一种能够做出某种行为举止的存在物——一种能够向自己提出各种目的并试图实现这些目的的存在物。

但是，上述公式剩余部分的内容是什么意思呢？我们所说的个体性是指什么？在个体性中，我们可以区分出两种因素——或者更好地说，两个维度，两个方面。一方面，它意味着特殊的性情（disposition）①、气质（temperament）、天赋（gifts）、爱好（bent）、自然倾向（inclination）；另一方面，它意味着特殊的位置、情境、界限、环境、机会等等。或者我们可以说，它是指特定的能力（capacity）和特定的环境。这些因素中的每一种如果与其他种分开，就是纯粹的抽象，没有现实性。个体性是由这两大要素一起构成的，这样说在严格意义上也不正确。如前所述，毋宁说每一个因素都是从某种观点来看的个体性，从内部或者从外部来看的个体性。

如果我们倾向于把个体性单单等同于某种内在的方面，等同于与周遭环境相分离的能力，稍加反思就能发现其错误之处，即使那种最致力于坚持"自我教化"（self-culture）的人也不会主张，在与世隔绝的状态下，一种天赋能够得到发展，或者一种性情能够得到表现。要让性情、天赋成为其可能成为的样子（平易近人或喜怒无常，对音乐、抽象科学或者工程的天赋），如果游离于其周围的某种环境，不要说对它的培养，就是它的存在，也是荒诞不经的。如果一个人为了更好地培养他的能力，而把自己关在壁橱里或者走进一片沙漠，至少那片沙漠或壁橱仍然是存在的；这种能力的培养也是以它们为条件的，他必须以它们为参照物来培养他自己。事实上，没有人能完全从环境中抽身而退，如何强调这一点都不会错。重要的在于，一个人锻炼其能力的方式和目的总是相对于并依赖于周遭环境的。能力若游离于环境之外，就纯粹是空洞的，对能力的锻炼总是要确立

---

① disposition 意指较为强烈的情感倾向，故译为"性情"。——原译者注

起与外在于它的某种事物的关系。关于游离于环境之外的能力，我们所能说的一切就是：假如提供了某种条件，就会存在某种能力。我们把一种能力（capacity）称作技能（capability）①，一种可能性，似乎就是为了强调外部提供环境的必要性这一目的。

另一方面，我们通过回忆获得了同样的事实，各种条件和环境对于个体性而言，并不是毫不相干或无足轻重的。一个个体和另一个个体之间的差异同样在于各自所处的位置，就像每一种能力的差别一样。这就是说，环境进入了个体性而成为一个构成因素，并帮助它成其所是。

另外，正是能力，才使环境真正成为相对于个体而言的环境。

环境不只是客观上偶然发生在行为人那儿的事实，而是那种可以与行为人的能力、性情和天赋相关联的事实的一部分。虽然在外人眼中，同一个家庭的两个成员可能具有完全相同的周围环境；但是，其中每个人从这些环境中却可以得到完全不同的激励、素材和动机。其中每一人都有一个不同的小环境，这种环境的不同是由于其自身选择的模式造成的；通过这种不同的方式，他的兴趣与欲望在他那儿充当了可塑造的素材。因此，我们所谈论的不是物理环境，而是与意识相关的环境，是被行为者的人为因素所影响的环境。这就是实践的或道德的环境。这种环境不是那种此时此地存在于空间中的环境，对那位基督教的殉道者而言，他的主耶稣的受难以及对他的信仰的奖赏，在他自己那儿要比火刑柱和烈火更是其环境的真实部分。达尔文或华莱士可能会在南美洲或菲律宾群岛发现其环境——或者甚至是在地球上的某个地方或在无论哪个地质纪元中发现其环境。一个具有慈善本能的人，会在印第安人或刚果黑人那儿发现其环境。无论在时间和空间上如何远近，无论一个人的能力和需要把这个人与什么东西相联系，这个东西就是环境。一旦我们意识到，只有人们看作激发并表现某种内在能力的适当素材的那种东西，才是其周围环境的一部分。我们就不仅懂得了能力依赖于环境，而且也懂得了环境依赖于能力。换言之，我们看到，单纯的能力或环境本身只是一种抽象，真实的事物是由彼此相关的能

---

① 在杜威看来，capacity 主要指个体整体性的、自然的活动能力，而 capability 则指个体适应周围环境并可在后天培养的能力，因此把 capacity 译为"能力"，而把 capability 译为"技能"。——原译者注

力和环境所构成的个体。

我们可以用功能（function）这个术语来表达个体性的上述两个方面的联结。功能的观念是一种能动关系的观念，这种关系是在行为力（power of doing）与所做的事情之间建立起来的。履行一个学生的功能，不仅是内在地培养趣味和可能性，也要符合各种外在要求，包括事实的要求、老师的要求、需要知识的其他人的要求。一个履行其功能的公民不仅是在内心培养爱国主义情操，而且也必须满足他所生活于其中的城市和国家的需求。艺术功能的实现不是致力于在一个人的自我内部注入美的情感，而是履行某种召唤。另一方面，人们几乎不需要说，一个学生、一个公民、一个艺术家的功能不是在单纯遵守某种外在需求中得以履行的。没有内在的性情或自然倾向，我们就称行为举止是僵死的、草率的、虚伪的。除非一种活动是有机的，是对行为者生命的表达，否则就不是功能性的。

因此，功能包括两个方面——外在的和内在的方面——并把这两方面化约为一个活动中的要素。我们在某种动物性功能中获得类比。消化功能包括占有适当的原材料，它同样也包括占用适当的器官。器官的任务、工作就在于占有原材料。因此在道德上，功能就是去行动的能力以及被转化为个人活动要素的环境。

由此我们获得了道德目的的另一个公式：一个人在表现其特定功能时，这种功能存在于那种参照其具体环境而实现意欲和力量的活动之中。

[导读]

本部分要点可整理如下。

一　简述康德义务论伦理学的基本观点（第27节）

杜威指出，康德伦理学的论题主要是义务而不是善。接着，杜威对此做了详细的说明。

第一，善以及善良意志的本性。善只属于意志，善良意志是自身善，并非出于适应任何外在的目的，就像珠宝一样自带光芒并因其自身而具有宝贵价值。

第二，善良意志是出于其自身的法则而行动的意志，是出于为义务而义务来行动的意志，而不是把外在目的如快乐作为驱动力。

第三，法则的本性要摈弃一切经验质料，是纯粹形式的。自由意志的行为是出于对法则的敬重。

第四，善良意志的法则要遵循使行动准则成为普遍立法的原则。基于法则的行动需要将个体行动的动机变成可普遍化的行为的动机。

二　快乐主义伦理学与康德伦理学的比较（第 28 节）

杜威认为，快乐主义伦理学和康德伦理学在行为举止的目的及其正当性阐释上存在分歧，且各有其偏颇之处。

快乐主义伦理学认为，行为举止是受特定欲望支配的，其正当性基于欲望得到满足后是否获得了快乐。换而言之，行为的后果——快乐与否决定了行为举止是否正当。

康德伦理学强调，行为举止的目的不能有感性欲望的位置，人应纯粹为义务而义务地行动。只有出于善良意志的动机才能证明行为举止的正当性。

两种理论都有着明显的缺陷，存在走极端之嫌，最好的办法是取两种理论的合理之处而用之。于是他提出行为举止目的既不在于感性快乐又不在于抽象法则，而在于符合法则的欲望的满足。

三　批判康德关于行为举止标准的观点（第 29～30 节）

杜威指出，康德的道德法则并不能作为行为举止的标准，并提出了两点理由：一是康德形式化的可普遍化原则作为行动目的显得空洞而抽象，不能把行为举止统一起来且具有一定缺陷；二是康德的形式化的可普遍化原则并不能促进社会共同善的形成。如果每个人仅出于个人道德法则而行动，那么就无法把不同人的行为纳入统一的行为秩序之中，社会共同善也就不复存在。对于第一点理由，杜威又给出了三点较为详细的解释，可梳理如下。

其一，出于抽象法则的行为举止阻碍了德行的实现。否弃感性欲望的满足所带来的快乐使得德行的实现缺乏一定的驱动力，从而变得不可能。杜威指出，为解决行为动机的困境，康德想到以对道德法则的敬重感来驱动合乎道德的行为举止。杜威依然质疑：既然敬重感是众多情感中的一种，何以其他情感不能成为道德行为的推动力呢？康德的做法是独断式

的,也是不符合历史实际的。在康德之前的时代道德行为的驱动并不出自
对道德法则的敬重感而是出自爱、恨及其他动机。总而言之,纯粹通过对
法则的敬重感并不能使行为成为道德行为的驱动力。

其二,片面强调抽象道德法则绝对性会招致对行为举止的整体动机把
握上的失效和可普遍化原则之间的冲突。例如能否对怀有歹意的凶徒撒
谎?如果按照康德的理论,撒谎在任何情况下都是不被允许的,然而保存
自我也应是一个符合可普遍化道德原则的义务,如此一来,不可撒谎的原
则与保持自我的原则之间产生了不可调和的冲突。其本质在于过于强调抽
象道德法则的绝对性而失去从整体上掌控各种动机的可能。

其三,康德式道德法则如此抽象以至于根本无法指导任何具体的行
为。杜威举了一个例子,假如一个智力正常而处于复杂道德情景的人,仅
仅依据善良意志普遍性法则行动,这会让他变得无所适从。

四 指出康德理论的得失及解决之道(第31~32节)

在杜威看来,康德义务论伦理学不足之处在于为义务而义务,将感性
欲望和自然倾向看成不合道德目的的因素而予以排除。与此同时,康德理
论有其长处:一是指出善只能在实践中被体现,善意志是自足的善,不需
要借助外在目的;二是提出受法则的观念制约的欲望的满足才是合乎道德
行为动机的。随后,杜威在考察快乐主义和康德义务伦理学后,提出了自
己的独到见解。他认为,行为的目的或善就是自我的满足。但它既不是体
现为欲望满足的快乐,也不是体现为为法则而法则的服从,而是体现在符
合法则的欲望满足之中。

五 提出自我实现理论(第33节)

杜威强调,善的实现就是通过个体性的人,离不开包含个人内部特定
的能力和外部特定的环境两个要素。这两个要素之间是不可分离的,是一
种相互作用的关系。能力的提升需要借助于外部环境,同时能力使外部环
境成为不同于个体的是其所是。

功能的实现不仅需要内在的能力,而且也要符合外在的需求。在道德
上,功能就是做的能力和制约个人行动的外部环境。

杜威伦理学中的自我实现理论为处理个人与社会共同体的关系提供了

一个有益的探索：一方面，个体为维护生存和发展，有权利最大化地提升自身能力以实现其个人自我价值；另一方面，作为社会共同体的成员，有义务维持社会共同体的基本秩序，协调个人利益与社会利益齐头并进以实现和谐发展。

[简评]

《批判的伦理学理论纲要》选自《杜威全集·早期著作（1882—1898）》，是杜威根据其教学笔记整理而成的。"批判的"一词点出杜威做哲学的方法，这种方法使用比较对照手法来考察各种伦理学理论的长处与不足，坚持守正与创新相结合。他一方面指出传统伦理学各种理论的片面性，另一方面整合其中所蕴含的合理成分为其所用。该著作的目的在于对伦理学理论各要素进行提纲挈领式的分析，让学生了解伦理学的主要方法、问题及观念。

杜威对该书主题和章节的安排颇有深意，体现了极强的逻辑性。其在导论中首先厘清了一些基本术语和核心概念的含义，如伦理学、道德、行为举止等。然后深入地考察了行为举止的各个方面和要素，主要是动机、情感、行为的后果和行为者的品格。杜威提出，伦理学是关乎行为举止的科学，它的任务是探寻赋予行为举止以道德价值的目的。得知行为举止目的，那么评判具体行为正当性的标准便应运而生。目的决定了具体行为是否正当，与此同时具体行为也是目的的体现。但目的与具体行为还有另一层关系。目的不仅表明了特定行为的正误，而且特定行为也必须追求目的之实现。目的或善规定着应该做什么。而任何对于实现目的不可或缺的行为就是义务。这就涉及人的本性，它能够行动、证明并实现目的，能够做出正当的（或错误的）行动、履行义务性的或善的行动。这势必会引向对于自由或道德能力及其实现的问题的讨论。对伦理学的善、道义和自由等基本概念的讨论构成了该书的上篇；中篇主要讨论实现善所必须依赖的外在环境等；而下篇着重探讨个体的道德生活的方方面面。

从整部著作的主题和内容来看，节选部分是《批判的伦理学理论纲要》中批判式分析方法的典型应用，并详细地论述了在该著作中较为重要的自我实现理论以及关键概念"道德个体"与"外在环境"的相互关系。杜威一向把现实的道德生活理解为道德自我和道德情境的相互作用。正如帕帕斯所说:"在杜威伦理学中,道德自我是在道德上重构令人困惑的情境的过程的一个组成部分。因此,当在某个特殊情境中发生交易时,这个自我既影响发生的事情又受发生的事情影响。这一点在我们所做的事情的性质与我们给情境所赋予的特征的性质之间确立了一种重要的有机关系。"① 杜威对于道德自我与道德情境相互作用的理解是其在伦理学领域进行"哥白尼革命"的重要体现。鉴于"道德自我"与"道德情境"这一对概念在杜威伦理学体系中的重要地位,这里结合其他论著对此做进一步的阐发。

在杜威看来,"伦理学是从对或错、善或恶的角度研究行为的科学"②。伦理学是研究道德行为的价值科学。道德行为的价值来自人的本性的自我实现。他认为,人的本性并不是一成不变的,它会随着社会环境的变化而改变。道德是人的本性与社会环境相互作用的结果,在此过程中道德亦不断生长。人们的道德行为就是道德自我在各种情境中的体现,道德自我只是道德行为的动因,而非其全部。因此,杜威主张,合理的伦理学体系不能把道德自我和道德行为后果割裂开来,自我和后果是一体两面的,必须把两者统一起来。鉴于此,杜威不仅反对康德伦理学的动机至上原则,同时还拒斥功利主义的唯后果论。

杜威承认,道德情境的复杂性使道德实践中充斥着许多不确定因素以及由此引发的价值冲突。道德情境中至少存在三个因素影响着人们的道德判断:感性欲望与冲动、目的以及个人对他人道德行为事后的评价。道德判断要综合考虑道德情境中的各种因素,理性地对道德活动进行经验观察。如此一来,一些抽象的道德原则也就会自然而然地随之失效。据此,杜威认为,伦理学作为一门实践性的科学,如果想要获得生命力,那就不仅要进行理论探讨,更应走进生活,深入实践,从做中学,以使道德理论具有实践向度。因此,在现代西方众多道德理论中,杜威伦理学被认为是成功实现实践转向的典范。

从总体看,虽然杜威伦理学著作散见于杜威创作的各个时期,并未构

① Gregory F. Pappas, "Dewey's Ethics: Morality as Experience," in Larry Hickman, ed., *Reading Dewey: Interpretations for a Postmodern Generation*, Indiana University Press, 1998, pp. 100 – 123.

② John Dewey, James H. Tufts, "Ethics," in Jo Ann Boydston, ed., *The Later Works of John Dewey (1925 – 1953)*, Southern Illinois University Press, 1985, p. 9.

建出严谨完备的伦理学体系，但是杜威的伦理学思想充满着极富创造力的见解和独具特色的思维方式，他并没有像传统伦理学家那样去探索一般道德原理，关心道德原则的永恒性和绝对性，而是把道德生活看成不断变化的动态过程。在西方传统伦理学理性主义和经验主义仍交替产生重要影响之时，杜威伦理学打破了传统主客体二元对立思维模式，为危机重重的现代道德危机提供了可资借鉴的一种解决方案。

［参考文献］

1.〔美〕约翰·杜威：《杜威全集·早期著作（1882—1898）》第 3 卷，吴新文、邵强进等译，华东师范大学出版社，2010。

2. 刘放桐主编《杜威哲学的现代意义》，复旦大学出版社，2017。

3. 万俊人：《现代西方伦理学史》下卷，中国人民大学出版社，2011。

4. Jo Ann Boydston, ed. , *Guide to the Works of John Dewey*, Southern Illinois University Press, 1970.

5. Larry Hickman, ed. , *Reading Dewey: Interpretations for a Postmodern Generation*, Indiana University Press, 1998.

摩尔：《伦理学原理》

[作者及作品简介]

G. E. 摩尔（George Edward Moore，1873～1958），英国哲学家，新实在论及分析哲学的创始人之一，也是推动 20 世纪元伦理学发展最重要的代表人物之一。

摩尔生于英国伦敦的上诺伍德，1892 年考入剑桥大学三一学院，成为一名古典学专业的学生，并于 1896 年从三一学院毕业。在三一学院的第一年，他遇到了罗素，一位比他高两届的学长。其间，罗素鼓励他学习哲学，摩尔很快听从了罗素的建议，学习了很多哲学课程，并逐渐对伦理学产生了浓厚的兴趣。他于 1898～1904 年在三一学院从事研究工作。1911 年起历任剑桥大学道德科学讲师、精神哲学与逻辑教授，并成为三一学院终身研究员，1939 年从教授职位退休。1940～1944 年先后在美国史密斯学院、普林斯顿大学、哥伦比亚大学等校担任客座教授。1958 年 10 月 24 日在剑桥去世。

摩尔最重要的作品当然是他的《伦理学原理》，该书共分为六章，其中的第一章主要讨论伦理学的研究主题、基本概念，伦理学的基本方法等。在这一章里，摩尔提出了许多非常著名的论题，如："善"这个概念是不可定义的，定义"善"的"自然主义谬误"等。第二章标题为"自然主义伦理学"，事实上，在这一章里摩尔仅仅讨论了自然主义伦理学的其中一种形态即"把善定义为除了快乐（幸福）以外的其他经验事物的伦理学"——例如进化论的伦理学思想。第三章"快乐主义"对自然主义伦理学的第二种典型形态进行讨论，在这一章中，摩尔重点论证了为什么把"善"定义为"快乐""幸福"等是不可取的——犯了"自然主义谬误"。第四章"形而上学的伦理学"则讨论了规范伦理学的另一种表现即以康德的义务论为代表的伦理学，摩尔认为，这种伦理学把"善"和某种超验的形而上学对象联系起来；尽管这种类型的伦理学表面上没有犯"自然主义谬误"，但本质上，它们也是"自然主义谬误"的代表——只不过把"善"定义为超验对象如"绝对律令"。第五章"关于行为的伦理学"，正如其标题显示的，摩尔在这一章意欲处理的问题是实践伦理学的问题。摩尔认为，就我们应当采取何种伦理行为这个问题而言，我们无法论证出"其中某一种行为是必须的、是一种义务"。也就是说，哪些行为是严格意义上的"义务"是无法被证明的，我们所能证明的仅仅是：在某些条件下可供选择的一组行为中，选择其中一个行为将产生相对较好的后果。最后一章即"理想事物"，在这一章里摩尔主要讨论了"内在价值"（intrinsic value）这个概念，根据他的论证，只有少数事物例如友谊（人和人之间的爱）、对美的欣赏等具有内在价值。实际上，摩尔的选择"显然"是非常奇怪的——他似乎是采取了一种个体主义的立场，因为他对内在价值的选择完全基于和个人有关的"爱"和"美"，而排除了常见的社会价值如"自由"等。

［著作内容及导读］

一 摩尔论"善"（goodness）

在《伦理学原理》的前言中，我们知道摩尔区分了两种类型的伦理学陈述：

A. 什么事情就其自身而言是善的？
B. 什么样的行为是应当去做的？

摩尔认为，之前的道德哲学家们并没有很好区分这两类问题，由此造成了很多哲学上的困惑和混淆。对于第二类问题，摩尔认为它们并非真正意义上的伦理学问题，而只是一类特定的道德问题——道德哲学所关注的。与之相反，第一类问题是真正的伦理学问题——正是这类问题奠定了伦理学的基础。这一点恰好体现了摩尔所开创的元伦理学具有的风格：为了弄清楚什么事情就其自身而言是善的，我们首先要做的是对"善"这个概念做一番清楚的分析；于是乎，分析伦理学的核心概念、命题等就成为伦理学的主要任务，伦理学无须首先关注伦理规范——我们应当如何去行动。

因此，对 A 类陈述的关注自然就成为整个《伦理学原理》的核心主题。关于 A 类陈述，摩尔的基本观点可总结如下：

（T_1）一个论证的结论若是 A 类陈述，而该论证的前提却都不是 A 类陈述，那么这个论证的前提将不会蕴含结论，或者为结论的成立提供任何证据。

换句话说，除 A 类陈述自身为 A 类陈述提供证明或者支持以外，A 类陈述是无法被证明或者支持的。例如下列命题：

（P_1）快乐就其自身而言是善的。

根据摩尔的上述看法，我们无法为这个命题提供任何证明和支持，除非这个证明或者支持里面已经包含有"关于什么东西就其自身而言是善的"这样的因素。但直观上，摩尔的这种认识显得有点怪，因为我们似乎可以用如下断言来为 P_1 提供支持：

（P_2）快乐就其自身而言是所有人都欲求的。

也就是说，正因为所有人都欲求快乐，我们认为快乐就其自身而言是善的。所有人都欲求快乐为快乐是善的提供了支持。

但摩尔坚持认为类似 P_2 这样的命题并没有为 P_1 提供任何支持。摩尔的基本想法是，要想使得陈述 P_2 为陈述 P_1 提供支持，那么下列条件首先需要被满足：

（P₃）所有人都欲求的就其自身而言是善的。

并且同时，我们还必须把陈述 P₃ 看作对何为"善"的一个定义，因为若非如此的话，我们还可以继续追问"为什么所有人都欲求的就是善的？"——这将使我们陷入无穷回退。但是陈述 P₃ 确实是对于"善"这个概念的一种定义吗？对于摩尔来说，答案显然是否定的。摩尔是如何论述这一点的呢？接下来我们转向对这个问题的讨论。

二 摩尔论"善之不可定义"

摩尔在《伦理学原理》中意欲达成的首要目标是确立这样一种学说：就伦理学的核心概念"善"而言，它是不可定义的。根据摩尔对定义的一般看法，即只有那些复杂的、具有部分的事物，或者是可以分析的事物，我们才能对其进行定义。那么"善之不可定义"这个观点意味着，"善"概念本身是简单的、不可分析的。

于是我们想知道的是，摩尔为什么认为"善"是不可定义的。为了弄清楚这一点，我们有必要先澄清，当摩尔说"'善'之不可定义"这个话时，他到底在说什么。

正如我在本部分开头提到的，摩尔对定义的看法是和"分析"这个观念纠缠在一起的。某种意义上，摩尔坚持传统的"分析—综合"之分，也就是说，对于摩尔而言，分析命题指的是那些必然为真的、先天可知的，仅仅通过分析该命题中的概念就能发现其为真的那种命题。例如下列命题：

（P₄）对于所有的 x，x 是偶数，当且仅当 x 能被 2 整除。

对于上述命题，我们仅仅通过分析"偶数"这个概念就能确保它是一个真命题，并且这个命题的真是必然的、无须通过经验证据就可知的。相反，综合命题是偶然的、需要经验证据才可知的命题，例如：

（P₅）对于所有的 x，x 是首都，当且仅当 x 是一国中央政府的驻地。

就命题 P_5 而言,尽管在大多数情况下,一国中央政府所在地确实是该国的首都,但这一点并不是必然为真的,我们也无法仅仅通过分析"首都"的概念就能知道该命题为真。以这个区分为基础,我们再来分析摩尔是如何论述"善之不可定义"这一观念的。

事实上,摩尔在断定"善之不可定义"这个论题的时候,他所坚持的不过是认为根本不存在以"善"为定义对象的类似于命题 P_4 那样的分析命题。以命题 P_4 为模板,我们把"善"这个概念代入其中,然后将其转换成如下形式:

　　(P_6) 对于所有的 x,x 是善的,当且仅当 x 是( )。

出现在上述形式括号里的内容是任何一种不同于善本身的性质——或者简单或者复杂,摩尔认为无论括号内出现的是什么性质,命题 P_6 都不可能是一个分析命题。也就是说,命题 P_6 表达的内容不论如何都不是"善"这个概念和任何其他性质之间的"同意义性"。既然如此,那么也就不存在任何(可以出现在括号中的)性质使得我们可以应用它来为"善"下一个定义。但这并不意味着,我们事实上没有命题 P_6 这种形式的真命题——当我们用一个性质填入括号中之后:

　　(P_7) 对于所有的 x,x 是善的,当且仅当 x 是对艺术品的欣赏和沉思。

即使 P_7 命题是真的,但根据摩尔的立场,它也仍然不是一个分析命题,因此它并没有为"善"提供一个定义。如果摩尔是对的,即"善"这个概念确实不可定义的话,那么任何试图对其下定义的努力都是不可能成功的。对于哲学史上试图为"善"下定义的努力,摩尔总结它们都犯了一个所谓"自然主义谬误"的错误——这些错误总是意图用一个性质(特别是自然性质如快乐等)来给"善"下定义。

让我们用摩尔自己的原文论述来结束这一部分的讨论,这段引文将清楚地表明摩尔对于"善之不可定义"以及"自然主义谬误"持有的看法。

但如果我们在此意义上理解这个问题，那么我给予它的答案看起来是一个非常令人失望的答案。如果我被问到"什么是善?"，我的答案是"善就是善"，并且这就是问题的最后结果。或者我被问到"善是如何定义的?"，我的答案是"它无法被定义"，并且这就是我能说的关于它的全部。尽管这些答案看起来可能令人失望，但它们却是极其重要的。对那些熟悉哲学术语的读者来说，我可以通过如下说法来表达它们的重要性，即它们意味着：那些有关善的命题，它们都是综合的而绝不是分析的；并且这很明显不是无关紧要的。而且相同的观点可以通过更加通俗的说法来表达，也就是说：如果我是对的，那么没有任何人能够强迫我们接受诸如"快乐是唯一的善"或者"善是所欲求的东西"这样的定理——佯装这就是善一词的真正含义。①

接下来我们转向对"自然主义谬误"的讨论。

三 摩尔论"自然主义谬误"

回到摩尔的《伦理学原理》文本自身，作者用了整整三章的篇幅来处理他所谓的"自然主义谬误"。最一般地说，所谓"自然主义谬误"，摩尔指的是：

（自然主义谬误：NF）给定任意 x，从命题" x 具有某种自然属性（natural properties）"可以推出命题" x 是善的"。

值得强调的是，到底世界中的哪些性质可以合格地被称为自然属性，这是充满争议的；但摩尔并没有着意处理这个话题，他在这个问题上的认识似乎完全是常识和直觉的。在《伦理学原理》第三章中，他显然认为"快乐"是一种自然属性，为此他专门用一章的篇幅来处理这种典型的自然主义伦理学——"快乐主义的伦理学"。但"快乐"真的是一种自然属

---

① Moore, *Principia Ethica(Revised Edition)*, edited by T. Baldwin, Cambridge: Cambridge University Press, 1993, pp. 58 – 59. 此处中文为笔者根据上述文本自行翻译的。

性吗?从当代哲学的视角来看,这个问题明显是未定论的。具体来看,如果我们将"快乐"看作一种内在的心智状态(mental state),那么"快乐"是否完全等同于某种"自然的"东西呢?目前来看,这一问题的答案并不清楚。尽管我们可以有把握地认为"快乐"的基础是"自然的"——例如大脑甚至身体系统,但是这个"自然的"系统具有的"快乐"属性,其本体论地位尚不完全清晰。

就目前的讨论而言,笔者假定何为"自然属性"是清楚的,并且假定"快乐"就是这样一种自然属性。下面笔者试图通过一个例子来具体说明 NF。首先,我们用"快乐"取代命题 NF 中的自然属性,得到:

(P_8)给定任意 x,从命题"x 具有快乐"可推出命题"x 是善的"。

接下来,我们用日常生活中经验的事例比如"喝酒是快乐的"来例示命题 P_8 中的变元,则由命题 P_8 可知:

(P_9)从"喝酒是快乐的"可以推出"喝酒是善的"。

根据摩尔的看法,命题 P_9 就是一个典型的"自然主义谬误"。而这里的一般教训是:如何从喝酒所具有的"快乐"这种自然属性,推得"善"这种规范性属性。

从文本来看,《伦理学原理》一书的第三章专门论述了 P_9 这种类型的"自然主义谬误"。摩尔认为,历史上的享乐主义和快乐主义伦理学全部都犯了这种谬误,因而是不可接受的。而《伦理学原理》的第二章则讨论了"自然主义谬误"的另一种类型,即把命题 P_8 中的自然属性看作除"快乐"以外的其他性质——例如幸福等。令人感到惊讶的是,摩尔在《伦理学原理》的第四章即标题为"形而上学的伦理学"的这一部分内容中,他讨论了自己心目中第三种类型的"自然主义谬误",其基本形式如下:

(NF *)给定任意 x,从命题"x 具有非自然属性(non-natural properties)"可以推出命题"x 是善的"。

　　例如我们可以把 NF * 中的非自然属性替换成"上帝所要求的"或者"康德式的绝对命令",那么这种形式的"自然主义谬误"就意味着:从"x 是上帝所要求的"同样不能够推出"x 是善的"。那么这里的教训则是:从"x 具有非自然属性"我们同样不能推出 x 具有规范性属性。

　　此时我们可以对比 NF 和 NF *,一个有意思的结论是:摩尔事实上想说的可能是一种关于"善"这类规范性属性的不可还原性;至于是不是能还原成"自然属性",这一点是无关紧要的。因此"自然主义谬误"这个名称其实是一个非常糟糕的名称①。从摩尔的本义来看,他想批评的其实是关于"善"这种性质的"还原主义谬误"。结合我们在前面两部分论述的内容,摩尔的这种"非还原主义"思想就更加明显。正因为摩尔坚持"善"是不可定义的,所以任何试图通过某种别的属性来推论(刻画)"善"的做法——无论这种别的属性是自然属性还是非自然属性——都是不可能成功的。也就是说,"善"不能还原成别的任何属性。于是,"善"的不可定义性和"善"的不可还原性事实上就是同一枚硬币的两面。

　　正因为如此,部分摩尔之后的哲学家认为摩尔用"自然主义谬误"来批评"快乐主义伦理学"等伦理学流派时,本身就犯了"窃取论题"(beg the question)的错误。② 仍然以"快乐主义伦理学"为例,它可能争辩说:我仅仅是提议了一个对于如何看待"善"的分析方案,我甚至都没有完全把这种分析看作对"善"概念的一种等同的替代。而"自然主义谬误"则说:不对,由于"善"是不可定义的(不可还原的),任何对"善"的分析方案都不可能。这种论证看起来就是在简单否定对立观点出发的前提,因而似乎并不具有实质上的反驳力度。

　　不难看出,要想使得 NF 或者 NF * 真正具备反驳的效力,摩尔需要对"善的不可定义或者不可还原"给出直接、正面的论证。事实上,摩尔在《伦理学原理》一书中,确实给出了对于"善之不可定义"的两个正面论证。接下来,笔者转向对这个话题的讨论。

---

① 参见 Bernard Williams, *Ethics and the Limits of Philosophy*, London: Fontana, 1985, pp. 121 – 122。

② 参见 Frankena, "The Naturalistic Fallacy," *Mind*, Vol. XLVIII, Issue 1992, 1939。

四　摩尔对"善之不可定义"的论证

应当说，摩尔对"善之不可定义"的论证是整个《伦理学原理》最重要也是最吸引人的地方，因为这个论证的成功与否直接关系着整个论著的立论是否可靠。综观《伦理学原理》一书，摩尔对"善之不可定义"这个论题给出了两个比较直接的论证：其一，把"善"这个概念和颜色词进行类比的论证；其二，也是学界讨论得最多最深入的论证即所谓的"开放问题论证"（open-question argument）。接下来，笔者将分别对这两个论证进行概述，以及在必要的时候对摩尔的论证进行评价。

（一）和颜色词进行类比的论证

根据摩尔在《伦理学原理》第一章的讨论，"是善的"这个属性和任意给定的颜色属性如"是红色的"是类似的。为了更清楚理解摩尔所说的这种类似，让我们首先看看颜色属性具有什么典型的特征。考虑如下命题：

（P_{10}）玫瑰是红色的。

由于玫瑰不是红色的这一点完全有可能，也就是说，玫瑰并不必然是红色的，那么上述命题所表达的内容就完全是综合的——单纯分析玫瑰这个概念无法得出它的颜色是红色的。从这一点来看，摩尔认为颜色属性并不本质上（内在地）寓于任何事物。当我们试图把颜色词转换成物理语言来描述的时候，这一点尤为明显。继续考虑如下命题：

（P_{11}）反射了某一特定频率的光波是红色的。

即使物理学把我们可见的红色光线对应成"反射了某一特定频率的光波"，摩尔也不承认这是一个对于"红色的"的恰当定义。理由如同上述已经提到的，我们从"红色的"这个颜色概念中无论如何不可能分析出"反射了某一特定频率的光波"这种性质——它不是颜色概念的一部分。想象一个红色不同于这种性质的世界不会导致任何矛盾。另一方面，虽然物理学把两种性质对应了起来，但两种性质之间的这种对应事实上是一种经验发现。所以，摩尔坚持认为类似 P_{11} 这样的命题并不是分析命题，它并没有为颜色属性提供任何定义。进一步地，任何类似的尝试都不可能真正为颜色词提供定义。

这样，摩尔就论证了颜色属性在本体论上的不可还原特征，这种不可还原特征显示了它们的不可定义性。与此类似，"善"这个概念在本体论上也一样，任何对其进行定义的尝试都不可能成功，因为这些尝试在本质上都只是给出了关于"善"这个概念的综合内容。尽管颜色词和"善"在本体论上就不可定义性来说是类似的，但它们毕竟不是同一类型的属性：对于摩尔来说，颜色属性是自然的，而"善"则不是自然的。这种不同导致了一个有趣的关于这两类属性的认识论区分：在认识上，我们通过直接的感知来认识颜色；与之相反，我们则通过理智的直觉来认识"善"。

我们该如何评价这个简单的类比论证呢？某种意义上，如果颜色属性和"善"这样的规范性属性确实具有本体论上的"相似性"，那么这种类比论证看起来就是非常直观和有力的。但现在的问题恰恰是，它们在本体论上的"相似性"何以成立？对于这一点，摩尔并没有予以过多关注。正因如此，笔者认为，摩尔的上述类比论证缺少了最为关键的前提之一。

关于这个类比论证，我们简单评述如上。接下来，我们把目光转向另一个论证。

(二) 开放问题论证

摩尔在《伦理学原理》第一章的第 13 节详细阐述了"开放问题论证"的核心想法，概括来说，这一想法可以表达如下：假定我们提供了对于何为"善"的一个定义，例如"x 是善的，当且仅当 x 是令人快乐的"，根据这个定义，我们仍然能够有意义地追问"对于某个具体的事物 a，加入它是令人快乐的，那么它是善的吗？"这个问题。换句话说，即使我们能够提供对于何为"善"的一种定义，但这个定义对于我们判定具体的事物是否为"善"也无法起到决定性的作用，询问一个具体的事物是否为"善"仍然是有意义的、开放的。

读者可能感到困惑的地方是，为什么询问一个事物是否为"善"是开放的，这种询问本身对"善"这一概念是否能定义会产生某种根本性的影响。也就是说，"开放问题论证"的效力到底体现在什么地方？粗略来说，这一论证的效力体现为：如果我们确实提供了对于何为"善"的一个恰当定义，那么我们就相应地获得了判断一个事物是否是"善"的恰当标准，根据这个标准，我们当然就能够准确地去判断某具体事物，它是否为"善"，也就是说，根据这个标准，对于"何物为善"这样的问题，它不可能是开放的；另一方面，如果根据上述标准"何物为善"这样的问题仍然是开放的，那么我们就没有提供判断"何物为善"的恰当标准，即我们并没有提供对于"何物为善"的恰当定义。根据以上分析，"开放问题论证"的效力其实取决于为什么在既定的对于"善"的定义下，对于判断"何物为善"这个问题来说，它仍然是开放的问题？接下来，笔者尝试对这一问题进行分析。

我们首先把前文提到的命题 P_7 看作对于何为"善"的恰当定义：

（P_7）对于所有的 x，x 是善的，当且仅当 x 是对艺术品的欣赏和沉思。

根据摩尔的"开放问题论证"，即使命题 P_7 是对于"善"的恰当定义，那么下述问题仍然是开放的：

（Q_1）如果 x 是对艺术品的欣赏和沉思，那么 x 是善的吗？

我们需要弄清楚的是，为什么摩尔会认为问题 Q_1 是一个开放问题。事实上，摩尔是以一种归谬的方式得出 Q_1 是一个开放问题这一结论的。也就是说，此时我们假定问题 Q_1 不是一个开放问题，即，对于问题 Q_1 我们可以明确回答：

（A_1）x 是善的。

此时由于我们明确了"x 是善的"，又由于命题 P_7 的定义，"x 是善的"就意味着"x 是对艺术品的欣赏和沉思"，那么这个时候我们可将回答 A_1 中的"善"替换成"x 是对艺术品的欣赏和沉思"，于是得到如下回答：

（A$_2$）x 是对艺术品的欣赏和沉思。

这时我们再结合问题 Q$_1$ 和回答 A$_2$ 进行分析，我们可得如下新的问题：

（Q$_2$）如果 x 是对艺术品的欣赏和沉思，那么 x 是对艺术品的欣赏和沉思吗？

这显然是荒诞的，我们想问的是"如果 x 是对艺术品的欣赏和沉思，那么 x 是否是善的"，而不是"如果 x 是对艺术品的欣赏和沉思，那么 x 是否是对艺术品的欣赏和沉思"。问题 Q$_1$ 和 Q$_2$ 是根本不同的两个问题。正因如此，我们可以根据归谬推理得出：问题 Q$_1$ 是一个开放性的问题。

综上，摩尔最终证成：关于"善"的任何定义都是不可能的。

关于"开放问题论证"，我们有什么可说的吗？它是不是一个成功的论证呢？正如有些学者指出的，摩尔的"开放问题论证"其实预设了一个关键前提即"分析悖论"，恰恰因为这个预设，该论证遭遇了一些麻烦：

> 开放问题论证在 20 世纪得到了极为广泛的讨论，也遭遇了许多质疑。其中一个质疑认为，该论证的效力依赖于"分析悖论"，即关于某个概念的任何一种定义，如果它是一个成功的定义，那么它将是空洞的。如果对一个概念的分析确实抓住了这个概念的内容，那么一个连接概念和概念的分析内容的句子就会是同语反复；但这个结果很难说是我们拒斥所有分析的理由。①

具体来看，摩尔似乎认为，对于一个给定的概念，假如我们提供了对于这个概念的某种恰当定义，那么我们可以视这个定义的内容为上述概念的一种分析；由于这个定义内容是纯粹对于概念的分析，那么本质上，这个定义内容就和被定义的概念说的是"一回事"——前者提供的内容本质上没有超出前者。另一方面，我们所追求的对于"善"的定义不可能是这

---

① Thomas Hurka, "Moore's Moral Philosophy," *Stanford Encyclopedia of Philosophy Archive* (Fall *2015 Edition*) , https://plato. stanford. edu/archives/fall2015/entries/moore-moral/.

种空洞意义上的定义。因此,对于"善"的任何定义都将是不可能的。但这里存在的问题恰好有两个:其一,正如上述引文提到的,即使我们对于某个概念例如"善"提供了一种空洞的定义(分析),但这是否意味着我们必须拒斥这样的定义(分析)——甚至进一步地,这种定义(分析)是不应当存在的;其二,对于给定的被定义概念,我们所提供的定义内容是否就一定是被定义概念的"分析性"内容,摩尔似乎把定义等同为"分析",但这种等同是合理的吗?

关于"开放问题论证"的评论,笔者就简单说这么多。对这个问题感兴趣的读者可以进一步参考索姆斯在《20世纪分析哲学史》一书第三章的阐述,其中,索姆斯详细分析了"开放问题论证"可能存在的问题,以及这个论证对于"善之不可定义"这一思想的核心作用。

[简评]

摩尔的《伦理学原理》历来被视为"元伦理学"的奠基之作,其在书中展现的那种讨论伦理学问题的方式为我们更加深入地理解伦理学问题提供了新的视野,即把对伦理学问题的关注转向对于"表达伦理学问题"的命题的关注,通过分析和批判性地考察伦理学命题中使用的术语、概念来澄清伦理学真正要处理的对象、伦理学的范围和界限及它的研究方法。广义上来讲,这和20世纪哲学的"语言转向"是内在地契合的,正是摩尔在伦理学中开创的"语言分析"风格,强有力的塑造了20世纪"分析哲学"进路下的各种伦理学研究,例如以罗素、维特根斯坦、石里克、艾耶尔、史蒂文森等人为代表的把伦理学归结为情感、态度或信念的表达的情感主义伦理学。对于摩尔之后的20世纪伦理学,无论其是否赞同摩尔的观点,是否认同摩尔对于伦理学问题的分析和论证,甚至是否接受摩尔开创的研究路径,摩尔的伦理学恐怕始终都是一个绕不开的参照体系。而这也恰好体现了摩尔思想的深远影响和历史意义。

[参考文献]

1. 〔英〕摩尔:《伦理学原理》,长河译,商务印书馆,1983。
2. Tom Baldwin, "George Edward Moore," *Stanford Encyclopedia of Philosophy Archive(Sum-*

mer 2010 Edition)，https：∥plato. stanford. edu/archives/sum2010/entries/moore/.

3. Thomas Hurka，"Moore's Moral Philosophy，" *Stanford Encyclopedia of Philosophy Archive (Fall 2015 Edition)*，https：∥plato. stanford. edu/archives/fall2015/entries/moore-moral/.

17

黑尔：《道德语言》

　　理查德·麦尔文·黑尔（Richard Mervyn Hare，1919～2002）是 20 世纪英国著名的哲学家和伦理学家，牛津大学研究员，在伦理学思想史上，黑尔以"规定主义"（prescriptivism）伦理学理论而著名。黑尔于 1919 年 3 月 21 日出生于拜克威尔（Backwell Down），父亲是一名涂料生产以及地板装饰公司的老板，母亲从事银行业务。黑尔的双亲在他较小的时候就去世了，随后主要由母亲这边的亲戚抚养成人。随后，黑尔先在苏塞克斯的科普索恩（Copthorne in Sussex）读中学，1932～1937 年，黑尔以古典学者身份转到卢格比中学（Rugby）。1937 年黑尔获得牛津大学贝利奥尔学院（Balliol）的奖学金，在这里他阅读了两年哲学经典直至第二次世界大战爆发。尽管黑尔接受的是古典的教育，但是他却对道德哲学情有独钟。随后，出于对战争态度的改变以及与下层失业者的广泛接触，黑尔决定参加英国大学军官训练团（OTC：Officer Training Corps）接受军事训练，自愿在英国皇家炮兵部队服役。1940 年秋，黑尔登上了驶往印度的船，在旁遮普训练士兵 1 年，1942 年黑尔在新加坡沦陷于日本时被俘虏，随后被囚禁在新加坡长达 3 年半，直至第二次世界大战结束才得以获释。战争结束后，黑尔返回贝利奥尔学院继续完成大学学业，随后在牛津大学贝利奥尔学院获得讲师资格，不久获得研究员资格。1964 年黑尔被推选为英国皇家学院院士，1983 年从牛津大学退休。

黑尔是一位著述颇丰的高产著作家，他自 20 世纪 40 年代末公开发表著作起，一直到 2002 年去世之前长达半个世纪的学术生涯中，几乎每隔几年就有作品面世，其中主要的伦理学哲学著作有：《道德语言》（*The Language of Morals*，1952）、《自由与理性》（*Freedom and Reason*，1963）、《实践推理》（*Practical Inferences*，1971）、《论哲学方法》（*Essays on Philosophical Method*，1971）、《道德哲学应用》（*Applications of Moral Philosophy*，1972）、《论道德概念》（*Essays on the Moral Concepts*，1972）、《道德思维：它的层次、方法与要点》（*Moral Thinking: Its Levels, Method and Point*，1981）、《客观的规定与其他论文》（*Objective Prescriptions and Other Essays*，1999）等①。

黑尔在伦理学上提出的规范主义在英国较有影响，作为元伦理学或分析伦理学的主要代表，黑尔积极运用分析哲学方法——语言和逻辑分析的方法——对道德概念和语句进行耐心而细致地分析，做出了不少开创性的工作，揭示了道德判断的基本逻辑特征就是规定，而不是描述。《道德语言》② 就是运用语言和逻辑分析道德概念的一个典范。黑尔在这本书中主要思考何种推理可以最终回答 "我应该做什么" 这样的形式问题。黑尔区分了规定性的意义（prescriptive meaning）和描述性的意义（descriptive meaning），前者涉及祈使句与规定行为，后者涉及正确应用的事实条件。黑尔认为，道德陈述完全不同于事实陈述，道德陈述的主要作用是规定行为，而不是描述事实。但是，这种区分也不是绝对的，很有可能部分的道德陈述是可以描述的。这里面的关系比较复杂，需要具体的分析。黑尔对于道德语言的系统分析是出于想将自亚里士多德、康德以及密尔以来的伦理学理论中的合理因素整合到一个逻辑有效的系统中，从而解决相应的根

---

① 本文关于黑尔的生平以及作品简介参考了斯坦福哲学百科（*Stanford Encyclopedia of Philosophy*）关于 Richard Mervyn Hare 的词条，在此表示谢意，关于斯坦福哲学百科，参见 https：//plato. stanford. edu/entries/hare/。

② 黑尔的《道德语言》英文原文可参见 R. M. Hare, *The Language of Morals*, Oxford：Clarendon Press, 1952；中译本可参见〔英〕理查德·麦尔文·黑尔《道德语言》，万俊人译，商务印书馆，1999。

本的伦理学的问题，但是学界的评论认为黑尔的这一工作并没有最终完成和实现①，尽管黑尔认为他成功地实现了他自己的目标。

[节选]

第一部分　祈使语气②

"德性是一种支配我们选择的气质。"

——亚里士多德《尼各马可伦理学》1106ᵇ 36

一　规定语言

1.1. 如果我们问某人的道德原则是什么，我们最有把握作出正确回答的方式，是研究他的所作所为。当然，他可以在他的谈话中主张各种原则，而在行动中又完全无视它们；但当他了解到与某一境况相关的全部事实、并面对行为的各种选择性方式和对"我将做什么？"这一问题的各种选择性答案之间作出选择或决定时，他实际所相信的行为原则就会显现出来。行为之所以能以独特的方式展示道德原则，其原因正在于，道德原则的作用就是指导行为。道德语言是一种规定语言。这即是使伦理学值得研究的缘由所在：因为"我应做什么？"这一问题，是一个我们无法回避太久的问题。尽管行为问题有时并不及填字谜游戏那么妙趣横生，但行为问题必须得以解决这一点也与填字谜游戏不同。我们不能等待下回分解，因为下回讨论的问题也有赖于这些问题的解决。因之，在行为问题日益复杂而令人烦恼的这个世界里，存在着一种对我们据以提出并解答这些问题的语言进行理解的巨大需要。因为有关我们道德语言的混乱，不仅导致理论上的混乱，而且也会导致不必要的实践中的困惑。

---

① 参见"Hare, Richard Mervyn," in Edward Craig, ed., *Routledge Encyclopedia of Philosophy*, Version, 1.0, London and New York: Routledge, 1998。

② 〔英〕理查德·麦尔文·黑尔：《道德语言》，万俊人译，商务印书馆，1999。节选部分的脚注均出自中译本。

一种业已过时但却依然有用的研究方式是种加属差；如果道德语言属于"规定语言"一类，倘若我们先把规定语言与其他类语言，然后将道德语言与其他类规定语言相互比较和对照一下，那么，我们就很易于理解道德语言的本性。简言之，这即是本书的计划。我将从简单到复杂，先论及最简单的规定语言形式，即通常的祈使句。道德语言的研究者对这类语句的逻辑行为颇有兴趣，因为尽管它比较简单，但它却以一种易于识别的形式，提出了许多困扰伦理学理论的问题。因此，尽管把道德语言"还原"为祈使句并非我的目的之一，但祈使句的研究却是伦理学研究迄今为止最好的开篇。假如读者不能马上明白本书前面部分的讨论与伦理学的相关性，我得要求他不必心急。忽略本书第一部分所阐述的原则，乃是伦理学中许多最隐秘有害的混乱之源。

我将从单称祈使句入手，进而到全称祈使句或普遍原则。对这些语句或原则的讨论、以及对如何逐步取用或反驳它们这一问题的讨论，将使我有机会来描述教与学的程序，描述我们出于这些目的而使用的语言逻辑。因为道德语言最重要的效用之一就在于道德教导，故尔，这种讨论与伦理学的相关性将是显而易见的。

然后，我将继续讨论一种规定语言，这种规定语言与道德语言的关系比简单祈使句与道德语言的关系更为接近。这就是非道德价值判断语言——所有那些包含着像"应当"、"正当"、"善"这类词但不是道德判断的语句。我将试图确立这样一些语句所展示的许多特点，这些特点已使得伦理学研究者们烦恼不堪——我们能在多大程度上合理地理解这些特点，也就能在多大程度上阐明伦理学本身的问题。我还将依次探讨"善"和"应当"这两个最为典型的道德词，先探讨它们的非道德用法，然后讨论其道德用法；并希望在这两种情形中都能表明这些用法具有许多共同的特点。在结论中，我将通过建立一种逻辑模式，把道德语境和非道德语境中的"应当"和"善"的逻辑与祈使句的逻辑联系起来，在这种逻辑模式中，人工概念可以在某种程度上取代日常语言中的价值词，人们是依照一种修正过的祈使语气来定义人工概念的。对于这种逻辑模式，人们大可不必过于严肃对待，我只是把它当作前面讨论的内容非常简略的图式来看的，它本身包含着我必须要论述的实质内容。

因此，可以将我所提出的规定语言分类表述如次：

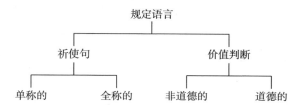

这种分类只是粗略的，在本书中我将逐步使它更精确一些。比如说，读者将会看到，日常语言中的所谓"全称祈使句"就不是严格意义上的全称语句。我也并不以为这种分类已经穷尽所有规定语言的种类，例如，单称祈使句和非道德的价值判断就有许多不同的类型，而且，除了单称祈使句和全称祈使句之外，还有其他类型的祈使句。但这种分类已足以让我们着手研究并说明本书的计划。

1.2. 有时候，一些基础语法书的作者们根据语句所表达的陈述、命令或疑问，将语句划分为陈述句、命令句或疑问句。对于逻辑学家来说，这种划分既不够透彻，也不够严格。比如说，逻辑学家们就花费了大量精力力图表明：在陈述语气中，各种语句可能有颇为不同的逻辑特征；把这些语句统统归类于"陈述句"，会让我们忽略它们之间的一些重要区别，从而可能导致严重错误。在本书的后一部分，我们将会明白，那种表达价值判断的陈述句，在逻辑上是如何以一种完全不同于日常陈述句的方式来起作用的。

同样，祈使句也是一种混合语句。一些语法学家在其著作中的相同部分是把"如若我在格兰彻斯特的话！"这类语句作为祈使句来处理的。即使我们撇开这类句子不说，在各种严格意义上的祈使语气的语句中，我们依旧有许多不同的表达（utterance）诸如军事命令（在阅兵场或其他场合）、建筑师的工程设计书、煎蛋卷和真空吸尘器的使用指南，各种忠告、要求、恳求，以及其他不胜枚举的语句类型，它们的许多功能彼此间都相互重叠。这些不同类型的语句之间的区别，可能会给一位细心的逻辑学家提供在哲学杂志上大作文章的素材，但要做这种性质的工作，还必须大胆才行。因此，我将依照语法学家们的做法，用"命令"这一单称语词来概括语句用祈使语气表达的所有这些类型的东西，而在命令式这一类中，我只作一些很宽泛的划分。我采取这种程序的理由是，我希望引起读者对所有或几乎所有这种类型的语句都共有的特点产生兴趣，读者对这类语句之间的区别无疑是足够熟悉的。基于同样的理由，我将用"陈述"这个词概括由各种典型陈述句所表达的一切，倘若有这种语句的话。这就是说，我将在像"关上门！"这样的语句与"你将要去关上门"这样的语句之间作一个对照。

人们很难否认陈述与命令之间存在一种差别，但更难说出这种差别究竟是什么。它不单是一种语法形式的差别，因为，如果我们不得不去研究一种新发现的语言，我们就应该能够识别（identify）那些分别用来表达陈述和命令的语法形式，而且应该把这些形式称之为"陈述的"和"祈使的"（假如这种语言是以一种使该区分有效的方式来建构起来的话）。这种区分存在于不同语言形式所传达的各种意义之间。人们用这两种语句谈论同一主题（subject-matter），但谈论的方式有所不同。"你将要去关门"与"关上门！"这两个语句所说的，都是指你在即近的将来去关门，但它们对此意的所说所云却大相径庭。一陈述句被用来告诉某人某事是事实，而一祈使句却不然——它被用来告诉某人去使某事成为事实。

1.3. 关于人们所主张的或可能会主张的有关祈使句具有意义的方式的理论，是很值得道德哲学家们去考察一番的。道德学家们提出了一种非常引人注目的关于道德评价的相似的理论。这种理论表明，在两种语句之间，可能有某种重要的逻辑相似性。让我们先考察一下两种理论，它们与我将在后面称之为"自然主义的"伦理理论类型相似（5.3）。这两种理论都试图把祈使句"还原"为陈述句。第一种理论通过把祈使句描述为表达说话者心灵的陈述来进行还原，该理论认为，正如"A 是正当的"意味着"我赞同 A"一样，我们也可以认为，"关上门"同样意味着"我要你去关上门"。在口语层次上这样说无伤大雅，但在哲学上却很容易引起误解。它会产生这样一种后果：如果我说"关上门"而你却（对同一个人）说："别关门"而我们之间不发生矛盾。这种情况是荒唐的。支持这种理论的人可能会说，尽管没有矛盾，但却有一种愿望上的分歧，而这也足以说明我们的这种感觉：这两个语句彼此间多少有些互不相容（这种"不"具有在"你将不去关门"这个语句中的"不"同样的功能）。但是，这里仍存在困难之处："关上门！"这个句子似乎是关于关门的事，而不是关于说话者的心灵状态；这如同煎蛋卷的指导（"拿四个鸡蛋……"）是关于煎蛋卷所需鸡蛋的指导，而不是对比顿女士［煎蛋卷时］的心灵之反省分析一样。说"关上门"与"我要你去关门"意思相同,正如说"你将要去关门"与"我相信你将要去关门"两者的意思相同一样。在这两种情形中,把一种关于关门的评论描绘为一种关于我心灵中打算去做的事情之评论,似乎是令人感到奇怪的。但事实上,"相信"或"要求"这两个词都不能作这种解释。"我相信你将去关门"并不是一种关于我的心灵的陈述(除非用一种高度比喻的方式),而是一种关于你关门的试探性陈述,是对于"你将要去关门"的一种更为不确定的说法。同样,"我要求你去关门"也不是一种关于我的心灵的陈述,而是"关上门"这一祈使句的有礼貌的表达方式。除非我们理解了"你将要去关门"的逻辑,否则就无法理解"我相信你将要去关门"的逻辑;同样,除非我们理解了"关上门",否则就不能理解"我要求你去关门"。因此,这种理论并没有说明任何问题,而与其平行的伦理学理论也同样如此;因为"我赞同 A"仅仅是说"A 是正当的"一种更为复杂和迂回的方式。通过上述观察便可证实:这种表达方式不是一种我具有某种可认知的感觉或经常发生的心灵构架的陈述,而是一种价值判断。倘若我问:"我赞同 A 吗?"我的回答就是一种道德决定,而并非一种对可反省事实的观察,"我赞同 A"对于某个并不理解"A 是正当的"人来说是无法理解的,而作为一种解释则比原来的句子更难于理解。[①]

1.4. 我想考察的第二种把祈使句还原为陈述句的尝试是由 H. G. 波耐特博士(Dr. H. G. Bohnert)所提出来的。[②] 我希望能够将这种颇有意义的见解(不带偏见地)以下述陈述来加以概括。这个陈述即:语句"关上门!"与语句"或者你将去关门,或者 x 将要发生。(x 对于被告知者来说是某种坏事情。)的意义相同。有一种相似的理论这样主张:它(该语句)所表示的意思与"如果你不关门,x 将会发生"的意思相同。这种理论与那种使"A 是正当的"和"A 是有益于 y 的"相互等同的伦理学的理论是一致的。在这里,y 一般被看成是好事情,比如说快乐或避免痛苦。稍后我们将会看到,价值表达往往获得——由于用来衡量它们的标准固定不变——某种描述的力量。因此,在一个明显以功利主义为标准的社会里,

---

① "*obscurum per obscurius*" 为拉丁文,其意为"解释得比原来更难懂"。——译者
② 《命令的符号学特性》,见《科学哲学》杂志(1945 年),xii,第 302 页。

如果我们说"公共医疗事业做了大量有益的事",大家都会明白,我们的意思是说公共医疗事业防止了大量的痛苦、忧愁等等。同样,就具有高度"假设性"的祈使句来说（3.2）,波耐特的分析似乎可以成立,因为我们很快就会认识到,人们用祈使句所指向的要么是实现某种目的,要么是防止某种趋于发生的结果。用他自己的例子来说,在一所燃烧着的房子里说"跑!"其意图多少类似于说"你要么快跑,要么就被烧死"。但是,这种意指的目的并不那么容易为人们认识到（祈使句只是在很小的范围内才是"假设的",或者根本不是"假设的"）,在此情况下,根据上述分析,听者很可能对说话者想在"要么"这个词后面填加的东西莫名其妙。人们很难明白,像"请告诉你父亲我打过电话"这样的语句,又如何按照波耐特的理论来加以分析?当然,人们总是可以用"要么某种坏事情将会发生"这样的句子来终止这种分析。但是,这种便宜只有通过把一个规定词加进分析之中才能获得,因为"坏的"是一个价值词,因而是规定性的。同样,伦理学目的论把"正当"解释为"有益于 Z 的",这里的"Z"是一种价值词,诸如"满足"或"幸福"之类,这也只是给这些理论本身增加分析价值词的困难而已。

　　把祈使句还原为陈述句颇有诱惑力,且与那种以所谓"自然主义的"方式来分析价值词的诱惑力具有同一来源。这就是人们关于陈述句的那种感觉,即,被认为是唯一的那种"严格的"陈述句是不容怀疑的,而其他语句则恰恰相反。因此,为了使其他语句也无可怀疑,就需表明它们是真正的陈述句。当所谓意义的"证实主义"理论普遍流行时,人们的上述感觉更加深了。证实主义理论在其本身的范围内是一种卓有成效的理论。粗略地说,这种理论主张,若某一语句为真,则必定存在某种与之相应的事实,否则它就没有意义。现在,这种理论是对于某类语句（典型的陈述句）获得意义方式的解释理论中颇有前途的一种。显而易见,如果我们宣称某一语句表达了一种事实陈述,而我们不了解当该语句为真时的实际情况可能如何,那么,这一语句（对我们来说）就是无意义的。就陈述事实来说,这种意义标准是有效的,但倘若我们不加区别地把这种标准运用于各种并不表达事实陈述的语句时,就会招致麻烦。祈使句不符合这种标准,那些表达道德判断的语句也可能不符合这种标准。但这仅仅表明,它们不能在这一标准规定的意义上表达陈述,而这一意义可能是一种较正常用法的意义更为狭窄的意义。所以,这并不意味着它们是无意义的,或者甚至也不意味着它们的意义具有一种任何逻辑规则都无法适合其应用的特点。①

1.5. 那种对于唯有"严格意义上的陈述句"才不容怀疑的感觉居然可以(令人惊奇地)经受住了这样一个发现,即:我们日常语言中的许多完全有意义的语句并不能还原为陈述句。这种感觉之所以保存下来,在于这样一个假设:我们所发现的这些语句的任何意义都必然地在逻辑上处在低于陈述句的地位。该假设已经导致像 A. J. 艾耶尔教授这样的一些哲学家们在将其极有价值的研究扩展到阐述道德判断之本性的过程中,做出了一些无关紧要却又引起许多不必要的抗议风潮的评论。② 艾耶尔的理论实质是:道德判断在日常生活中发挥作用的方式是不同于陈述语句的;他的证实标准提供了划分这种区别的依据。但是,由于其陈述观点的方式,由于他把道德判断与其它那些(完全不同的)按照证实标准不属于陈述句类型的语句等同起来,从而引起了一场至今尚未平息下来的混乱。由于对祈使句的处理方式相似,所有这些争论都密切平行——似乎与艾耶尔站在同一条战线上的作者关于祈使句的看法都为同一类型,如同他们对道德判断的看法也同样如此一般。假定我们认识到了祈使句不同于典型陈述句这一明显事实,进而言之,假定我们只是把典型陈述句视为无可怀疑的;那么,我们就会很自然地说:"祈使句并不陈述任何事情,它们只表达愿望"。正如我所考察的第一种理论那样,在口语范围内,说祈使句表达愿望乃是平常的;如果某人说:"把我的名字从这上面删掉。"那么,我们确乎可以说他所表达的是一种将其名字从这上面删掉的愿望。但尽管如此,"表达"这个词的极端暧昧性可能会带来哲学上的混乱。如果我们谈到表达陈述、意见、信念、数学关系等等,而且假如我们只是在这些意义中的一种意义上来使用表达这个词,那么,尽管这种理论告诉我们的东西寥寥无几,也无妨碍。然而不幸的是,人们也把这个词用于不同于这些意义的方面,而且,艾耶尔(在谈到道德判断时)还把"表明"(evince)这个词作为表达一词的近似同义语来使用,这就很危险了。我们可以说艺术家、作曲家

---

① 见拙文《祈使句》,载《心灵》,lVIII(1949年),21。在这里,我使用了该文中的一些材料。

② 请特别参见《语言、真理与逻辑》,第二版,第108—109页。另见《道德判断的分析》,载《哲学论文集》,第231页以后,这是一篇稍后的而又更有分量的阐述。

和诗人们表达着他们自己的感情和我们的感情；也可以说诅咒表达着愤怒，而在舞台上跳舞则表达着欢乐。因之，说祈使句表达愿望可能使粗心大意的人设想我们在使用某一祈使句时发生的事情是：我们内心涌动一种渴望，当压力大得无法忍受时，便通过说一句祈使句来给这种渴望制造一个发泄渠道。当我们把这种解释应用到像"给门装上撞锁和塑料把手"这样的语句中时，就显得不真实可信了。况且，价值判断似乎也不符合这种证实标准，在某种意义上，价值判断确实像祈使句那样具有规定性，而且没有我们所说的那类问题。在口语范围内，说"A 是善的"这一语句是被用来表达对 A 的赞同。这完全无可厚非（《简明牛津英语辞典》上说："赞同：……即宣布……为善"）；但如果我们以为所表达的这种赞同是我们内心的一种特别热烈的感情，就会在哲学上导致误解。如果地方政府的长官通过指派其下级写信给我，表达他对我的城市计划的赞同，信中说："长官赞同你的计划"，或者说："长官认为你的计划是最好的一个计划"，这时候，我总不至于去雇用一位私人侦探去观察这位长官的情绪表征，以证实其部下的信函吧。在这种情况下，他让部下给我写这封信也就是赞同我的计划。

1.6. 就单称祈使句来说，不存在任何可与表示"态度"的那种价值判断之赞同论相类似的东西。[1] 但关于全称祈使句却有可能建立这样一种理论。假如某人说："不要对人落井下石"，我们就会很自然地说，他表达的是关于落井下石之行为的一种态度。要准确地定义这种态度或建立一种认识该态度的标准是极端困难的，正如我们很难准确地说道德赞同相对于其他类型的赞同而言是什么一样。要刻画由全称祈使句所表示的态度之特征，唯一可靠的方式是说"人们不应该（或应该）做某事"；而要刻画由一道德判断所表示的态度之特征，唯一可靠的方式则是说"做某事是错误的（或正当的）"。对某一确定的实践持一种"道德赞同"态度，即是具有一种在适当时机认为该实践是正当的气质倾向；或者说，如果"认为"本身是一个倾向性的词，那么，这种道德赞同态度就是认为该实践是正当的；而我们认为其正当的想法，可能是由我们的行为以某些方式泄露或展示出来的。行为主义者可能会说是由我们的行动以某种方式构成的（首

---

[1] 例如，我们可以参见 C. L. 史蒂文森的《伦理学与语言》一书。

先，当时机来临之际，我们便做出这种行动；然后说它们是正当的，继而又用别的方式来赞许这些行为；如此等等）。但在所有这些情况下，当某人认为某一类型的行为是正当的时候，他究竟在想什么？对此我们是无法解释的。同样，如果我们说："不要对某人落井下石"表示了要人们不应该打他之类的态度（或者说，这句话表示了憎恶打人的态度或对于打人的一种"反态度"），那么，对于某个并不理解我们正在解释的语句的人，我们原本就不应该对他说任何可以理解的事情。

我想强调的是，我并不是企图反驳这些理论。它们都具有这样一种特征，即：如果用日常语词来说，就它们的主要论点来看，它们所谈的并没有什么可以反对的地方。但是，当我们试图理解它们是如何解释那些致使它们苦恼的哲学困惑时，我们不得不把它们解释为是不可信的；或者发觉它们只不过是在用一种更为复杂的方式解决这些相同的问题而已。包含着"赞同"这一术语的语句是如此难以分析，以至于用这种概念去解释道德判断的意义已不合常情。因为在我们知道"赞同"这个词以前，我们早已学会了道德赞同；同样，用愿望或者别的感情或态度来解释祈使语气的意义，也可能有悖常理。因为在我们知道"愿望"、"欲望"、"憎恶"等比较复杂的概念之前，我们早已学会了如何对各种命令作出反应，又如何去使用各种命令。

[**解读与简析**]

黑尔的《道德语言》一书不厚，但是要认真理解起来也并不是非常容易，需要耐心和细致。由于篇幅所限，本导读主要针对所节选部分的原文。黑尔在《道德语言》的前言里曾经明确指出，他所理解的伦理学是对道德语言的一种逻辑研究，也就是说，从逻辑角度对道德判断或陈述进行分析，揭示出道德判断的基本特征。当然，黑尔这本书中所应用的逻辑方法并不是非常复杂的，所涉及的都是一些逻辑学的基本推论知识。该书分为三个部分，第一部分是"祈使语气"（imperative mood），这一部分应该是最基本的，同时也是最不好理解的部分。因为黑尔在这部分里主要讨论了规定语言、祈使句以及价值判断之间的错综复杂的关系。第二部分和第三部分分别讨论"善"和"应当"这两个比较特殊的道德词或概念的道德用法和非道德用法，并到达相应的结论。

　　根据黑尔的理解，伦理学主要研究的就是"我应该做什么"的问题，这一问题实际上是从康德那里继承下来的，因为康德伦理学就是非常关心这一问题的。伦理学是关于我们应该如何行动的学问。黑尔认为，人类的道德原则体现在人类的行为之中，道德原则的作用就是指导人类的行为，道德语言就是一种规定的语言。这种规定性质的语言规定着人类的行为，要理解一个道德行为，首先就需要弄清楚道德语言本身的性质，如果连道德语言本身都没有理解清楚的话，就会不仅在理论上产生困惑，而且也会对道德实践产生消极影响。那么，如何理解道德语言的本性呢？黑尔认为，道德语言属于规定语言的一种，除了道德语言之外，还有其他规定语言。我们可以通过将道德语言与其他语言相互对照的方式来比较分析从而理解道德语言的特性。黑尔从最简单的规定语言形式即祈使句开始分析。黑尔将祈使句分为单称祈使句和全称祈使句，只有全称祈使句才能涉及普遍的原则。黑尔希望通过这种方式的讨论进而达到对道德语言逻辑分析的目的。

　　黑尔对规定语言进行了大致的分类和区分①。规定语言由祈使句和价值判断构成，而祈使句又由单称祈使句和全称祈使句构成，而价值判断又可以划分为非道德的价值判断和道德的价值判断。按照黑尔的理解，传统的语法学家将陈述句、命令句和疑问句区分为三类的做法既不透彻也不严格，因为在陈述语气中，各种不同的语句之间实际上具有不同的逻辑特征，其相互差异不可忽视。黑尔认为，表达价值判断的陈述句就与日常表达中的陈述句所起作用的方式完全不同。黑尔认为陈述语句和命令句之间的区别是明显的，它们不仅仅是语法形式上的区别，更是不同语言形式所传达的意义之间的区别。"你将要去关门"和"关上门"虽然两者指涉的对象都是你在即近的将来要去关门这件事，但是两者之间的意义大相径庭，一个表示告诉某人某事是事实，而另一个则告诉某人去使得某事成为事实。

　　接着，黑尔批判了两种关于祈使句具有意义方式的道德理论。这两种理论都试图把祈使句"还原"为陈述句。第一种理论通过把祈使句描述为表达说话者心灵的陈述来进行还原。正如"A 是正当的"意味着"我赞同

---

　　① 〔英〕理查德·麦尔文·黑尔：《道德语言》，万俊人译，商务印书馆，1999，第 7 页。

A"一样，"关上门"意味着"我要你去关上门"。黑尔认为这种还原理论的观点其实是充满误解的。理由是："关上门"应该只是关于关门的事情，而不涉及说话者的心灵状态。除非我们理解了"关上门"，否则不能理解"我要求你去关上门"。黑尔认为，第一种理论试图将祈使句还原为描述表达说话者心灵状态的陈述是没有说明什么问题的，是多余的和不必要的。黑尔批判的第二种理论是波耐特提出来的，是波耐特博士试图将祈使句还原为陈述句的理论。这一理论主张祈使句要么指向一个特定的目的，要么避免一个趋于发生的结果。比如，语句"关上门"在意义上等同于"或者你去关上门，或者某种坏事 x 将要发生"。这类似于"如果你不去关门，某种坏事 x 将会发生"。黑尔认为，从表面看，波耐特的分析似乎可以成立，但是祈使句隐含的目的并不是那么容易被人们理解和识别的。听者很可能对"要么"后面所增加的内容感到莫名其妙。黑尔举了反例，认为波耐特的分析不适用于"请告诉你父亲我打过电话"。因为，我们根本就不知道这句话里的"要么"到底是指什么。如何正确地理解"请告诉你父亲我打过电话"这样一句话的隐含的真实目的其实取决于说话者的具体语境，不能笼统地不问语境而给出说明。所以，这里的"要么"后面所增加的"坏的"内容也是价值词，是"规定性"的，波耐特的分析不会简化问题，相反，只会增加分析的难度。因此波耐特的分析是失败的。

　　黑尔认为，刚才前面所提到的两种观点，即主张将祈使句还原为陈述句的分析颇具诱惑力，和主张从"自然主义"角度来分析价值词的诱惑力是同源的。但是，在黑尔看来，这两种理论都是错误的。这种错误的诱惑源自对于所谓的"严格的"陈述句的迷信，即认为"陈述句"是无可置疑的，其他语句都可以还原为一些简单的陈述句。这实际上是一种语言还原论的观点。"逻辑实证主义"的兴起加深了这种还原论的迷信。黑尔承认，逻辑实证主义在其理论范围内是一种卓有成效的理论，它可以有效地分析一个语句的真假和意义之间的关系，即，通过给出关于语言或语句的证实标准，以便判定一个语句有无意义，但是这种理论不适合分析非陈述句的情况。因为逻辑实证主义理论主张一个语句的意义在于这一语句能够被证实的情况，如果我们不能证实一个语句的真，那么这个语句就是无意义的。黑尔认为，检验陈述句的有无意义的证实主义的标准并不能普遍地应用于不表达事实的语句之上，否则的话，就会产生很大的麻烦。祈使句和表达道德判断的语句都不符合意义证实主义的标准，因为祈使句以及表达道德判断的语句并不陈述一些客观的事实，这样一些语句难以谈得上真和假的情况，举例来说，一些祈使句比如"推开窗户"并不表达一些事实，很可能只是一些规定而已。

黑尔认为，其实，我们日常语言中的很多完全有意义的句子并不能简单地被还原为陈述句。那种主张其他很多有意义的句子都可以还原为陈述句的观点，实际上源自这样一种信条，即认为其他语句都没有陈述句这么可靠和清晰的逻辑地位。黑尔认为这实际上又是一种充满误导的迷信。黑尔提到了当时英国逻辑实证主义的代表艾耶尔的观点。黑尔认为艾耶尔将道德判断等同于其他完全不同的、按照证实主义标准不属于陈述句的语句，这就完全误解了道德判断或语句和陈述句之间的不同逻辑特性。黑尔认为，祈使句不同于陈述句这一事实是非常明显的。但是，"祈使句不陈述任何事情，它们只表达愿望"这句话也是不清楚的，因为"表达"这个词是充满暧昧的，会给哲学带来混乱。根据黑尔的看法，在谈论道德判断时，艾耶尔教授还将"表明"作为"表达"的近义词来使用，这是相当误导和危险的。因为我们一般说"表达"愿望主要是针对个人内心的渴望，通过祈使句给内心的渴望创造一个发泄的渠道，但是这种"表达"愿望并不适合于其他所有的祈使句，有些祈使句就根本不表达什么愿望。比如"给门装上撞锁和塑料把手"这句话就是反例。

黑尔认为，判断一个祈使句是否表达或表明一种态度，是比较困难的。因为就单称祈使句来说，完全不同于那种表示"态度"的价值判断的赞同。全称祈使句有可能表达一种态度，但是如何准确地定义这种"态度"以及给出相应的识别该态度的标准则是极端困难的，因为这涉及对人的心理、情感以及行为的系统认知。黑尔认为，包含"赞同""允许""同意"的语句涉及的是认知者或说话者主观的态度，是难以分析清楚的，我们不能简单地将这些语句拿来分析或说明道德判断比如祈使句。我们很可能在理解"赞同"之前就已经知道道德赞同到底是指什么。用愿望或别的情感态度来解释祈使句的意义很可能是有悖于常识的，因为我们在常识中早就已经学会如何对不同的祈使句做出反应，而根本不需要等到我们先有对这些表达情感态度语词的意义分析才能确定祈使句的意义，这种理解是误导的。

[参考文献]

1. R. M. Hare, *The Language of Morals*, Oxford: Clarendon Press, 1952.

2. R. M. Hare, *Practical Inferences*, Macmillan, 1971.

3. R. M. Hare, *Essays on Philosophical Method*, Macmillan, 1971.

4. R. M. Hare, *Applications of Moral Philosophy*, Macmillan, 1972.

5. R. M. Hare, *Essays on the Moral Concepts*, Macmillan, 1972.

6. "Hare, Richard Mervyn," in Edward Craig, ed., *Routledge Encyclopedia of Philosophy*, Version, 1.0, London and New York: Routledge, 1998.

7. Anthony Price, "Richard Mervyn Hare," *Stanford Encyclopedia of Philosophy*, https://plato. stanford. edu/entries/hare/.

8. 〔英〕理查德·麦尔文·黑尔:《道德语言》,万俊人译,商务印书馆,1999。

18

艾耶尔:《语言、真理与逻辑》

[作者及作品简介]

阿尔弗雷德·艾耶尔爵士(Sir Alfred Jules Ayer, 1910~1989),英国哲学家,逻辑实证主义的代表人物之一。其《语言、真理与逻辑》一书,被视为通俗阐述逻辑实证主义观点的教材,在当时的英国哲学界引起很大震动。

艾耶尔于1910年出生于伦敦,年少时曾就读于伊顿公学及牛津大学基督堂学院。1932年,艾耶尔曾到维也纳大学进修并且开始与维也纳学派接触。这对他思想的成熟起到了很关键的作用。1933年起,他在牛津大学任哲学讲师,1944年任沃德姆学院研究员、院长,1946年后任伦敦大学逻辑与精神哲学的格罗特讲座教授,1959年重返牛津任逻辑的威克姆讲座教授,1978年退休。他曾先后当选为英国科学院院士、美国科学院名誉院士、丹麦科学文学院外籍院士,1970年受封为爵士。艾耶尔早期完全接受维也纳学派的意义理论,认为哲学只是一种分析活动,其正当任务主要是从事语义分析、定义分析、认识论分析、辩护分析、构成分析和语言的日常用法分析。

艾耶尔最著名的,或许是他在《语言、真理与逻辑》中提出的"证实原则"。根据这个原则,一个句子只有在可以被经验验证的条件下才有意义。否则,要么它是"分析的"同语反复;要么,如果既非经验的,也非分析的,则是"形而上学"的,也就是没有意义的。艾耶尔的思想受到维也纳学派和大卫·休谟的很大影响。他的写作风格清晰、活跃且善于辩论。这也使得他的《语言、真理与逻辑》成为逻辑实证主义者的必读,这本书被认为是 20 世纪分析哲学的经典文本,它极大地帮助了逻辑实证主义(起源于德语国家奥地利)在英语世界的传播。

[著作内容及导读]

要理解《语言、真理与逻辑》中的伦理思想,必须先对艾耶尔的逻辑实证主义有所了解。因此,本导读先对此做简要的介绍。

一 艾耶尔的逻辑实证主义概述

同许多逻辑实证主义者一样,艾耶尔的总体哲学目标是拒斥传统的形而上学。按照艾耶尔的说法,那些传统的当被拒斥的形而上学大概是这样的:试图提供给我们超越科学世界和常识的一种实在的知识①。进一步地,达至这种拒斥的手段是坚持一种关于"何种知识具有认知上的价值或者意义"的立场;更确切地说,这种立场实际上就是给出一种标准,根据这种标准我们可以判定,一种给定的知识,它是否具有认知上的意义。

这种标准就是我们熟知的逻辑实证主义的"证实原则",如果我们把抽象的知识具体到一个一个的命题上,那么"证实原则"就可以这样来表达:一个命题是有意义的(即有认知上的价值),当且仅当,它要么是经验上可以证实的综合命题,要么是逻辑或者数学上的分析命题。以此原则观之,上一个段落中提及的那种"形而上学"知识就是没有认知意义的,即它们既无法通过经验加以证实,它们也不是逻辑或者数学上的分析命题。

根据上述"证实原则",艾耶尔等逻辑实证主义者尽管能轻松地将形而上学知识排除在有认知意义的知识领域之外,但另一类知识却对他们的基本信条构成了挑战,这类知识就是关于价值评价、道德判断等的知识。为什么这类知识对艾耶尔等人提出了挑战呢?我们可以用一个例子来加以说明——比如"快乐是好的"这个命题。该命题明显不属于分析命题的行列,与此同时,它似乎也不符合"证实原则"对综合命题的刻画——因为

---

① 〔英〕A. J. 艾耶尔:《语言、真理与逻辑》,尹大贻译,上海译文出版社,2015,第 1 页。

"好的"是一个带有明显主观性质的评价，没有任何事实层面的东西可以去验证它。那么，上述命题和形而上学命题一样完全是无认知意义的吗？如果坚持逻辑实证主义的基本观念，那么上述命题当然就是无认知意义的；但根据我们的一般常识，有关价值评价和道德判断的知识在人类的生活中是如此普遍和重要的，说它们毫无认知意义似乎非常奇怪。由此，艾耶尔等逻辑实证主义者就面临如何去解释关于价值评价和道德判断的知识这么一个困难：一方面，他们既要坚持逻辑实证主义的基本原则而否认关于价值评价等的知识具有认知意义；另一方面，他们又必须给出合理的说明，以揭示这类知识所具有的那种"常识上"的有意义性。事实上，艾耶尔的情感主义伦理学就是应对这一困难的积极尝试，接下来，我们转向对艾耶尔的具体观点的讨论。

二　艾耶尔的情感主义伦理学

（一）伦理学的研究主题

艾耶尔在《语言、真理和逻辑》一书第六章的伊始，区分了伦理学家们通常所讨论的四类话题，这四类话题分别是：

> 第一，有一些是表达伦理学的词的定义的命题，或者关于某些定义的正当性或可能性的判断；第二，有一些是描写道德经验现象和这些现象的原因的命题；第三，有一些是要求人们在道德上行善的劝告；最后，有一些实际的伦理判断。①

艾耶尔接着断定，仅仅上述四类话题中的第一类，即表达伦理学的词的定义的命题，才真正构成伦理哲学的核心主题。其他三类都或直接或间接地不足以构成真正的伦理学的研究领域。但关于这第一类问题，艾耶尔仍然给出了进一步的澄清和限定，以明确他在《语言、真理和逻辑》一书中最终要达成的目标。

---

① 〔英〕A. J. 艾耶尔：《语言、真理与逻辑》，尹大贻译，上海译文出版社，2015，第83页。

　　伦理哲学家们所常常讨论的问题，是要发现一些可以把一切伦理的词都归结为一两个基本的词的定义是否可能。虽然，不能否认这个问题是属于伦理哲学的范围，但是这个问题与我们现在的探究无关。我们现在并不关心发现哪个词在伦理的词范围之内被认为是基本的词。例如，"善"是不是可以用"正义"来下定义，或者，"正义"用"善"来下定义，或者"正义"与"善"两者均用"价值"来下定义。我们所感兴趣的是把伦理的词的整个领域归结为非伦理的词的可能性问题。我们所探究的是伦理价值的陈述是否可能翻译成经验事实的陈述。①

　　从上一段引文的最后一句我们可以明确地看出，艾耶尔事实上真正关心的恰恰是有关伦理价值的陈述是否具有经验层面的意义，也就是说，艾耶尔试图进一步澄清，关于伦理价值的陈述是否应该有意义地被视作"综合命题"。

（二）对主观主义和功利主义的批判

　　在澄清了上述问题之后，艾耶尔将批评的矛头指向了主观主义和功利主义两种伦理学思想，根据艾耶尔的理解，通常被称为主观主义和功利主义的伦理学思想，是那种典型的坚持认为伦理价值陈述可以翻译为经验陈述的思想。因为，功利主义者给行为的正义性和目的的善下定义时，是以它们所引起的愉快、快乐或满足为依据的；主观主义者则是依据某一个人或者一群人对它们的赞成的情感。由此类定义可知，如果行为的正义或者目的的善能根据其引起的愉快或满足、其触发的某种情感来刻画，那么行为的正义或者目的的善就被还原到了社会心理的层面。这也就是说，如果上述定义是正确的，那么伦理价值的陈述就可以被翻译为经验陈述。而这一结论恰恰是艾耶尔不能接受的，他随之对上述两种伦理思想进行了反驳。

　　艾耶尔反驳主观主义伦理学的论证的主要观点如下。

---

① 〔英〕A. J. 艾耶尔：《语言、真理与逻辑》，尹大贻译，上海译文出版社，2015，第83～84页。

　　我们拒绝主观主义的观点，这种观点认为称一个行为是正义的，或一个东西是善的，就是说那是被普遍赞成的，因为断定一些普遍赞成的行为是不正义的，或者一些普遍赞成的东西不是善的，都不是自相矛盾的。并且，我们拒绝另外一种主观主义的观点，这种观点认为一个人断定某一行为是正义的，或某一事物是善的，就是说他自己赞成它，我们拒绝这种主观主义观点的理由是，一个人承认他有时赞成恶的或错误的东西，这样做也不自相矛盾。①

　　该论证的关键点可以重构如下：（1）如果把善或者正义定义为被普遍赞成的或者被某个个体所赞成的，那么对于某个给定的被普遍赞成的或者被个体赞成的行为，说它不是正义的或者不是善的，这似乎是不可能的——自相矛盾的；（2）这就好比我们将"单身汉"定义为"未婚男子"，但是说某个未婚男子不是单身汉是自相矛盾的一样；（3）但是艾耶尔论证说，某些被普遍赞成或者被个体所赞成的行为，它不是正义的或者不是善的，这并没有任何自相矛盾之处。因此，我们得出结论：（4）将被普遍赞成或者被个体所赞成作为标准，它们并没有为何为"正义"、何为"善"提供恰当的定义。

　　接着，艾耶尔对功利主义的反驳也采取了相同的策略，论证的具体内容如下：

　　相似的论证对功利主义也是击中要害的。我们不能同意称一个行为是正义的，是指所有在那样的环境中可能的行为，会引起或者很可能引起最大的快乐，或者引起的快乐大大地超过痛苦，或者是欲望的满足大大地超过欲望的不满足，因为我们发现，说有些时候错误地完成一种行为，这种行为会实际上或可能引起最大的快乐，或愉快大大地超过痛苦，或欲望的满足大大地超过欲望的不满足，这样说法都不是自相矛盾的。并且，因为说一些愉快的事情不是善的，或者一些坏的事情是希望达到的，都并不自相矛盾，所以事情不可能是"x是善的"这个句子等值于"x是愉快的"，或等值于"x是希望达到的"。

①　〔英〕A. J. 艾耶尔：《语言、真理与逻辑》，尹大贻译，上海译文出版社，2015，第84页。

并且，对我们熟知的功利主义的每一个其他变项，都能够提出同样的异议。①

这一论证和上述反对主观主义的论证几乎在结构上是一致的，因此笔者不再重构该论证。值得强调的是，艾耶尔的上述两处论证事实上都预设了一个隐含的未表达的前提，即定义和分析性之间的等同。换句话说，艾耶尔几乎把"定义"等同为对于概念的"分析"，例如就"善"这个概念来说，无论我们对"善"给出了怎样的定义，这样的定义都是对于"善"的一种分析；于是表达这种分析的陈述就变成了一个"分析性"的陈述，例如当把"善"定义为"使人快乐"时，陈述"使人快乐的就是善的"就成为一个分析性陈述。正是基于这样的理解，艾耶尔才能够以"'使人快乐的可以是不善的'并不包含矛盾"为论据反驳上述两种伦理学思想——主观主义和功利主义。

就伦理学对象能否恰当地被还原（翻译）成其他东西这个问题而言，我们可以合理地把主观主义和功利主义看作"经验主义（自然主义）"伦理学的代表，因为这两派观点都认为"伦理学的对象"可以恰当地还原到经验（自然）事物的层面上：要么是人的情感上的**赞同**心理；要么是人追求快乐、满足欲望等的自然**倾向**。既然艾耶尔的上述论证已经明确反驳了此类经验主义的伦理学，那么这也就意味着，关于伦理价值的陈述不可能是综合命题，因而也就没有认知意义。

在完成了对经验主义伦理学的反驳之后，艾耶尔接着讨论了另一种形态的伦理学思想，这种伦理学和经验主义相对，它是一种具有形而上学色彩的超验伦理学——艾耶尔称为绝对主义或者直觉主义的学说。

（三）对绝对主义的批判

根据艾耶尔的论述，绝对主义是这样一种学说，它认为价值陈述不是与普通的经验命题一样被观察所制约的，它是被某种神秘的"理智直观"所制约的。也就是说，按照绝对主义的看法，尽管有关价值评价的陈述不能根据通常的经验要素去验证，但是它却能根据超出普通经验的某种"直

---

① 〔英〕A. J. 艾耶尔:《语言、真理与逻辑》，尹大贻译，上海译文出版社，2015，第85页。

观（直觉）"而得以验证。这一观点有两个理论后果：其一，价值陈述就其能被验证而言，仍可划归于综合命题行列；其二，尽管价值陈述是综合命题，但它只能通过超验的直觉得以验证，那么这就意味着，价值陈述是一类特殊的综合命题——没法在实证主义的框架内被证实的综合命题。

艾耶尔作为一个典型的逻辑实证主义者，他当然不能接受这种观点。他对绝对主义的其中一个反驳集中在以下论点上：

> 因为大家都知道，对于一个人在直觉上是确定的东西，可能对另一个人是值得怀疑的，或者甚至是错误的。所以，除非可能提供一个标准，用这个标准可以来决定互相冲突的直觉哪一个是确定的，则检验一个命题的效准只诉之于直觉是没有价值的。但是，就道德判断而言，就不能给予这样的标准。①

这个反驳显然并没有构成对于绝对主义的根本性拒斥，因为它似乎只是提出了绝对主义可能会面临的一个难题，即绝对主义认为价值判断是能通过超验的直觉来验证的，那么绝对主义必须说明上述直觉应用的标准——因为直觉似乎是个非常主观的因素。就此而论，绝对主义可以回应：给出这样的应用标准并非在原则上不可能。所以，上述反驳并没有彻底驳倒绝对主义的基本信条。

真正从实质上对绝对主义构成反驳的是艾耶尔的"情感主义"伦理学说，根据该学说，价值判断从根本上就不表达任何命题，更何况是某种特征的综合命题。接下来，我们转向对"情感主义"伦理学说的讨论。

（四）情感主义伦理学

艾耶尔的情感主义伦理学，一言以蔽之，在于强调如下论断：一个伦理概念出现在某个命题中，它对于这个命题并不增添任何新的东西，它出现于命题中的作用仅仅是"表达"情感。艾耶尔的原始论述如下：

> 我们认为伦理概念不能分析的理由是，因为它们只是一些妄概

---

① 〔英〕A. J. 艾耶尔：《语言、真理与逻辑》，尹大贻译，上海译文出版社，2015，第86页。

念。一个伦理符号出现在一个命题中,对这个命题的事实内容并不增加什么。恰如,我对某人说:"你偷钱是做错了",比起我只说"你偷钱"来,我并没有多陈述任何东西。我附加说到"这样做是错了",并不对"你偷钱"作出任何进一步的陈述。我只是表明我道德上不赞成这种行为。这正如我用一种特别的憎恶声调说"你偷钱",或者加上一些特别的惊叹号写出这个句子。那个声调或惊叹号,对那个句子的实际意义没有增加任何东西。它只是表明在说这句话时伴随着说话者的一定情感。①

根据上述引文,我们可进一步将艾耶尔的核心观点概括如下:(1)比较"你偷钱"和"你偷钱是做错了"这两个表达;(2)"是做错了"这样一种道德评价在事实上并不比"你偷钱"表达出更多的内容;因此(3)"你偷钱是做错了"在事实上表达的内容至多和"你偷钱"一样;(4)"你偷钱是做错了"仅仅在事实内容"你偷钱"之上增加表达一种情感;因此最终(5)"你偷钱是做错了"在整体上就是表达一种情感——基于"你偷钱"这个事实——至于这个内容表达的情感到底是什么,这对于情感主义来说不是关键问题。当然了,我们可以说上述例子表达的情感是一种愤怒、憎恶、嫌弃、鄙薄……

根据上述观点,一个自然的逻辑推论就是,一个类似"你偷钱是做错了"这样的道德(价值)评价陈述,它事实上最终并不**表达**任何"事实断言",而仅仅**表达**一种情感——该情感的表达和任何(道德)事实无关。如此一来,任何道德(价值)陈述都将没有真假可言。

尽管艾耶尔是以"偷钱是错误的"为例来说明"情感主义"的基本观点,但他认为,关于这个例子所说的观点也可以适用于其他一切规范的伦理符号(概念)。因此,可以合理地说,所有伦理概念都是用来**表达**情感的,它们并没有对任何事实进行断定因而也没有真假可言。当然,艾耶尔也指出,伦理的概念不仅仅用作表达情感,这些概念也可以用来唤起情感,并因唤起情感而刺激行动。例如"说真话是你的责任"这个句子,它不仅表达了真实的伦理情感——如赞赏、勉励等,它也借这种表达出的情

---

① 〔英〕A. J. 艾耶尔:《语言、真理与逻辑》,尹大贻译,上海译文出版社,2015,第87页。

感来激起人们的行动——例如要求或者命令他人"说真话"。

（五）质疑与回应

如果伦理概念出现于其中的句子并不表达任何事实，而只表达说话者的某种情感（或者意图以表达出的情感激起他人的行动），那么这种伦理学说似乎就陷入了某种绝对的主观主义之中。于是，有人提出质疑：这和艾耶尔本人先前批评的主观主义有什么区别吗？艾耶尔认为，情感主义和主观主义的区分是很明显的，这种区分主要体现在：

> 虽然我们的伦理学说完全可以被认为是彻底主观主义的，但是，我们的伦理学说在很重要的方面不同于正统派的主观主义学说。因为正统派主观主义者并不同我们一样否认道德家的句子是表达真正的命题。正统派主观主义者所否认的只是这些句子表达唯一的非经验性质的命题。正统派主观主义者自己的观点则认为这些句子是表达有关说话者的情感的命题。如果按照这种看法，那么，伦理判断很明显将可能成为真的或假的。如果说话者具有与伦理判断相合的情感，这些判断就是真的，如果没有相合的情感，那就是假的。[①]

概括而论，情感主义和主观主义的根本分歧在于：情感主义从原则上否认伦理判断是命题，更不用说伦理判断表达了和说话者的情感有关的命题，也就是说艾耶尔的情感主义根本上就是一种"非认知主义"的伦理学，无论伦理概念出现于其中的句子表达的东西是否和经验相关，它们都是没有真假可言的。在此意义上，情感主义是一种特殊的"主观主义"，它单纯强调主观情感的被表达，而毫不关心这种表达出来的情感是否和表达这种情感的人的状态相合。

例如，我们可以设想某些情景，在此情景中，说出句子"偷钱是错误的"的人，他的情感并不是谴责、愤怒等，而是与句子表面所传达的情感恰恰相反；但艾耶尔的情感主义认为，上述不一致并不是问题的关键，因为情感主义强调，句子"偷钱是错误的"仅仅表达了一种情感，至于这个

[①]　〔英〕A. J. 艾耶尔：《语言、真理与逻辑》，尹大贻译，上海译文出版社，2015，第89页。

情感到底是什么，它和什么东西相符，这些完全是无关紧要的。

如果情感主义是以上述这样一种方式来理解的话，那么它很自然地将遭遇另一个质疑，这个质疑和伦理分歧有关。一方面，如果伦理判断仅仅表达情感，那么类似"节俭是一种美德"和"节俭是一种罪恶"这样的伦理判断就不可能是相互对立的判断，它们之间从而也就不存在分歧；但是另一方面，说上述两种陈述并不表达任何伦理上的分歧明显是违背我们的常识和直觉的。艾耶尔及其情感主义该如何调和上述两个方面呢？

艾耶尔的回应如下：

> 但是，在所有这类情况中，如果我们仔细地考察一下，我们就发现所争论的并不是真正关于价值问题，而是关于事实问题。当某个人不同意我们关于某一行为或一种类型的行为的道德价值的看法，我们明白地用论证去争取他同意我们的看法。但是，我们不想用我们的论证去表明他对一个他已经正确了解其性质的情况具有"错误的"伦理情感。我们企图表明的是他关于那个情况的事实了解有错误。我们论证他对行为者的动机有错误的了解：或者他错误地断定了行为的结果，或者从那个行为者的知识的角度上看的行为可能产生的结果，或者他未能考虑到行为者所处的特殊环境。①

艾耶尔的论证，集中在这样一个关键论点上，即类似"节俭是一种美德"和"节俭是一种罪恶"这样的一组论断，它们实质上并没有在情感的"表达上"产生任何冲突。也就是说，当我认为"节俭是一种美德"，而他人认为"节俭是一种罪恶"时，我们都只是各自表达了自己的某种情感，并且至关重要的是，我据此并没有认为只有我表达的情感是正确的，而他人表达的情感是错误的，反之亦然；另一方面，我们表面上看起来产生了某种分歧或者争论，但本质上，这种争论是关于"事实争论"的，而非"情感争论"的。接下来需要解释的问题是：为什么在有人认为"节俭是一种美德"且有人认为"节俭是一种罪恶"时，他们反而是在争论事实问

---

① 〔英〕A. J. 艾耶尔：《语言、真理与逻辑》，尹大贻译，上海译文出版社，2015，第91～92页。

题，而非"价值（表达出的情感）"问题呢？艾耶尔的回应是：当我们看起来和他人产生分歧之时，我们所期待的只是改变我们的反对者以使得他同意我们关于经验事实的性质的看法——例如"节俭"这种事实，以便要他采取与我们同样的对待经验事实的道德情感或者态度。换句话说，分歧仍然只停留在经验层面，价值分歧其实并不存在。这再一次显示了艾耶尔情感主义伦理学的非认知特征。

（六）总结：伦理哲学的性质

在完成上述论证和分析之后，艾耶尔最后也谈到了他对于伦理学、伦理哲学的一般看法，作为总结，笔者将艾耶尔的看法引用如下：

> 如果人们用伦理科学一词的意义是指详细论述一个"真实的"道德系统，那么，就不能有伦理科学这样一个东西了。因为，我们已经见到，伦理判断只是情感的表达，不可能有任何办法去决定任何伦理系统的效准，并且，去问任何这样的系统是否真实，确实是没有意义的。关于这个方面，人们可以正当地探问的只是：什么是一个给定的人或一群人的道德习惯，以及什么引起他们刚好具有这些习惯和情感？这种探问全部属于现在的社会科学的范围之内。①

这一看法几乎把所有积极建构"伦理系统"的规范伦理学——无论是"后果论（典型如功利主义的伦理学）"的还是"义务论（典型如康德主义的伦理学）"的伦理学——都彻底宣判了死刑。若果真如此，那伦理学的意义何在？伦理学还有存在的必要吗？

［简评］

艾耶尔几乎完美地把摩尔所开创的那种"元伦理学"风格继承了下来，以一种相对细致的分析精神对伦理学的基本概念、判断给出了一种看起来新颖但结论却无比极端的讨论：如果伦理学的概念和判断仅仅"表达"情感，那么伦理学的所有对象看起来将不会具有任何"知识论"上的

---

① 〔英〕A. J. 艾耶尔：《语言、真理与逻辑》，尹大贻译，上海译文出版社，2015，第93页。

意义——它们不表达命题就无所谓真假。这种激进的非认知主义尽管在提出来没多久(即在 20 世纪中后叶)便逐渐宣告衰落(几乎和逻辑实证主义的衰落时间一致),但它所提出的问题,它对传统伦理学的挑战在今天看起来仍然是新鲜且大胆的。正因如此,虽然我们无须同意它的具体观点,但它对于我们更加深刻理解伦理学的基本概念、基本问题无疑是具有增进作用的。

[参考文献]

1. 〔英〕A. J. 艾耶尔:《语言、真理与逻辑》,尹大贻译,上海译文出版社,2015。

2. 〔美〕司各特·索姆斯:《20 世纪分析哲学史》第二卷,张励耕译,华夏出版社,2019。

3. Graham Macdonald and Nakul Krishna, "Alfred Jules Ayer," *Stanford Encyclopedia of Philosophy Archive (Fall 2018 Edition)*, https：//plato. stanford. edu/archives/fall2018/entries/ayer/.

19

安斯康姆:《现代道德哲学》

[作者及作品简介]

伊丽莎白·安斯康姆①（Gertrude Elizabeth Margaret Anscombe, 1919 ~
2001）是英国著名哲学家，同时也是 20 世纪最具哲学天赋的哲学家之一。
她于 1941 年在牛津大学获得古典学和哲学学位，1946 年在牛津大学任研
究员，1964 年在牛津大学获得任教资格，1970 年从牛津大学转到剑桥大
学，接替维特根斯坦任剑桥大学哲学教授，直至 1986 年退休。安斯康姆对
古代哲学、天主教哲学以及分析哲学都有精深研究，研究领域涉及伦理
学、心灵哲学、行动哲学、逻辑哲学、形而上学、政治哲学等。对安斯康
姆思想影响最大的是其老师维特根斯坦（Ludwig Wittgenstein, 1889 ~
1951）。安斯康姆是维特根斯坦最得意的学生兼遗作执行人之一，在维特
根斯坦死后编译出版了大量维特根斯坦的遗著，其中最有名的是《哲学研
究》（1953，英文版）与《关于数学基础的评论》（1956，英文版），几十
年过去了，安斯康姆对《哲学研究》的翻译仍然是哲学译作的典范，难以
超越。安斯康姆不仅对维特根斯坦的前后期哲学思想都很有研究，出版过
《维特根斯坦〈逻辑哲学论〉导读》（1959），而且也是一位非常具有原创

---

① 又译作安斯库姆。

思想的哲学家，她于 1957 年出版的《意向》（*Intention*）① 一书被认为是过去 50 年来西方最重要的哲学著作之一。另外，她还出版了《三位哲学家亚里士多德，阿奎那，弗雷格》（1961）；《就职演说：因果关系和决定》（1971）；《安斯康姆哲学文集》五卷：第一卷《巴门尼德到维特根斯坦》、第二卷《形而上学与心灵哲学》、第三卷《伦理、宗教与政治》（1981），第四卷《人生、行动及伦理：安斯康姆论文集》（2005），第五卷《坚硬根基中的信仰：关于宗教哲学与伦理的论文》（2008）。安斯康姆对现代伦理学思想的批判，直接促进了美德伦理学思想的复兴，她也是当代行动哲学的奠基者。她对古典以及中世纪传统比如亚里士多德和阿奎那的思想也很有研究，她也为罗马天主教宗教伦理思想的辩护做出了突出贡献。

　　安斯康姆的《现代道德哲学》（*Modern Moral Philosophy*，简称 MMP②）一文在现代西方伦理学和道德哲学史上占有非常重要的地位。这篇论文于 1958 年首次在英国皇家学会的《哲学》杂志以英文形式发表。安斯康姆这篇论文的中译可以参考谭安奎译本③。安斯康姆在这篇论文中运用她从维特根斯坦那里继承的哲学方法，对西方现代道德哲学进行了有力地批判和"清算"，学界一般认为这篇论文标志着美德伦理学在当代的复兴。安斯康姆在这篇论文中认为在我们没有研究清楚心理学哲学的情况下就贸然地发展道德哲学是行不通的，只有我们获得了关于心理学概念的充分而清楚的哲学分析之后，才有可能发展出一套道德哲学。另外，安斯康姆认为道德义务与道德责任以及道德的对错之事、对"应当"的道德意识等都应该作为过时的加以抛弃，因为它们都是派生于以前的而现在却不能普遍有效的伦理观念；安斯康姆认为现代西方道德哲学家比如边沁、密尔、康德、西季威克、摩尔等人提出的道德哲学理论都存在着严重的困难，需要加以

① G. E. M. Anscombe, *Intention*, Oxford：Blackwell, 1957；2nd edn, 1963. 该书的中译本可以参见〔英〕G. E. M. 安斯康姆《意向》（第 2 版），张留华译，中国人民大学出版社，2008。
② G. E. M. Anscombe, "Modern Moral Philosophy," *Philosophy*, Vol. 33, No. 124, 1958, pp. 1 - 19, quoted in G. E. M. Anscombe, *Ethics, Religion and Politics(The Collected Philosophical Papers of G. E. M. Anscombe, Volume 3)*, Minneapolis, MN：University of Minnesota Press, 1981, pp. 26 - 42.
③ 〔英〕伊丽莎白·安斯库姆：《现代道德哲学》，谭安奎译，载徐向东编《美德伦理与道德要求》，江苏人民出版社，2008，第 41～58 页。

超越。

[节选]

现代道德哲学①

我将首先陈述一下我在本文中提出的三个论点，以此开始我的论文。第一个是，从事道德哲学从目前看来对我们而言是不划算的；除非我们拥有一种令人满意的心理学哲学——而这正是我们明显欠缺的——这一工作无论如何应当暂时打住。第二个是，如果在心理上可能的话，义务和责任——即道德义务和道德责任——以及道德上的对错之事、对"应当"的道德意识的概念应当被抛弃；因为它们是一些残存物，或残存物的派生物，派生于一种先前的、不再普遍留存于世的伦理观念，而没有这种观念，它们都是有害无益的。我的第三个论点是，自西季威克以来一直到当前，知名英语著作家们关于道德哲学论述之间的区别是微不足道的。

任何既阅读过亚里士多德的《伦理学》，也阅读过现代道德哲学的人，一定曾为它们之间的巨大差异所触动。在现代人那里起重要作用的概念，在亚里士多德那里似乎是缺乏的，或者至少是隐而不显的，或者只是在遥远的幕后起作用。最引人瞩目的是，我们直接从亚里士多德那里继承下来的"道德"这一术语本身，就其现代意义而言，它似乎并不适合于对亚里士多德伦理学的说明。亚里士多德把美德区分为道德的和理智的美德。在他称为"理智的"美德的某些东西当中，可有我们应当称作"道德的"层面的东西？可能的确如此：标准大概就是，一种"理智的"美德——类似于在计算如何带来某些有益的东西时拥有良好的判断，比如在地方治理当中的情况——方面的失败可能是该受责备的。但人们可能合乎道理地追问，难道不是任何失败都可以被弄成一个责备或谴责的问题吗？任何贬损性的批评，比如对一种产品的工艺或一台机器的设计的批评，都可能被称作责备或谴责。因此我们想要再次置入"道德的"这个词：有时候，这样一种失

---

① 节选自〔英〕伊丽莎白·安斯库姆《现代道德哲学》，谭安奎译，载徐向东编《美德伦理与道德要求》，江苏人民出版社，2008，第41~58页，译文个别地方有改动。

败的可能在道德上受到责备，有时候则不然。现在的问题是，亚里士多德是否拥有这样一种与任何其他责备不同的道德责备的理念？如果他有，它为何没有占据一个更中心的地位呢？他说，有一些错误，它们不是行动中的无意识的原因，而是行为之卑劣的原因，一个人正是因为这些错误所以应受责备。这是否意味着，有一种不犯理智错误的道德义务？他为何不一般地讨论义务问题，并把这种义务做特别的讨论呢？如果某个人声称在解说亚里士多德，而又以一种现代方式谈论大而化之的"道德"，如果他没有经常感到自己像一个颌骨不知为何错了位——上牙不接下齿——的人，那么他必定是非常缺乏感知力的。

所以，我们不能够转向亚里士多德去寻求对谈论"道德"善良、义务等等东西的现代方式的任何说明。在我看来，从巴特勒（Butler）到密尔，现代所有最知名的伦理学的著作家作为这一学科的思想家都是有缺陷的，这些缺陷使得我们无从指望从他们那里得到对这一学科的任何直接的指引。我将陈述这些反对意见，而他们的特点使得我可以陈述得很简略。

巴特勒抬高良心，但他对一个人的良心可以叫他做最卑劣之事这一点显得很无知。

休谟以一种如此这般的方式界定"真理"，从而从中排除了伦理判断，并声称他已经证明了它们是这样被排除的。他还隐而不显地如此界定"激情"，从而致力于任何东西都等于拥有一种激情。他对从"是"跳向"应当"的反对会同样地适用于从"是"向"亏欠（owes）"或从"是"向"需要"的跳跃。（然而，由于历史境况，他在此是有历史贡献的，我将回到这一点上来。）

康德引入"为自己立法"的理念，这与如下一种情况一样荒唐，即在一个多数票要求极大尊重的现时代，人们要把一个人所做的每一个反思性决定都称为导致了多数票的一票。事实上，这种情况作为一个比例问题具有压倒性，因为它总是 1 比 0。立法的概念要求立法者有最高的权力。他自己对撒谎这一问题的严肃信念是如此强烈，以致他从来没有想到，一个谎言可以被贴切地描绘成单纯谎言之外的任何东西（比如描绘成"一个某些条件之下的谎言"）。没有关于何者可以算作对一个行动的贴切描述——这种描述带有一种观点，以构造关于该行动的法则——的约束条件，他关于可普遍化法则的规则就是无用的。

边沁和密尔没有注意到"快乐"这一概念存在困难。他们经常被说成因犯了自然主义的谬误而误入歧途，但这种指控倒没怎么说服我，因为我不认为对它的解释是连贯的。但关于快乐的另外一点在我看来似乎从一开始就是一种致命的反驳。古人发觉这个概念相当难以琢磨。它使得亚里士多德避开了关于"年轻人面颊上所涂抹的脂粉"的模糊言辞，因为出于良好的理由，他想将其理解为既等同于又不同于令人快乐的活动。一代又一代现代哲学家觉得这个概念相当清楚明白，仅仅在一两年前，当赖尔（Ryle）论及它的时候，它才重新作为一个成问题的概念在文献中出现。原因很简单：自洛克以来，快乐被当作某种内在的印象。但如果说这就是对它的正确理解的话，那么将之作为行动的要点就是非常肤浅的。人们可能会把维特根斯坦对"意义"的某种看法改编一下，并说"快乐不可能是一种内在印象，因为没有什么内在印象能够带来快乐之后果"。

和康德一样，密尔也没能意识到关于贴切描述之条件的必要性，而他的理论如果要有内容的话，就需要这种条件。他从来没有想到，谋杀和偷窃之行为本来可以做另外的描述。他认为，只要有一条原则是建立在效用的根据之上的，而一个设想的行动是一个被归于该原则之下的行动，那么人们就必须据此进行判断；如果它不能被归于任何一条这样的原则，或归属于若干条这样的原则，那么所需之事就是计算特定的后果，但是，几乎任何行动都可以被如此这般地描述，从而使之如果归属于任何效用原则的话，它便可以归属于多种多样的效用原则之下（我将简略地讲到这一点）。

现在我返回到休谟。我所提到的休谟哲学的特征，一如它的许多其他特征那样，使我倾向于认为休谟是一位纯粹的——当然也是出色的——诡辩家，而他的程序显然是诡辩性的。但我被迫在这个判断之外添加一种休谟哲学化活动的特质，而不是以之推翻这一判断：虽然他通过诡辩的方法得出了种种他所偏爱的结论，他的种种考虑却常常揭露出极为深刻和重要的问题。情况常常是，在展示诡辩的行为中，一个人发觉自己注意到了值得多加探究的问题：那些需要探究的明显的意见，它们是休谟装作已经提出的那些要点的结果。在这方面，他与别人——比如巴特勒——不一样。良心可能指示恶劣的行动，这一点早已众所周知。巴特勒在无视这一点的情况下所进行的写作并没有向我们揭示任何新的课题。休谟就是另一回事了：因此他虽然从事了诡辩，但仍然是一位相当深刻和伟大的哲学家。

例如：

假定我对我的杂货商说："真理要么存在于观念的关系当中，就像 20s. = £1一样，要么存在于事实问题当中，就像我订了土豆，你送货，然后你给我一个账单。因此，它并不适用于我欠你某一笔钱这样的命题。"

如果一个人做了这样的比较，那么所提及的事实与"X 欠 Y 这么多钱"这一描述之间的关系就成了一个有趣的问题，这一点很明显了，我会将其称为与那一描述"显白（brute）相关"的东西。进一步讲，这里所提到的"显白的"事实本身也有一些描述，相对于这些描述，其他事实也是"显白的"，一如他把土豆运到我家里和它们被放在那里了相对于"他给我提供了土豆"是显白的事实一样。反过来，X 欠 Y 的钱这一事实相对于其他描述——比如"X 有偿还能力"——则是显白的。如此看来，"相关的显白性"的关系是一种复杂的关系。我们不妨提出几点：如果 xyz 是一组相对于描述 A 的显白的事实，那么 xyz 是来自这样一个范围之内的一组事实，即如果 A 成立的话，那么这个范围之中的某一组也成立；但是这些事实当中的某一组的成立并不必然蕴含着 A，因为例外的情况总是能够带来一点区别，而什么是与 A 相关的例外的情况一般只能通过给出少数不同的例子来解释，人们不能在理论上对例外情况做出规定，因为在理论上总是可以想象更进一步的特殊的语境来重新解释任何特殊的语境。还有，虽然在通常情况下，xyz 会是对 A 的一种辩护，这却并不等于 A 完全与 xyz 是一回事；而且还容易出现这样一种制度性语境，它将其意义赋予 A，而制度 A 本身当然不是对于 A 的一种描述（比如，我给某人一先令这一陈述并不是对货币制度或对该国货币的一种描述）。因此，虽然假装认为不存在从"是"向"亏欠"的转换会是可笑的，但这种转换的特征事实上却是相当有趣的，它是作为反思休谟的论据的结果而出现的。①

我欠杂货商一笔钱是一组事实中的一个事实，这一组事实相对于"我是一个赖账者"这一陈述是显白的。"赖账"当然是"不诚实"或"不公正"的一个子类。（非常自然的是，除非我想实行或避免不公正的行为，

----

① 上述两段文字是"论原始事实（On Brute Facts）"一文的摘要。该文重印于《安斯康姆哲学文集》（*The Collected Philosophical Papers of G. E. M. Anscombe*）第三卷，《伦理、宗教与政治》（*Ethics, Religion and Politics*, Oxford：Basil Blackwell, 1981）第三章。——原注

这一考虑对我的行动不会有任何影响。)

到此为止，虽然它们有很强的关联性，我仍然是以一种纯粹"事实的"方式来设想"赖账"、"不公正"和"不诚实"的。我能够这样处理"赖账"是足够明显的；至于"不公正"，除了它的范围是与某个其他人相关的行动之外，我不知道该如何界定它，但"不公正"虽然有其缺陷，它却可以被临时地用作一个属名，它涵盖不同的行为种类，比如赖账、偷窃（它相对于任何现存的财产制度而言）、诽谤、通奸和对无辜者的惩罚。

在目前的哲学当中，需要一种对一个不公正的人如何是一个坏人、一个不公正的行动如何是一个坏的行动的说明；给出这样一种说明是伦理学的任务，但除非我们具有一种健全的心理学哲学，否则这项工作甚至不可能开始。因为说一个不公正的人是一个坏人，其证据将会要求对公正之为"美德"有一种正面的解释。然而，除非我们对如下两个问题有一种解释，伦理学的主题的这一部分对我们来说就完全是封闭的：第一个是一项美德有何种特性，这不是一个伦理学问题，而是一个概念分析的问题；第二个是一项美德与它显示于其中的行动是如何关联的。我认为，亚里士多德没有真正成功地把这个问题解释清楚。为此，我们当然需要至少对以下两个问题有一种解释，即一个人类行动究竟是什么、它的"做某事"式的描述是如何受其动机以及其中的一种意图或多种意图所影响的，而因此，就需要有一种对这类概念的解释。

"应当"（"should"或"ought"）或"需要"这些术语与好和坏（糟糕）相关。比如，机器需要油料，或应当为之加油，因为在没有油的情况下运转对它来讲很糟糕，或者说它在没有油的情况下运转不好。当然，根据这一观念，"should"或"ought"这两个词并不是在一种特定的道德意义上被使用的，而当有人说一个人应当不赖账的时候，他就是在道德意义上使用这个词（在亚里士多德所理解的"道德"（ἠθικὸS）一词的意义上，它们是在与一个道德主题——也就是人类激情与［非技术的］行动的主题——相关联的意义上被使用的）。但它们现在却获得了一种特定的所谓"道德"意义——亦即这样一种意义，它们在其中意味着某种对"应当"句中所描述的东西的绝对判断，这些句子在某些类型的语境下得以使用：不仅是亚里士多德会称为"道德"的那些语境，即激情与行动，而且还有他会称为"理智"的某些语境。

"应当""需要""必须"这样一些日常的（同时也是极其不可或缺的）术语通过如下方式获得这种特定的含义，即在相关的语境之下被等同于"不得不"、"负有义务"或"被要求去做"，其意义相当于，一个人可能受到法律或某种能被法律所要求的东西所驱迫或约束。

这到底是怎么发生的呢？答案存在于历史之中：在亚里士多德和我们之间出现了基督教，以及与之相伴的对于伦理的法律观。因为基督教从旧约律法（Torah）中推演出它的伦理观念。（人们可能倾向于认为，一种伦理的法律观只能在接受一种所谓的神圣实证法的人们当中出现，但斯多亚学派的例子表明情况并非如此，他们也认为，任何包含于对人类美德之遵从当中的东西，都是为神圣法所要求的。）

由于基督教为许多世纪的统治，被约束、被允许或被原谅的概念深深地植根于我们的语言和思想中了。"ἁμαρτάνειν"这个最易于转变成那一运用的希腊词语，从其本来所意味的"错误""没达到目的""出了错"之中，获得了"罪（sin）"的意义。大体上对应于希腊词ἁμάρτημα的拉丁词 peccatum 则更适合于"罪"的含义，因为它本来已经同 culpa——"罪疚（guilt）"——这个法律术语相关联了。"违法的（illicit）""非法的（unlawful）"这种总括性的术语作了自我辩护，这种术语与我们的"错误的"这一总括性术语具有同样多的含义。有趣的是，亚里士多德没有一种总括性的术语。对于恶劣，他有总括性的术语，即"恶棍（villain）""无赖（scoundrel）"，但理所当然的是，一个人并不是因为做了一件坏的行动或一些坏的行动就成了一个恶棍或无赖。他有像"不名誉的""不虔敬的"之类的术语，还有表示相关美德之缺乏的具体术语，比如"不公正"，但他没有对应于"违法的"这一术语的术语。这一术语的外延（亦即它的适用范围）只有通过一个很冗长的句子才能在他的术语学中予以阐明：也就是说，一样东西，无论它是一种思想、一种获得赞同的激情、一种行动或思想与行动中的疏忽，如果它是某种与诸多美德——缺乏这些美德则表明一个人作为人是不好的——之一种相对立的东西，那么它就是"违法的"。这种表达会形成一个与"违法的"这一概念具有相同范围的概念。

持有一种伦理的法律观也就是主张，为遵从美德——在这方面的失败之人为人（而不仅仅是作为艺术家或逻辑学家等）很糟糕的标志——所需要的东西就是为神圣法律所要求的东西。很自然，除非你像犹太人，斯多亚派和基督徒那样信仰上帝是一个法律制定者，你不可能拥有这样一种观念。但如果这样一种观念主导了许多个世纪，然后被放弃，那么，"义务"以及被一种法律约束或被它所要求的概念虽然根基不再，但它们仍然会保留着，这就是一个自然而然的结果了。而如果"应当"一词在某些语境中几经被赋予了"义务"的含义，它也会在这些语境下继续被言说，并伴有特别的强调和特殊的情感。

这仿佛是当刑法和刑事法庭已被废除和遗忘，而"犯罪"的观念仍将留存下来，发现了这一情况的休谟可能得出结论说，有一种由"犯罪"所表达的特殊的情感，它仅凭自身就赋予了那个词以其含义。因此休谟发现了这一情况，其中，"义务"观念存续下来，而"应当"一词被赋予了据说在"道德"意义上被使用的特别的力量，而在这种情况中，对神圣法律的信仰早就被抛弃了：因为在宗教改革时期，它就在新教徒那里被实质性地放弃了①。如果我没说错的话，那种情况是这样一种有趣的现象，即一个概念在使之成为一个真正可以理解的概念的思想框架之外存续下来。

因此，当休谟提出他对从"是"向"应当"之转换的著名论述时，他是在把若干极为不同的要点拉到一起。在我对从"是"向"亏欠"之转换以及事实的相关"显白性"的论述中，我已试图把其中的一点揭示出来。通过探究从"是"向"需要"的转换，比如，从一个有机体的特征到它所需要的环境的转换，把另一个不同的要点揭示出来也是可能的。说它需要那种环境并不是说你想要它拥有那一环境，而是说除非它拥有那一环境，否则它就不能欣欣向荣。当然，这完全依赖于你是否想要它欣欣向荣！休谟正会做如是说。但"完全依赖于"你是否想要它欣欣向荣的东西则是，它需要那种环境或舍此则无法欣欣向荣的事实是否对你的行动有哪怕是最轻微的影响。现在，某种"应当"是或"为之所需"被设定为对你的行动有所影响：据此，作如下推断似乎是自然而然的，即，判定它"应当是"，事实上就是允许你判定为"应当是"的东西影响你的行动。无论多少关于

---

① 他们并没有否认神圣法律的存在，但是他们最典型的教义则是，它被制定出来不是为了被遵守，而是为了表明人为了遵守它时的无能，甚至在有恩典的情况下也是如此。而且，这一点不仅仅适用于有分歧的律法的命令，也适用于"自然的神圣法律"的要求。正是在这种环境下，塔兰托教令反对如下教义，即基督只是被当作中间人而被信仰，而不是被当作一个立法者去服从。——原注

事实是什么的真理都不可能有一种逻辑上的要求去影响你的行动（推动我们行动的，并非这里所指的那种判断，而是我们关于如何得到我们想要的东西或如何做我们想做的事情的判断）。因此，从"是"当中推导出"需要"或"应当是"必定是不可能的。但我们可以说，就植物而论，从"是"向"需要"的推论肯定没有丝毫的不可靠之处。这一点非常有趣而且值得探究，但却根本没有什么可疑之点。它的趣味性一如显白的和更少显白性的事实之间关系的趣味性，这些关系还没有怎么被考虑过。然而，虽然你可以把"它所需要的东西"与"它已经得到的东西"进行对照，正像将事实上的东西与法理上的东西进行对照一样，但这并不使得它需要这种环境这一点在更少的意义上是一条"真理"。

当然，就植物所需要的东西而论，对一种需要的考虑只有当你想要那一植物欣欣向荣的时候才能影响你的行动。故而，在你能够判定为该植物"需要"的东西与你所期望的东西之间并不存在必然的关联。但是，在你认为你需要的东西与你期望的东西之间，就有某种必然的关联。这种关联很复杂，有可能你不期望有某种判定为你所需要的东西，但是，举例来说吧，你从来不期望你判定为你所需要的东西，这却是不可能的。然而，这不是一个关于"需要"一词的意义的事实，而是关于期望这一现象的事实。我们可以说，休谟的推理实际上致使人们认为它一定是关乎"需要"或"对之有益"这种语词的。

因此我们发现了两个已然掩盖在对从"是"向"应当"之转换的论述中的两个问题。现在假定我们一方面已经澄清了事实的"相对显白性"，另一方面则澄清了包含在"需要"与"欣欣向荣"中的观念，但仍然会有第三个要点未被触及。因为，某个人可能顺着休谟的思路说：你可能已经说明了你关于从"是"向"亏欠"、从"是"向"应当"之转换的论点，但仅仅是以表明含有"亏欠"与"需要"的句子表达了一种真理、一种事实为代价才能做到这一点的。从而，从"是"当中推出"道德上应当"仍然是不可能的。

在我看来，此言不虚。"应当"一词已经成为一个具有纯粹的不可抗拒力量的词语，因其拥有这种力量，它不能够从任何东西当中推导出来。有人可能反驳说，它可以从其他包含"道德上应当"的句子中推导出来，但这一点不可能是正确的。说可以如此推导，这种表象是由如下事实所导致的：我们说"所有人都是φ"和"苏格拉底是一个人"，就蕴含着"苏格拉底是φ"。但在这里，"φ"是一个虚构的谓词。我们的意思是，如果你用某个真实的谓词代表"φ"，其中的蕴含关系仍然是有效的。需要一个真实的谓词，而不只是一个不包含任何可理解的思想的语词：也就是一个保留有一丝力量，并可能拥有强有力的心理效果，但却根本不再标示一个真实概念的语词。

因为它保留的那一丝力量是依照它赞同或不赞同包含着"应当"的句子描述而对我行动的一种判决，而如果一个人认为并不存在一个法官或一部法律，那么判决的观念虽然可能保留着它的心理效果，却不会保留其意义。现在不妨设想一下，"判决"这个词以一种如此这般的方式被使用，并带有典型的严肃意味，以便保留其氛围而不是其意义，还有，某个人会说："要谈论一项判决，你毕竟需要一部法律和一位法官。"对此，答案可以炮制如下："根本不是这样，因为如果有一部法律或一位法官，他们给出判决，那么留给我们的问题就会是，接受那一判决是否相当于有一项真正的判决（Verdict）正在发挥作用。"这是一个如此频繁地被当作决定性的东西而被引用论点的类似物：如果某个人确实持有一种关于伦理的神圣法律观念，他依然不得不同意说他必须拥有一个判断，即他应当（道德上应当）服从那条神圣法律；因此他的伦理与任何其他人完全处于同样的立场，他只不过有一个"实际的大前提"①："神圣法律应当得到遵守"。而在这里，某个其他人则可以说"最大幸福原则在所有决策当中都应当被采用"之类的东西。

我本来应当断定，通过表明在"道德上应当"的观念中找不到任何内容，休谟和我们现时代的伦理学家们做出了显著的贡献，要不是后世的哲学家们试图找到一种替代性的（也是非常可疑的）内容并保持那一术语的心理力量的话。不再讨论这一点将是最为合理的。它在一种伦理的法律观念之外没有任何合理的意义，他们不会维持这样一种观念，而正如亚里士多德的例证所表明的那样，你可以在没有它的情况下从事伦理学。如果人们总是提出"不诚实的""不贞的""不公的"这类概念，而不是"道德上

---

① 人们正是这样可笑地称呼它的。既然大前提等于这样的一个前提，它包含着在结论中作为谓词的那个术语，那么在与实践推理的关联中谈论它就是文法不通。——原注

错误的"这样的概念，那会是一个重大的进步。我们应当不再追问做某事是否是"错误的"，这直接从对一个行动的某种描述跳向了这种观念：我们应当追问的是它是否是不公正之类的问题。而答案有时候会立即澄明起来。

［解析与导读］

安斯康姆的《现代道德哲学》一文一般被视作美德伦理学在当代的复兴的标志，因为她在这篇论文中不仅分析和批判了现代道德哲学理论中存在的诸多困难，同时也为美德伦理学指明了未来发展方向以及可能实现的途径。安斯康姆首先在论文开始就提出了三个论点，这三个论点可以说构成了她这篇论文的基本框架。第一，从事道德哲学或伦理学研究必须要以人类的道德心理为基础，如果人们没有对人类的道德心理进行彻底地研究，那么目前谈论道德哲学或伦理学就为时过早或者说没有多少实质性的含义。第二，道德义务和应当等概念离开了神圣的立法者没有真正的普遍性和强制性，道德义务、责任以及应当等概念也应当抛弃。第三，囿于道德义务与应当等道德概念的现代道德哲学家们之间的理论区分没有多少实质性内涵，微不足道。

安斯康姆首先提到了亚里士多德对道德的比较特殊的理解，即亚里士多德把美德区分为道德的美德和理智的美德。安斯康姆追问这两种美德之间能否有交叉或重叠呢？她的回答是有时可能是这样，但是有时可能不是这样，这需要看具体的情况，而不能一概而论。安斯康姆提醒我们现代学者不能一方面坚持说解读亚里士多德而另一方面又大而化之地谈论"道德"一词，因为亚里士多德对"道德"的理解与我们现代的理解之间存在着很大的差异。接下来，安斯康姆主张我们不能指望从现代道德哲学家那里获得关于伦理学学科的实质性的思想和启发，因为他们这些著作家都是有思想缺陷的。

安斯康姆认为巴特勒的"良心"概念非常具有局限性，因为有很多人带着所谓的"良心"干了许多最卑劣之事，所以巴特勒一味地抬高良心是没有道理的。康德的道德义务论即"人为自己立法"的道德哲学观在安斯康姆看来也是荒唐行不通的，因为谈论立法的概念离不开最高的权力的概念，而最高的权力的概念只能存在于上帝那里，所以离开了上帝的神圣立法，我们不能可普遍地将法则规则化，所以康德关于道德的普遍法则观念是无用的。当然，康德主义的道德义务论者可能对此表示反对，争论到底什么是真正的立法，探讨离开了上帝，人到底能不能为自己立法的问题。但是，在安斯康姆看来，即使每个人可以给自己订立一些所谓的法则，但是也难以从个人的法则的特殊性角度普遍地运用于所有道德主体身上。

另外，在安斯康姆看来，边沁和密尔等人的功利主义也存在着难以克服的困难。功利主义作为后果主义一般认为，正确的行动是那些产生了可能最好效用的行动。功利主义一般认为一个行动在道德上之所以是好的，是因为它能够给我带来快乐，因为快乐就是最大的善。摩尔曾经在《伦理学原理》一书中批判地指出那种认为"快乐就是唯一的善"的观点犯了自然主义谬误，因为在摩尔看来，"善"本身是不可定义的，无论是定义为什么自然属性的东西（包括快乐）①。但是，安斯康姆通过分析指出，她不认同摩尔对功利主义的指控，不认为这些功利主义者们犯了所谓的"自然主义谬误"，安斯康姆认为摩尔的这一批评并不令她信服，她表达出反对功利主义道德哲学的另外深层次的理由，即她认为功利主义者们经常讲的"快乐"这个概念本身是非常模糊不清的、存在着内在的困难。安斯康姆指出，亚里士多德很早就发现了对"快乐"概念难以清楚地界定。然而，现代的许多伦理学者没有追随亚里士多德的见解，而以为能获得关于快乐的清楚明白的概念，其实这是一种误解。如果溯源的话，应该追溯到洛克关于快乐的观点，洛克认为快乐是一种内在的印象。但是，安斯康姆认为这种观点显然是错误的，因为快乐和内在的印象明显是不同的，没有什么内在的印象能带来快乐的后果，比如我们一般说，快乐的后果是内心感到愉悦，一般的内在的印象能够带来内心的愉悦吗？很明显，不能这样说。

安斯康姆认为康德和密尔等人的道德理论的一个重大缺陷就是在没有充分而贴切地描述行为的条件下就试图建立关于个人行为的各种道德原则，而如果他们的理论要有内容的话，就需要有这些关于贴切描述行为的

---

① Moore, *Principia Ethica(Revised Edition)*, edited by T. Baldwin, Cambridge: Cambridge University Press, 1993, p. 91. 中译本参见〔英〕乔治·摩尔《伦理学原理》，长河译，上海人民出版社，2005，第42页。

必要条件。康德试图从"人为自己立法"的角度规定道德的原则,而密尔则试图从行为的效用的角度来建立相关原则,认为一个可以被设想的行动是被归于一条特定原则之下的行动,但是,如果不是这样的话,也就是说如果一个可以被设想的行动是归于若干条原则之下的话,那就需要进行计算和比较其行动的后果与效用,选择最大化的效用来进行判断。但是,安斯康姆指出密尔的后果主义这样做法是不可能的,因为我们并没有一条十分清楚无误的标准来确定哪些行为可被描述为归属于哪条原则,"因为一个行动如何能够单单被归于一条效用原则之下,这一点根本是不清楚的"①。所以,安斯康姆批评的是后果主义的道德正确性概念的实际可行性。后果主义道德正确性标准并不是自足的。后果主义是一种非常浅薄的哲学,这是必然的。

不仅如此,安斯康姆还批判地分析了休谟哲学与伦理学观点,她认为休谟对于"是"与"应当"之间转换的反对论证充满了诡辩色彩,但是休谟得出的结论即道德的应当不能从事实性描述中去寻找,而应该深入人性本质去探究的观点是相当深刻的。因为安斯康姆本人也主张从对人类心理的研究出发来理解道德相关的概念。安斯康姆认为休谟即使从事了诡辩,但是还称得上是一位深刻和伟大的哲学家。安斯康姆举了一个杂货商的例子,比如我向一位杂货商订购了一袋土豆,杂货商按照我的要求将土豆送给了我,那么,如果没有特殊的意外情况发生的话(比如土豆坏掉,重量不够,我家人突然生了大病急需一笔钱等),我就得按照先前的价格支付给杂货商。如果我不这么做,想赖账的话,那么,我的这种行为从道义上来讲无疑就是不正当的。如果我有正常的偿还能力的话,我就不能赖账不给钱。这里的这种道德的应当其实是建立在一种制度性的事实基础之上的,那就是买东西必须付钱,俗话说,欠债还钱、天经地义。如果坚持休谟的诡辩的观点,那么我只看到比如"你送了一袋土豆给我""我收到了你的土豆""你给我一张账单",但是不能从这些描述性的事实推出"我欠你一笔钱"这一结论则是荒谬的。安斯康姆认为,"我欠你一笔钱"是显白性的事实,这实际上是从其他各种相关的描述性的事实必然得出的结

① 〔英〕伊丽莎白·安斯库姆:《现代道德哲学》,谭安奎译,载徐向东编《美德伦理与道德要求》,江苏人民出版社,2008,第48页。

论。这里面的关系比较复杂，但是很清楚的是，"我欠你一笔钱"属于制度性的事实，这是与"买东西必须花钱"财产制度与"商品有价值和价格"市场经济等一系列的制度相关联的。所以，从制度性的事实可以得出"应当"的结论。"赖账"是"不诚实"和"不公正"的一个子类。"不公正"包含其他很多行为种类，比如偷窃、诽谤、通奸以及对无辜者的惩罚等。安斯康姆认为，在目前的道德哲学中，缺乏的就是对于一个不公正的人如何是一个坏人、一个不公正的行动如何是一个坏的行动的伦理说明。但是目前我们并没有一种这样关于不公正和坏的道德心理的说明。安斯康姆认为，除非有一种健全的心理学哲学，否则我们就不可能有这样一种伦理说明。因为如果你想说明一个不公正的人是一个坏人，那么你就必须要对为什么"公正是一种美德"给出一种正面的说明。

安斯康姆认为，道德上的"应当"（should or ought）、"需要"等概念是和"好"与"坏"等语词紧密相关的。在相关的语境之下，它们被等同于"不得不"、"负有义务"与"被要求去做"。如果这样理解的话，那么，道德的"应当"其实就是指一种受到法律要求的强制驱使和约束。通过这种概念的分析，安斯康姆认为道德的"应当"其实是属于法律强制性的"必须"范畴。安斯康姆通过回顾西方基督教的历史事实，指出希伯来—基督教传统所带来的法律伦理观对于西方道德文化影响极其深入，以至于原来一些希腊语词比如"出错""没有达到目的"获得了"罪"的含义。那么，这种从"出错"到"罪过"的语词含义的转化实际上标志着西方传统基督教法治主义道德观念的形成。人要遵从美德，为遵从美德所需要的东西其实就是为神圣法律所要求的东西。随着宗教改革的出现，人们把神圣的法律观念"应当"抛弃了，但是"义务"观念存续下来。我们现在想赋予"应当"概念一种特殊的道德力量。但是，安斯康姆认为，我们这样做其实是不可能的，因为道德的义务只能在道德的应当这一范围内才能获得明确的含义和理解，但是如果"应当"都被抛弃了，"义务"就只能是残留之物，不能真正地获得含义。

另外，安斯康姆认为摩尔以及其他苏格兰学派的道德学家那里的"正当的行动意谓着最佳可能后果"这种所谓清楚明白的观念也是充满误导和错误的。实际上，这里的情况非常复杂，需要分析清楚和刻画被称作"道德原则"的东西以及"责任动机"的作用，也要考察"好的"与"道德上好的"以及"正当的"这些概念之间的相似性与差别,还要专门研究包含"正当性"的语句本身的特性,如此等等。如果这些问题都没有分析和说明清楚,那么,贸然谈论"正当的行动与可能后果"是不清楚的。安斯康姆还点名批评了黑尔的观点即为了压倒性的目的,杀死无辜的人是可以选择考虑的。安斯康姆认为,黑尔的这种主张为了所谓最高的道德原则来杀死无辜的人的看法绝对是错误的,因为这根本上违反了希伯来—基督教伦理传统,即无论以什么所谓高级的目的和名义杀死无辜的人都是绝对禁止的,就像其他诸多伦理禁令比如不可背信弃义、不可通奸、不可虚假信仰一样,都应该值得我们切实遵守。安斯康姆认为希伯来—基督教伦理传统的典型特点是就其行为本身特点而考虑,而不考虑行为的进一步的后果。安斯康姆批评地指出,英语世界自西季威克以来的诸多现代道德哲学家们在他们的写作中没有真正地考虑希伯来—基督教伦理传统的重要性,这就导致他们的写作缺乏真正的哲学重要性和伦理的深度。在这里,我们可以看到安斯康姆对于基督教传统伦理观的认同和接受的一面。

安斯康姆认为,那些现代拒斥基督教神圣立法者的人,到处寻找在没有立法者的条件下保留立法观念的可能性。安斯康姆总结性地批判了几种替代神圣立法的观念比如社会"规范"、契约性的"义务",她认为前面这两种都是不可能的,还剩下最后一种可能性,那就是从人类的美德角度寻找"规范"。安斯康姆认为从美德角度去理解"规范"是有益无害的,并且从美德角度理解的"规范"不同于原来的法则意义上去理解的规范,比较接近于亚里士多德的伦理学观念。安斯康姆认为我们对美德概念的研究可以成为未来伦理学研究的起点。我们可以从美德的角度来思考人类相关的幸福概念,并通过这些思考来从事伦理学研究。

[参考文献]

1. G. E. M. Anscombe, "Modern Moral Philosophy," *Philosophy*, Vol. 33, No. 124, 1958, pp. 1 – 19, quoted in G. E. M. Anscombe, *Ethics, Religion and Politics（The Collected Philosophical Papers of G. E. M. Anscombe, Volume 3）*, Minneapolis, MN: University of Minnesota Press, 1981, pp. 26 – 42.

2. G. E. M. Anscombe, *Intention*, Oxford: Blackwell, 1957; 2nd edn, 1963.

3.〔英〕G. E. M. 安斯康姆:《意向》(第2版),张留华译,中国人民大学出版社,2008。

4.〔英〕伊丽莎白·安斯库姆:《现代道德哲学》,谭安奎译,载徐向东编《美德伦理与道德要求》,江苏人民出版社,2008,第41~58页。

5. Moore, *Principia Ethica(Revised Edition)*, edited by T. Baldwin, Cambridge: Cambridge University Press, 1993.

6.〔英〕乔治·摩尔:《伦理学原理》,长河译,上海人民出版社,2005。

20

罗尔斯:《正义论》

[作者及作品简介]

约翰·罗尔斯（John Rawls，1921~2002），20世纪西方最有影响的哲学家和伦理学家之一。自1971年《正义论》出版以来，其正义理论几乎在各门社会科学中都引起了反响，对当代西方思想界产生了重大而深远的影响。

罗尔斯出生于美国马里兰州的巴尔的摩。二战期间，罗尔斯曾入伍服役，退伍后回大学念书。1943年毕业于普林斯顿大学，1950年获该校博士学位。博士毕业后，罗尔斯先后在普林斯顿大学、康奈尔大学、麻省理工学院和哈佛大学任教。1951~1968年，罗尔斯发表了一系列与社会正义相关的论文，并且在西方学术界产生了相当的影响。其后罗尔斯着手撰写《正义论》，前后三易其稿。《正义论》于1971年正式出版，随即在学术界产生巨大反响，目前已被公认为20世纪下半叶政治哲学和伦理学领域最重要的理论著作。其后罗尔斯还发表了一些颇具影响的著作，主要有《政治自由主义》（1993）、《万民法》（1998）、《作为公平的正义——正义新论》（2001）等，并且于1999年出版了《正义论》的修订版。

罗尔斯《正义论》的发表，对于当代西方规范伦理学的复兴起到了极为重要的作用。有鉴于20世纪上半叶元伦理学占主导、规范伦理学边缘化的发展状况，罗尔斯不仅在方法论上指出，概念分析的工作只能处于哲学研究中的从属地位，而且针对效用主义在实质规范上的缺点，力图基于康德式的理性主义进路，提出一种替代效用主义的伦理理论。另外，《正义论》的发表也对当代德性伦理学的复兴、后果论的发展乃至女性主义伦理学的兴起都起到了相当的激发作用。

罗尔斯对当代哲学和伦理学的影响也是世界性的。据不完全统计，自《正义论》发表以来，全球范围内研究罗尔斯思想的论著高达5000余部，罗尔斯的主要著作也被译为多国文字。目前包括《正义论》的初版和修订版在内，罗尔斯的论著基本上都已经有了中译本。本部分导读所用的文本以中译本《正义论》（修订版，何怀宏等译，2009）为底本，并按照笔者的理解，参考 A Theory of Justice(Revised Edition) （1999）对译文做了一些修正。

［节选］

正义论的主要观念①

我的目的是要提出一种正义观，这种正义观会概括人们熟悉的社会契约理论——比方说，可见于洛克、卢梭、康德那里的契约论——并使之上升到一个更高的抽象水平*。为了做到这一点，我们就不应该把原初契约设想为一种要进入一种特定社会或建立一种特定政体的契约，而毋宁说其指导性的观念在于，适用于社会基本结构的正义原则是原初协议的目标。在一种平等的原初状态中，那些关心其自身利益之促进的、自由而理性的人们将把这些正义原则作为界定他们联合的基本条款而予以接受。这些原则将调节所有进一步的协议，具体地规定各种可进入的社会合作以及可建

---

① 〔美〕约翰·罗尔斯：《正义论》（修订版），何怀宏等译，中国社会科学出版社，2009，第9~14页。J. Rawls, *A Theory of Justice(Revised Edition)*, Harvard University Press, 1999, pp. 10 - 15. 节选部分脚注出自中译本。

* 如文中所示，我把下面的著作看作契约论的经典：洛克的《政府论》下篇；卢梭的《社会契约论》；康德的从《道德形而上学奠基》开始的一系列伦理学著作。霍布斯的《利维坦》尽管是伟大的，但它提出的问题是专门性的。J. W. 高夫提供了一个历史的概观：《社会契约论》第2版（牛津：克莱伦顿出版社，1957）。还有奥托·吉尔科的《自然法与社会理论》，厄内斯特·巴克尔的英译本（剑桥：剑桥大学出版社，1934）。把契约论观点主要作为一种伦理学理论提出来的是 G. R. 格赖斯《道德判断的基础》（剑桥：剑桥大学出版社，1967）。

立的政府形式。对于这种看待正义原则的方式,我将称之为"公平的正义"(justice as fairness)。

由此我们就要设想,在一个联合的动议中,参加社会合作的人们一起选择那些将安排基本权利义务和决定社会利益之划分的原则。人们要预先决定,他们要如何调节彼此对立的要求,以及他们社会的基本宪章应该是怎样的。正如每个人都必须通过理性的反省来决定什么东西构成他的善——亦即由诸目标构成的体系:追求该目标体系对他来说是合理的——一个群体必须一劳永逸地决定,在他们中间什么算作正义,什么算作不正义。在这一虚拟的平等自由的状况中,理性的人们做出的选择(暂且假定这种选择的问题已得以解决)将决定着正义原则。

在公平的正义中,原初的平等状态相应于传统的社会契约理论中的自然状态。这种原初状态当然不可以看作一种实际的历史事态,更非文明之初的原始状况。它应被理解为一种经过特别描绘的纯粹假设状态,如此描绘的目的在于导向某种确定的正义观*。这个状态的关键特征之一在于:没有任何人知道他在社会中的位置——无论是他所处的阶层还是社会地位,也没有人知道他在生来就分有的财富、能力、智力、体力等方面的运气。我甚至假定各方并不知道自己的善观念或他们特殊的心理倾向。正义的原则是在一种无知之幕(veil of ignorance)的背后被选择的。这可以保证,任何人在原则的选择中都不会因自然的机遇或社会环境中的偶然因素而得益或受害。既然所有人的处境都相似,且无人能够设计有利于其特定境况的原则,那么正义的原则就是一种公平的协议或商谈的结果。因为,鉴于这种原初状态的情况以及所有人彼此关系的对称性,这种最初状态在作为道德人格的个体之间就是公平的,这里我将假定,所谓作为道德人格的个体就是指有其自身目的且能够具有正义感的理性存在者。可以说,原初状态是恰当的最初状况(status quo),因而在其中达成的基本协议是公

---

* 康德很清楚这种原初契约是假设的。见《道德形而上学》第1部分,特别是第47、52节;以及论文《论一个通常的说法:这可能在理论上正确但在实践上行不通》的第2部分,收在汉斯·莱斯编《康德政治论文集》,H. B. 尼斯贝特译(剑桥:剑桥大学出版社,1970),第73~87页。进一步的讨论见乔治·瓦科斯《康德的政治思想》(巴黎:法兰西大学出版社,1962),第326~335页;还有 J. G. 默菲《康德:正当的哲学》(伦敦:麦克米兰公司,1970),第109~112、133~136页。

平的。这解释了"公平的正义"这一名称的属性：它传达了这样一种观念，即正义原则是在一种公平的初始状态中被一致同意的。这一名称并不意味着各种正义概念和公平是同一的，正如"作为隐喻的诗"这一用语并不意味着诗的概念与隐喻是同一的。

如我已经讲过的，公平的正义始于人们可能一起做出的所有选择之中某一种最一般的选择，亦即对某种正义观首要原则的选择，这种原则将调节随后对制度的所有批评和改造。那么，在选择了一种正义观之后，我们就可以推测，他们将选择某一部宪法、建立一个立法机关来制定法律等，而所有这些都须符合人们最初达成一致同意的正义原则。我们的社会状况如果按这样一种假设的契约系列订立成一种确定它的一般规则体系，那么它就是正义的。而且，假定原初状态的确确定了一组原则（也就是说，一种特定的正义观将被选择），那么下述说法就是正确的：只要社会制度满足了这些原则，那些参与其中的人们就能够互相声称，他们是在按照这样的条件进行合作——只要他们是自由平等的人，他们的相互联系是公平的，他们就都会同意这些条件。他们所有人都能够认为，他们的社会安排满足了他们在一种最初状态中将认可的那些规定，这种最初状态体现了在选择原则问题上那些被广泛接受的且合情理的限制。对这一事实的普遍承认，就将为相应正义原则的公共接受提供根据。当然，任何社会都不可能是一种严格意义上的、人们自愿加入的合作体系，因为每一个人都会发现，自己一出生就处在某个特定社会中的某个特定位置，这一位置的性质实质性地影响着他的生活前景。但一个满足了公平的正义的原则的社会，还是尽其可能地接近一种作为自愿规划的社会，因为它满足了自由和平等的人们在公平的条件下将同意的原则。在此意义上，它的成员是自主的，他们所认可的职责是自我施加的。

公平的正义还有一个特征，它把处于原初状态中的各方设想为理性的和相互冷淡（mutually disinterested）的。这并不意味着各方是利己主义者，亦即那种只关心自己某些特定种类的利益比方说财富、威望、权力的个人，而是把他们设想为对彼此利益不感兴趣的个人。在他们想来，甚至他们的精神目标都可能是对立的，这表现在持有不同宗教信仰的人们的目标可能是相互对立的。而且，理性这一概念必须尽可能在狭窄的意义上来诠释，即经济理论中通行的那种意义：采取最有效的手段来达到既定的目的。在后面的解释中（见第 25 节），我将在某种程度上修改这一概念，但是，我们必须努力避免在这个概念中引入任何会引起争论的伦理因素。原初状态必须具有这样一种特征：那里的规定是被广泛接受的。

在设计公平的正义这一观念时，一个主要的任务显然是要确定哪些正义原则将会在原初状态中被选择。为此，我们必须较为详细地描述这一状态，并注意表述它提出的选择问题。我将在随后的两章中讨论这些问题。然而，我们可以看到，一旦正义原则被设想是产生于一种平等状态中的原初协议，效用原则是否会被认可就成为问题了。这几乎一眼看上去就是不可能的：那些认为他们都是平等的、都同样有资格相互提出要求的人们会同意这样一个原则，即，只是为了使某些人享受较大的利益，该原则就可以要求另一些人降低其期望的生活质量。每个人都希望保护他的利益，保护他提出自己的善的观念的能力，因而任何人都没有理由为了产生一个较大的满足净余额而默认自己持久的损失。在缺少强烈而持久的仁爱冲动的情况下，一个理性的人不会仅仅因为某个基本结构能最大限度地增加按照代数方式计算的利益总额就予以接受，而不顾及这个结构对其本人的基本权利和利益所带来的持久的不利影响。这样看来，效用的原则就不相容于在平等的人们之间为了互利而展开的社会合作观念，似乎也不符合隐含在良序社会这一概念中的互惠观念。或者无论如何，我将对此提出争辩。

作为替代，我要坚持认为，处在原初状态中的人们将选择两个相当不同的原则：第一个原则要求平等地分配基本的权利和义务；第二个原则认为，社会和经济的不平等（例如财富和权力的不平等）仅当其结果能给每一个人尤其是那些最少受惠的社会成员带来补偿利益，才是正义的。这些原则宣告不可能证成基于如下根据而建立的制度：一些人的困苦可以为较大的利益总额所抵消。减少一些人的所有以便其他人可以发展，这可能是方便的，但不是正义的。但是，少数人赚来的较大利益如果让另一些不那么走运的人们的处境由此得到改善，那就没有什么不正义。在此直觉的观念是：每个人的福祉都依赖于一种合作体系，没有这种合作，任何人都不可能有一种满意的生活；因此，利益的分配就应该能够激发每个社会成员的自愿合作，包括那些处境较差的人们。上述两个原则看来是一种公平的基础，在此基础上，那些天赋较高或社会位置较好的人们（对这两者我们都不能说是他们应得的），就能期望在某个可行的体系是所有人福利的必要条件时其他人的自愿合作*。一旦我们决定寻找这样一种正义观，它防止人们在追求政治和经济利益时把自然天赋和社会环境中的偶然因素用作筹码，那么我们就被引导到这些原则。它们体现了把那些从道德视角来看是任意专横的社会因素排除到一边的思想。

然而，原则的选择是极其困难的问题。我不期望我将提议的回答会对每个人都有说服力。因此，从一开始就值得注意的是，公平的正义像别的契约观点一样包括两个部分：（1）一种对最初状态及其间的选择问题的诠释；（2）一组将被一致同意（这一点是要经过论证的）的原则。一个人可能接受这一理论的第一部分（或其变化形式），但不接受第二部分，反之亦然。尽管那些提出的特定原则被拒绝，但原初的契约境况这一概念仍然可能看上去是合情理的。请注意，我想要坚持的是：关于这种境况的最适当观念确实会导致与效用主义（utilitarianism）和完善论（perfectionism）相反的正义原则，所以，契约论提供了一个替换效用主义等观点的选择对象。但是，一个人即使承认契约论方法是研究伦理学理论和提出其基本假设的一种有用方法，也仍然可以对上述论点提出质疑。

公平的正义是我所称的契约论的一个范例。可能会有人反对"契约"这个术语及其有关表达，但我想它是很适用的。许多词都具有那种刚开始可能产生混淆和误解的歧义。"效用"与"效用主义"当然也不例外。它们也有一些不幸的暗示，并且是与之敌对的批评家愿意利用的不幸的；但对于那些准备研究效用主义理论的人来说，它们还是足够清楚的。用于道德理论的"契约"一词应该也是如此。我说过，要理解它就必须牢记，它蕴含着某种层次的抽象。特别是相关协议的内容并不是要进入某个既定的社会，或采取某种既定的政体，而只是要接受某些道德原则。而且，其所指涉的任务也纯粹是假设的：一种契约的观点认为，某些原则会在一个恰当定义的最初状态中被接受。

契约论术语的优点是它表达了这样一个观点：可以把正义原则构想为将被理性的人们选择的原则，以及通过采取这种方式，正义观可以得到解释和证成。正义论是理性选择理论的一部分，也许是其中最有意义的一部分。而且，正义原则处理的是在分享社会合作所带来的利益时相冲突的要

---

*　对这一直觉观念的概括，我得益于阿兰·吉伯德。

求，它们适用于若干个人或若干团体之间的关系。"契约"一词暗示着这种个人或团体的复数，暗示必须按照所有各方都能接受的原则来分配利益才算恰当。"契约"的用语也表示了正义原则的公共性。这样，如果这些原则是协议的结果，公民们就具有对这些其他人也遵循的原则的知识。强调政治原则的公共性正是契约论的特点。最后，契约论还有悠久的传统。体现与这种思想脉络的联系，有助于界定诸观念且符合自然的虔诚（natural piety）。这样一来，使用"契约"这一术语就有好几种好处。只要抱有必要的小心，它应该是不会被误解的。

最后我们说：公平的正义并不是一种完整的契约论。因为契约的观念显然能够拓展到对或多或少是某个完整伦理学体系的那种选择，即拓展到某个包括所有德性原则而不只是正义原则的体系的选择。既然我将主要只考虑正义原则以及和它们有密切联系的其他原则，我就不会试图以一种系统的方式来讨论诸德性。显然，如果对"公平的正义"的探讨进行得相当不错，下一步就是研究"公平的正当"（rightness as fairness）这一名称所提示的更为普遍的观点。但即使这一更宽广的理论也不能涵盖所有的道德关系，因为它看来只包括我们与其他人的关系，而不考虑我们在对待动物和自然界的其他事物方面的行为方式。我不会争辩说，对于这些肯定是头等重要的问题，契约观念提供了一种处理的方法，我不得不把这些问题放到一边。我们必须承认公平的正义的范围是有限的，其所体现的一般类型的观点的范围也是有限的。我们不可能预先决定，一旦这些其他问题得到了理解，对公平的正义的结论就必须做出多大程度的修正。

［解读与简析］

本部分原为《正义论》第一编第一章第 3 节，属于《正义论》的绪论部分，对于总体把握《正义论》的思想来说相当重要。其中第 1、2 节主要阐述正义问题对于一个社会的运作来说具有根本且首要的作用，从而对这个问题的讨论具有极其重要的理论和现实意义；《正义论》所讨论的"公平的正义"这一正义观有其适用范围，即适用于"中等匮乏"的社会。本节则对《正义论》的研究目的、方法和基本思路做了总体上的说明，并指出了其中的主要观念及其需要预先交代的一些问题。其内容可梳理如下。

一 《正义论》的主要研究目的及其研究方法（第1~3段）

罗尔斯指出（第1段），其目的是要提出一种比传统社会契约论的抽象层次更高的正义观。接着他对此做了解释。其抽象层次更高，表现在他是从纯粹政治哲学的层次入手，推究适用于社会基本结构的正义原则，这一点是与此前的社会契约论不同的，因为罗尔斯在论证这种正义原则时自觉地排除有关特定政体或者说政治形态的预设。这一段蕴含的另一点解释在于，罗尔斯强调原初状态同时是一种订约者各方面（身份及选择的环境等）平等的状态，也就是说，他既强调自由也强调平等。这既不同于霍布斯等早期社会契约论者强调自由而相对忽视平等，在同时自觉地强调平等和自由以及对此的重视程度的意义上，也有别于卢梭和康德这样的契约论者。他自称其正义观是"公平的正义"，应该蕴含了这样的考虑。

罗尔斯接下来说明（第2~3段），他将如何运用契约论的方法来达成其目的，也就是如何落实其基本的研究思路。首先，运用契约论方法的总体思路是，在一种理论设想的平等自由状态中由理性的订约者共同选择确定社会基本结构的正义原则。其次，罗尔斯强调，原初的平等状态对应于社会契约论中的自然状态，因而它不是指实际存在的事实，更不是要从历史起源的意义上去考察社会最初的建立，而是作为一种契约论方法，为了论证的需要而做出的纯粹理论假设。最后，罗尔斯指出，其原初状态包含了一些理论设计，以便达成符合其理论构想（或许可以说是他理想的正义观，亦即对自由与平等价值得以平衡且尽可能充分地体现）的理想条件。其中他认为，无知之幕这一理论设计对于确保原则选择的平等条件是极为关键的，并点出，这种设计表现了"公平的正义"的一个基本内涵。或许可以这样来理解，"公平的正义"意味着各个社会成员在进入社会之初或在起点上是公平的，而无知之幕正是要保障在进入社会的原则选择之时的选择条件对于每个人都是公平的。

二 对公平的正义的进一步解释（第4~5段）

罗尔斯所主张的公平的正义，首先是通过确定社会基本结构的正义原则来体现的，或者说他认为，原初的平等状态中的人们最终选择的正义原则，必然会体现"公平的正义"这一种正义观。接着他解释了这种通过契约论方法而推衍出来的正义原则与现实社会制度的正义之间的关系,至少包含如下三点。其一,它们是理想意义上的也是根据理想条件产生的正义原则,因而与现实社会制度的正义是有距离的,或者说处在高于现实的层次。其二,它们虽然只是理想意义上的原则,但对于自由而平等的社会或自主自愿的社会合作体系的建立可以起到奠基的作用。在它们所提供的基础上,我们逐步设计出一系列政治经济制度,从而完成符合自由和平等理念(或者换个说法,公平的正义)的整个社会建制。在此意义上,正义原则既提供了一个最初的固定点,或许也像罗尔斯所解读的康德绝对命令公式那样提供了某种检验制度正义与否的标准。其三,它们既是自由而平等的人们在公平条件下会自主选择的原则,也是作为社会合作条件而能够被公共接受的。这或许暗示着,以这些正义原则为基础的社会合作体系是具有稳定性的。

为了更充分地体现"公平的正义"的正义观,对于原初状态中做出原则选择的人们,罗尔斯提出了两个主观条件设计,即相互冷淡的动机假设以及这些人的理性。如他所言,假定原则选择者持有相互冷淡的动机,并不意味着他们都是利己主义者,而是暂且搁置个人的价值观,以免给原则选择带来不利影响。假定原初状态的人们是在狭窄的意义上理性的或经济理性的,并不是认为他们就应该如此,而是在原则选择这个问题上先排除其他意义上的理性。这里面涉及较复杂的问题,就契约论本身来说,不做这样的假设,会给能否达成一致带来额外的困难。而罗尔斯在这里也指出,在原则选择过后的进一步考虑中,再把这些暂且搁置的因素考虑进来。

三 与公平的正义相对应的原则选择(第6~8段)

罗尔斯认为,在其设计的能够体现"公平的正义"的原初状态中,人们不会选择效用原则。他指出,其原因在于效用原则理论上是与平等的理念相冲突的,而实践上不可能形成某种互利互惠的社会合作体系,这样的体系是不够稳定的。在罗尔斯看来,效用主义之所以在实质规范的领域发挥主导作用(虽然总体上说实质规范或规范伦理学是被边缘化了),不是因为效用主义能够提供有说服力的理论解释和有效的规范指导,而是因为缺乏有力的或能够与之抗衡的替代理论。

罗尔斯进而指出,在正义观这一问题上,其以契约论方式提出的理性主义进路能够提供替代效用主义的方案。他由此的解释蕴含着，按照这一进路所选择的原则，能够很好地处理效用原则处理不了的问题，能够给予平等的理念以适当的安排，并为促成互利互惠的社会合作体系提供理论基础。最后，他对这种契约论式的理性主义方案做了简要的介绍：一是指出其两大基本组成部分，二是这两大部分可能不会全部为人所接受，都可能面临质疑。但他认为，无论如何它都意味着一种能够替代效用主义的更优方案。

四 对一些问题的补充说明（第 9 ~ 10 段）

这部分主要交代了两个方面的问题：一是契约论方法及术语的优点和缺点，二是其理论范围的有限性及其发展潜力。契约论方法的优点在于：其一，可以为正义观提供有效的解释和证成；其二，尤其适合探讨公共性相关的问题；其三，其深厚的理论传统可以为其理论的新发展提供支撑。缺点一方面在于"契约"一词可能引起的歧义，另一方面在于其理论某些方面的抽象性可能产生的误解。但在罗尔斯看来，这两个缺点都不是根本性的，也都是可以克服的。

"公平的正义"理论的范围主要在于与社会基本结构相关的伦理问题，而不是完整的契约伦理理论。不过，罗尔斯认为，其理论还可以沿着这种思路拓展，乃至涵盖一般意义上的人类道德问题。但他认为，即使如此，契约伦理也不适用于与非人类相关的伦理问题。

［简评］

《正义论》从方法和内容上都有许多值得讨论和提供启迪之处，这里仅就三个大的方面做简要评述。

一 罗尔斯正义论的特点

《正义论》的一大特点在于，使社会制度成为伦理评价的对象。古典效用主义虽然也以其效用原则来判断制度的合理性，但其实采取的是效率标准，至少没有在直接的意义上采取伦理标准。罗尔斯则强调，社会制度的合理性还需要从伦理角度来思考，并且对于社会基本结构的确立来说，伦理的合理性具有根本意义。从伦理的角度看，社会首先应理解为人们进行相互合作的体系，社会制度则是进行有效社会合作的纽带和平台。那么，社会制度要稳定而有效，就必须考虑人们的社会合作意愿，在最广泛的意义上反映参与合作者的意志和利益要求。反过来说，可以用是否反映了参与合作者的意志和利益要求来判断一种社会制度的合理性。如何用理论来说明这一点？这是其正义论所要解决的问题。

二 罗尔斯的契约论方法

罗尔斯自称其理论是一种契约论，其两个基本正义原则是运用契约论的方法来证成的。契约论是西方思想史上有着深厚传统的理论方法，其总体思路是将社会合作看作一种契约关系，然后判断这种契约关系的合理性。罗尔斯的契约论当然也属于这一谱系，并且在此基础上做了重要的发展和明显的推进。用他的话来说，是要把契约论提升到"更高的抽象水平"，这主要表现在如下几个方面。

其一，契约的性质。传统形态的契约论往往旨在说明某种统治契约，亦即在既定的社会职位和权力等级结构下，统治者与被统治者如何建立联系和相互对待。近现代以来的社会契约论主要关注权力和社会制度是否经过人们的选择，它是在统治契约已经确定的前提下就体制而进行的再契约化。罗尔斯则上升到伦理契约的层次，认为社会契约不仅要经过人们选择，还要考察一种合理的契约是如何可能的，由此必须推究原初（由自然状态进入社会状态）的契约所应遵循的原则、规范是什么，所要包含的伦理考虑是什么。这应该是一种原初的、永久的契约，必须能反映人们的根本利益需要、最基本的价值要求（基本善），将得到参与立约者的不断支持。理论上，它必须满足两个重要条件：一是不依赖于个人的偶然需要、特殊偏好，这样才能保证其永久性；二是契约的内容应随着人们对契约的理解力的增强而不断增长和发展。罗尔斯认为，只有建立在这种契约观念基础之上的社会基本制度，才能是稳定而有效的。

其二，契约的对象。传统的契约论将人们参与契约看作理所当然，强调立约的必要性，针对的是具体的政治共同体。罗尔斯则强调契约精神和契约文化，针对的是社会基本结构。具体地说，《正义论》先不考虑某一社会结构的特征，在此意义上，它不针对具体的政体，超越具体历史中的制度。它旨在考察契约订立的条件是什么，在什么样的条件下人们才可能达成一种公平的契约。也就是要考察社会契约的伦理前提，人们进行平等协商、共同选择，需要具有什么样的条件或环境。

其三，描述自然状态（state of nature）的方法。自然状态是所有契约论的起点，其主要工作是为社会的成立提出理论依据，因而自然状态就是一个前社会（pre-social）的状态。运用契约论方法的一大关键在于准确地描述和把握自然状态，并做出相应的理论设计。罗尔斯想要建立的是一种正义理论，因而与霍布斯、洛克等经典的契约论者把自然状态设想为前政治状态不同，罗尔斯将之设想为一种前于正义和道德的状态：各人按照自己的方法和规则行事，以达到自己的目的，人与人之间没有共同接受的行动规则。自然状态也没有道德上的对错问题，因为任何行为只有在大家都接受了一组共同的行事原则之后才能说明对错。

把反思的平衡（reflective equilibrium）方法引入对自然状态的描述，可以说是罗尔斯的又一重大创见。按照罗尔斯的阐述，反思的平衡方法的运用大概分四步。（1）先规定一组深思熟虑的判断（considered judgments）作为暂时的固定点。我们对它有直观上的信心，但不能说有理论上的依据。（2）找到一组这样的判断后，描述自然状态，看从中能推出什么原则。（3）然后用这些原则和这组深思熟虑的判断相比较，若相吻合，它们之间就显示出一个平衡。若有差距，那么选择：要么放弃一些深思熟虑的判断（信心不足），要么修改对自然状态的描述（极有信心）。（4）这样来回修正，直到吻合。

对于化解传统契约论之中自然状态描述的独断性和形而上学色彩，罗尔斯的这一反思的平衡方法具有重要的理论意义。传统契约论也承认，自然状态是一种服从于理论需要的纯粹假设状态；但对于特定的契约论来说，这种假设一旦做出，就成了该理论表达其基本价值观念的确定性的前提，因而它或多或少都是以独断的方式提出的。而罗尔斯引入反思的平衡方法蕴含着一种新的理论姿态：作为描述自然状态的这种假设只是一种可能性，即使对于其所对应的理论来说也不是某种确定的真理，而是可错的、可修正的、作为可能的真理。在此意义上，反思的平衡方法为理论假设提供了一种检验方法或程序，从而促使理论向公共性和科学性的方向发展。罗尔斯这一方法不仅对契约论的发展起到了重要的推动作用，而且在当代伦理学领域中也产生了重大影响，受到了普遍的关注，得到了大量的运用。

三 原初状态的条件设计

罗尔斯对原初状态的条件设计也是其正义论极富原创性和理论高度的部分,为我们思考相关问题提供了方法论和理论工具。它们可概括为两大类。

一类是主观条件设计,包括相互冷淡的动机假设和立约者是有理性的这一假设。其基本含义在前面的解读与简析中已有介绍,不赘述。这里要补充的是,罗尔斯认为,人的理性包括三个方面,即以最有效的手段达到目的、包含性原则,以及或然性原则。不过为了减少复杂性并为原则选择提供理想条件,在原初状态中仅仅考虑人们理性的第一个方面,后两个方面暂且搁置,而在原则选择之后的讨论中再逐步予以考虑。

另一类是客观条件设计,包括其正义论适用的"中等匮乏"环境以及无知之幕。罗尔斯正义论关注的是为人类自主自愿的社会合作提供基本的正义原则,而设定"中等匮乏"为其正义论适用的环境,正是考虑到人们社会合作的必要性和可能性问题。在现实世界中,自然资源是有限的,无法使每个人的所有欲望都得到满足。在此意义上,我们一直生活在一个自然资源"匮乏"的世界。反过来说,如果自然资源是无限的且我们的科学发展到能够满足所有人欲望的地步,人们就可以各取所需,就没有必要合作。然而像传统社会那样"极度匮乏"的情况,正义原则也没有办法普遍适用,因为"极度匮乏"意味着社会经济发展还不足以在普遍意义上保障社会成员的基本生存,从而合作的可能性是成问题的。无知之幕的条件设计则是为了确保没有人在原初状态占任何便宜,或者说保证"公平的正义"必须在理论起点上就充分考虑公平问题。为此,无知之幕力图勾画一个道德的观点,排除从道德的观点看来不相干的信息和知识。

以上主要就与节选内容相关的观念做简要评述,而实际上《正义论》还有许多重要而颇有启发的思想,如基本善或基本益品的概念、最少受惠者的概念、最大的最小值观念、重叠共识的观念等。另外,两组基本正义原则的论证、表述及其蕴含的观念乃至引发的各种当代争论,也是《正义论》颇具魅力之处。但由于对这些问题的讨论需要大量的篇幅来说明,这里不拟评述。

［参考文献］

1.〔美〕约翰·罗尔斯：《正义论》（修订版），何怀宏等译，中国社会科学出版社，2009。

2. 石元康：《罗尔斯》，广西师范大学出版社，2004。

3.〔加〕威尔·金里卡：《当代政治哲学》，刘莘译，上海译文出版社，2015。

4. J. Rawls, *A Theory of Justice(Revised Edition)*, Harvard University Press, 1999.

麦金太尔:《德性之后》

[作者及作品简介]

阿拉斯代尔·麦金太尔（Alasdair MacIntyre, 1929~　），著名伦理学家，当代西方社群主义思潮的代表人物之一。麦金太尔1929年生于苏格兰，1969年移民美国。1949年获得伦敦大学文学学士学位，1951年获得曼彻斯特大学硕士学位，1961年获得牛津大学硕士学位。曾任教于曼彻斯特大学、利兹大学、波士顿大学、维特比德大学等英美高校，1989年至今任美国鹿特丹大学哲学系麦克马洪与哈克荣誉教授。

麦金太尔是一位研究领域广泛的多产学者，除了研究伦理学，他还研究哲学、心理学、社会学、宗教学以及马克思主义。早年的麦金太尔曾是一位马克思主义者，还曾一度加入过共产党，但后来退出。他的第一部著作是《马克思主义：一种解释》（1953），1968年又出版了一部相关著作《马克思主义和基督教》。虽然后来麦金太尔的研究兴趣发生了转移，但是马克思对历史和实践的关注以及对社会现实的批判等仍然对麦金太尔产生了深刻的影响。不过麦金太尔的主要研究仍集中于伦理学领域，其早期著作《伦理学简史》（1966）、《世俗与道德变化》（1967）以及《对时代自我形象的批判》（1971）都在强调一个中心议题：我们必须研究实践、信念和思想体系变化的历史和人类学。①其伦理学著作一直贯穿一个基本思

---

① 〔美〕麦金太尔：《德性之后》，龚群等译，中国社会科学出版社，1995，"序言"第1页。

想：道德理论随着社会历史的变化而变化，要从社会实践的层面去理解任何一种现有的道德理论。每一种道德理论都有相应的历史传统和社会背景与之紧密关联，伦理道德思想不但具有历史继承的时代性，而且也应当以满足当下社会生活的需要为目的。因此，对任何一种道德理论进行研究，都不可以脱离其产生的社会历史背景。

麦金太尔将自己的哲学家生涯划分为三个阶段，1949 年到 1971 年为混乱的研究期；1971 年到 1977 年移居美国后的过渡期；1977 年至今的筹划期。麦金太尔将这一筹划期称为"美德复兴筹划"，他把自己的三本代表性著作《德性之后》（1981）、《谁之正义？何种合理性？》（1988）以及《三种对立的道德探究观》（1990）称为这场"美德复兴筹划"的中心。

《德性之后》（*After Virtue*，又译为《追寻美德》）共十九章，在这一著作中，麦金太尔对以摩尔为代表的西方元伦理学中的情感主义提出猛烈的批判，并在西方现代性的历史溯源中揭示了当代道德理论的危机、危机的根源，以及这场危机导致的情感主义泛滥的后果；同时他也为这一场当代道德理论危机提出了自己的解决方案——复兴亚里士多德的美德伦理学。麦金太尔在这部著作中向读者揭示了启蒙运动以来的道德理论，其由于对目的论的忽视，对德性的抛弃，以至于难以解决自身的合理性困境。此外，他在本著作中所采用的一种把理论分析和社会历史生活紧密结合的研究方法，也应当成为麦金太尔研究者关注的重点。

本篇导读的原著节选，取自《德性之后》中译本（龚群等译，1995）第五章。

[节选]

论证道德合理性的启蒙运动为什么失败①

至此为止，我把论证道德合理性运动的失败只表述为一系列特殊论证的失败；如果这就是问题的全部，那么人们也许会以为毛病仅出在克尔凯

---

① 本部分节选自〔美〕麦金太尔《德性之后》，龚群等译，中国社会科学出版社，1995，第66～79 页。

郭尔、康德、休谟、斯密和他们的其他同代人所作论证的不够机敏上，因此一个适当的战略就是期待更强有力的思想家来处理这一问题。而这正是学院哲学界的战略，尽管很多职业哲学家都有点不愿承认这点。但是，假设事实上，18 和 19 世纪中上述运动失败的性质事实上并非如此呢？这种假定是很有道理的。设想克尔凯郭尔、康德、狄德罗、休谟、斯密及其他相类似者的论点的失败，是由于他们共同具有的极其独特的历史背景的某种共同特点造成的。假定我们不把他们理解为对道德的某种承担争论的有益贡献者，而只视为某种很特殊的具体道德信念体系的继承者，而这种体系内在无条理性使得一种哲学运动一开始就必然失败。

我们先来探讨一下这一运动的参加者们所共有的某些信念。如前所述，在那构成真正的道德戒律的内容和特性问题上，他们之间有着惊人的一致。狄德罗的理性主义"哲人"（philosophe）与克尔凯郭尔的判官威廉（Wilhelm）一样，都从未对婚姻家庭问题提出过任何疑问，而守信和正义在休谟处与在康德那里同样不可违背。他们从何处承继了这些共同信念呢？显然是从他们共有的基督教历史，尽管其间有偏差之处：康德和克尔凯郭尔的路德教、休谟的长老会、狄德罗的詹森派影响的天主教背景。但与他们背景条件中的共同之处相比，这些差异无关紧要。

在道德特性问题上采取广泛一致意见的同时，他们对什么是对道德的合理论证这一问题也有共同见解。他们都认为，这种论证的关键前提是描述人性的特征；道德规则须被解释和证明为能期望一个具有这种人性的存在者接受的规则。在狄德罗和康德那里，这种人性的特征被表述为激情，在康德处，它被表述为理性的某些规则的普遍而又绝对的特征（当然，康德否认道德"以人性为基础"，但他所说的"人性"仅指人心理上的非理性的东西）。到了克尔凯郭尔，已全然放弃了论证道德的企图，但他的道德理论与康德、休谟、狄德罗的恰恰有着同样的结构，其不同之处仅仅在于：在后者诉诸于激情或理性的地方，克尔凯郭尔乞灵于被他看作基本抉择特性的东西。

因此，所有这些思想家们共同参加了构建道德有效论证的运动，即从他们所理解的人性前提出发，推出关于道德规则、戒律的权威性结论。我要指出的是，任何以这种形式出现的论证都必然失败，因为在他们所共有的道德规则、戒律的概念和他们共同的人性概念（尽管他们之间也有较大差别）之间，存在着一种根深蒂固的不一致。这两种概念都有其历史，它们之间的关系只有依照这个历史才可以理解。

首先考虑一下作为这两种概念历史原型的道德体系的一般形式，欧洲在从 12 世纪始的很长时期内，都处于一种表现为有着多种形式并伴有许多竞争者的道德体系统治下，这种体系中既有古典的又有有神论的成分。其基本结构就是亚里士多德在《尼各马可伦理学》中所分析的那种结构。在这种目的论体系中，存在着一种"偶然成为的人"与"一旦认识到自身基本本性后可能成为的人"之间的重要对照。伦理学是一门使人们懂得如何从前一种状态转化到后一种状态的科学。因此，根据这种观点，伦理学必须以对人的潜能和行动的说明为前提条件，以对作为一个有理性动物的本质的解释为前提条件，更重要的是以对人的目的的一定阐述为前提条件。告诫人们建树各种德性禁绝各种恶行的戒律，教导我们如何从潜能过渡到行动，如何认识我们的真实本性，如何达到我们的真正目的。与这些戒律相对抗将是无益的、不完善的，将无法达到作为合理幸福的善，而这种善是人作为一个种类所特有的追求目标。我们所具有的欲望和情感须利用这种戒律来进行调整和教育，须通过伦理学研究所规定的行为习惯来培养；理性既告诉我们什么是我们的真实目的，又教给我们如何达到这一目的的方式。这样，我们就有了一个由三方面构成的体系。"偶然形成的人性"（未受教化状态下的人性）与伦理戒律最初不相符合，相互差异，并因此需要受到实践理性和经验的指导，以便转化为"当人认识到自身目的后可能形成的人性"。这个由三种因素构成的体系中的每个因素的地位和功能——未受教化的人性概念、合理伦理戒律的概念和认识到自身目的后可能形成的人性概念——都必须参照另外两种因素才能正确理解。

当这一体系被置于神学信仰框架之中，它更复杂了而且内容也增加了，但没有实质的改变，这不论像阿奎那那样将其置于基督教中，像迈蒙尼德①那样将其置于犹太教中，还是像伊本·罗斯德那样将其置于伊斯兰教中，都是如此。这样的伦理戒律不仅须被理解为目的论的禁令，而且要理解为神规定的律法。美德和恶习的项目须加以补充扩展，并且，在亚里士多德的"错误"概念上，又加上了一个"罪"的概念。神的律法要求一

---

① 迈蒙尼德（1135～1204），犹太教法学家、科学家。原文的脚注均为中译本的校注，下同。

种新的尊敬和敬畏。人的真实目的不再可能在这个世界中完全达到，而只能于另一世界中完成。但是，由未经教化的偶然形成的人性、认识到自己真实目的后可能形成的人性和作为从前者向后者转化工具的合理伦理戒律这三方面组成的结构，却仍然处于有神论的评价思想及判断的核心地位。

因此，由古典道德的有神论形式居支配地位的、具有双重意义、目的和双重标准的道德表达贯穿了这一阶段始终。说某人应该做某事也就是说这种行为在这些环境中将导致人的真实目的，同时还是说，这一行为是与神规定的及理性所理解的律法的命令相一致。这样，道德言论就仅在这一框架之中被用于表达真实的或虚假的主张。这一体系的绝大多数中世纪支持者当然确实相信它本身就是神的启示的一部分，但他们也认为它是理性作出的发现，可以合理地加以辩护。但是，当新教和詹森天主教（以及中世纪后它们的直接继承者）出现在历史舞台上时，这一包容了不同见解的宽广领域却未能幸存。因为新教和詹森天主教体现了一种新的理性概念（我在这一问题及其他一些问题上的观点大大受惠于安斯库姆（Anscombe）1958 年的观点，但我与他有所不同）。

这些新兴的神学家们断言，理性不能真正理解人的真实目的；理性的力量已被人的堕落所摧毁。"如果亚当是纯洁的"，根据加尔文的观点，理性可能曾经扮演过亚里士多德赋予它的角色，但现在理性却无力更正激情（看到休谟的观点即是一个加尔文派教徒的观点这一点很重要）。尽管如此，偶然成为的人与认识到自己真实目的后可能成为的人之间的对照依然存在，而神的道德律法也仍然是使我们从前者向后者转变的教导者，——即唯有神恩才能使我们响应和遵从神的戒律。詹森派的帕斯卡尔在这一历史的发展中占有一独特的重要地位。因为正是帕斯卡尔认识到：在许多重要方面，新教和詹森派天主教的理性概念与 17 世纪最为革新的哲学和科学中的理性概念是一样的。理性并不理解实质或从潜能向行动的转化，这些概念属于遭人鄙视的经院哲学概念体系。从而，反亚里士多德的科学为理性的能力设置了严格的界限。理性是用来计算的，它可以确定事实的真假，可以看到数学上的关系，但仅此而已。因此，在实践领域内，它仅可涉及手段。在目的问题上它必须保持沉默。笛卡儿甚至坚信，理性无法否定怀疑，从而，根据帕斯卡尔的观点，理性的一个核心成就就在于认识到我们的信念最终建立在本性、风俗和习惯的基础上。

　　帕斯卡尔先于休谟提出的这种令人注目的观点（由于我们知道休谟对帕斯卡尔的著作是熟悉的，所以可以不无道理地相信，在这一问题上，休谟直接受到他的影响），指出了理性葆有其能力和力量的方式。即使在康德那里，我们也可看到这种理性的反面特征。康德的理性与休谟的一样，无法察觉作为物理学研究对象的客观世界的任何本质特征和目的特征。因此，在人的本性问题上，他们之间的分歧与这种重要的惊人一致共存，而且，这种一致还同样发生在狄德罗、斯密和克尔凯郭尔的观点之中。这些思想家都否弃了人性问题上的目的论观点，拒绝任何认为人具有限定其真实目的的本质的观点。理解了这点也就理解了他们力求为道德寻找基础的努力为何必然失败。

　　我们看到，构成了他们思想历史背景的道德体系是一个须具备三个因素的结构：未经教化的人性，认识到自身真实目的后可能成为的人和能够使人从前者向后者转化的道德戒律。但是，对新教、天主教神学的否定和在科学与哲学上对亚里士多德观点的摈弃却共同造成了这样一种结果：取消了任何关于"认识到自己真实目的后可能成为的人"的概念。由于既是理论又是实践的伦理学的全部意义都在于使人从其现时状态向其真实目的转化，所以在排除了本质人性的观念和放弃了目的观念之后，就只能给人们留下一个由两种因素构成、其间关系非常模糊不清的道德体系。一方面，我们可看到道德的某些内容：被剥夺了有关目的的背景条件的一组禁令；另一方面，我们可看到某些关于未受教化的人性的观点。既然道德禁令原本处于一个旨在更正、发展和教导人性的体系之中，它们显然无法从这种对人性的真实描述中推演出来，也不可能以其他方式诉诸其特性加以证明。如此理解的道德禁令很可能会遭到如此理解的人性的强烈反对。从而，18世纪的道德哲学家们所从事的是一种注定失败的运动，因为他们在确实要为自己根据人性问题上的独特见解得到的道德信念寻找合理基础的同时，又承继了一套道德禁令和与这种禁令显然不一致的人性概念，——这种禁令和人性概念从产生之时起就预先注定不相符合。这种不一致性并没有因他们修改自己对于人性的信念而消失。他们从曾经一致的思想和行为的体系中继承了一些不相一致的残章断片；由于他们认识不到自己所处的独特历史的和文化的环境，所以不能认识到他们为自己规定的任务的不可完成的和堂吉诃德式的特征。

或许，说他们"不可能认识"有点过于强烈了，因为可以依据对这一问题的不同程度，将 18 世纪的道德哲学家排个队。我们看到，苏格兰人休谟和斯密的自我怀疑最少，故离这种认识最远，这也许是由于他们在英国经验主义的认识论体系中已然感到非常舒服自得。休谟在对这一体系让步之前，确实曾有过很类似于精神崩溃的表现，但在他的道德著述中，却丝毫找不到这种崩溃的迹象。在狄德罗生前发表的著述中，我们也同样看不出任何对这一体系不满的痕迹。但是在《拉摩的侄儿》——这是他死后落入叶卡德琳娜二世①手中的手稿之一，并且是被偷带出俄国后，在 1803 年出版——中，却对整个 18 世纪的道德哲学作出了比任何处于启蒙运动之外的批评都更为尖锐有力和更有见地的批评。

如果说，狄德罗比休谟更多地认识到了论证道德合理性运动的失败，那么可以说，康德在这方面比他们二者都强。在他看来，数学和道德展现了理性的可普遍化的规定性，他确实想要在这种规定性中寻找道德的基础；并且，尽管他指责将道德置于人性基础上，他对人的理性本性的分析仍然构成了他对道德所作合理解释的基础。但是，在他的第二"批判"的第二卷中，他也确实承认，没有一个目的论构架，整个道德就无法理解。他把这种目的论构架表述为"纯粹实践理性的先决条件"。在诸如海因和后来的新康德主义者这些 19 世纪的读者看来，康德道德哲学中的这种说法是对他业已驳倒的主张的无法说明的武断让步。但是，如果我提出的论题不错，康德这一观点就是正确的；作为一个历史事实，18 世纪的道德确实以某种以神、自由和幸福为内容的目的论体系作为前提条件。恰如康德所说，它们被作为德性的最高桂冠。若将道德与这一构架分开，你就失去了道德；至少也得说，你就极大地改变了道德的特性。

由于取消了道德戒律和事实上的人性之间的任何联系而造成的道德特性的变化，在 18 世纪道德哲学家们的著作中已有所表现。尽管我们已谈到的各个思想家都试图在其正面论证中把道德置于人性基础之上，但他们在各自作出的反面论证中都走向这样一种越来越无限制的主张：没有任何有效论证能从纯粹事实性的前提中得出任何道德的或评价性的结论。也就是

①　叶卡德琳娜二世（Catherine Ⅱ, 1729 ~ 1796），俄国女皇，在位时期为 1762 ~ 1796 年，被称为加德林大帝。

说，这些思想家都越来越近地走向了一条原则——这一原则一旦被接受，便会成为他们整个运动的墓志铭。休谟在表述这一主张的时候，还是以疑问而非肯定性断言的口吻讲出的。他议论道："在我所遇到的每一个道德学体系中"，作者们都作出了从关于上帝或人性的陈述向道德判断的转化："不再是命题中通常的'是'与'不是'的连接，而是没有一个命题不是由一个'应该'或一个'不应该'联系起来的"。① 他接着要求，"对于这种似乎完全不可思议的事情，即这个新关系如何能从完全不同的另外一些关系中推出来，应当列出理由加以说明"。到了康德那里，这同一普遍性原则不再以问题形式出现了，而是作为断言出现的：他坚持认为从任何关于人的幸福或上帝意志的陈述中都不可能推出关于道德律法的命令。在克尔凯郭尔对伦理的解释中，也同样以断言的形式重复了这一原则。这一普遍性主张的意义是什么呢？

某些后来的道德哲学家走到如此地步，他们把这一论题解释为：任何道德结论都不可能有根据地从作为"逻辑上真实"的一组事实前提中得出。他们并把这个论点理解为如同某些中世纪逻辑学家表述的从一个更为普遍的原则中推出的主张：即在一个正确有效的论证中，结论中不能出现任何前提中没有包含的东西。而且，这些哲学家们还暗示说，在一个试图从事实前提中得到道德的或评价性的结论的论证中，有某种东西即道德或评价因素，将出现在结论中。因此，这样的论证必然失败。然而，这种声称是不受任何限定的、可作为所有事物依据的普遍性逻辑原则，事实上却是假的——这种学究式标签只适用于亚里士多德的三段论。实际上，有几种有效论证的类型，其结论中的某些因素在前提中并未出现。A. N. 普赖尔列举的与这一所谓的原则相反的例证恰当地展示了它的失败：从"他是个大副"这一前提中，可以正确有效地推出这样的结论："他应该做大副该做的事情。"这一相反的例证不仅表明根本不存在什么上面那种普遍性原则，而且它本身还至少表明了这样一条语法规则方面的真理：一个表述"是"的前提能够在一定场合中包含有表明"应该"的结论。

但是，那些坚持无法从"是"中得到"应该"的人若将自己的主张稍

① 〔英〕休谟：《人性论》，第 3 卷第 1 章第 1 节，关文运译，郑之骧校，商务印书馆，1980，第 509 页。

加修改，便可轻易地克服普赖尔指出的困难。他们可以说自己意图主张的是：从事实前提中无法得出任何具有实质性评价或道德内容的结论，普赖尔举的例证中并不含有这样的内容。但即便如此，问题依然存在：人们为什么要接受他们的这一主张呢？我们看到，他们已然退了一步，即已经承认自己的主张不能从任何不受限定的普遍逻辑规划中得出。他们的主张中也许确实具有某种实质性的东西，但这种实质性的东西是从一种关于道德规则和道德判断的特殊概念中产生的——这是一种产生自 18 世纪的新概念。也就是说，人们可以坚持或宣称原则，但其有效性或正确性并非来自某种普遍的逻辑，而是来自所采用的关键词的意义。假设在 17、18 世纪中，道德言论中使用的关键术语的意义和含义已经改变了这些术语的特性？那么便会出现这样的情况：曾经可以导致或引出某一特殊道德前提或结论的正确推断，不再能导致或引出看上去完全同样的事实前提或道德结论。这是因为，在某种意义上曾经是相同的表达，曾经是同样的句子，现在却具有了不同的意义。但是，我们是否在事实上有这种意义变化的证据呢？在回答这一问题之前，首先考虑一下"从'是'的前提中得不出任何'应该'结论"这一论题的另外一种相反例证。从"这块表走得不准且不稳定"和"这块表重得不好携带"这类事实前提中，可以正确地得出"这是一块坏表"的评价性结论。从"他种这种作物每英亩的平均产量比当地任何其他农夫的产量都高"，"他所采用的恢复和提高土地肥力的方法是迄今所知的最佳方法"和"他饲养的奶牛群在农业展览会上赢得了头等奖"这类事实性前提中，可以正确地得出"他是个好农夫"的评价性结论。

这种论证之所以正确，是因为"表"与"农业"是具有特殊特性的概念。它们是功能性概念，也就是说，我们通过表和农夫被通常期望发挥的特有功能或具有的特有目的来限定"表"和"农夫"。由此可知，"表"这一概念不可能完全独立于"好表"概念而加以限定，"农夫"也不可能完全独立于"好农夫"来限定，衡量某物是不是表的标准和衡量它是不是好表的标准不可能相互独立，"农夫"和其他所有功能性概念的有关标准，也同样如此。恰如上面所举例证清楚证明了的，这两种标准显然都是事实性的。因此，任何从断言某恰当标准被满足了的前提推出断言"这是好某某"结论的论证（当这种"某某"是由功能性概念所表明时），都是从事实前提出发得出评价性结论的正确有效的论证。从而，我们可以安全地断言，如果某人要提出某种修正方案来使"是"中无法得到"应该"这一原则成立，那么这种方案必须从某范围内排除牵扯到功能性概念的有关论证。但是，这强烈暗示着那些坚持认为全部道德原则都属于这种原则范围之内的人都一直是这么做的，因为他们认为任何道德论证都不包含功能性概念。然而事实并非如此，处于古典的亚里士多德传统中的道德论证——不论在其古希腊形式中还是在其中世纪形式中——都至少包含一个功能性概念，即被理解为具有其本质特性和本质目的或功能的人这一概念；并且，当且仅当这种古典传统在整体上遭到基本否定时，道德论证的特性才被改变，从而落入某种形式的"是"前提中得不出"应该"结论这一原则的范围之内。这就是说，在古典传统中，"人"与"好人"恰如"表"与"好表"或"农夫"与"好农夫"的关系一样。亚里士多德认为，和"竖琴师"与"竖琴弹得好"的关系相类似，"人"与"生活好"的关系构成了伦理探讨的始点①。但是把"人"用作功能性概念并非亚里士多德的创造，并非始自亚里士多德形而上的生物学，而是有其古老得多的历史。这种用法实际上植根于古典的传统理论家们所要表述的社会生活形式。这是因为，根据这一传统，成为一个人也就是扮演一组角色，其中每一个角色都有其自身的特征和目的：家庭成员、公民、战士、哲学家、上帝的仆人等等。只有在把人视为先于和分离于这全部角色的独立个体时，才可能不再把"人"作为功能性概念。

要使这点成立，其他关键道德术语也必须至少部分地改变其意义。某些形式的句子之间的承继关系也必须予以改变。于是，不仅出现了道德结论不再可能像以前那样被合理论证的现象，而且这种合理论证可能性的丧失还成为相应改变道德惯用语意义的征象。因此，我已指出，这一事实使得哲学家们处于一种极其缺乏道德词汇（这是我已陈述的那些时期的结果）的文化之中，对于这些哲学家来说，"从'是'前提中无法得出'应该'结论"的原则就成了一种无法逃避的真理。这种原则被视作永恒逻辑真理，实际是一种极度缺乏历史意识的迹象，这种看法当时曾在很大程度上构成了道德哲学的内容，现在仍然过多地产生着影响。因为宣告这种看

---

① 参见亚里士多德《尼各马可伦理学》，1095a16（注：1095a16为后人整理亚里士多德等人文献所编统一页码）。

法的最初宣言本身就是一个至关重要的历史事件。它既是与古典传统最后决裂的信号，又是 18 世纪哲学家们在继承以往的残缺不全的背景条件中论证道德合理性的运动彻底失败的信号。

但是，在这一问题上，不仅历史中的道德概念和争论根本改变了其特征，从而成了我们时代文化中无法解决和终止的论争的直接起始，而且道德判断的含意和意义也被改变了。在亚里士多德传统中，说 X 是好的（这个 X 可以意指多种事件，其中包括人、动物、政策或事态），也就是说想要把具有 X 所具特性的事物作为自己目的的人都会选择 X 类事物。说一块表是好表，也就是说它是想要借助表来准确守时（而非用它来打猫）的人都会选择的那种表。"好"的这种用法的前提条件是：每一种可以恰当称作好或坏的事物——其中包括人和行为——事实上都具有某种既定的特有目的或功能。因此称某物好也就是在作事实陈述。称某一特殊行为正义或正当也就是说这是一个好人在该种情境中将会履行的行为，因而这种类型的陈述也是事实性的。在这一传统中，道德的和评价的陈述能够被称为真假陈述，恰是如同其他所有事实陈述那样的方式被称呼的。但是，当人的目的或功能这一重要概念从道德中消失了的时候，把道德判断视作事实陈述便开始显得不合理了。

此外，启蒙运动所致的道德世俗化也使人对道德判断作为神圣律法的表述的地位产生了疑问。甚至康德仍旧把道德判断理解为普遍法则的表达，即使这种法则是各个有理性的行为者为自身的立法，他也没有把道德判断视作对律法所要求和命令的内容的表述，而是把它们本身看作命令。而命令是不容怀疑其真假的。

迄今为止的日常谈论中，人们似乎一直习惯于把道德判断看作真实的或虚假的。但是道德判断的真假到底是什么这一问题始终没有清楚的答案。如果我前面粗略论述的历史性假定是真实的，这就完全可以理解：这种道德判断不过是古典—神论实践的语言幸存物，这种幸存物已丧失了这种实践提供的背景条件。在当时的背景条件中，道德判断的形式同时是假言和直言的。就其表达了什么行为对一个人的目的是恰当的这种判断来说，它们是假言的："如果且因为你的目的是某某，你就应该做某某行为"，或"如果你不想使自己的最基本欲望受到阻挠，就应该做某某行为"。就其表述了神的命令的普遍法则的内容来说，它们又是直言的："你应该做某某行为，这是神的法则所命令的。"但是，如果把那些使它们借以成为假言和直言判断的东西都剥除掉，这些判断还是什么呢？这样的道德判断就失去了任何明确的地位，表达这种判断的语句也会相应丧失任何可以理解的意义。这样的句子将成为某种可表达情感自我的便利形式，这种形式缺乏原本具有的背景条件的指引，丧失了在世界之中的语言的和实践的方式。

　　但是，以这种方式来阐述这一问题实际上只是提出了一种未加任何论证的预言。因为我现在是想当然地认定可以用那些幸存的、丧失了其背景条件并从而丧失了明确性的概念来描述这种历史变化的特点；而另一方面，正如我在前面已经提请读者注意的，许多经历了发生在我们前辈文化中的这一变化的人都把这种变化看作对传统有神论的重负和目的论思想模式的混乱的解脱。被我描述为传统结构和内容的丧失，却被这些人最强有力的哲学代言人视作自我在其自律问题上取得的成就。自我已从已过时的那些社会组织形式中解放出来，这种社会组织形式把自我同时囚禁于有神论和目的论的世界秩序的信仰中，以及试图将自身合法化为这种世界秩序之一部分的等级结构中。

　　然而，我们不论把这一决定性的变化看作一种丧失还是视为一种解放，看作向自律的转化还是视向反常杂乱的无目的性的过渡，都须重视其中的两个特点。第一个特点是这一变化造成的社会和政治后果。道德概念的抽象变化总是体现于真实的特殊事件中。存在着这样一部尚未写出的历史：其中的梅迪契王子①·亨利八世②和克伦威尔、腓特烈·威廉③和拿破仑、沃波尔④和威尔伯福斯⑤、杰斐逊和罗伯斯比尔等人特殊的、各不相同的行为被理解为表达了与下述哲学家们在哲学理论层次上所清楚表达了的同一概念变化，即他们的行为表达了由马基雅弗利和霍布斯，狄德罗和孔多塞⑥、

---

① 梅迪契（Medici，1389~1464），1537年统治佛罗伦萨的梅迪契家族主要支系之一的开创者。
② 亨利八世（Henry Ⅷ，1491~1547），英国都铎王朝的第二代国王。
③ 腓特烈·威廉（Frederick the Great，1620~1685），17世纪最卓越的专制君主之一，以"大选侯"知名。霍亨索伦王朝的首要人物，勃兰登堡—普鲁士国的创建者。
④ 沃波尔（Robert Walpole，1676~1745），英国首相。
⑤ 威尔伯福斯（William Wilberforce，1759~1833），英国政治家和慈善家。
⑥ 孔多塞（Marquis de Condorcet，1743~1794），法国数学家、革命家、哲学家，他关于人类能够无限地完善自身的进步观念对19世纪的哲学和社会学具有极大影响。

休谟、亚当·斯密和康德在哲学理论层次上表达了的同一概念变化。不应有政治和道德行为与政治和道德理论相互分离的两个历史，因为人类并没有一个仅仅包括行为、另一个仅仅内含理论的两种过去。每一个行为都是或多或少地带有理论内容的信念和概念的承担者与表达者；而每一理论和信念的每一表达都是一种政治的和道德的行为。

因此，从传统向现代的转化既是理论上的又是实践上的，它是一个单一的转化。政治和社会变化的历史（由大学历史学系中的一组学者按一套标题进行研究）与哲学史（由大学哲学系中完全不同的另一组学者按另外一套完全不同的标题进行研究）的分离完全是我们现代学院课程的思想习惯造成的，这种习惯一方面赋予思想观念一种虚假的自身独立性，另一方面把政治和社会行为表现为一种独特的、毫无思想内容的东西。当然，这种学院中产生的二元论本身也是现代世界中几乎无处不在的一种的表达，这种观念实在是太多了，作为现代文化最有影响的敌对理论的马克思主义对经济基础和意识形态、上层建筑的区分只不过是这种二元论的又一表现形式。

然而我们还须谨记的是，如果自我明确地将自身与从一种单一的、统一的历史进程中的继承而来的思想和实践模式分离开来，那么它是以如此多样不同方式和复杂程度进行的以致人们易于忽视这点。当颇具特色的现代自我被创造时，这种创造不仅要求相当广泛的全新社会背景，而且要求以多样化的、并不总是连贯一致的信念和概念来限定这种社会背景。这种创造的结果即是个人，因此，下面我们必须探讨的问题是：总的看来，这种创造是什么，它在产生我们情感主义文化的过程中起了什么作用。

[导读]

在《德性之后》一书中麦金太尔做出如下论断：论证道德合理性的启蒙运动是失败的。为了证明这一论断是正确的，麦金太尔不仅采用了一种历史叙事学方法对西方思想史中的道德合理性证明进程进行了倒叙，并宣称西方社会文化传统无法为道德提供一种共同的公开合理证明。麦金太尔在《德性之后》一书中对启蒙运动的道德筹划失败的反省，构成了他对当代西方世界中的多元化伦理予以否定的基础。在麦金太尔看来，西方启蒙运动道德筹划的失败有两个方面的原因：其一，忽视了道德本身的目的合理性；其二，缺乏对道德哲学的历史主义方法。

首先，麦金太尔认为各种现代性道德问题的产生是由于西方启蒙道德哲学的理论框架本身就存在问题。他认为，西方启蒙道德筹划的最根本问题就是目的论的缺失。麦金太尔指出在西方道德哲学的传统中，亚里士多德以及中世纪基督教道德哲学，都呈现出一种目的论的道德合理性框架。这种目的论道德体系具有三重因素："偶然成为的人"（未经教化的人性）、"认识到自身真实目的后可能成为的人"、"能够使人从前者向后者转化的道德戒律"。在古希腊伦理学体系，尤其是亚里士多德伦理学中，德性概念是根本性概念。德性就是一个人好并使得它的实现活动完成得好的品质。亚里士多德把人的灵魂区分为无逻各斯的部分和有逻各斯的部分，无逻各斯的部分受到逻各斯部分的影响，使得人们能够听从逻各斯来行动。亚里士多德按照划分灵魂的方式同样区分了德性：他把一部分德性称为理智德性，智慧、理解和明智是理智德性；另一部分是道德德性，慷慨和节制则属于道德德性。同时，亚里士多德强调，德性作为灵魂的实现活动的品质，并不是与实现活动的目的相分离的。① 德性是人及其活动的目的，在于自身的自足和完满，那么就"存在着一种'偶然成为的人'与'一旦认识到自身基本本性后可能成为的人'之间的重要对照。伦理学是一门使人们懂得如何从前一种状态转化到后一种状态的科学"②。伦理学或者说道德理论正是在以"更好地实现人的目的"为前提条件下，对各种道德戒律进行解释，通过遵循道德戒律，人能够认识其真实本性，实现其潜能，在实践事务上做得更好。因此，麦金太尔进一步指出中世纪神学家们延续了这一古典目的论道德体系，而只有这一体系中的三重因素彼此互为参照，每一因素的地位和功能才能够得到正确的理解。

但 17 世纪以来启蒙运动传统下的道德哲学思想框架与传统的目的论道德哲学相比是缺失的，或者说是启蒙运动以来的"这些思想家都否弃了人性问题上的目的论观点，拒绝任何认为人具有限定其真实目的的本质的观点"③。在传统的目的论道德理论体系，对道德的合理性说明都置于一个旨

---

① 〔古希腊〕亚里士多德：《尼各马可伦理学》，廖申白译注，商务印书馆，2003，"译注者序"第 xxxii ~ xxxiii 页。

② 〔美〕麦金太尔：《德性之后》，龚群等译，中国社会科学出版社，1995，第 68 页。

③ 〔美〕麦金太尔：《德性之后》，龚群等译，中国社会科学出版社，1995，第 70 页。

在教化人性的目的论构架中，道德戒律只有在以善为目的的前提下才有意义，同时才能获得其权威性和合理性，"某人应该做某事也就是说这种行为在这些环境中将导致人的真实目的，同时还是说，这一行为是与神规定的及理性所理解的律法的命令相一致"①。道德戒律引导人认识其真实本性，达成最终目的。而休谟、狄德罗、斯密以及康德这些启蒙思想家则在科学与哲学上都摒弃了亚里士多德的观点，同时也对新教、天主教神学予以否定，将目的论排除在道德合理性的范围之外。如此一来，在传统的道德理论体系中，就只剩下两个要素：道德戒律以及某种未经教化的人性。

启蒙思想家希望像科学的合理性一样来确立道德的合理性，因此道德的合理性应当是普遍的和确定的。科学的合理性是可以依靠理性来确定的，因为理性可以确定事实的真假；而一旦进入实践领域，理性并没有办法确定目的之真假。由此，从休谟那里开始，道德哲学家们认为从纯粹事实的前提中无法推断出任何道德的或价值性的结论。目的是主观的并非客观事实，不具备确定性，更加不具备普遍性。在麦金太尔看来，他们延续了道德戒律，却抛弃了人性的传统信念，这种道德与人性的不一致，将导致道德戒律像波希米亚人的禁忌一样，是无法得到合理解释的。

启蒙思想家们还忽视了一点，即处于古典的亚里士多德传统中的道德论证是包含功能性概念的，尤其是"人"是一个被理解为具有其本质特性和本质目的或功能的功能性概念；而对于功能性概念，我们是可以从"是"推导出"应当"的。麦金太尔举例说，从"这块表走得不准且不稳定"和"这块表重得不好携带"这类事实前提中，可以正确地得出"这是一块坏表"的评价性结论。② 麦金太尔认为启蒙道德哲学家们认为"是与应当的鸿沟"是无法逾越的永恒逻辑真理，这其实只不过是他们遗忘了作为功能性概念的"人"。当他们拒斥任何目的论的人性观时，现代道德合理性的二重框架中也失去了"认识到自己真实目的后可能成为的人"这一目的论要素，注定遭到人的本性的强烈抵抗，注定是失败的。

其次，麦金太尔认为对道德合理性论证的启蒙运动筹划失败的另一原因在于启蒙思想家采取了一种诉诸普遍性的非历史主义方法来研究道德。

① 〔美〕麦金太尔：《德性之后》，龚群等译，中国社会科学出版社，1995，第68页。
② 〔美〕麦金太尔：《德性之后》，龚群等译，中国社会科学出版社，1995，第75页。

麦金太尔指出以一种固执的非历史的态度来对待道德哲学，将过往历史中的思想从哲学家们的生活和思考的文化环境和社会环境中剥离开来，将导致现代道德理论面临一种无公度性困境——道德合理性论证存在着普遍性与多元化的分歧事实。

在其另一著作《谁的正义？何种合理性？》中，麦金太尔进一步深刻地探索了《德性之后》中的一个问题，即在现代世界中人们越是期望为道德找寻一个普遍的合理性根基，越是发现难以对道德合理性达成共识。在这本书中，麦金太尔认为西方文化中有四条正义理论的进路：亚里士多德的理论、阿奎那对亚里士多德主义和奥古斯丁基督教的综合、17～18世纪的苏格兰传统和"自由主义"。这几种理论传统都在现代社会得以延续，但这些理论传统在正义的核心问题上都存在彼此的冲突。通过一种历史的倒叙方法，麦金太尔对前述问题做出了一种历史主义的回应：现代道德论证多元化是源于"历史起源的多样性"。而要消除当代的道德共识困难，只能把现代的道德言谈和道德实践作为来自古老过去的一系列遗存下来的残篇断简来理解，而对于现代的道德理论家而言，只有通过对历史和传统的连续性解释方式，才能够理解道德，从而求得对现代道德争论的合理解释。[①] 麦金太尔的历史主义立场还存在于他对于自我的看法之中，"自我明确地将自身与从一种单一的、统一的历史进程中的继承而来的思想和实践模式分离开来，那么它是以如此多样不同方式和复杂程度进行的以致人们易于忽视这点。当颇具特色的现代自我被创造时，这种创造不仅要求相当广泛的全新社会背景，而且要求以多样化的、并不总是连贯一致的信念和概念来限定这种社会背景。这种创造的结果即是个人"[②]。麦金太尔认为自我也是一个历史性概念。自我是从历史传统中逐渐形成的，而不是脱离真实历史的虚假建构。当自我从历史中脱离，自我就丧失了任何的规定性，不再具备任何必然的社会背景和身份，也失去了自我的本质，成为可以是任何社会身份或角色的个人。人们可以任意选择自己的生活方式，因而对人的生活也不存在统一的评判标准，这必然导致道德解体和道德相对主义

[①] 〔美〕麦金太尔：《谁之正义？何种合理性？》，万俊人等译，当代中国出版社，1996，第11页。

[②] 〔美〕麦金太尔：《德性之后》，龚群等译，中国社会科学出版社，1995，第79页。

的危机。

　　麦金太尔认为这场启蒙运动的筹划失败是当代西方世界道德危机的最深层原因。在麦金太尔看来，启蒙运动的道德筹划失败的后果是，在"西方现代社会的基本道德问题上出现了普遍性的论争，并且这类论争不可能从理论上得到合理的解决"①。麦金太尔认为，在英雄社会和古希腊社会中，人的美德并不是凭空独立出现的，而是与当时的社会背景互为参照的；而当现代社会中的人们抛弃了传统的目的论世界观，脱离了统一的历史进程，转而诉诸普遍合理性的时候，对德性的原本统一的理解也因此消失。诸多道德概念如权利、义务、善等也不再拥有统一的合理性基础，反而逐渐走向多元化。这也导致人们选择一种道德解释的依据不是合理性的权威，而是更多地依据于情感偏好，由此元伦理学的情感主义逐渐成为被广泛接受的道德理论。

［参考文献］

1. Alasdair MacIntyre, *After Virtue: A Study in Moral Theory*, University of Notre Dame Press, 1984.

2. 〔美〕麦金太尔：《德性之后》，龚群等译，中国社会科学出版社，1995。

3. 〔美〕麦金太尔：《谁之正义？何种合理性？》，万俊人等译，当代中国出版社，1996。

4. 姚大志：《麦金太尔的历史主义：三种不同的版本》，《社会科学》2012 年第 2 期。

---

① 〔美〕麦金太尔：《德性之后》，龚群等译，中国社会科学出版社，1995，"中文本序言"第 1 页。

22

斯洛特:《从道德到德性》和《源自动机的道德》

[作者及作品简介]

迈克尔·斯洛特(Michael Slote, 1941 ~   ),出生于美国波士顿市,受过良好的教育,高中期间曾就读于著名的安多弗中学(Andover High School),美国前总统布什父子也曾在这里学习。高中期间曾写过一篇关于柏拉图的论文,受到自己的哲学老师弗朗西斯·麦卡锡(Francis McCarthy)的大加赞赏,认为他有成为一位优秀哲学家的潜质。为感师情,多年后他写了《教育与人类价值:用关爱伦理学来调和人的才能》(劳特利奇出版社,2012)来纪念这位老师。1958 年,年仅 17 岁的斯洛特进入哈佛大学,选择心理学和哲学专业,1965 年他获得了博士学位。

博士毕业后,1965 ~ 1980 年,斯洛特开始从事与哲学相关的教学工作,先是任教于哥伦比亚大学。1977 年,36 岁的斯洛特一家迁居爱尔兰,他在都柏林三一学院(Trinity College Dublin)任教了 7 年,担任哲学学科的主席,成为当时爱尔兰全国哲学学科的领头人。爱尔兰拥有世界上最美丽的草场,但因为多雨的天气,他和家人都很想念自己的家乡。7 年的教学生涯,培养了他对伦理学的兴趣,为他回国后的学术写作奠定了基础,而之前他在各个领域摸索,没有研究重心。

1984 年,斯洛特回到了自己的祖国,在马里兰大学(University of Maryland)任教,并担任该校哲学系负责人 17 年。在马里兰大学任职期间,斯洛特完成了两本重要的伦理学著作——《从道德到德性》(1997)

和《源自动机的道德》（2001），奠定了他在英语伦理学界的学术地位。

2002 年，斯洛特受聘于迈阿密大学（University of Miami）哲学系，在这里他享有轻松的研究环境和高额的薪资。在此期间，他写成了《共情与关爱伦理学》（2007）、《道德情感主义》（2010）、《论完美的不可能性》（2011）、《从启蒙到接受性：重新思考我们的价值观》（2013）、《人类发展和人类生活》（2016）、《阴阳的哲学：一种当代的路径》（2018）等重要著作。

[**主要思想**]

斯洛特的学术历程，大致可以分为两个阶段和三次转向。第一阶段以 1997 年出版的《从道德到德性》为代表，该书实现了对安斯库姆所倡导的"回归德性"和批判"道德语义"的理论回应。德性复兴的发起人是安斯库姆，她受维特根斯坦后期"日常语言"思想的影响，认为现代道德哲学中的道德评价术语是脱离了时代语境的"语言空转"现象，主张回归人的德性心理来重建道德哲学。沿着安斯库姆开辟的方向，斯洛特转向了德性伦理研究，他认为现代道德哲学所使用的两个评价术语"正确的"（right）和"错误的"（wrong）在对人的行为进行道德评价时，会导致一种"自我"与"他人"之间的不对称性，故他主张用两个新的德性伦理的评价术语"令人钦佩的"（admirable）和"令人叹惜的"（deplorable）来分别代替它们，从而实现从语义伦理到德性伦理的转变。

第二阶段以 2001 年出版的《源自动机的道德》为代表，这个时期斯洛特受女性主义者所倡导的关爱伦理学影响很大，他认为以亚里士多德的理性主义进路来复兴德性理论，不足以解释我们对他人的关爱倾向，故他汲取了女性关爱伦理学的"关爱"思想，力图从关爱的道德情感主义进路来复兴德性理论，由此他也引发了德性伦理复兴的"情感转向"。在这个阶段他建立了一种基于行为者的（the agent-based）道德理论，即只从行为者的关爱动机来评价行为者的行为是否具有道德性。

关爱是一种德性品质，故从关爱的德性动机来评价人的行为，也被称作一种关爱的情感主义德性伦理理论。由于女性关爱伦理思想与儒家仁爱伦理思想有学理上的相通性，在这个阶段，他从关爱的德性伦理学研究中又转向了对中国儒家伦理思想的阐释。他特别看重阐释中国"阴阳哲学"

中"阴/阳"概念的道德属性，认为"阴"的概念具有"接受性"（receptivity）的意义，"阳"的概念具有"冲动性"（impulsiveness）的意义，道德上的"阴"与"阳"互动关系，就相当于王阳明所讲的在道德心理上的"知行合一"关系。斯洛特对中国哲学的研究兴趣始于2007年，原因是当时他收到卫斯理大学（Wesleyan University）哲学系主任安靖如（Stephen Angle）的一封邀请信。安靖如曾在北大和清华做过留学生访学项目，精通汉语，对儒学颇有研究。基于斯洛特对当代西方德性伦理学的特殊建树，安靖如找到斯洛特来从事儒家伦理与西方德性伦理的比较研究，该项目研究受美国国家人文基金会（National Endowment for the Humanities）大力资助。2018年，他出版了代表性的研究成果：《阴阳的哲学：一种当代的路径》。

［著作导读］

我们这里主要介绍在斯洛特的两个学术发展阶段中的主要代表作（《从道德到德性》和《源自动机的道德》）中的核心思想，涉及《从道德到德性》的第一部分和第二部分内容，以及《源自动机的道德》的第一部分。

迈克尔·斯洛特：《从道德到德性》

第一部分　康德主义、功利主义与常识伦理学

第一部分四章内容主要以常识德性思维的自我—他人的对称性评价结构为价值标准，通过区分"道德""理性""德性"三个概念的不同意义，斯洛特分别判析了常识道德、常识德性、常识理性、常识道德－理性、康德道德、康德的实践理性、康德的德性等13种价值思维模式，最终胜出了的功利主义和常识德性都是一种自我—他人的对称性评价结构。例如：（1）"常识道德"是偏袒他人、牺牲自我的自我—他人不对称结构；（2）"常识理性"是偏袒自我、牺牲他人的自我—他人不对称结构；（3）"常识道德－理性"是不经济的方法；（4）"常识德性"则是一种自

我—他人的对称结构；（5）（6）（7）康德道德、康德的实践理性、康德的德性等理论模式都是一种偏袒他人、牺牲自我的自我—他人不对称结构；（8）（9）利己主义理性、利己主义德性则是偏袒自我、牺牲他人的自我—他人不对称结构；（10）利己主义道德不能成为一种评价方法，因为在斯洛特看来，"道德"意味着不能自私，所以就被完全排除了；（11）（12）（13）功利主义的道德、理性、德性等都是自我—他人的对称性结构。并且，在最后胜出的功利主义和常识德性的对称性评价结构中，斯洛特指出功利主义虽然坚持"行为者中立"原则，能体现一种自我—他人的对称性模式，但是，它的结果主义倾向（单一的经验主义标准）和苛刻性的标准，因不合人的常识思维而被斯洛特看作一种备选方案，他青睐的是常识德性思维下的对称性评价结构。

当然，对于这些价值思维模式的分析，斯洛特也有侧重，他重点分析了常识道德、康德道德、功利主义道德和常识德性的思维特点。第一部分共分为四章内容，除第二章的内容比较烦琐之外（主要讨论道德与理性之间的区分，从而得出常识理性的自我—他人不对称性结构），其他三章内容之间联系比较紧密。斯洛特的著作逻辑连贯性很强，所以只要把握了他在前面章节的写作思路和问题意识，后面的内容很容易阅读。我们这里主要介绍第一章和第三章以及第四章的内容。第一章是讲德性伦理学的一些优点，第三章是讲康德主义和常识道德的缺点，第四章是讲功利主义的优缺点。

我们先来看第一章。第一章从标题看是讲德性伦理学的优点，但它是通过讲常识道德和康德道德的缺点来反衬出来的。第一章共分为三节。第1节讲常识道德和康德道德的缺点，即不对称性评价结构，第2节讲德性的对称性评价结构，第3节是讲常识道德和康德主义道德是怎样贬低了道德行为者的。这里我们重点介绍第1节和第2节的内容。该内容也构成了这本书的核心观点。

一 常识道德、康德道德的不对称性评价结构

在斯洛特看来，现代道德的评价结构是一种牺牲自我、偏袒他人的自我—他人的不对称评价结构（self-other asymmetry），而德性理论却有一种对称性的评价结构（self-other symmetry）的优势。所谓不对称性的评价结

构，就是指我们在对行为者的行为进行评价时，我们的道德心理具有一种偏袒他人的福祉而贬低行为者本人的福祉的倾向。斯洛特认为，常识道德理论和康德的道德理论都具有这种不对称性的评价结构。

例如，根据人们的常识道德思维，一个行为如果增进了他人的福祉在道德上就会得到"重重的"褒扬。反之，一个行为如果损害了他人的福祉在道德上就会受到"重重的"谴责。但是，相比而言，如果该行为增进了行为者本人的福祉，却得不到相应的道德褒扬。反之，如果该行为损害了行为者本人的福祉也不会受到道德上的谴责。除此之外，如果一个行为能增进他人的福祉，而我们没有去做，那么我们就犯有道德上的错误。反之，同等条件下，如果我们没有增进自己的福祉，则没有犯什么道德错误。

那么，让我们想一下，我们日常的道德思维在对待他人这一方面，会有什么允许的和禁止的呢？比如，因疏忽大意而伤害了他人，从直觉看似乎有一种道德上的错误，或者在同等程度上，因疏忽大意而伤害了自己，似乎没有一种道德上的错误。（如果一个人伤害自己以使自己无法履行某些义务，那么这种做法在道德上可能是错误的，但我这里所说的并不是这么复杂的情形。）同样的道理，如果一个人能够轻易地避免给另一个人带去痛苦，但却没有这样做，我们通常会认为不这样去做，就是错误的。但是，如果一个人能够避免但却没有使自己避免类似的痛苦，我们通常会认为这种做法是疯狂的或者是非理性的，但不会认为它在道德上是错误的。因此，鉴于我们所描述的常识对牺牲行为者有一种允许，我们现在也可以说说与常识允许相连的一种东西，即一种牺牲行为者（或偏爱他人）的自我—他人的不对称性。一个人或许会允许用多种方式去违反自己的利益或福祉，但是这个人的常识却不允许用这些方式去违反他人的利益或福祉。①

---

① 为了便于通俗阅读，本导读的摘录引文在中译本的基础上又结合原著，会有一些用词上的调整和修改，中译文见〔美〕迈克尔·斯洛特《从道德到美德》，周亮译，译林出版社，2017。本导读的引文只标注原著页码。上述引文见 Michael Slote, *From Morality to Virtue*, New York：Oxford University Press, 1992, p. 5。

康德主义的道德具有同样的不对称评价结构。例如，由康德的两个不完全义务命令——我们应该提高自身的道德完善和增进他人的福祉——我们可以得知，行为者努力地去增进他人的福祉就是道德的行为；反之，行为者自动地增进自己福祉则不是道德的行为，除非它是作为发展自身道德的一种手段。

> 例如，在康德看来，我们有义务为他人的幸福做出助益或贡献，但在追求自己的幸福或福利方面则没有类似的义务。我们有义务去发展自己的天赋，有义务不去伤害自己，也有一种从其他义务衍生出来的义务去自我保存，但除非对完成其他义务有必要，否则我们没有道德上的理由去让自己幸福或过得好。（而我们寻求他人的幸福的义务却并不源于这条思路。）①

二　德性思维的对称性评价结构

德性思维则没有这种不对称性的评价结构。斯洛特首先引入了菲利帕·富特在《道德信念》一文中的观点：一种品质特性如果不能有益于其拥有者或满足其拥有者的需要，这种品质特性就不能被称为严格意义上的德性②。换言之，德性，应该是一种有益于其拥有者的品质特性。

在斯洛特看来，当我们称某种品质为德性的时候，它要么就是指那种有益于行为者本人的品质特性，要么就是指那种有益于他人的品质特性，这两类品质之间并不会相互产生冲突，并不是一种此消彼长的关系。故，如果我们依据德性的道德思维，它不会在关涉自我与关涉他人的福祉之间持有一种不平衡的分配态度，它要么就是对行为者本人有好处，要么就是对他人有好处，或者对两者都有好处。

> 当我们更进一步地审视那些通常被视为德性的全体特质时，我们再一次发现，它的那些关涉自我（self-regarding）和关涉他人（other-

---

① Michael Slote, *From Morality to Virtue*, New York: Oxford University Press, 1992, p. 11.

② Michael Slote, *From Morality to Virtue*, New York: Oxford University Press, 1992, p. 8.

regarding）的因素都构成了我们能将其视为德性的基础。正义、友善、正直和慷慨，它们受人钦佩主要是因为它们会引导拥有这些特性的人去做那些与他人相关的事情，而审视、敏锐、细心、镇静、坚韧之所以受人尊敬，主要是因为它们都是关涉自我的那种特性。还有一些特性，例如自制、勇敢，（也许）还有在实践事务中的智慧，它们之所以被人们所钦佩，在很大程度上是因为它们既有益于其拥有者本人，也有益于引导其拥有者去做关涉他人的事情。①

斯洛特所讲的德性伦理的对称性是指常识德性思维下的自我—他人对称性模式，这一内容在本书第二部分（第五章第3节）还有具体讨论。

三　常识道德、康德道德内在的逻辑不一致性

这一部分内容主要分布在第三章，斯洛特在第一章指出常识道德和康德道德的不对称性结构之后，又进一步指出了两者的其他理论缺陷，即它们在逻辑论证上都存在着前后不一致的地方，特别是面对道德运气、道义论禁令时所表现出的前后逻辑的不一致性。

首先，就常识道德来说，斯洛特认为它会面临道德运气、道义论限定、不一致性等问题的挑战。例如，就拿常识道德面对道德运气来说，道德运气（moral luck）主要是指：我们的行动因受某种不可把握的或始料未及的运气的影响而产生了某一结果，在对这种行为效果进行道德评价时，就不得不考虑运气成分，因此行为者承担的道德责任就要部分地"归功"于运气。斯洛特援引了纳格尔（Thomas Nagel）的例证。一位司机，驱车于寂静优美的乡村公路上，他指着好景色让乘客看，但是，司机的兴致投入，突然导致车子方向偏转到路中间。一种情况是，幸好当时对面没有车子过来，没有发生车祸。另一种情况是，对面恰好有车驶来，造成了车祸。对比这两种情况，常识道德通常会对第二种情况给予更严重的道德谴责，第一种情况则没有道德谴责，因为没有发生意外事故。这样的话，同一种行为所获得的两种不同的道德评价就完全归因于一种偶然的运气。但是，常识道德往往又不愿意把运气纳入道德评价中，我们很难接受因运气

①　Michael Slote, *From Morality to Virtue*, New York：Oxford University Press, 1992, p. 9.

而谴责道德行为者的观点。其实，常识道德在面对运气时之所以会出现这种情况，主要是因为：常识道德一方面想从动机论的角度来评价行为的起点，另一方面又想从结果论的角度来评价行为的终点。这难免导致逻辑上的前后不一致。

　　为了给出一个更进一步或许是更清晰的例子，想象某个人在乡间路上驾驶一辆汽车，并把一些著名的景观指示给他的乘客看。由于他全心全意地指示风景，汽车突然转向了道路的中间。幸运的是，没有任何汽车从反方向开来，也没有任何事故发生。然而，在另一个场景中，这个人以类似的方式走神了，而另一辆卡车恰好经过，于是酿成了重大事故。这时，他就需要为对其他人所造成的伤害负责，并通常被认为是应受谴责的。但在第一种情形中，他却不会被认为应当受到同样程度的谴责。……对于刚才提到的两个例子来说，似乎我们应该把某种概率估算（probability estimate）添加到我们的例子中，这样，那个变道的司机是否应受谴责，以及在多大程度上应受谴责就都完全取决于他是否充分地知晓事故的可能性以及他看着风景走神时酿成事故的可能性有多大。①

　　其次，常识道德的逻辑不一致性。一般来说，常识道德是根据他人与行为者本人的关系"远近"来分配道德义务的"轻重"。例如，根据常识思维，我们对亲近之人的道德义务要强于对疏远之人的道德义务。一个人对自己的配偶、孩子和朋友的关心程度应该超过对他人的配偶、孩子或陌生人的关心程度，这似乎是天经地义的事情。这表征了常识道德的一种偏袒自我（亲近之人）、牺牲他人（疏远之人）的自我—他人的不对称结构。如果照此逻辑推断下去，那么行为者应该更关心他/她自己本人，因为相比"亲近之人"和"疏远之人"与他/她本人的关系而言，他/她自己与其自身的关系更近，因而行为者对自己应该有更强的道德义务。但是，事实并非如此，这种演进逻辑到行为者本人这里就中断了（discontinuity），即常识道德对行为者本人的福祉的关注强度不单没有被相

---

① Michael Slote, *From Morality to Virtue*, New York: Oxford University Press, 1992, p. 36.

应地加强，反而被减弱了。

另外，在斯洛特看来，我们一般都认为人天生都有某种利己的倾向，所以要把道德评价的重心放在他人那里，这样就会出现偏袒他人、牺牲自我的自我—他人的不对称性结构。但是，如果真是这样的话，我们就应该把促进他人的福祉看作更有强度的义务啊，那么为什么又把促进亲近之人的福祉看作更有强度的义务呢?! 因此，常识道德在论证起点和终点之间就出现了一种前后不一致性。

> 常识道德反映了一个成年人的关切的通常结构。相比于遥远的他人，我们自然而然地更关心，也有更多的理由去关心我们的朋友和亲戚的福利。常识道德似乎把这种差别修建到了（由它分配给我们的关于我们关切他人福祉的）那些各种各样的强义务之中。然而，基于其自我—他人的不对称性，常识道德也把一种绝对的道德不连续性地叠加到了每个行为者通常所处的关切结构之上。一方面，它鼓励了这种看法：当一个人离行为者的距离越远，对其义务的强度也就越弱。而另一方面它却又假设了：行为者没有任何（除非是间接地）让自己得益的义务。如果不考虑行为者自己的话，那么行为者的义务就会根据他所关切的理由而成正比变化。然而，在行为者自然而然地最有理由去关心的地方，他却没有任何直接的义务，这就显得怪异而又毫无根据了，即便我们不从任何功利主义或后果主义的视角去看待它（尽管这样的视角提供了一种避免这种怪异性的出路）。①

最后，就康德道德来说，它与常识道德不同的地方在于它免除了道德运气问题。因为它只从善良意志（动机）来评价行为，排除了运气对行为的道德评价。不过，在斯洛特看来，康德道德也有其内在不一致性的地方，例如在面对道义论的命令的时候。在前面章节斯洛特已经指出，康德道德与常识道德一样，都具有一种偏袒他人、牺牲自我的自我—他人不对称结构。例如，康德认为我们没有追求自利的义务，除非这样做有利于他人的利益或有利于自己人格性的发展。原因在于，康德认为我

---

① Michael Slote, *From Morality to Virtue*, New York: Oxford University Press, 1992, p. 40.

们自己"不可避免地和自发地"会做的事情不能被作为一种义务来看待。那么，照这个逻辑推理下去，康德的道义论命令也应该保持一种自我—他人的不对称性结构。

但是，在道义论的命令公式中却出现了自我—他人的对称性结构。根据这个命令公式，我们有不能杀人和自杀的完全义务。不能杀人和自杀具有同等价值，这意味着康德的完全义务命令是一种自我—他人的对称评价结构。于是，康德道德就表现出：一方面是关于个人福祉方面的自我—他人不对称结构，另一方面则是关于道义论命令方面的自我—他人的对称结构。换言之，康德的道德一边是在说，我们不能把追求行为者本人的福祉作为一种义务，除非追求自利是一种发展道德的手段；一边又在说，我们不能把人仅仅当作手段（但为了促进自身道德的发展或增进他人的福祉，我自己才被允许有追求个人福祉的权利，那我自己不是被当作"手段"了嘛）。这两边就出现了矛盾。

另外，康德一方面根据人人都有一种"不可避免地和自发地"利己的自然倾向，据此制定了利他性的道德评价准则。另一方面，他又制定了禁止杀人和自杀以及由此推演得来的禁止自残、禁止手淫等道义论禁令。这两方面碰到一起，又出现了自相矛盾。因为，既然人人都"不可避免地和自发地"自利，那么制定禁止自残的命令不是多余的吗？因此，在康德的道义论命令公式与他根据人的自利倾向而制定的不对称评价结构之间是矛盾的、不一致的。

康德试图从不可只把人当作手段这一禁令中，衍生出因沮丧而自杀和杀死他人的错误性。他还得出了大量的其他推论：其中包括（臭名昭著的）禁止手淫（"自我滥用"），以及与当下论题非常相关的关于自我伤害或伤害他人的禁令。然而，我们真的需要一种蓄意自残的禁令吗？如若康德的"我们不可避免地和自发地会追求自己的利益或幸福"的断言已经得到了确证，那么我们也就有同样的理由会去认为：我们不可避免地和自发地（或者通常地和自然地）克制着不去伤害自己的身体。据此，我们似乎可以看出，康德用来证明"不存在追求自身利益的义务"的那种论断也可以用来作为"存在任何一种避免蓄意自残的义务"的论断的反诘。① 由于康德的绝对命令目的公式中的自我—他人对称性蕴含了那种不得蓄意自残的义务的存在（至少康德曾做此论证），那么，我们最终看到的是，在康德的理论整体中存在着一种不连贯性或不一致性。②

四　对功利主义道德的批判性考察

这一部分内容分布在该书第四章。斯洛特在批判常识道德和康德道德之后，也对功利主义道德进行了一番批判性考察。但是，功利主义道德与常识道德、康德道德之间的区别在于：前者并没有贬低行为者本人的福祉，而后两者都是牺牲自我、偏袒他人的自我—他人的不对称结构，它们都贬低行为者本人的福祉。所以功利主义道德恰恰是以每一个行为者的福祉为基点来建立一种自我—他人对称（self-other symmetry）的评价结构。这是功利主义的优点。正是这个优点——功利主义的对称性结构给斯洛特构建一种对称性的常识德性评价结构提供了启示作用。在《从道德到德性》一书中，斯洛特主要就是在比照功利主义方法，构建常识德性伦理方法。

功利主义分为规则功利主义和行为功利主义，行为功利主义的特点就是从行为的最大收效来评价行为，斯洛特讨论的就是这个。为了达到某种收效，功利主义可能不关心行为动机的好坏。一个行为只要产生最优化的效果，它就是一个道德的行为，否则就是一个不道德的行为。这样的话，功利主义就不会面临类似于常识道德、康德道德所遇到的道德运气、道义论限定、不一致性等难题。

在第一章，我们看到，常识道德与康德道德都未将行为者的福利与她的行动的道德价值或负面价值关联起来，故而贬低了道德行为者的价值。不过，我们也看到，这一批评并不适用于行为功利主义。而

---

① 这句话翻译过来比较拗口，它的意思是说，"人们没有追求自身利益的义务"这一断言可以用来反诘"人们有避免蓄意自残的义务"这个断言。前者说人们都没有追求自身利益的义务，后者是说人们又要有不要蓄意自残的义务，即追求自身利益的义务，所以前一断言可以构成对后一断言的诘难。

② Michael Slote, *From Morality to Virtue*, New York: Oxford University Press, 1992, p. 48.

且，对道德义务与正当性的直接功利主义——也就是通常所说的行为功利主义——除否定我们常识性的道义论限制和我们对亲近之人的那种特殊义务之外，也缺乏我们常识的道德义务和道德准许中所具有的那种牺牲行为者的特征。①

功利主义的优点不可否认。作为结果主义的一种形式，功利主义依据"行为者中立"原则，只从行为的最大收效来评价行为的道德价值。例如，假如那个司机造成了重大伤亡，那么就应该受到严重的道德谴责（包括法律责任），而不管他是有意或无意的。同样，对于道义论禁令问题，功利主义会坚持，只要剥夺一个无辜者的生命能产生更优化的效果，那么就应该剥夺它（杀那一个无辜者），否则就是不道德的行为。

功利主义虽然有自我—他人的对称性结构等优点，但是它也有自己的缺点所在。第一，功利主义这种优化效果是建立在一种抽象的、非人格化的"仁慈"概念上的，对人来说太苛刻了（demanding）。在日常生活中，一个人的行为很难达到这种优化效果，因为人不可能成为一个理想的观察者。当然，斯洛特认为功利主义的这种苛刻性方案可以通过降级或弱化的方式加以改造。例如，传统的功利主义的确坚持从最优化效果来构建理论，这是我们最熟悉的（familiar）方式。但是功利主义在最优化的行为理想与现实可操作性的行为之间存在着一个等级形式。我们可以在理想与可操作之间选择那些"令人满意的形式"（satisficing forms）②。这就相当是说，假如我们做不到圣人的层次，我们可以做个君子的层次。这就比较合常识思维了。这是斯洛特为功利主义提供的辩护。但是，这也不能证明功利主义就能摆脱其他指控。

第二，功利主义在实质上并没有增进行为者本人的福祉，甚至牺牲了行为者本人的福祉，即使它有一种自我—他人的对称性结构。一般来说，功利主义的对称评价结构体现了一种"行为者中立"原则。根据这个原则，"没有人可以被以任何一种根本不同于对待其他人的方式来对待，这种一致的对待方式超越了自我和他人之间的界限以及其他人之间

---

① Michael Slote, *From Morality to Virtue*, New York: Oxford University Press, 1992, p.59.

② Michael Slote, *From Morality to Virtue*, New York: Oxford University Press, 1992, p.77.

的界限"①。不过，在这种对称结构中，由于每一单个的人都是平等的"原子"，他们的行为效果只与总体功利的效果有关，与行为者身份无关，功利主义的自我—他人的对称性实质上是一种平均主义的、不偏不倚的、"一视同仁"的对称性。在这种平均主义、不偏不倚的对称结构中，由某一行为者发出的每一个行为（所产生的）价值都要与总量的福祉挂钩，然后被平均分配到每一个行为者那里。这样的话，相比每一个他人而言，那个行为者本人的福祉并没有增加，而是被牺牲了②。因此，斯洛特说，在功利主义的对称结构中，行为者本人的福祉最终"消失在无限大的他人的汪洋大海之中"。所以，功利主义那种建立在总量增加上的平均主义分配方法其实牺牲了行为者本人的福祉。

　　对功利主义的指控的基础是这一断言：功利主义向道德行为者要求得太多了。因为，如果像常见的或标准的功利主义所告诉我们的那样，即用一种并非总体最优的方式来行动就是错误的，即便我们中的大多数人或至少我们中的许多人在追求（无辜的）个人计划与关切时，在寻求或保有一份令我们快乐的工作时，在优先考虑我们自己或我们家庭的福利而不是考虑陌生人的福利时，都未能遵从道德的要求。任何时候只要我们执行了一个行动或一系列行动，这些行动对人类福利的总体提高的贡献小于我们本来所能够做到的，那么根据一般所理解的效用原则，我们就是在错误地行动。针对直接的或行为的功利主义的多种批评都宣称，这样一种关于正当的或道德上可接受的行为的标准过于严苛，对人类要求了过多的东西。除非功利主义能以某种方式从这一指控中解救自身，否则它作为一个道德学说就是成问题的——即便总体来说它处于比常识道德更好的状态（但这一点几乎不是自明的）。因此，我们有必要现在来讨论功利主义事实上如何能否处理这一常见的指控。③

① Michael Slote, *From Morality to Virtue*, New York：Oxford University Press, 1992, p. 6.
② 罗尔斯对古典功利主义改造的地方体现在他既批判多数人（"暴政"）的结果原则，也承认差异原则。
③ Michael Slote, *From Morality to Virtue*, New York：Oxford University Press, 1992, p. 76.

第三，功利主义的还原主义方法也令人难以接受，不合常识思维。功利主义的还原方法是指它把一切道德价值都还原为可感价值——快乐对痛苦的净余值。例如，它会把评价行为的道德概念还原为个人的幸福概念，接着再将这些评价性概念还原为非评价性的经验事实——快乐对痛苦的净余值。这样的话，一个行为是否正确就看它是否产生相应的感官快乐。这种经验标准是不符合常识思维的。在常识思维下，并非一切产生快乐的行为就是道德的行为。在常识思维下，人的幸福参数也是多样的，它可以涉及情感、精神信仰等。

第二部分　德性伦理学

第二部分共五章内容，主要是讲常识德性伦理学的一些基本内容，它涉及常识德性伦理学的对称模式和评价术语、德性伦理的规则与运气等问题，我们这里主要介绍第五至七章的内容。第五章主要是讨论常识德性伦理学评价方法的一些基本特征和对称模式。本章分为三节，第 1 节讨论了德性伦理学的基本特征，第 2 节讨论了德性伦理评价的术语，第 3 节讨论了德性伦理的对称模式。

一　德性伦理学的特征

在斯洛特看来，关于德性伦理学的观念，有两个基本特征，一是它将德性概念看作首要的，二是它强调对行为者及其内在动机和品质特性的道德评价。

> 关于一种德性伦理学的那种理念（the idea）通常被认为涉及两个显著的或本质的要素。一种德性伦理学，就其最充分的意义来说，它必须把（诸如好的或优秀的）美德（aretaic）概念而不是把（诸如"道德上的错误"、"应该"、"正确的"和"义务"）道义概念看作首要。同时，它必须更强调对行为者及其（内在的）动机（motives）和品质特性的评价要胜过对行为和选择的评价。[1]

---

[1]　Michael Slote, *From Morality to Virtue*, New York: Oxford University Press, 1992, p. 89.

为此，德性伦理学的评价方法就是要使用德性概念来评价行为者自身及其动机和品质特性，以达到"描述"一个好人及其好的行为之目的。那么，根据这种评价方法，一次好的行为还不能证明一个人就是"好人"，"好人"是一种"好的""存在"状态，由这种存在状态发出的行为才可能是好的行为。"坏人"也会为了某个目的而做出某个"好的"行为。因此，德性伦理学不仅涉及对行为者本人的整体素质状态及其行为动机的评价，还包括对行为的评价，而不像规则伦理学只从抽象规则出发来评价行为。这就意味着，德性伦理学这种评价方案内部还可以细分出不同的评价方式/样态。

斯洛特从德性伦理学评价方法的内部又分出两种不同的评价形式：一种是激进式的评价形式；另一种是温和式的评价形式。根据前者，如果一个人的行为动机是坏的，那么即使其行为产生了好的效果，我们会说这个人是一个"坏人"，其行为也是坏的行为。反之，如果一个人的行为动机是好的，那么即使其行为产生了坏的效果，该行为者也仍然是一个"好人"，其行为也是好的行为。根据后者，如果一个人的行为动机是坏的，但是其行为产生了好的效果，我们会说这个人是一个"坏人"，但其行为却是好的行为。反之，如果一个人的行为动机是好的，但其行为产生了坏的效果，那么该行为者是一个"好人"，但其行为却是坏的行为。在斯洛特看来，马蒂纽（James Martineau）和柏拉图的德性观点就是激进式的代表，亚里士多德的德性观点就是温和式的代表。斯洛特此时还是一位新亚里士多德主义者，不过到《源自动机的道德》一书，斯洛特又选择了马蒂纽的激进式的观点，拒斥了亚里士多德的温和式的观点。

二　德性伦理学的评价术语

在斯洛特看来，为了能够彻底替代以道德为主题的现代道德哲学的评价方法，常识德性伦理学也必须拥有自己独立的评价术语。在上述内容中，我们提到，以"道德"为研究对象的现代道德哲学是用道德概念来评价行为的，这个评价术语就是指正确性（rightness）与错误性（wrongness）。一个行为如果符合既定的规则就是"正确的"（right），就是道德的，反之就是"错误的"（wrong），就是不道德的。

根据这种比照思路，斯洛特从常识直觉出发，首先找到了表示肯定性的、赞美性的德性评价术语。它就是"令人钦佩的"（admirable）。在他看来，"令人钦佩的"这个术语既可以用来赞美行为者的内在素质状态，也可以用来赞美某种近似于德性的行为效果。"令人钦佩的"的评价功能就相当于"德性地"评价，"正确的"的评价功能就相当于"正确地"评价。例如，我们可以说，某个人是一个令人钦佩的人（我们不会说他/她是一个正确的人），因为他/她具备某种品质（例如坚韧、勇敢、审慎等品质状态）。同样，我们也可以说，某一行为是一个令人钦佩的行为（当然，我们也可以说它是一个正确的行为），因为它产生了某种好的效果或出于好的动机。这就说明，"令人钦佩的"这个术语使用的范围要比"正确的"使用范围更宽泛，并且前者可以覆盖或替代后者的使用功能。

　　我所描述的德性伦理学主要是基于我们的常识观念和直觉中被称为一种德性或者（更一般意义上）被称为令人钦佩的东西。为了照应这样的直觉，……我认为我们应该避免扩展术语的用法，任何时候只要有可能，我们应该用习惯的或听上去很自然的语言来讨论我们的基本问题。我认为使用"令人钦佩的"这个术语充当我们德性的赞美性之最一般的术语可以满足这些条件，而其他术语或许最初是有吸引力的，但是最终会被证明做不到这一点。①

除了把"令人钦佩的"（admirable）这个概念确定为肯定的德性评价术语，斯洛特还把"令人叹惜的"（deplorable）这个概念确定为否定的德性评价术语。"令人叹惜的"在角色功能上就相当于规则伦理学中的"错误的"，代表的是一种否定性的评价。斯洛特之所以使用"令人叹惜的"来表达否定性的评价，也在于它排除了道德色彩。例如，一个人由于疏忽大意把自己的手弄伤了，（假如这人是我们的亲近之人）我们或许会评价他/她的那种行为是"令人叹惜的"，但是，这种评价并没有任何道德上的指责成分。在斯洛特看来，像"blameworthy"、"reprehensible"或"culpable"这些术语虽然都是否定性的评价术语，但是都与道德评价有关，都含

---

① Michael Slote, *From Morality to Virtue*, New York: Oxford University Press, 1992, p. 94.

有道德批评的成分，因而应该被剔除。而"令人叹惜的"则仅仅表现一种一般性的否定性的价值评价，它不含有道德指责。我们可以说某个人是一个令人叹惜的人（不会说他/她是一个错误的人），因为他/她表现出一种缺乏勇敢、缺乏节制的品质素质。同样，我们也可以说，某一行为是一个令人叹惜的行为（我们也可以说它是一个错误的行为），因为它产生了某种坏的效果或出于坏的/恶的动机。

总之，在斯洛特看来，常识德性伦理学使用"令人钦佩的"和"令人叹惜的"这两个评价术语来评价行为者及其素质状态和行为，虽然它们可能淡化了评价语气（相比道德评价的那种大肆表扬或严厉批评而言），但是却获得了另一种补偿，即在评价结构上的自我—他人的对称性结构。

三　常识德性伦理学的对称模式

这是第五章第 3 节的内容，也是全书的核心论点。斯洛特通过在前面章节给出的对称性的评判标准和"道德""理性""德性"的意义差异，得出常识德性伦理是一种自我—他人的对称性评价结构。同时，功利主义也是一种自我—他人的对称性评价结构。那么这两种对称性结构有什么不同的呢？斯洛特为什么会青睐常识德性伦理学的对称模式呢？斯洛特需要回到这个问题。这也是他在第四章留下的问题。

在斯洛特看来，功利主义的对称模式以"行为者中立"原则。根据这个原则，"自我"与"他人"任何一方在结果主义原则面前都是平等的，都被"一视同仁"地对待。因此，在功利主义的对称模式中，"自我"与"他人"之间是"一"与"一"的对称关系。但是，功利主义的对称模式最终会牺牲行为者本人的福祉。因为对于某一行为所产生的福祉总量来说，假如它被分配的人数总量在不断增加，那么其中的每一个行为者本人被分配到的福祉量就会变小。所以，功利主义"一"与"一"的对称模式虽然非常理想，但是不合常识思维，它并没有提高道德行为者本人的福祉，而是相对地减少了行为者本人的福祉，使道德行为者本人的福祉牺牲在"无限大的他人的汪洋大海之中"。

而常识德性伦理学的对称模式，是符合人的常识思维的。它既不像常识道德那样完全地偏向他人一方，也不会像功利主义那样完全"一视同仁"，无视自我的价值。它会在自我与他人之间寻找另一个平衡，它将行为者本人（the agent）看作一方，把行为者不在其中的人们（other people without the agent）看作另一方，从而形成一种"一"对"多"的对称关系。因此，常识德性伦理学的对称模式总体上是偏向于行为者本人一方的对称模式。这种对称关系就防止了因他人人数的增加而牺牲行为者本人的福祉，避免了功利主义那种将行为者置于他人的汪洋大海之中的可能性。

> 在我们常识理解下的德性并不排除诸特性或诸行为的那种令人钦佩性对特定的人们的偏爱要超过其他人的情况。事实上，对于某个人的行为或品质来说，如果它给予某人的配偶和孩子的关切没有超过对任意的他人的关切的话，这似乎是违背我们通常所理解的德性的，它似乎是完全令人叹惜的（deplorable）。因此，我们有理由相信：常识德性伦理学与功利主义对每个个体同等关切所展示的自我—他人的对称性是不相容的。①

斯洛特把常识德性伦理学的对称模式称为一种分合性的模式（in sensu composito）。意思是，它首先把行为者本人从总体人数中抽离出来，然后使之与剩下的人数总量进行福祉分配，从而形成一种"行为者"为一方与"行为者不在其中的人们"为另一方的对称模式。相比之下，斯洛特把功利主义的对称模式称为一种分立性的对称模式（in sensu diviso）。意思是，道德行为者本人与行为者不在其中的每一单个的人（every single individual）进行福祉分配，行为者本人的身份可以被其他任何一个人的身份所替换，从而形成一种"行为者"为一方与"行为者不在其中的每一单个的人"为另一方的对称模式。

根据斯洛特，常识德性伦理学和功利主义都是理想的对称模式，只是分属不同类型的理想模式，很难说出谁优谁劣的问题。当然，在我们读者看来，常识德性伦理学的分合性的对称模式可能会牺牲他人的福祉，造成贫富悬殊。因为，根据行为者本人（简称 A）与行为者不在其中的他人（简称 B）的对称关系，我们可以推知：假如现有 100 福祉要在 A 与 B 之间进行分配的话，那么 A 与 B 分别各得 50 福祉。但是，由于 B 中的人数

---

① Michael Slote, *From Morality to Virtue*, New York: Oxford University Press, 1992, p. 97.

非常庞大，那么 B 中的每一个单个的人获得的福祉就很小，随着 B 中人数的增加，B 中的个人福祉只会越来越少。这样的话就会出现 A（作为单个的人）的福祉远远大于 B 中的单个的人的福祉。这必然导致贫富悬殊，如果 A 是一个富人，那么就会出现一人独富、天下皆穷的局面。因此，相比功利主义的平均主义分配模式和罗尔斯的以"最不利者"为起点的分配模式而言，斯洛特的常识德性分配模式可能并没有什么优势可言。

四　常识德性伦理学的"规则"

第六章的内容针对现代规范伦理所具有的指令化"规则"倾向，斯洛特也试图为常识德性伦理学建立"规则"。这就意味着，德性伦理学并不是不讲规则，它也要有自己的规则，并要用这个规则来规约和指导人们的行动。基于对称性的考虑，斯洛特首先指出，在一个人的总体德性素质结构中，作为关涉自我的德性与作为关涉他人的德性之间应该是相容的，而不是互相排斥的。例如，善良代表关涉他人的德性，坚韧代表关涉自我的德性，这两者虽然分属不同类型的德性，但是它们并不是相互排斥的。假如一个人获得了坚韧意味着牺牲了善良，那么这种坚韧就不能被称为令人钦佩的品质特性。因此，常识德性伦理学的"规则"就是要在关涉自我与关涉他人这两类德性之间建立一种平衡，使得关涉自我的德性能够在关涉他人的德性的语境下被理解，同时也使得关涉他人的德性也能在关涉自我的德性的语境下被理解。据此，斯洛特指出，"自私"（selfishness）和"无私"（selfless）在关涉自我与关涉他人之间就没有保持某种平衡，而是各自走向了关切自我和关切他人（或无我）的极端。因而，它们都不能算作令人钦佩的品质特性。

那么，常识德性伦理学的"规则"如何建立呢？斯洛特认为，这个规则可以通过参照和模仿道义论的概念（义务、责任、正确）产生出来——这里就是指康德的不完全义务的命令。康德的义务论是"规则"伦理学代表之一，康德道德的不完全义务命令是说，行为者有两个基本的不完全义务/责任：一是提高行为者本人在道德上的完善；二是要增加他人的幸福。康德的不完全义务命令也可以归结为一种"双向命令"：既要关切他人福祉的增加，也要注重自我德性的发展。但是，在斯洛特看来，这种双向命令是欠缺的，因为它只强调了发展自我的德性和提高他人的福祉，它并没有讲提高自我的福祉和发展他人的德性。这就不符合常识伦理思维了。例如，在常识道德思维中，我们既会关切他人福祉的增加，也会关切他人道德的发展。比如，我们会关切亲近之人（孩子、配偶等）福祉的增加，也会关心他们道德的发展——做人的道理。我们不会一味地只强调他们福祉的增加，而不顾他们道德的发展。当然，常识德性思维要比常识道德思维更显对称性，它既要注重他人福祉的增加和德性的发展，也要注重自我福祉的增加（这是康德道德和常识道德都没有的）和德性的发展（这是常识道德有的，而康德道德所没有的）。这就意味着，在常识德性思维下，我们既钦佩一个人能够做到提高自我和他人幸福的事情，也钦佩一个人能够做到发展自我和他人德性（令人钦佩性）的事情。

据此，常识德性伦理学的规则/原则就是：我们"应该"增加自己的福祉和发展自己的德性，同时也"应该"增加他人的福祉和发展他人的德性。这也是一种"双向命令"。当然，这只是一种类似于康德的不完全义务命令的"双向命令"，它并非在任何时候条件下都要被遵守的，而是一种"尽力而为"的命令。它旨在表明：一个增加自我的福祉和发展自我的德性的人或行为是一个令人钦佩的人或行为，同时一个增加他人的福祉和发展他人的德性的人或行为也是一个令人钦佩的人或行为。但它并不要求行为者必须完全做到这个命令。在斯洛特看来，这种"双向命令"概括了常识德性伦理学的所有特征。

> 我给出的这两个原则，或者说是一个双向原则或规则，……能总结或囊括常识下所指望的那种关于个人具备的令人钦佩的品质特性之总体性的效果。在很大程度上就像我们常识观点下的关于什么样的品质特性算作德性或反德性的（该观点总结和囊括了关于特殊行为和动机的令人钦佩性或令人叹惜性的那种属性）一样，这里所构建的和辩护的双向原则的确也在更一般性的层次上，总结和囊括了我们关于特定德性和反德性、关于各种品质特性的那种令人叹惜性或令人钦佩性的观点。①

---

① Michael Slote, *From Morality to Virtue*, New York: Oxford University Press, 1992, pp. 113 – 114.

五 常识德性伦理学面对运气问题

根据斯洛特，常识德性伦理学将用德性的评价术语——"令人钦佩的"和"令人叹惜的"来解释运气问题，相比常识道德对运气问题的解释而言，德性评价的语气要更弱。斯洛特这里主要通过对比否定性的道德评价与否定性的德性评价，指出后者的评价语气（批评性的语气）更弱，它没有强烈的道德责备之意。

例如，关于结果性运气（resultant luck）评价问题，斯洛特分别以一个关切自我的福祉和一个关切他人的福祉的实例来说明常识德性评价是无道德指责的。前者，例如，一个人装修自己的房子，不小心弄伤了自己，我们或许会批评他粗心大意，弄伤了自己。在斯洛特看来，这种指责就不含道德意义上的指责。我们可能会评价，这个人的行为（及其结果）是"令人叹惜的"。后者，例如，某些人扮演了家庭经济收入来源或养家糊口的角色，他们因此可能成为一个"好父亲"或"好妻子"等。但是，假如他们某天失业了，即使费尽心思再找工作，仍然找不到类似的工作，不过，一次偶然的机会他们找到了类似的工作，支撑了家庭的开支。这就像在经济危机或大萧条时期，很多人都因偶然的因素而成为家庭供给者，或者丧失资产而不能成为家庭供给者。这就意味着，这些人能否再一次成为一个好的家庭供给者全凭一次偶然的机会。那么对这些人由（坏）运气招致的结果之评价，也不会有道德指责的意义。我们可能会评价，这些人以及他们的行为结果是"令人叹惜的"。

斯洛特还提到生理、心理等构成性运气（constitutive luck）。例如，某些人由遗传的坏运气招致的某种心理疾病，或者是因从小受到父母虐待而产生的心理变态，他们的脾气、性格本身或许便会伤害他人。在斯洛特看来，这些现象都不是在什么东西的指使下或帮助下而发生的（侵害他人）。这些人的行为就像一种动物的恶一样，就如一条脾气暴躁的小狗会咬人一样。因而，对这类行为人的批评都不含有道德指责之意。

斯洛特还把这种无道德指责的评价（即广义上的德性评价），也称为伦理评价，由于难以界定这种评价的特性，斯洛特把它与审美评价/审美判断做了某种类比。

　　在强调德性伦理学这样一个开发过程中，在某种方式上我们是正在制作一种类似于审美学的东西，因为就像后者一样，我们承诺了无责备的批评和表扬。我们（以非常强烈的术语）看好某些艺术品胜过其他艺术品，但这都不需要我们去发现艺术品或它们的作者的应受责备（blameworthy, reprehensible, or culpable）。……那么至少在这种程度上，我们正是在把德性类比于审美的价值。[①]

　　斯洛特认为，德性评价只是类似于审美评价，并非就等于审美评价，后者只是为了帮助说明前者。例如，对不能供给者、心理疾病或心理变态等恶性连发者的批评就不是一种审美评价，而是一种非道德的评价。在他看来，这种非道德的德性评价（令人钦佩性或令人叹惜性）可以评价很多内容，可以包括对一本书、一个人的品质特性或一件艺术品的评价，只要这种评价不要求我们去找出对象的道德属性。

　　Nafsika Athanassoulis 在《常识德性伦理学和道德运气》一文中批判了斯洛特试图以"伦理评价"替代"道德评价"来化解道德运气问题的不成功。Nafsika Athanassoulis 认为：（1）斯洛特没有弄清楚道德运气的概念，因为根据威廉姆斯和纳格尔，道德运气主要是指在由行为者不能控制下所发生的结果与还需要承担的相应道德责任之间的张力关系；（2）以伦理批评替代道德批评仍然保留了运气成分，所以斯洛特对于运气问题的评价只是"换汤不换药"。应该说 Athanassoulis 的批判是中肯的，斯洛特此时的确以为他用了更宽泛的（基于德性的）伦理评价就可以解决道德运气问题。其实不然，运气问题自始至终存在，假如我们不设定人的行为与外在因素之间的一致性的话。当然，我们也应该看到，斯洛特此时或许只注意到用德性语境来评价运气的贡献力问题，而没有考虑是否要排除运气的贡献力问题。他认为自己的常识德性方法可以解释这些问题，并且在某种程度上要比道德的方法说得更好，而绝非要取消运气与责任之间的关系问题。但是，在走向情感主义之后，在《源自动机的道德》中，斯洛特从唯动机论出发，才把那种结果性运气解决掉了。

_____

① Michael Slote, *From Morality to Virtue*, New York: Oxford University Press, 1992, p.122.

迈克尔·斯洛特：《源自动机的道德》①

第一部分　道德与正义

从某种意义来说，斯洛特在写作《从道德到德性》一书时只关注到德性伦理的语境，他追随安斯库姆的"批判道德"和"回归德性"的号召，视亚里士多德主义的德性理论为唯一标准，对现代"道德"理论充满了恶意的批判。但是，受到女性主义关爱伦理学影响之后，他觉得"道德"理论本身并不可恶，关键是看这种道德理论是建立在什么基础之上的。所以，他要沿着女性关爱伦理学的启发，回到休谟的情感主义进路来重建道德理论。

很长时间以来，关于当代德性伦理学的复兴中的大部分研究，都是沿着亚里士多德的方向展开。但是，在过去的几年时间里，斯多亚学派的思想对当前的争论已经开始产生影响，休谟和哈奇森的道德情感主义也开始与德性伦理学的主题和方法关联起来。本书有意避免将思想定调于亚里士多德的模式。虽然我之前的《从道德到德性》一书是按照一种新亚里士多德学派的思路来构划的，但是历史上的亚里士多德似乎与当代伦理学中的许多重要的问题都不相关。为此，新亚里士多德学派的德性伦理学家们如果想使亚里士多德的方法变得非常吸引人的话，他们必须将亚里士多德引入一些不太习惯的新方向那里。②

据此，斯洛特指出："还存在另一种可能性，即从另一种路径来使德性伦理与当代伦理理论关联起来，并为之提供希望。那就是，德性伦理学可以从 18 世纪的英国道德情感主义那里获得灵感，而不是去追随或试图去

---

①　Michael Slote, *Morals from Motives*, New York：Oxford University Press, 2001. 本书中译本见〔美〕迈克尔·斯洛特《源自动机的道德》，韩辰锴译，译林出版社，2020。

②　Michael Slote, *Morals from Motives*, New York：Oxford University Press, 2001, p. vii.

更新亚里士多德或斯多亚学派的思想。"① 所以说，"这本书在某种程度上依赖于 18 世纪的情感主义，但也与一种它的新近发展形式的有关，即所谓的女性关怀伦理"②。

当然，《从道德到德性》与《源自动机的道德》之间也有内在的关系，它们都是围绕着一种基于行为者的品质特性来构建一种德性伦理，只是在前一著作中斯洛特并没有确定用什么品质来充当行为者的内在品质，主要是思考了一种德性的对称性评价结构和两个德性的评价术语，后一著作则主攻基于行为者的德性品质，并根据这一关爱品质来构建一种关爱的德性评价结构。所以，该书第一部分所包括的五章内容，主要是阐述了一种基于关爱德性的道德理论的基本内容。这种道德理论也就是一种基于行为者的关爱德性品质的道德理论。

一　基于行为者的德性伦理学

这是第一章内容，它包括五小节，主要是描述了基于行为者的德性伦理学的一些内容。在第 1 节内容中，斯洛特首先区分了关于行为者的三种德性伦理学。

第一种类型是以行为者为焦点的（agent-focused）理论。这种类型以亚里士多德德性伦理学为代表。该类型的特点主要是：先有德性之人，后有德性之举（行为）。德性之人就是判断行为正确与否的标准；德性之人并不用刻意地去反思自己的行为是否符合德性，而其行为本身就符合德性。

> 一个有德性的人做了高尚或德行的行为，因为这样做本身就是高尚的（例如勇敢的）事情，而不是这种情况：行了高尚（或勇敢）之举而具有高尚的（勇敢的）特征仅仅是因为那个有德性的人将选择或已经选择了它。③

第二种类型是在行为者之先（agent-prior）的理论。该类型以柏拉图

---

① Michael Slote, *Moral from Motives*, New York: Oxford University Press, 2001, p. viii.

② 、Michael Slote, *Morals from Motives*, New York: Oxford University Press, 2001, p. ix.

③ Michael Slote, *Morals from Motives*, New York: Oxford University Press, 2001, p. 5.

的德性伦理学为代表。其特点是：先有外在于行为者自身的（客观）善的形式，后有行为者依此行之的德性行为。斯洛特认为在柏拉图那里，一个行为是否合德性在于它是否表征灵魂的健康和德性，而灵魂是否健康或德性在于它是否真正地意识到或受到具有内在价值的善的形式的指导。

第三种类型就是基于行为者（agent-based）的理论。它以 19 世纪英国伦理学家詹姆斯·马蒂纽（James Martineau）为代表。其特点是：行为者仅以其内在的某些德性素质（动因）为行为动机，一个行为是不是德性的，就在于它是否以内在的德性素质为选择动机。如果我们自愿地按照内在的德性素质（动因）的要求去行动，我们就是在德性地行动。

三种结构类型当中，斯洛特选择了马蒂纽的理论模式。而亚里士多德的以行为者为焦点的理论和柏拉图的在行为者之先的理论都不是纯粹将行为者的内在的德性素质作为行为评价根据的理论。当然，在斯洛特看来，这三种结构之间也有某种关联，马蒂纽的动机论都涵摄了这三种结构，斯洛特只取其基于行为者的部分。

> 马蒂纽提倡的是一种以行为者为焦点的、先于行为者的和基于行为者的纯粹德性伦理学。（很明显，成为基于行为者的，有必要成为在行为者之先的，反之则不要求；成为在行为者之先的，有必要成为以行为者为焦点的，反之则不要求。）①

在选择了基于行为者的道德理论之后，斯洛特又从该理论中分出两种观点：冷（cool）观点和暖（warm）观点。这是第 3 小节所讲的内容。基于行为者的"冷观点"的特征是：行为者以内在的力量为行为动机，形成一种作为内在力量的道德（morality as inner strength），但由这种内在力量产生的利他行为不是出于对他人的关爱和同情，它体现的是行为者个体灵魂的健康或内在的精神力量。基于行为者的"暖观点"的特征是：关爱他人不是出于外在于人的其他因素的考虑，而仅仅是关爱他人福祉遭受状况的那种动因的显现。用中国儒家伦理的术语来说就是："仁者爱人。"

在斯洛特看来，像斯多亚派、柏拉图、斯宾诺莎、尼采的德性思想都

---

① Michael Slote, *Morals from Motives*, New York: Oxford University Press, 2001, p. 8.

是冷观点的代表。斯洛特特别钦佩尼采在《超越善和恶》中提出的那种精神自足式的慷慨行为。一个人的利他行为不在于占有财富的多少，而在于精神的富足。在这种条件下，帮助他人、增加他人的福祉是一种精神富足或剩余的表现。在斯洛特看来，这些内在力量主要有：面对危险事件时的勇敢（例如身患重病但保持乐观和坚毅的生活态度）；自立自足（例如，就像年轻人具有的那种要求摆脱家庭帮扶的独立精神，寻求自立，拒斥依赖）；自足的节制以及慷慨（就像尼采式的慷慨，不以占有物质的多少来衡量慷慨的程度）；意志的力量（包括意志不薄弱和意图坚定，做事有始有终）。

但是，斯洛特又指出，像尼采等的这种冷观点，"会把'同情''仁慈''善良'等这些情感或动机仅仅看作派生地令人钦佩的和道德上的好。……这似乎很不符合现代的道德责任（conscientiousness）"①。为此，斯洛特选择了更合当代人心理习惯的"暖观点"。"暖观点"的代表人物是休谟、哈奇森、马蒂纽以及当今的扎格泽波斯基（Linda Zagzebski）等。他们都强调关爱他人的动机源自同情或仁慈。也就是说，我们并不是为了展现精神的自足而关切他人，而是我们原本就有那种关切他人的"热心肠"。在斯洛特看来，由于"暖观点"多受英国道德情感主义理论的影响，暖观点的基于行为者的理论也可以称为"情感主义的"基于行为者的理论。

斯洛特之所以在基于行为者的理论的内部区分出"冷观点"和"暖观点"，与他的反规则主义伦理学的精神是一致的。根据斯洛特，"冷观点"仍然带有一种道德形式主义或规则主义的倾向。例如，柏拉图、斯多亚派、尼采都以某种抽象的高贵灵魂来释放自己的道德行为，这就容易导致"形式"杀人的弊端。因为，他们看重的是为高贵灵魂献身的精神，这种精神并不指向世俗的人的福祉要求。

斯洛特在选择基于行为者的理论的"暖观点"之后，又从中区分出了两种道德观点，即"作为普遍'仁慈'的道德"和"作为偏斜'关爱'的道德"。这是第4小节所讲的内容。"仁慈"（benevolence）和"关爱"（caring）分别相当于人们天生的两种关切他人的德性素质。"仁慈"与"关爱"品质的不同之处在于：前者是一种普遍地、不偏不倚地关切他人

---

① Michael Slote, *Morals from Motives*, New York: Oxford University Press, 2001, p.23.

的品质特性，所以叫普遍的/不偏斜的仁慈（general/impartial benevo-
lence）；后者是一种有差别地关切他人的品质特性，所以叫偏斜的仁慈
（partial benevolence）。依据"非偏斜的仁慈"和"偏斜的仁慈（即关爱）"
这两种德性素质也就分别生成了"作为仁慈"的道德（morality as general
benevolence）和"作为关爱"的道德（morality as partial caring）。在《从
道德到德性》中，斯洛特提到功利主义也讲"仁慈"，但是它的"仁慈"
主要是相对于行为结果而言的，而基于行为者的理论之"暖观点"中的
"仁慈"则仅仅是指一种内在的道德动因。我们关切他人是因为受到一种
关切他人的那种内在动因（即仁慈）的驱动。

> 但是，期望或知道一个行为会产生好的结果与被激励去产生这些
> 好的结果，这两者之间是有区别的。……因为，我们已看到，能够存
> 在一种类似于（或"内在化"的）基于行为者的功利主义，即它……
> 用一种统一的或一元论的方式来对任何事情做道德评价。这种独特的、
> 作为普遍的道德与功利主义（在很多我们还没有提及的方式上）形成了
> 鲜明对比。功利主义和结果主义都用行为的效果来评价行为者的动机
> 和意图。……相比之下，作为仁慈的道德，恰恰是因为它坚持对于动
> 机的道德评价取决于动机的内在特性而不是它的结果，它允许那种区
> 别，并且在决定道德动机的好坏方面，它更接近一种直觉的观念。①

斯洛特也举了例子来说明两者之间的区别。例如，某人捐款（建学校
或医院）是为了留名，或者为了其他目的（例如为了自己的政治前途）而
做慈善活动等。从功利主义角度来看，这类行为肯定具有道德价值，因为
它产生了"双赢"（最大化）的效果。但是，根据普遍仁慈的道德，它并
没有道德价值，即使它也没有道德上的"负价值"（称不上"坏"）。

在确立了仁慈的道德和关爱的道德之后，斯洛特最终选择了根据"作
为偏斜关爱"的德性品质来构建道德理论。这是第 5 小节所讲的内容。在
这一节，斯洛特主要指出了源自德性动机的关爱伦理学与源自"关系"的
女性关爱伦理学之间的区别。在他看来，女性关爱伦理学正是因为只从亲

---

① Michael Slote, *Morals from Motives*, New York: Oxford University Press, 2001, pp. 25 – 26.

近"关系"出发来描述一种关爱伦理学,所以才产生像诺丁斯所说的关爱伦理学只能适用于亲近之人,而不能适用于陌生人之间的结论。斯洛特深信,关爱伦理学可以作为一种独立的道德理论,只要它把诺丁斯的关爱关系还原为人的一种内在的道德情感动因即可。这时,"关爱"德性仍然保持它的偏斜性,不过,它仅仅表明人们对亲近之人的关爱程度要高于对疏远之人的关怀程度,但并不表明关爱伦理学只适用于亲近之人而不能适用于疏远之人。普遍的仁慈类似于普遍的爱,所以关爱与仁慈之间的差异就如同关爱与普遍的爱之间的差异。这一点,斯洛特在第一部分的第五章又专门做了分析。

> 我认为关爱比普遍的仁慈要有某些强烈的直觉优势。我们对爱的评价很高,而对那些不爱自己孩子或配偶的人的评价则比较低。但是,假如我们在道德上被要求去爱或关爱我们亲近的人,那么作为普遍仁慈的道德就有问题了,因为它要求对每个人都一视同仁。假如一个人爱的是某些人,而不是另外的其他人,那么,根据爱的本性,这个人会更关心这些人的福祉而不是其他人的福祉。……由此得出的结论似乎是:假如爱在道德上是适合的,是被呼吁的,那么它对他人福祉的关切也是有差异的(differential)。……因此,我们对于爱的高深的道德意见与接受一种作为普遍仁慈的道德之间是相矛盾的。我把这一点看作支持关爱胜于普遍仁慈的一个强有力的理由。……因此,在某种程度来说,我暂且更倾向于选择关爱的德性伦理学,即关于暖的、基于行为者的德性伦理学中的那种偏斜模式。①

二　基于行为者的道德也是一种实践的伦理学

这是第二章所讲的主要内容,并且这一部分内容在第一章的第 2 小节和第 5 小节中都有所涉及,主要是针对批判者的诘难,斯洛特所给出的理论回应。所以,我们这里就简略了第一章的第 2 节的内容,直接介绍第二章的内容。

---

① Michael Slote, *Morals from Motives*, New York: Oxford University Press, 2001, pp.136 – 137.

斯洛特基于行为者的理论最受批判的地方在于它的唯动机论，在这一点上它与康德的道德理论有相似性（黑格尔也批判康德的道德旨在强调行为的动机而忽视行为的后果）。在批判者看来，斯洛特的唯动机论会陷入自我中心主义或孤独症（autism or isolation from the world），与外在世界脱离开来。这意味着，斯洛特的唯动机论可能不用于实践问题，只能停留在内心当中。斯洛特的回应是，他的行为者的理论不是只讲从好的动机出发就够了，它还包括对外在世界的考虑。当然，这种对外考虑不是出于功利效果的"算计"，而仅仅是出于"仁慈"动机效果的"算计"。前者是不择手段地实现最大功利动机，或者以获得某种结果为目标来实施仁慈，后者是以选择最大善的手段来实现最大善的动机。

　　假如一个人确实是仁慈的或想对社会有用的话，那么这个人就不会仅仅投掷好的东西或把它们给其最先看见的那个人。例如，假如一个人不能关心谁恰恰是最需要（帮助）的，并且在什么程度上需要它们，这样的仁慈就不会是完全意义上的仁慈。反言之，这样的关心，实质上就涉及需要和努力去知道相关的事实，以便这个人的仁慈能够确实有用。因此，某个人根据那种动机来行为必须……受到她周围世界的影响。①

　　但是，就像我之前所表明的，一个充分关切另一个人的福祉的人在这个方面将不会是草率的或不细心的。这不是一个经验的断言，而是指出了一个标准，是有关真关切（genuine concern）的一种结构要素。假如某人的确尽了每一种努力去寻求相关事实和细心的行为，那么我认为，事情的结果无论有多坏，她都不能被批评是不道德的行为。……另一方面，假如坏的结果是由她不能了解到的智力缺乏或其他认知缺陷所致，我们能对她的表现做出认知论的批评，但是这些不必被当作道德批评。[假如某人能够知道自己的认知缺陷，但是又非常不关心去找出它们，那么，这个人的仁慈之真实性（the genuine-ness）又能够被称为有问题的。]②

---

① Michael Slote, *Morals from Motives*, New York：Oxford University Press, 2001, pp. 17 – 18.

② Michael Slote, *Morals from Motives*, New York：Oxford University Press, 2001, p. 34.

对此,斯洛特在第二章中还举了一个例子①:一位母亲生命垂危,她唯一的女儿从外地回来照顾她。如果女儿是真正地爱母亲的话,她就会力所能及地想最好的办法去关心母亲的幸福(包括掌握足够的医疗信息),她不会逞能一定要母亲活下来(假如活下来对母亲是一种痛苦),她也不会冷酷无情地随意撤掉医疗走人(假如某种医疗对母亲的健康是一种好处的话)。同理,一个想帮助他人的人,就应该最大限度地确知哪些人需要帮助,需要什么帮助。换句话说,根据斯洛特,一个只有好心肠(好动机)而没有配得这种好心肠之手段的人,还不能被称为完全意义上的"仁慈"的人。

总之,斯洛特认为他的动机论是合理的。这就像康德主张的那样,动机的价值不会因外界的因素而贬值。更何况他比康德更进一步,把动机和作为动机的手段都考虑进来(即把实现动机的具体细节和外在条件都考虑周到)。在斯洛特看来,从好的动机出发固然可能产生坏的结果,但是这总比不从好的动机或从坏的动机出发而再指望它产生好结果之概率要更多些吧。

三 关爱德性的反思性平衡机制

这是第三章的主要内容。斯洛特把诺丁斯只适用于"私人关系"的女性关爱伦理学改造为一般的关怀德性伦理学,也就把人际关爱"关系"还原为人的关爱"德性"品质。由这种关怀潜质结构出发,自然会形成一种由近及远的人道主义人际伦理关系,表现为:我们对"亲近之人"的关爱程度要高于对"疏远之人"的关爱程度。因此,关怀道德就涉及对两组对象之间的关爱,即对亲近之人的关爱和对疏远之人的关爱之间的平衡问题。

> 我建议:我们要把一种关爱的道德想成是包括了这两类关爱(或许在它们之间有差别)。换句话说,一个好人(a good human being)能够被想成是这样一个人:既关切他/她所亲密地认识的人们(的福

---

① Michael Slote, *Morals from Motives*, New York: Oxford University Press, 2001, p. 39.

祉），并且（在较小程度上）又在实质上普遍地关切人类（的福祉）。因此，（在试图澄清一种合理的、总体的个人关爱道德时）我们必须问的一个最重要的问题是：关爱的这两种模式在这样一种道德中是如何能够走到或被整合到一起的。①

根据斯洛特，既然关爱道德是从行为者对亲近之人的关爱动机中推导出来的，那么我们先来看看一个人对"亲近之人"的关爱是通过什么方式来进行（分配）的，然后根据这种方式就可以类比建立"亲近之人"与"疏远之人"之间的关爱结构了。斯洛特把"亲近之人"之间的关爱称为平衡（balance）的关爱方法/法则。斯洛特认为他这里的"平衡"概念是一种特殊的用法，是其他哲学家未曾使用过的。

> 我想推荐的观点是：在亲近关爱（我们对近的和亲密的人的关切）与人道主义关爱（我们对一般的人们的关切）之间强调一种平衡。但是，哲学家们经常，至少是在含混地使用'平衡'这个术语的。在我心里，它是一个具体的概念，即使不是一个专业概念（就我所知，它在哲学上还没有被这样使用过）。……聚焦于这两类（关爱），对于这种平衡来说，具有理所当然性（naturalness）和不可避免性。因为（如我们所见）我们关于普遍地关切人类的那种道德所想说的东西，在某种程度上就是派生于我们关于在亲密的朋友、家人和配偶（或重要的其他人）那里感受的爱时所想说的东西。②

如何来理解这个平衡法则呢？斯洛特给了一个例子③。这个例子是讲一位家长对自己两个儿子（亲近之人）的平衡的关爱。一个家长（比如父亲）有两个二十多岁的儿子，一个儿子事业有成，独立自理，另一个儿子却是残疾，生活不能自理。如果这位父亲爱这两个儿子的话，他就不会按照上面的量化法则，把对两个孩子的关怀分量换算成一种总量的效果。例

① Michael Slote, *Morals from Motives*, New York：Oxford University Press, 2001, p. 65.
② Michael Slote, *Morals from Motives*, New York：Oxford University Press, 2001, p. 66.
③ Michael Slote, *Morals from Motives*, New York：Oxford University Press, 2001, p. 67.

如，假如这位父亲对残疾儿子的照顾可以增加两个儿子的（量化的）幸福总量的话，那么按照功利主义或罗尔斯的正义原则，这位父亲应该只要关怀残疾的儿子，而不需要关怀那个独立自理的儿子。因为，通过这种分工协作，最不利者（残疾儿子）受到了父亲的最大照顾，那位独立自理的儿子又能抽出时间去创造财富。整个家庭的幸福总量似乎在增加。但是，根据常识心理，这位父亲不会这样做。因为那将意味着这位父亲对孩子的关爱是出于某种（功利）原则（例如两人福祉总量的增加），而不是出于爱。事实情况是，一位真正有爱心的父亲应该会关爱每一个儿子，即使那个独立自理的儿子不需要任何来自父亲的关爱和照顾。在面对这种情况时，这位父亲会适当地调整在两个儿子之间的关爱程度（例如抽出时间去帮助独立自理的儿子），而不是用总量关系来处理对两者的关爱分量。在斯洛特看来，父亲的这种关爱行为体现的就是一种"平衡"的关爱。

> 一位有爱心的父亲实际上不会（总是）做那种提高他孩子的更大的总体的或总计的善的事情，而是会展示出实质性地关切每一个孩子。……一位有爱心的（有两个孩子的）父亲在对一个孩子有关切或爱与对另一个孩子有关切或爱之间将触及某种平衡（strike some sort of balance）。①

斯洛特指出这种关怀"平衡"不是一种数量上的"相等"（equality），它在两个对象之间仍然保持某种灵活的偏差，但是这种平衡的偏差实际上要比标准的平等更好。斯洛特这里所讲的"平衡"法则其实就相当于儒家的"中庸"法则。但是，斯洛特反对亚里士多德的"中道"原则，认为它太难达到了。从这种意义来说，他也有意以"平衡"来替代"中道"。所以他说他的"平衡"一词，其他哲学家都没有用过，有其特殊用法。但其实它与儒家伦理"中庸"法则是一致的（如果排除形而上学的成分）。我们知道，在孔子那里，"中庸"之道是"仁"的具体化之"道"。儒家通过中庸法则来施展内在的"仁爱"德性（动因），其实质也是通过一种内心的平衡运调，来达致"仁爱"的平分效果。当然，这种平分效果仅仅是

---

① Michael Slote, *Morals from Motives*, New York：Oxford University Press, 2001, pp. 67 – 68.

指内在仁爱动因的分配，而不是外在量化效果的分配（量化的标准是违背中庸之道的）。这就是说，这种分配是对仁爱动因的内在平分，是一种良心的"平衡"（我们不能说这位父亲在两个儿子那里各做 10 天家务就是一种平衡的关爱，或许按照 1∶9 的分配更适合）。

为此，从"亲近之人"之间的平衡关爱原则中斯洛特就类推出了用于"亲近之人"与"疏远之人"之间的平衡关爱关系。也就是说，一个人在"亲近之人"与"疏远之人"之间的关爱（分配）的方式就像那位父亲在两个儿子之间的关爱（分配）方式一样，是一种（心理）平衡的关爱。但是，一个行为者要按照一种对称关系在"亲近之人"与"疏远之人"之间分配关爱。斯洛特这里又援引在《从道德到德性》中提到的常识德性伦理学的自我—他人的对称结构，把"亲近之人"看作一组（A 组），把（亲近之人和行为者不在其中的）"疏远之人"看作另一组（B 组）。一个行为者要对 A 组与 B 组施以相等的平衡关爱。如前所述，由于 A 组的人数毕竟远远小于 B 组，那么，一个行为者对 A 组的关爱程度就会高于对 B 组的关爱程度，重心总体上表现为对"亲近之人"的关爱。这也体现出关爱道德的偏斜性特征。

陈述了"亲近之人"之间以及"'亲近之人'与'疏远之人'"之间的关爱平衡问题之后，剩下的还有"疏远之人"之间的关爱分配问题。就是说，一个行为者对"疏远之人"之中的每一个成员会施以一种什么关爱呢？斯洛特认为，这可以采用一种"量化"法则。因为，在他看来，行为者并不了解这些陌生人各自的具体情况。对一个行为者来说，这些人的身份都是可以替换的，没有什么差别。因此，对陌生人的关爱方式可以采用量化方式。例如，现在两个地方出现了灾难，那么行为者就会根据量化的法则来分配自己的援助份额，而不会有所侧重（当然，捐助者如果对某个灾区了解的更具体可能会影响其关爱的平衡）。因此，根据斯洛特，量化法则适用于行为者对"疏远之人"（陌生人）之间的关怀，平衡法则不仅适用于行为者对"亲近之人"之间的关爱分配，还适用于行为者在"亲近之人"与"疏远之人"之间的关爱分配。这就是他所谓的"平衡的关爱"（balanced caring）总方法。

平衡调控着我们将如何对待亲近关爱领域中的人们，某种集量

（aggregation）将调控着我们对待人道主义关爱领域中的人们。但这仍然留给我们一个难题，即这两种形式的关爱相互之间如何衔接。它们在一个道德上好的或体面的人的内部将如何被整合在一起，或者说，它们将如何被整合在一种道德解释中，以便它能告诉我们什么时候人们是体面的或是行为正确的。我现在想论证的是：这样的人们将以某种方式平衡这种更大的关切，就像我们所看到的在一个人爱两个个别的人的时候发生的那种方式。对于一个道德上的好人对待（其他）人们的这种总体结构的观点，我称之为平衡的关爱。①

但是，事情到此还没有结束。在这种总体的平衡关爱结构之中，还必须包括行为者对自身的关爱。因此，在上述两类关爱之中还必须嵌入第三类关爱，即行为者对自身的关爱。斯洛特认为，行为者不能自私，因为这样的话，这种三路平衡关爱关系就会被打破。但是，斯洛特并不排除行为者可以适当地牺牲自我的福祉的情况，这不仅不会破坏这种平衡关爱，而且还能产生额外的（supererogatory）效果。

四 关爱的正义

这是第四章所要讨论的内容。从关爱德性建立了关爱道德的基本结构之后，斯洛特接着要考虑关爱的平衡如何变成一种社会制度，即社会的正义原则。根据斯洛特，既然人际道德原则源自人的关爱动机，那么一个社会的正义也应该源自人的关爱动机。因此，社会的正义问题就表现在它的制度、法律、习俗等方面是否符合关爱道德的基本精神。如果把社会或国家类比成一个行为者，那么社会的制度、法律、习俗就可以看作这个社会或国家（一个大写的行为者）的行为。那么评价制度、法律、习俗是否正义，关键要看这个社会或国家的内在状态如何。如果这个国家或社会的内在状态有问题，没有从关爱动机出发来制定制度、法律等，那么即使这个社会有效地运作，也不代表它是一个正义的社会。

　　我想说的是：从关爱发展出普遍的社会正义理想和社会道德理

---

① Michael Slote, *Morals from Motives*, New York: Oxford University Press, 2001, p. 70.

想，也能说得过去。……假如个人能够亲密地（intimately）关爱他人和人道地（humanely）关爱他人，那么他们也能同样好地关爱自己的国家（的善）和其他国家（的善）。①

　　首先，斯洛特描述了公民对国家或社会的关切义务。公民对国家的关爱涉及两个方面。一方面是公民对本国的关爱要超过对他国的关爱，另一方面是公民的个人福祉要服从国家和社会的福祉，当两者在一定条件下发生冲突的时候。就第一个方面来说，这种关爱方式是可以直接从个人对亲近之人与疏远之人的关爱方式中类比出来的。一个人对祖国的关爱毕竟胜过对他国。当然，斯洛特也指出，公民对本国的关爱和热爱（爱国主义）并不是基于一种沙文主义或民族主义的动机，而仅仅是出于关爱的动因。否则的话，如果仅仅是出于沙文主义或民族主义的动机，那么就没有理由去关爱其他国家或民族了。当然，斯洛特认为，国家或社会的利益优先于个人利益，只是在特殊情况下发生的，即某种事件涉及国家的前途命运时，要坚持国家利益优先于个人利益。这就像常识道德对待道义论问题（禁止杀人）：当杀一个无辜的人能救 3～5 个无辜的人时候，我们可能不会打破禁令，但是假如杀一个无辜的人能救更多的人（500 人或 1000 人等），量变达到了质变，那么常识道德也会打破禁杀令。同理，当国家的利益远远大于个人的利益时，个人应该牺牲自我的利益。当然，斯洛特也指出，道德败坏的国家除外，也就是说，国家必须是正义的国家。

　　其次，斯洛特接着开始讨论社会正义问题。因为首先保证了公民对国家的关爱情感认定，那么反过来，这样的国家或社会必须有配得上公民这样去做的伦理资格。这就是社会正义问题了。根据斯洛特，国家或社会是由诸行为者组成的，那么国家的法律、制度等是不是道德、正义的，就看组成该社会团体的成员是否从关爱动机出发来制定这些法律、制度或习俗等。因此，社会的正义问题根本上就还原到了诸成员是否按照关爱动机行动（包括对制度、法律等方面的制定）方面。

　　假如一个社会被看作由生活在某种制度下的群体组成的，那么，

---

① Michael Slote, *Morals from Motives*, New York: Oxford University Press, 2001, p. 93.

一种基于行为者的方法将自然地会坚持:一个社会的道德上的善性、它的正义,将依赖于构成该社会的群体的总体动机如何的好。因此,……一个社会的正义将取决于它的(足够的)成员是否有(或非常接近于)由扩展的或重构的关爱伦理学所推荐的那种动因,以便包括沿着上述思路而来的关切我们自己的国家和其他国家。因此,我们最终得出的是这样的观点:把社会的正义德性看作个人德性(virtue)的一种功能,即,构成一个特定社会中的诸个人之德行(virtuousness)的一种功能。①

具体来说,如果一种社会制度和法律制度是正义的,当且仅当它们反映了制定者们的那种关爱(他人福祉的)动机。相反,在一个社会制度或法律体制下,如果统治精英否定大多数人的政治言论或禁止工人组织工会,那么该制度体现的是统治阶层的贪婪、冷漠和维持特权和霸权等。这样的制度就不正义。因此,政治上的成功不代表社会正义,关键看它在多大程度上体现了关爱动机。"正义不等同于某种政治上的好的(politically good)目标的成功。"② 另外,如果一个国家的宪法或法律没有表达对他国福祉的关切,它也是不正义的宪法或法律,即使它在自己的国家运转良好,这个国家也是不正义的。

> 很明显,法律、制度和宪法是由那种对他国福祉之关切不足(的动机)所激励的,也会被批判为不正义的。根据目前的概念,一个社会流行着这样的动因,将不能算作正义的,即使(根据目前的概念)该社会的内在运作是完全正义的。③

在社会财富生产方面,斯洛特主张人人平等贡献经济产出的原则。这可以防止递减边际效应(diminishing marginal utility)的发生。但是,不反对在国家的投资战略有利于大多数人的利益时所采取的不平等的分配。

---

① Michael Slote, *Morals from Motives*, New York: Oxford University Press, 2001, p. 101.
② Michael Slote, *Morals from Motives*, New York: Oxford University Press, 2001, p. 102.
③ Michael Slote, *Morals from Motives*, New York: Oxford University Press, 2001, p. 102.

再次，斯洛特解释了立法和执法过程的正义问题。立法正义和执法正义的解释根据也是行为者的关爱动机。

> 因为一种基于行为者的正义观点坚持：法律的正义依赖于它们所反映出的那些动机的道德特征，该动机即制定它们的立法者的动机和或许也是它们打算所代表的成员（甚至校对它们的法官们）的动机。这样一种观点也想坚持：在一个特殊案例中的所实施的惩罚是正义的，假如它是来自于（被正义地使用着或执行着）正义的刑法。①

就立法正义来看，立法者应该本着关爱动机来起草或修正法律。它要求立法者要把这种动机与作为动机的手段结合起来。例如，立法者要尽可能地掌握足够多的社会信息，并且在制定法律条文时，能够在认知上说服自己（即问心无愧，不能自欺）。这样的立法条文就是正义的，即使它会产生意想不到的坏的结果，也不能批判其为道德上的坏或不正义。

> 假如这些公共精神的（public-spirited）立法者努力使自己掌握信息，尽其最大努力，但是仍然以错误的或总体上误导性的信息而告终，那么，我们的基于行为者的理论将（不得不）说他们由信息误导所通过的法律（在道德上）仍是正义的，即使它们产生出与立法者所预想的相反的、不幸的后果。假如这个社会是正义的，假如立法者是正当地被选出的，假如他们尽了其最大努力，假如他们通过的法律反映了所有这些事实，那么，根据基于行为者的观点，对于这些法律在道德上是没有任何批判的东西。我认为这种结论是相当直觉的。②

就执法正义来看，如果立法过程完全是从关爱动机出发的，其制定的法律是正义的，那么执法/司法过程就要严格按照程序来，不用考虑其他因素。因为立法程序是正义的，那么以此执法也是正义的。当然，在实际情况中，这也可能导致误判。例如，某个人没有犯罪，但由于临场审判时

---

① Michael Slote, *Morals from Motives*, New York: Oxford University Press, 2001, p. 103.

② Michael Slote, *Morals from Motives*, New York: Oxford University Press, 2001, p. 106.

受到信息误导,这就可能把无辜者定为有罪者。根据斯洛特,这种审判结果仍然是正义的。因为它的整个过程都是从关爱动机出发的。在斯洛特看来,亚里士多德主义的正义概念是基于"应得"概念,但是现代社会流行程序正义,所以他也坚持这个潮流。

> 基于行为者的观点也暗示了:判刑和惩罚某个未犯罪的人可以是正义的,假如依据的是正义的程序,但在法庭面前证据却被(无辜地)误导了。这个结论就其自身来说没有什么特别不合理的。当然,它也不会自动地暗含遭受这样的惩罚也是应得的,得出这样的结论显然是不对的。可以确定,亚里士多德主义的正义概念是根基于应得(desert)那个概念的,但是现代的康德主义、功利主义和契约主义理论都独立于应得来思考正义。这里所提供的基于行为者的正义观点是紧跟这种趋势的。①

除了社会正义(包括社会制度、立法正义和司法正义),斯洛特也指出,他的正义理论也可以应用于社会习俗或家庭领域,这就不像罗尔斯的正义论被指责没有考虑家庭中的正义问题。例如,根据斯洛特,在一个家庭中,如果丈夫不是出于关爱动机来对待妻子和孩子以及处理家务,那么这样的家庭环境就是不正义的。同时,有些社会习俗中也存在着性别歧视。这些也都是不正义的。那么立法者应该从关爱动机出发,通过立法来保护妇女和儿童的权利和消除性别歧视。

斯洛特最后总结道,他的基于行为者的正义理论是不同于其他正义理论的。例如罗尔斯的正义论是首先描述一种正义原则在人之中,柏拉图的正义论则是一个"特写的"(writ large)城邦,以便人们能从这种城邦的比喻中来认识自身的正义德性。斯洛特则从行为者的伦理品质出发来评价社会的正义与否,即从个体的内在情感动因(仁慈或关爱)来评价一个国家和社会的正义问题。正是这一点,使得基于行为者的正义理论能够经得住考验。因为,那种建立某种原则之上的正义理论是经受不住情感的入侵的。一个国家或社会的正义不是写在纸上的某些原则,而是发自人之内在

的关爱情感动因。

> 因此，根据我们的基于行为者的观点，一个特定社会下的正义不能仅仅从一个特定时间内的那些制度（或法律）所是的方式中"读取（read off）"出来。……而是要依靠这个社会的"（伦理）灵魂"。基于行为者诸观点的一个吸引人的特征就是：它们会照此方式把社会的正义当作一种更为深刻地通人性的东西——相比那些把主要的重要性置于（仅仅遵从）规则、原则或／和制度的规范之上的正义理论而言。①

斯洛特把他的正义论称作一种源于关怀伦理的正义论。那么，这种正义论是否具有现实可能性呢？否则，它仅仅是一种理论上的"杜撰"。根据斯洛特，现代社会心理学和儿童心理学都证明，利己主义的（人性）独断论是不能完全成立的，人性也有利他的一面。这意味着人类可以通过"共情"等教育方式来开发这种关爱的德性动因。一旦关爱的德性动因得以顺利开发，那么人际社会就会以一种"平衡的关爱"和"关爱的正义"而运转。

> 假如共情他人和关切他人对我们来说是自然地发生的，并且能够通过适当的教育和社会生活形式来培育，那么这里所描述的正义也许代表了一种关于社会道德在实践上可以达到的概念、一种相对的能够实现的理想。②

这就是斯洛特紧接着要在他的另一著作——《共情与关爱伦理学》中所要讨论的问题。

[参考文献]

1. Michael Slote, *From Morality to Virtue*, New York：Oxford University Press, 1992.

---

① Michael Slote, *Morals from Motives*, New York：Oxford University Press, 2001, p. 109.
② Michael Slote, *Morals from Motives*, New York：Oxford University Press, 2001, p. 110.

2. Michael Slote, *Morals from Motives*, New York：Oxford University Press，2001.

3. 〔美〕迈克尔·斯洛特：《从道德到美德》，周亮译，译林出版社，2017。

4. 〔美〕迈克尔·斯洛特：《源自动机的道德》，韩辰锴译，译林出版社，2020。

5. 江畅：《西方德性思想史（现代卷）》下，人民出版社，2016。

6. 李义天：《美德伦理学与道德多样性》，中央编译出版社，2012。

7. 陈真：《论斯洛特的道德情感主义》，《哲学研究》2013 年第 6 期。

23

辛格:《动物解放》

[作者及作品简介]

　　彼得·辛格（Peter Singer，1946～　　）被《纽约客》杂志称为"在世的哲学家中最有影响力的一位"。他是澳大利亚籍伦理学和政治哲学家，以其在生物伦理学领域的著作和现代动物权益运动的创始者之一的身份而闻名于世。辛格的犹太父母于1938年为了逃脱纳粹的迫害而移民澳大利亚，辛格于1946年出生于澳大利亚墨尔本，他在墨尔本大学获得哲学学士学位，并随后去牛津大学攻读哲学硕士，在牛津读书期间他加入了一个素食主义学生小组，并逐渐成为素食主义者。毕业后他在牛津大学做了两年讲师。在此期间他开始写作自己最有影响力的书籍《动物解放》（1975）。随后他返回澳大利亚在莫纳什大学教书，1999年，他成为普林斯顿大学人类价值研究中心的教授。随着动物权益运动在20世纪的不断发展以及他在其他应用伦理学领域的争议性观点，他成为全世界最受瞩目的公共知识分子之一。

　　辛格在应用伦理学和政治哲学上的主要立场继承了近代功利主义传统，因而其坚持认为，道德行为的善恶/对错都依赖于它们是否促进幸福或避免痛苦。例如，在他早期对人们——特别是富裕国家的人——是否对帮助贫穷国家消除贫困和饥荒负有道德责任问题的回答中强调，不应该因距离和关系的远近而认为帮助家人、邻居是我们的道德责任，帮助遥远国家不认识的陌生人就不是道德责任了。在辛格看来，如果我们只需要付出不会造成重大牺牲的代价就能够帮助贫困、饥饿的人，那么我们就应该去帮助他们，因为我们所做出的较小牺牲——如今年不买最新款的手机——相较于我们施以的帮助对面临贫困和饥饿的人痛苦的极大解除而言，当然是更有利于促进全人类幸福的。这一论点对传统的将慈善仅仅认为如果做了更好，但人们并无道德责任去做的观点提出了巨大的挑战。

1975 年《动物解放》的发表对动物权益保护运动的发展起到了关键作用。辛格的这本著作激起了人们对在现代畜牧业工厂化进程中发生的对牛、鸡等动物的残忍对待的关注，同时，也让当代伦理学家们对非人类的有感生物特别是动物是否也应该被纳入伦理考量的问题进行了重新思考。该书最引人沉思的概念是"物种歧视"。辛格认为，正如在不同人种之间存在种族歧视一样，事实上在人和其他物种特别是能够感受到快乐和痛苦的动物之间也存在着物种歧视，对于任何道德决策而言，不仅应该平等地考虑与这个道德决策相关的所有人的利益，也应该平等地考虑所有那些可以感受到快乐和痛苦的生物的利益，而不应该因为它们恰好属于非人的物种而不被纳入道德考量的范围。

20 世纪 80 年代后，辛格不仅继续发展了他的动物权益理论，也在应用伦理学和政治哲学的其他领域中开展了研究，如干细胞研究、安乐死、全球环境问题等，其中他在关于堕胎权和安乐死等问题的立场引发了许多争议。他在普林斯顿大学的就职引发了保守派的抗议，普林斯顿大学当时的校长夏皮罗教授不得不发表公开信解释聘用辛格的决定，而他在德语国家的讲座和演讲也多次被取消或中途结束。尽管如此，他的哲学理论仍然在不断地改变和推进着伦理学的学术进步和当代社会的发展。

《动物解放》有多种中译本，本导读所采用的主要是祖述宪的译本（2004），并参照伊珂出版社（Ecco Press）2001 年版英文本，对一些难解之处的中译做了调整。

[节选]

《动物解放》第一章　我们必须考虑具有感受痛苦能力的所有生命个体的利益

[1] "动物解放"，听起来像是模仿嘲弄其他解放运动，而不是一个

严肃的目标。实际上曾经有人模仿"动物权利"的说法来嘲弄争取女权运动。1792 年，主张男女平等的先驱玛丽·沃斯通克拉夫特的《为妇女权利辩护》出版，当时普遍认为她的观点是荒唐可笑的，因而随即有一本题名为《为畜生权利辩护》的匿名出版物问世。后来知道，这个讽刺作品是出自剑桥大学杰出的哲学家托马斯·泰勒之手。他企图通过显示沃斯通克拉夫特的论证可能再向前跨出一步，来驳倒她的论证：如果平等的论证适用于妇女，那对于狗、猫和马为什么就不适用呢？这个论证似乎对这些"畜生"也适用，可是，那时主张动物有权利显然是荒诞无稽的。所以，得出这个结论所根据的论证一定站不住脚，而如果应用到畜生是谬论，则应用于妇女也必定站不住脚，因为这两件事情所根据的论点完全相同。

[2] 为了阐明主张动物平等的根据，从考察妇女平等的理由开始，是有益的。假定我们要反对泰勒的攻击，为妇女的权利辩护，我们应当怎样进行回击呢？

[3] 一种可能的回击方式是，认为男女平等的理由不可能令人信服地扩大到非人类动物。举例说，妇女与男人相同，具有对未来做出理性决定的能力，所以她们有投票的权利，但是，狗不懂得投票的意义，因而它们没有投票的权利。还有其他许多明显的方面，男人与女人十分相似，而人与动物的差别则很大。因此可以说，男人与女人是相似的生命个体，应当享有相似的权利，可是非人类动物与人不同，它们不应当享有与人平等的权利。

[4] 用这种方式回击泰勒的类比推理，在这一点上论证是正确的，但远远不够。人类与其他动物显然存在重大的差别，这些差别导致二者拥有的权利不同。可是，承认这种显而易见的事实，并不妨碍我们把平等的基本原则扩大到非人类动物。男人和女人的差别同样不容否认，支持妇女解放的人们懂得，这些差别会造成权利的不同。许多争取女权的人坚持妇女有自愿堕胎的权利，可我们不能因为这些人开展争取男女平等的运动，就认定她们必须支持男人也有堕胎的权利。由于男人不可能堕胎，侈谈他们的堕胎权利便毫无意义。同理，既然狗不可能投票，空谈它们的投票权利也就毫无意义。无论是妇女解放运动，还是动物解放运动，都没有理由陷入这种无聊的争论。把平等的基本原则从一个群体推广到另一个群体，并不意味着我们必须用一模一样的方式对待这两个群体，或者赋予两个群体

完全相同的权利。我们是否应当这样做，取决于两个群体成员所具有的天性。平等的基本原则并不要求平等的或相同的对待或待遇，而是要求平等的考虑。对不同的生命作平等的考虑，也可以导致不同的对待和不同的权利。

[5] 因此，有另一种方法来回击泰勒企图用模仿动物权利来嘲弄妇女权利，这种方法并不否定人类与非人类动物有明显的差别，而是深入地考察平等的问题，并且最终得出平等的基本原则适用于所谓畜生的观点丝毫也不荒谬的结论。此刻这个结论或许显得有点奇怪，但如果仔细审视我们赖以反对种族或性别歧视的立足点，就会发现，假如我们拒绝对非人类动物给予平等的考虑，则追求黑人、妇女和其他被压迫人类群体平等的基础，就会发生动摇。要清楚这一点，首先我们需要确切地了解，种族主义和性别歧视究竟错在哪里？当我们说所有人类，不论种族、信仰或性别一律平等时，我们坚持主张的平等究竟是什么？希望维护等级制社会不平等的人们经常指出，无论我们采用什么标准衡量，人人生而平等显然是不符合实际的。无论我们喜欢与否，我们必须面对以下事实：各人的体型和身材天生不同，并且在德行、智力、爱心、对他人需要的敏感程度、沟通能力以及体验快乐和痛苦的能力等方面，人与人之间也都各不相同。总之，假如平等的要求是根据所有人在事实上的平等，那我们只好放弃要求平等。

[6] 或许仍然有人坚持这样的观点，即要求人与人之间的平等，是基于不同种族和性别间的事实上平等。或许是说，虽然人的个体之间存在差异，但种族或性别之间并没有差别；单从一个人是黑人或女人这种事实，我们不可能对这个人的智力水平或道德水平做任何推断。或许说，这就是种族主义和性别歧视错误的原因。白人种族主义者声称白人比黑人优越，但这是错误的；虽然在个体之间存在差别，但在可以想得到的有关的潜能和能力上，总有一些黑人全面超过另一些白人。反对性别歧视的人会说同样的话，一个人的性别不能说明他或她的能力，因此性别歧视是不合理的。

[7] 然而，由于存在超越种族或性别界限的个体差异，我们在一个善于诡辩反对平等的对手面前无力辩护。比方说，有人提出，对智商低于100 的人的利益考虑，应当比智商高于100 的人要少。在这个社会里，智商低于此线的人或许要去做智商较高者的奴隶。一个这样划分等级的社

会，难道真的要比按种族或性别划分的社会更好吗？我认为不会。但是，假如我们把平等的道德原则，与不同种族或性别的事实上平等联系在一起，那么反对种族主义和性别歧视的基础，并不能为我们反对这种否定人与人之间平等的主张提供任何根据。

[8] 还有第二个重要的理由，说明我们为什么不应当把反对种族主义和性别歧视建立在任何一种事实平等的基础上，哪怕是在有限的事实指标上，断言在不同的种族或性别中人的潜能和能力的差异呈均匀性分布。因为，我们不能绝对保证在人类中这些潜能和能力确实呈均匀分布，而与种族或性别无关。就实际的能力而言，在不同种族或男女之间，似乎确实存在着某些可测量的差别。当然，这些差别并不是在每种情况下都会出现，而是在计算（群体的）平均值时才看得出来。更为重要的是我们还无法确定，这些差别中有多少真正是由于不同种族和性别的遗传性获得的，又有多少是由于恶劣的学校和居住条件，以及长期遭受歧视等因素造成的。或许最终证明，一切重要的差别都是环境因素造成的，而不是遗传。所有反对种族主义和性别歧视的人肯定都希望这是事实，因为这会使结束歧视的任务容易得多。可是，把反对种族主义和性别歧视的理由，建立在相信所有这些明显的差别都是由于环境因素，那是很危险的。比如说，假如最终证明种族间在能力上的差别与遗传有某种关系，种族主义便找到了辩护的理由，那么根据上述信念反对种族主义的人，也就难免要认输了。

[9] 幸而主张平等无须依赖那一项科学研究的特定结果。当有人声称已经找到种族或性别间的能力上的差别存在遗传的证据时，不论是否可能有相反的证据，适当的反应是，不必坚持遗传学的解释一定是错误的。相反，不论可能出现什么证据，我们应当十分清楚，主张平等并非根据智力、德行、体力或类似的无可否认的事实。平等是一种道德观念，而不是一种事实的认定。在逻辑上没有令人信服的理由假定，两个人在能力上确实有差别，因此在考虑他们的需要和利益时厚此薄彼是合理的。人的平等原则，并不是对于人类中所声称的事实平等的一种说明，而是我们应当怎样对待人的一种规定。

[10] 道德哲学效用主义革新学派的奠基人杰里米·边沁，用"每个人只算一个，任何人都不能算一个以上"的表述，把道德平等这一必备的基础融入他的伦理系统。换句话说，受一种行动影响的每一个人的利益都

应当加以考虑，并且与其他人的利益一样，给予同等的关怀。后来，另一位效用主义学者亨利·西季威克表述为如下的原则："从宇宙万物的观点（如果我可以这样说）来看，任何一个人的善，都不比另一个人的善更重要。"最近，当代道德哲学界有影响的学者指出，他们的道德学说的基本前提都具有某种相似的要求，即要对每一个人的利益作平等的考虑，尽管他们对这个要求还没有普遍一致的最佳表达方式。

[11] 这个平等原则的实质是，我们对他者的关怀和利益考虑，不应当取决于他们是什么人，或者他们可能具有什么能力。确切地说，我们的关怀或考虑要求我们去做的事情，可以根据受我们的行为所影响的对象的特征而有所不同。例如，对美国成长中的儿童的福利关怀要求我们教他们阅读，而对猪的福利关怀可能只是要求让它们与同伴在一个有充足的食物和自由走动的空间里生活。但是，在考虑生命个体的利益时，不管这些利益是些什么，按平等原则必须把基本要素扩大到所有的生命个体，无论是黑人或白人，男人或女人，还是人或非人类动物。

……

[12] 许多哲学家和其他作家虽然提出了这种或那种形式的平等考虑利益的原则作为基本的道德准则，但是，其中只有很少数人承认这项原则既适用于我们人类自己，同样也适用于其他物种成员。边沁是少数真正具有这种认识的人之一。当法国人已经解放了黑奴，而在英联邦自治领地的黑奴仍然处于今天我们对待动物那样的境地时，边沁写下一段有预见性的文字：

> 这一天或许就要到来，那时，其他动物可以获得它们被暴虐势力所剥夺的那些权利。法国人已经发现，黑皮肤不是一个人应当遭受遗弃而不纠正暴虐者滥施折磨的理由。或许有一天人们终于认识到，腿的数目、体毛的疏密或者有无尾巴，同样不能成为抛弃一个动物使其陷于同样命运的理由。还有别的什么理由来划分这条不可逾越的界限呢？是理性能力，或许还是话语能力呢？可是，一匹成年的马或狗的理性和沟通能力，是一个出生一天、一周甚至一个月大的婴儿所无法相比的。不过，即使不是这样，那又怎样呢？问题不在于"它们有理性吗？"也不是"它们会说话吗？"而是"它们会感受痛苦吗？"

[13] 在这段话里，边沁把感受痛苦的能力作为平等考虑一个生命个体的权利的至要特征。感受痛苦的能力，或者严格地说，是感受痛苦和/或享受快乐或幸福的能力，而不是像语言或高等数学等能力那一类特征。不是说，那些试图划出一条"不可逾越的界限"来决定一个动物的利益是否应当考虑的人选择了错误的特征，而是说，我们必须考虑对痛苦或快乐具有感受能力的所有生命个体的利益，与那些根据拥有智力或语言能力划界的人不同，边沁根本没有武断地拒绝考虑任何一个个体的利益。感受痛苦或享受快乐的能力是具有任何利益的先决条件，必须满足这个条件，我们谈论利益才可能有意义。侈谈被小学生沿路脚踢的一块石头的利益，是毫无意义的，因为石头不可能感受痛苦，所以没有利益可言，无论我们怎么做都不可能对其福利产生什么影响。可是，感受痛苦和快乐的能力不仅是一个生命个体具有利益的必要条件，而且也是充要条件，即最最起码的利益就是不受痛苦。例如，老鼠的一项利益就是不被一路脚踢，因为这样做会使它感到痛苦。

[14] 虽然在上面的引文里，边沁讲了"权利"，但他所争辩的其实是平等而非权利。甚至在另一段文字中，边沁的著名表述是把"天赋的权利"称为"空话"，"天赋的和不可剥夺的权利"是"高调空话"。他谈论的道德权利，是作为对人和动物在道德上应当得到保护的简略表达方式，但道德论证的实际分量并不依赖于断言权利的存在，因为权利本身还要根据能否感受痛苦和快乐来证明。我们用这样的论证方式说明动物应当享受平等，而无须卷入权利的终极性质的哲学争论中去。

[15] 有些哲学家企图反驳本书的论点却误入歧途，他们想方设法来论证动物没有权利。他们声称，一个生命要拥有权利必须是独立自主的，或者必须是一个社团的成员，或必须有尊重他者权利的能力，或必须具有正义感。这些主张与动物解放的论证毫不相干。权利一词是一种方便的政治略语，在这个一条电视新闻只有30秒钟的时代，它的价值比在边沁那个年代要大得多，可是，在主张彻底改变我们对待动物的态度的辩论中，一点也不需要。

[16] 如果一个生命感受到痛苦，道德上便没有理由拒绝考虑这个痛苦。不论这个生命的天性如何，只要大致可以做比较，平等的原则要求把

他的痛苦与任何其他生命的相似的痛苦平等地加以考虑。如果一个生命不能感受痛苦或者快乐和幸福，就无须考虑。就是说，唯有感受性（用感受性这个词只是为了简便，虽然不能十分准确地代表感受痛苦和/或快乐的能力）的界限才是关怀他者利益的合理正当的划界。要是应用其他特征，如智力或理性来划界，则是武断专横的划界，如果这样划界，那为什么不会选择某些个别的特征，如肤色来划界呢？

［17］种族歧视者或种族主义分子，在自己的种族利益与其他种族的利益发生冲突时，偏向自己种族的成员，因而违反平等的原则。而性别歧视（或性别主义者）则是偏袒自己性别的利益，违反平等的原则。同样，物种歧视者容许自己物种的利益凌驾于其他物种的更大的利益之上。这几种歧视的模式实际上完全相同。

［解读与简析］

辛格对于动物权益的论证起点是从将动物权益类比人与人之间的歧视——特别是性别和种族歧视开始的。在本书的开篇，他首先回顾了《为妇女权利辩护》所遭到的其中一种批评，这种批评是以这样的逻辑展开的：如果为争取妇女平等权利的论证有效的话，那么这样的平等权利也同样应该能够进一步推广到动物身上，动物拥有权利的说法在当时被认为是荒谬的，由此反推出妇女平等权利的论证也是站不住脚的。从形式看，这种反对妇女平等权利的论证是一种典型的归谬法思路，即，如果 A 是有道理的，那么就能推出 B 也是有道理的，然而 B 是荒谬的，因此 A 也站不住脚。这样，想要反驳这种归谬法论证，就有两个思路，一个是论证从 A 有道理推不出 B 有道理，另一个则是论证 B 并不荒谬。在辛格看来，人们通常选择的是第一个思路，即对性别平等的论证不能够推到人与动物之间的平等，男性和女性更加相似，而人和动物之间的差异巨大。如一个现在大家都很容易接受的例子：不论男女，人类都有理性思维和判断的能力，可以做出理性的决定，而动物不能，因此要求女性拥有投票权是合理的，却不可能要求动物有投票权。辛格认为这个思路虽然可以反驳泰勒的归谬论证，但在论证平等权利上还远远不够。

不过，在考察辛格的进一步反驳之前我们需要提醒读者们注意，要是仔细回顾思想史就会发现，对于男女均有足够的理性来做出决定这一默认假设在历史上并非毋庸置疑，准确地说，这一假设是人类进入现代社会之后才逐渐被接受的，女性、奴隶、非白人的其他人种甚至是非信徒都在很长时间里被视作缺乏理性能力的较低等人类。这样，"人与动物之间有巨大差异，所以妇女权利无法推到动物权利"的论证虽然看上去很有说服力，却并非论证人与人之间平等的最好方法，反而存在一些内在的问题，如何种程度的差异可以成为平等/不平等之间的分界线。而一旦这种分界线被划出之后，我们总可以想象出某些人类也会被划到分界线不平等的那一边，如有天生智力缺陷的人类——他们的智力水平也许还不如一只十分聪明的狗，那么他们就可以受到不平等的待遇吗？因此，需要有更有力的论证来支持平等。

辛格正是看到了男女之间有不容否认的差别，而这些差别会造成权利的不同，因此他认为，用这些不容否认的根本性差异来论证权利平等容易陷入对各种差异意味着何种权利差异的琐碎争论，于是他对平等的基本原则进行了澄清：平等不是要说这些群体应该得到完全一致的对待（treatment）或完全相同的权利，而仅仅只是要求"平等的考虑"（equal consideration），而这种平等的考虑有可能由不同群体的天性（nature）的不同导致并不相同的对待和权利。这样一来，需要真正去考察这种"平等的考虑"最终是基于什么原则。而辛格认为，我们可以采取第二条反驳思路，通过对平等的基本原则的考察来论证，这一原则适用于非人类的动物并不是荒谬的。如果深入地思考对不同性别、种族等的歧视不正确的根本原因，我们会发现这些原因也同样适用于动物，辛格还进一步试图论证，一旦拒绝将平等原则推及动物，那么反对对人类任何一个群体歧视的理由也就同样站不住脚。

从节选的第 5 段到第 9 段，辛格着重论证了平等原则并非一个基于不同人的事实平等而提出的原则，而是关于我们应当如何对待他人的一种道德上的规定。他首先承认，"人人生而平等"并不符合事实，我们必须承认每个人在天生的身体条件、智力水平甚至是德性、敏感程度和体验快乐和痛苦的能力等方面都是不同的——按照当代政治哲学的观点还要补充：人生存的社会环境、家庭环境的不同也是他们一出生便已经存在的，因此，要求事实上的平等是不可能的。有人坚持不同群体——种族、性别等——中的人即便存在个体差异，但从整个群体来看并不存在差异，因此从个体的某些差异中无法论证对某个群体不平等的对待的合理性。辛格认为，这种对事实平等的坚持并不能够真正支持平等原则，也许我们能够得到科学依据来论证不同种族、性别的群体之间总体上并无差异，但我们也可以想象以某种事实上的差异如智商的差异为标准来人为地将人划分为不同群体并对其有不同的对待，这样，以不同群体总体无事实差异的理由来支持平等对待的原则就无法反驳这样的不平等对待了。进一步说，这种以事实平等为基础的论证还面临真正的危险，即假如真的证明了群体之间存在某种差异，而这种差异与遗传而非环境有关的话，基于事实平等的论证就完全失去反对歧视的立场了。随后辛格明确地提出，平等"是一种道德观念，而不是一种事实的认定"，平等原则真正要反对的是这种观念：人与人之间存在的事实差异理应令他们得到不同的对待——对这种观念的反对是自启蒙运动以来西方近现代政治哲学领域对"人生而平等"思想的所有论证的根源。这些论证总体来说可以分成三条路径：第一是以理性为人生而平等的基础，即任何一个有理性的存在者都应该获得平等的对待；第二是将对痛苦和快乐的感受作为平等原则的基础，即任何可以感受到痛苦和快乐的生物都应该得到某种道德上的考虑和关怀；第三则是以基督教上帝的存在为根本基础，论证人人都在上帝面前平等。最后一种曾经是近代哲学家论证平等的重要方式，但前两种路径更具有说服力，在当代有了进一步发展。

辛格在随后阐述的就是以效用主义（又译为功利主义，utilitarianism）传统为代表的第二种路径：即受任何行动或决策所影响的相关利益者的利益都应该在做出决定时得到平等的考量，没有一个人应该比另一个人更重要或更不重要。按照辛格的解释，这就意味着当我们关怀和考虑他者的利益时，不应该基于他们是什么人或他们可能拥有何种能力，我们具体应该如何对待他者可以存在有针对性的不同，但是最基本的要素必须是按照平等原则来进行考虑。

随后，辛格引用了边沁对为何平等原则也同样适用于动物的论证，并指出平等考虑生命个体权利的关键因素是感受快乐和痛苦的能力，没有其他任何先决条件，不以其他任何原则来划分，而仅仅考虑快乐和痛苦的感受力，因为这种感受力是讨论利益的先决条件，最最基本的利益就是不遭受痛苦。辛格与边沁一样认为平等对待这一道德原则甚至不需要将权利这个因素也放入其中，而只需要对快乐和痛苦——特别是痛苦——的感受性（sentience）就足够了。而对动物利益和福利的考量正是基于这一原则：动物能够感受到痛苦和快乐，因此我们需要将它们的利益也考虑在内，如果在做出道德决策时不去考虑动物的利益，那么这种物种歧视就与种族歧视、性别歧视一样违反了平等原则。由此，辛格建构了他对动物权益的基本论证框架。在第一章的后几节中，辛格继续针对人们可能提出的如动物感受到的痛苦与人类感受到的痛苦程度不同等问题进行了进一步论证，从而明确提出无论对痛苦的感受性是否存在差异，减轻、避免生物所遭受到的痛苦都应该是最基本的道德原则，我们必须将非人类的动物纳入道德关怀。

[简评]

　　动物权益问题在当代西方社会有着十分激烈的讨论，动物保护组织逐渐增加、壮大，如何对待与我们人类一同生存在地球上的动物成为所有人都关注的问题，西方社会特别是欧洲深受动物权益运动的影响，欧盟甚至制定了相关法规试着为动物提供更好的生存环境，让它们少受痛苦。彼得·辛格的《动物解放》为这一项运动提供了十分坚实的理论支持，虽然严格地说，这本书不能完全算得上是学术性极强的伦理学著作，该书不少章节主要呈现的是现实中人类对动物的各种残忍对待，通过讨论这些现实存在的问题来论证人类对此应当负有的道德责任。但我们也得承认，辛格为本书的理论基石——基于对快乐和痛苦的感受性的平等原则提供了有说服力的论证，这本书也为我们提供了一个鲜活的如何用哲学理论来影响现实生活的例子，正如辛格本人所说，当他在 20 世纪 70 年代写作这本书时，动物解放运动这个名字都还没有出现，仅仅存在于零星的小组实践之中，但现在，动物权益保护已经和环境保护等问题一道成为全社会讨论的焦点和各国政府、各类组织做出行动决策的重要考量之一。在应用伦理学领域特别是生命伦理学领域，哲学家们也投入相关的各种争论，试图建构更加完善的、支持动物权益保护的伦理学体系，这些变化与《动物解放》一书是分不开的，当然，辛格在本书序言中也提到，倒不是他的论点多么新颖，早在 19 世纪就有哲学家对动物权利相关的主要论点进行过阐述，只是并未引起当时人们的关注，到了 20 世纪，随着工厂化畜牧业的发展、在经济发展水平提高的同时人类食用禽肉鱼蛋等比例升高等，人与动物、与生物界、与环境之间的关系逐渐成为哲学讨论的中心议题之一，而辛格以效用主义（功利主义）原则为其论证起点，对这些问题展开了有说服力的论证，除了《动物解放》，他的《实践伦理学》（*Practical Ethics*）一书也对当代人们所面临的各种复杂的道德选择/决定进行了体系化的探讨，为应用伦理学的当代发展做出了重要的推动。

另一方面，当代伦理学领域对动物权益、全球环境保护等问题的关注体现出了伦理学研究中一个重要的变化，即对"人类中心主义"的挑战和重建。自毕达哥拉斯明确提出"人是万物的尺度"以来，以古希腊传统和希伯来文明为内核的西方哲学和思想发展往往强调了人类在世界中的特殊地位，认为人是认识世界的主体，也是进行道德、价值判断的主体，人的利益是人类一切活动的动力和目的。而随着当代应用伦理学特别是其中环境伦理学、生态伦理学等分支的发展，哲学家们开始挑战这种以人类为认识世界、道德判断的中心的思想，部分哲学家提出应该承认自然本身的内在价值，由此要将道德考量的范围从人类扩展到动物甚至是生态环境这一整体的系统之中。而始终坚持人类中心主义的哲学家们为了回应这种挑战，提出了对这一理论的重构，他们认为对生态环境等问题的解决最终仍然需要落脚到人类身上，需要人类认识到他们的贪婪和无知才是导致这些危机的根源，因此，生态危机的解决也仍然需要依赖于人类对于他们与自然之关系的更加深刻的认识，承认自己是自然的一部分，并以此重建人与自然之间的相互关系，而不是尝试去"主宰"自然。

［参考文献］

1. Peter Singer, *Animal Liberation*, Ecco Press, 2002.

2. 〔美〕彼得·辛格:《动物解放》，祖述宪译，青岛出版社，2004。

3. Colin Allen and Michael Trestman, "Animal Consciousness," *Stanford Encyclopedia of Philosophy Archive*(*Winter 2017 Edition*), https://plato. stanford. edu/archives/win2017/entries/consciousness-animal/.

4. P. Cavalieri & P. Singer, eds., *The Great Ape Project: Equality beyond Humanity*, New York: St. Martin's Press, 1994.

24

帕菲特:《论重要之事》

[作者及作品简介]

德里克·帕菲特（Derek Parfit，1942～2017），当代杰出的哲学家和伦理学家，当代西方规范伦理学复兴的领军人物之一，其理由理论和非实在论的认知主义立场则在当代元伦理学领域引发了激烈的论辩，并推动了元伦理研究的最新进展。帕菲特已被公认为当代最重要的哲学家之一。

帕菲特 1942 年出生于中国四川，其父母当时是成都一所基督教大学的医学传教士，主要教授公共卫生和预防医学。由于抗日战争和第二次世界大战，帕菲特一家人无法按原计划返回英国。1946 年，帕菲特一家回到英格兰伦敦生活，于 1949 年移居牛津。帕菲特很早就表现出卓越的天赋。在中学时期，他荣获牛津精英龙校的奖学金，随后赢得伊顿公学的国王奖学金。他在伊顿公学的主修课程是拉丁语和希腊语，其后三年的专业则是历史。帕菲特在 1961～1964 年就读于牛津大学贝利奥尔学院，主修现代史，对法国史和乌托邦主义尤其有兴趣。1965～1966 年，帕菲特荣获哈克尼斯奖学金，赴美访学一年。1967 年帕菲特回到牛津后开始学习分析哲学，师从 A. J. 艾耶尔、彼特·斯特劳森和大卫·皮尔斯，他的第一项研究是关于时间的形而上学。1967 年末，帕菲特荣获著名的万灵学院奖学金，成为第一位也是最后一位在未获硕士研究生学位的情况下通过当时准入考核的学员。此后帕菲特一直都是万灵学院的研究员，先后是奖金研究员（1967～1974）、初级研究员（1974～1981）、研究员（1981～1984）、高级研究员

（1984～2010）和荣誉研究员（2010～2017）。自 20 世纪 70 年代开始，帕菲特前往美国四十余次，分别作为普林斯顿大学、哈佛大学、纽约大学和罗格斯大学的访问教授。1978 年，帕菲特受邀向英国国家学术院做学术报告，是获取该荣誉的最年轻的哲学家之一，被称作首位从事哲学一年就获得世界性声誉的哲学家。1986 年帕菲特当选为英国国家学术院的院士，1992 年当选为美国人文科学院的院士，2014 年荣获瑞典国皇家科学院授予的罗夫·肖克奖。帕菲特于 2017 年 1 月 1 日去世。

帕菲特的主要著述浓缩于《理与人》（*Reasons and Persons*，1984）和《论重要之事》（*On What Matters*，*Vol. 1*，*2*，2011；*Vol. 3*，2017）这两本巨著。其中 *Reasons and Persons* 被誉为极富原创性的天才之作，与罗尔斯的《正义论》一起，把伦理学从一个聚焦于元伦理的边缘学科转变成一个富有活力且核心的哲学主题。中译本《理与人》（王新生译）于 2005 年出版。《论重要之事》则是一本 1900 多页的三卷本巨著，其前两卷于 2011 年出版，第三卷出版于 2017 年，而帕菲特在突然去世之前正在积极写作第四卷。《论重要之事》第一卷的中译本（阮航、葛四友合译）于 2015 年出版，全三卷的中译本仍为两人合译，将于近期出版。本导读的节选分别取自《论重要之事》的第一卷和第二卷，讨论的分别是帕菲特规范伦理思想中的两个重要的论题，即群己困境和非同一性问题。文本采取全三卷中译本中阮航的译文，略有删减。

[节选一]

第 43 节　群己困境①

我尽管已主张我们应当修正康德的公式，但仍会继续讨论康德本人的公式。值得说明的是，还有修正这些公式的其他理由，而我的许多主张也适用于修正版。

在运用康德的自然法公式时我们会问，我们能否合理地意愿"每个人

---

①　取自 D. Parfit, *On What Matters*, *Vol. 1*, Oxford University Press, 2011, pp. 301 - 308。其中的加粗译文对应于原文斜体以示强调的部分。

都奉行某一准则"为真。要回答这个问题,我们就必须知道可选项是什么。如果可选项是**除我们之外**的每个人都奉行某个坏准则,比如说"付出少于我该付的那一份",我们或许就能够合理地意愿每个人都这么做。另一可选项或许是每个人都继续做他们在做的任何事。而康德的公式由此就错误地允许我们按照许多坏准则行动。如果许多人已经在奉行某个坏准则,那么即使该准则为每个人所奉行,也通常不会产生多大的差别。按照康德公式的最佳版本——这似乎也是康德心中所想,我们应该问的是,我们能否合理地意愿如下情况为真:某一准则,与其**无人**奉行,不如每个人都奉行。

我们还需要了解,有哪种**别的**准则是每个人都会奉行的。我们能够合理地意愿如下情况为真:每个人都奉行某种坏准则,如果可选项是每个人都奉行别种更坏的准则。因此,我们应该问问是否存在别种较好的准则,这里的"较好"意指我们有更强的理由去意愿"每个人都奉行该准则"为真。

在运用于如下三点为真的准则或行动时,康德的自然法公式最行之有效:

> 众多的人奉行该准则或按此方式行动,这是可能的;
>
> 无论按此方式行动的人之数量如何,每一行动的效果相仿;
>
> 这些效果在不同的人们之间作大致平等的分配。

在讨论这些情况的过程中,我会用"我们"(we)来指称某一群体中的所有人;在也适用于女性的意义上使用"他"(he)和"他本人"(himself)。我们通常是某个群体的成员,对于该群体来说如下情况为真:

> 如果我们**每一个人**①而不是无人做某种意义上**较有利**之事,我们就会是做同样意义上**较不利**之事(if *each* rather than none of us does what would be in a certain way *better*, *we* would be doing what would be, in

---

① 本章中 everyone 与 each 或 each person 有较明显的区别:前者强调的是一个群体中的所有人,着重于"无一例外"意思;后者强调的是"各自",侧重于个体的含义。因此,下文将 everyone 与 each 或 each person 分别译为"每个人"与"每一个人"。虽仅一字之差,但对于理解原文来说却是不可少的。

this way, *worse*）[①]。

我们可将这样的情况称作**群己困境**（each-we dilemmas）。

考虑每一个人的行动会有利于一个或更多人的情况就足够了。群己困境的一大类别是**自利的**困境（self-benefiting dilemmas），这常常令人遗憾地被称作**囚徒困境**（prisoner's dilemmas）。在这样的例子中，我们是某群体的成员，对该群体来说如下情况为真：

（1）我们每一个人各自能够要么自利，要么给予他人某种更大的利益；

（2）这些更大的利益在所有这些人之间会做大致平等的分配；

以及

（3）每一个人所做之事绝不会对其他人所做之事产生显著的影响。

在这样的情况下，如果我们每一个人都利己，那我们每一个人都在做肯定对自己来说是较有利之事，而无论其他人怎么做。但是，如果我们所有人而不是无人这么做，**我们**就是在做肯定对我们所有人来说都较不利之事。我们无人会获得较大的利益。这样的情况是**群己**困境，其意思是，

如果我们**每一个人**而不是无人都做对自己**较有利**之事，**我们**就在做对我们每一个人**较不利**之事。

换个方式倒过来说，

如果**我们**做对每一个人**较有利**之事，**每一个人**就在做对自己**较不**

---

① 孤立地看这段话可能令人费解，其含义可能要随下文的解释才能逐渐清晰。鉴于作者力求一种高度概括而准确的表达方式，此处不考虑为照顾可读性而转译（为慎重起见，附上原文）。

利之事。

如果我们大多数人这么做，那对我们也是不利的，并且这么做的人越多越不利。这样的主张并非关于那些具有误导性称呼的**重复的囚徒困境**（repeated prisoner's dilemmas），如我的一个注释所示，那些困境的重要性要低得多。

群己困境尽管常常被忽视，但极为普遍。更确切地说，诸如此类的情况仅涉及两个人或几个人，那是极少出现的；而众多的情况都涉及众多的人。

许多诸如此类的情况可称作**贡献者困境**（contributor's dilemmas）。它们涉及**公共善**：即使那些未促进其产生的人也可从中受益的成果。其中一些例子是清新的空气、国防，以及法律与秩序。在许多这样的例子中，如果每个人都对这样的公共善有所贡献，那对每个人来说都比无人做贡献要有利一些。但对每一个人来说，如果他本人不做贡献将更有利。他将免于付出其个人成本，而从他人那里获取较大利益的可能性丝毫不会降低。在许多这样的情况下，公共善在于我们避免会对每个人都不利的结果，而所需的贡献不是财物方面的，而是某种形式的自制。

有无数这种类型的实例。例如，在**渔夫困境**（fisherman's dilemmas）中，如果每一渔夫都使用较大的渔网，那么不管其他渔夫怎么做，他都会多捕鱼。但是，如果所有渔夫都使用较大的渔网，鱼的存量就会下降，乃至不久他们就全都少捕鱼。而如下情形仍为真：对每一渔夫而言他若用大网会更有利，以及他们如果都这么做就会全都捕甚至更少的鱼。某些其他情况涉及诸多做法合在一起造成污染、堵车、森林滥伐、过度放牧、水土流失、旱灾、人口过剩。

这些情况之所以常被忽视，是因为在许多此类的例子中，上述主张不适用于其中有些人。比如说，或许有些技术娴熟的渔夫即使在过度捕鱼的情况下，仍会捕到同样多的鱼。但即便如此，其他渔夫仍面临群己困境。在我对这种情况的描述中，"每个人"意指"某群体的所有成员"。（1）至（3）的主张可适用于某些人群，即便这些人群中的有些人属于同一个社群且以类似的方式行动，但并不是这个群体的成员。

许多群己困境不涉及在自利或给予他人较大利益之间做选择。只要人们有着不同和部分冲突的目标，上述情况就可能出现。情况可能是这样的：如果我们每一个人而不是无人做最有利于实现其自身目标之事，那就更不利于每个人实现其目标。其中有些或许是道德上要求的目标。根据常识道德（common sense morality，可称为 M），我们有特别的职责（obligations）将某些利益给予那些与我们有某种关系的人。比如我们的孩子、父母、学生、病人、客户、同事、消费者或我们所代表者，都属于这样的相关者，可称之为我们的 **M 相关者**（M-related people）。我们如果应当对这些人的福祉给予某种优先性，那就可能面临群己困境。比如在**父母困境**（parent's dilemmas）中，我们每一个人可能要么为自己的孩子谋利，要么给予他人的孩子以较大的利益。如果我们每一个人而不是无人优先考虑为自己孩子谋利，那就对我们所有的孩子都更不利。许多这样的困境引发于自利的困境。例如，可怜的渔夫们全都少捕鱼，此时或许不仅更不利于他们，而且也更不利于他们营养不良的孩子们，这些孩子的营养甚至会更差。

群己困境对实践和理论两方面都提出了难题。对于某些情况，实践难题已得到至少是部分的解决。有些解决方法是**政治的**，关涉改变我们的处境。例如，在许多关于公共善的例子中，通过必不可免的或是实施惩罚逃税的征税，不做贡献要么变得不可能，要么对每一个人更不利。然而在其他许多情况下，政治的解决途径不可能实现，或成本过高。就其中有些情况而言，我们已经达成**心理的**解决方案，这里的"心理的"意指：在不改变处境的条件下，我们所有人或大多数人选择给予他人以较大的利益。这样的解决方案通常依赖于我们拥有并奉行某些特定的道德信念。我们尽管自己要付出成本，但仍会促进某些公共善，因为我们相信应当做贡献。

在群己困境的**道德的**解决方案之中，与此处尤为相关者有二。我们或许是行动后果论者（Act Consequentialists），认为应当总是给予他人以较大的利益，因为我们由此将实现更大的善。我们所有人如果都奉行这种道德信念，那就全都会去促进诸如此类的公共善。但这样的解决方案很少实现，因为既是行动后果论者又经常奉行其道德信念的人为数极少。

还有康德主义的解决方案。如果无人促进诸如此类的公共善，那对于我们所有人来说就比每个人都去促进要不利得多。我们不能合理地意愿如下情况为真：每个人而不是无人奉行"不做贡献"的准则。因此，我们如果都是有良知的康德主义者，总是奉行康德的自然法公式，那就都会去促进诸如此类的公共善。

对于某个贡献者困境，一旦我们已经达成某种道德的解决方案，常识道德就会要求每个人都继续做贡献。在此情况下，通常会有某些**搭便车者**（free riders）：受益于公共善而又不做任何贡献的人。对于每一搭便车者来说，其本人在一定意义上给他人强加了一个更大的总负担。常识道德将这样的做法谴责为不公平。而正是这样的一些例子之中，我们拷问"如果每个人都那么做会怎样？"可以说是最恰如其分。

在未解决的群己困境中，情况在某种意义上是不同的。如果无人贡献于某种仅为可能的公共善，那就无人在搭便车或是没分担其合理份额。但康德的自然法公式仍蕴含着：每个人都由于没做贡献而行动不当。这个公式原本可以成为针对如此情况的特别设计。如果每个人都没做贡献，那我们的对话就不能是"如果每个人都那么做会怎样？"因为每个人都是那么做的。但我们可以换个方式提问。相较于每个人都做贡献而获得公共善的世界，我们不能合理地意愿"无人为了获得公共善而做贡献"的世界为真。因此，康德的公式要求我们所有人都做贡献。

在运用于诸如此类的例子时，康德的公式冲突于某些被广泛持有而又至少有部分错误的道德信念，并且可以引导我们去修正后者。在未解决的群己困境之中，大多数人相信，如下做法对我们来说要么是被允许的要么是被要求的：与其给予他人以较大的利益，不如让我们自己或我们的 M 相关者得较小的利益。按照康德的自然法公式，这么做是不当的。我们无人能够合理地意愿"我们所有人而不是无人继续依此方式行动"为真，因为那就对我们所有人或所有我们的 M 相关者更不利。

康德的公式不仅冲突于某些被广泛持有的信念，而且以尤为有力的方式挑战着这些信念。尽管行动后果论者也会主张，每个人都应当给予他人以较大的利益，但我们更难拒绝对这一结论的康德式论证。在未解决的群己困境中，我们每一个人都将力图有益于我们自己，我们的孩子、父母、学生、病人或其他我们的 M 相关者。从**个人**的层次来判断，我们每一个人都成功，因为我们每一个人都**是在**做对他自己或他的孩子、父母、学生、病人等更有利之事。但是，**我们**是在做对所有这些人都**更不利**之事。即便就我们自己而言，**我们**也是失败的或做更不利之事，因为我们在使如下情况成真：将更不利于实现每个人为道德所要求的目标。在如此情形之下，我们是在奉行常识的道德原则，这种行动方式是**直接地集体自我挫败的**。

如果我们是合理利己主义者，那也丝毫不会对上述观点有所反驳，因为这种形式的利己主义是一种关于**个人**的合理性与理由的理论。而道德原则或理论旨在回答关于我们**所有人**应当做什么的问题。因此，这样的原则或理论一旦在集体的层次是直接地自我挫败的，就显然失败并陷入自相谴责。

康德接近于给出上述论证。在讨论利他义务的限度时，康德写道：

> 以自我幸福的牺牲来促进他人的幸福，这一准则……如果变成一条普遍法则，那将自相冲突。

康德的意思必定是"以自我幸福的**更大**牺牲"。其要必在于，每个人如果都以自我幸福的更大牺牲来促进他人的幸福，那每个人的幸福之所失将会大于其所得。如果如此做法的效果在不同的人之间作大致平等的分配，该要点就是正确的。正是通过这样的方式，该准则会"自相冲突"。类似的要点适用于"以他人幸福的更大牺牲来促进自我幸福"的准则。根据类似的假设，该准则如果成为一条普遍法则，也会自相冲突。仅有一个准则能够不自相冲突地或不集体自我挫败地成为普遍的，此即"做总体上会最大地促进每个人的幸福的任何事"的准则。

在运用于一类未解决的群己困境时，康德的公式具有甚至更大的价值。在许多情况下，

> （4）我们每一个人可能以使自己或我们的 M 相关者受益的方式，给他人带来更大的总负担。但这些负担将为极多的人所分摊。因此，每一次这么做强加给其他人的负担，分到每一个人身上将微不足道，通常难以察觉。

在大多数此前提及的贡献者困境中，上述主张都是正确的。当我们得知，我们的行动给其他许多人带来了负担，但分给其中每个人的负担是如此微不足道而难以察觉；这并不会唤起我们通常对他人的关切。我们即使是有良知的行动后果论者，也可能忽视这种效果。但是，一旦我们之中许多人都这么做，其综合效果或许是极大极坏的。由于使用化石燃料，我们鲁莽而自私地使地球大气过暖，这种方式即其中一例。在诸如此类的例子

中，康德的自然法公式可以起道德放大镜之用，使我们得以看清我们在做什么。我们不能合理地意愿如下情况为真：我们一起给自己、我们的孩子，以及我们孩子的孩子施加这样的伤害。

[解读与简析]

本部分的内容可简要梳理为四点。

一　承接上章的讨论，引出本部分要讨论的问题

在上一章（第十二章），帕菲特讨论了康德普遍法则公式，提出了其自然法版本（LN）和道德信念版本（MB），并经过不断的反驳和修正，最终得出了 LN3 和 MB3 这两个修正版。帕菲特认为，原本为当代几乎所有康德主义伦理学家认作完全不可行的普遍法则公式，经过这样的修正将变得可行，同时他还强调，修正的关键在于让这个公式不指涉准则。

他在本部分接着指出，康德的公式必须经过修正才能变得可行，这还存在其他理由。他以自然法公式①为例指出，其中蕴含的提问方式仍然是可质疑的，由此提出群己困境这一难题。

二　群己困境的基本含义及其特点

帕菲特首先指出群己困境发生的情境，亦即他所描述的适用于自然法公式的三点特征。质而言之，这就是一种由有效的社会规范来维系的社会性情境。其次他提出对群己困境的公式化陈述，"我们通常是某个群体的成员，对于该群体来说如下情况为真：如果我们每一个人而不是无人做某种意义上较有利之事，我们就会是做同样意义上较不利之事"。结合后面的论述来说，这个陈述大致要表达这样一种悖论：就群体中的某事而言，它从单个成员的角度看是有利的，而且在大多数人不做而个别人这么做时它对这么做的人也是有利的（如搭便车）；但从整体或长远的效果看，它对该群体所有人都是不利的。这种悖论包括但不止于自利的困境或者说博

① 康德普遍法则公式最初的自然法版本（LN）是："除非我们能够合理地意愿如下情况为真：每个人都接受并尽可能奉行某准则，否则按照该准则来行动就是不当的。"帕菲特得出的最终修正版是 LN3："除非我们在做之事是我们能够合理地意愿每个人在类似情形下都会尽可能做的，否则我们就是在不当地行动。"

弈论所谓的囚徒困境，还包括其他很多社会合作情况，涉及公共善的供给、外部性、累积效应等问题。

最后，帕菲特以自利的困境（博弈论所谓的囚徒困境属于这一类）为例，概括了群己困境的三个特点，也可以说是在社会合作行为或以群体为背景展开的行为中一类伦理问题所具有的特点。其中尤其是第三点体现了帕菲特敏锐的洞察力和精辟的理论概括能力。

三 群己困境的普遍性和重要性

帕菲特指出，群己困境在现实社会生活中大量存在，而且其中绝大多数都不像囚徒困境那样仅仅是两个或几个人之间的互动或博弈，或者反过来如帕菲特所言，囚徒困境是具有误导性的，不仅只是对现实问题较简单的抽象，而且没有考虑社会生活的一些关键因素。按照其所列出的几大类别即贡献者困境、渔夫困境和父母困境，可以说，群己困境在社会生活中几乎无处不在，在所有重要的社会关系之中都可能发生。

群己困境的普遍存在本身就意味着这个问题的重要性，但对于其重要性，帕菲特至少还提出了另外三点理由：一是这个问题一直受到忽视；二是如博弈论的囚徒困境所显示的，我们目前对这个问题的解释和分析方法不恰当，因而必须予以理论上的重视；三是如群己困境的第三个特点所表明的，其负面效应往往很难为个体行为者所察觉。

四 群己困境的解决及其伦理蕴含

群己困境给我们提出了理论和实践的难题，帕菲特就此做出分类并予以相应的分析，首先总体上划分为已解决的群己困境和未解决的群己困境这两大类。就前者而言，解决的方案又可分为政治的、心理的和道德的方案。政治方案是通过法律法规，心理方案诉诸人们由环境熏陶或文化积淀形成的道德直觉，这种直觉属于常识道德，不一定是自觉的。

帕菲特更关注的是道德的解决方案，并简要评述了两种方案。一是行为后果论的方案。它似乎可以为群己困境的解决提供可行的理论思路，但很难付诸实践，因为"既是行动后果论者又经常奉行其道德信念的人为数极少"。二是康德主义的方案。帕菲特认为，它能够有效地解决贡献者困境，其有效性来自康德主义者的道德信念，这种信念可以说就是义务论直觉或帕菲特所说的道义式信念，后者又可以理解为对常识道德信念的提炼。帕菲特以康德的自然法公式为例对此做了说明。

帕菲特重点讨论了康德的公式能否为未解决的群己困境提供方案。就目前的情况看，康德的公式不能提供有效的方案，因为在未解决的群己困境中，很可能没有任何人为某种公共善做贡献，但他们所奉行的都是所有人都能够合理地意愿其为真的准则，因而能够通过康德公式的检验。换句话说，某些坏准则为所有人接受并奉行的情况是康德的自然法公式所允许的。这种情况并不少见，帕菲特在前面实际上已经指出，如环境污染、堵车、森林滥伐、过度放牧、水土流失、旱灾等问题的一个关键肇因都可归为这一类。也就是说，造成这些问题的一个重要原因就是此前人们长期奉行某种坏准则，而从个别或局部来看，践行这些坏准则的负面效果都是微不可察的。不过，帕菲特认为，如果经过进一步修正，康德的公式就可能提出有效的方案。他提出的修正思路是转换原来的提问方式，诉诸关于理想世界的观念。

接下来帕菲特指出，康德公式蕴含的伦理观念可以帮助我们修正某些错误的信念，如常识道德信念和行为后果论的信念。但这种修正的具体操作仍有诸多需要交代之处，对此较详尽的探讨可见于帕菲特后面关于道义式限制、反思平衡的运用程序等的论述。对康德公式的进一步修正则是在接下来的两节中进行的。

［节选二］

第78节　非同一性问题①

我认为，斯坎伦还有其他理由放弃其非人称式限制（Impersonalist Restriction）。在问我们对其他人负有什么义务时，斯坎伦意指的**其他人**包括所有未来的人。用他的话来说：

---

① 取自 D. Parfit, *On What Matters*, *Vol. 2*, Oxford University Press, 2011, pp. 217 – 221。加粗的译文对应原文斜体以示强调的部分。

对于"那些现在不存在但会在未来存在的人，无权对我们提出道
德要求"这样的说法，契约论不提供任何理由……

他还写道，"限制在目前存在的人类，这看上去显然过于狭隘"。就确
定我们对未来人负有什么义务而论，我们必须回答一些斯坎伦没有讨论的
问题。因此，我现在要讨论这些问题，只是在后面才回到斯坎伦的理论。

道德上可能不相干的是，我们的行为将影响到的那些人目前尚不存
在。如果我把碎玻璃扔在某个森林，而一些年之后一个孩子被这碎玻璃划
伤，那么我的疏忽可能就直接对这个孩子造成伤害。情况可能是这样的：
要不是我把碎玻璃扔在那里，这个孩子后来本可以不受伤害地走出森林。
如果这一点为真，那么无论我这么做时这个孩子是否已经存在，我的伤害
行为都一样是不当的。

接着假定我们必须做出这样的选择：我们的社区是否继续消耗某些稀
缺的不可再生的资源，或继续使地球的大气过热。如果我们选择

消耗（Depleting）或使大气过热（overheating），那么这样的策略
会提高现存的人们的生活质量，但距今一个多世纪之后，其长期影响
会明显降低未来人们的生活质量。

我们可以假定，这样的负面影响类似于我们的策略对于当前存在的人
们可能产生的负面影响。如斯坎伦之所述，"重要的是，有人或将有人在
某处的生活会受到我们所做之事的影响"。

然而，这里存在一个通常被忽视的问题。除对未来人们的生活质量产
生影响之外，我们的行为和策略可能影响到的、在将来生活的那个人**到底是
谁**。哪些特定的孩子是我们拥有的，这取决于我们私生活中最不受重视的细
节。我们的许多行为影响着自己以及他人生活中像这样的细节；并且这样的
影响像池塘的水波一样扩展到越来越多的生命。此外，与水波不同的是，
这种影响绝不会消失。随着时间的推移，将有越来越多的人符合这样的情
况：如果我们采取了别样的行动，这些人本来绝不会被孕育。例如，要不
是发明了汽车，很可能本书的读者都将不曾存在。一旦共同就"是否继续
像**消耗**或**使大气过热**的策略"做出选择，我们的选择就可能影响到生活在

一个多世纪之后大多数人的身份。出于这些理由，我们通常可以得知：

（A）如果按照两种之一的方式行动或遵循两种策略中的一种，我们就很可能使将来要过的某些生活的质量降低；

但是

（B）既然将来过这些生活的将是不同的人，那么这些行为或策略对于其中任何人来说都不会较坏。

我们应该问，（B）是否产生影响并如何产生影响。我把这称作**非同一性问题**（the Non-Identity Problem）。

有些人认为，

（C）只要这两种之一的后果或两种之一的行为对于任何人来说都不会较坏，这种后果就不可能较坏，这种行为也不是不当的。

按照这种**狭窄的影响个人的观点**（Narrow Person-Affecting View），即使这样的行为会大大降低未来的生活质量，我们也没有理由不这么做。

我们大多数人会恰当地拒绝上述观点。我们会认为，

（D）如果将来要过的某些生活的质量会降低，那么这本身就是较坏的；

以及

（E）我们有理由不按照会产生如此影响的方式行动，并且如果可以预期这些影响会很坏，而我们能够以很小的成本予以避免，那么这样的行动就是不当的。

在此存在两种可能性。按照一种观点，

（F）是由同样的人们来度过这些要过的未来生活，因而上述行为对于这些人来说是较坏的——是否如此是没有差别的。

我们可称之为**无差别观点**（the No Difference View）。按照我们可称作的

两层观点（the Two-Tier View），上述事实的确会产生差别。尽管我们始终有理由不使未来生活的质量降低，但如果过这些生活的是不同的人，因而这些行为对于其中任何人都不会是较坏的，那么这样的理由就要弱一些。

非同一性问题必定是要么实践上要么理论上重要的。如果两层观点为真，那么该问题就是实践上重要的，因为我们的理由和义务部分地依赖于我们的行为对于未来人来说是否较坏。如果无差别观点为真，那么非同一性观点就没有实践上的重要性。但正是这一情况使该问题变得在理论上重要，因为许多道德理论蕴含着，无差别观点不可能为真。按照这些理论，这些行为对于人们是否较坏，这必定是有差别的。

在讨论这些观点时，定义一个新用语会有所助益。假定有个 14 岁的女孩**珍妮**（Jane）宣称，她打算生个孩子。我们力图劝说珍妮暂缓这么做，此时可能会说：

如果你现在如此年轻就要第一个孩子，那对他较坏。如果你今后再要这个孩子，那可能对他更好，因为你会有能力给他的生活一个更好的开端。

在给出这些意见时，我们使用"这个孩子"和"他"这些词，可能不是指某个特定的人。假定珍妮现在有个孩子，她称之为**约翰尼**（Johnny），并且没能把他抚养好。我们可能明白，如果珍妮暂缓要她的第一个孩子，那不会对约翰尼更好，因为约翰尼将从不曾存在。珍妮以后予之以更好生活开端的，会是另一个孩子。"她的孩子"和"他"这些用词之所指，并非某个特定的人，而是我们可称作的**一般人**（general person）。这个用语不

只是一个简称。与**普通美国人**（the Average American）一样，一般人不是某一个人。一般人是一大群可能的人，其中之一会是实际存在的。如果实际上是珍妮第一个孩子的那个特定的人，其生活质量差于另一个特定的人——他是如果珍妮暂缓要孩子就**会**成为其第一个孩子的人——所过的生活，那么对于是**珍妮第一个孩子**的一般人来说，境况会更糟糕。

现在我们可以说，根据无差别观点，我们有同等的理由避免去做无论是对特定的人还是对一般人来说都较坏的事情。根据两层观点，我们有更强的理由避免去做对特定的人来说较坏的事情。在此可以假定：按照这种观点，如此理由的强度是 2 倍；乃至相较于对特定的人来说的收益或负担，对一般人来说的收益或负担的道德重要性仅为一半。两层观点的其他版本都要求我们给予特定的人的利益以或多或少的优先性。

［解读与简析］

本部分的要点可梳理为如下三个方面。

一　非同一性问题的提出

帕菲特在这里提出非同一性问题，一开始是作为说服斯坎伦放弃其非人称式限制的理由。因此，要理解这一段开头的论说，就有必要先了解斯坎伦的非人称式限制是什么①。斯坎伦主张，就其契约论公式②而言，拒绝原则的所有理由都必须是人称的。这个观点，被帕菲特概括为斯坎伦的**非人称式限制**：就拒绝某道德原则而论，我们不能诉诸关于后果的非人称的好性质与坏性质。这里所谓"人称的"暗含两个条件：一是其公式中拒绝某道德原则所诉诸的外在理由亦即后果的好坏，必须是关于人的，而不是其他存在者；二是它还必须是关于能够被我们称作同一个人亦即具备人格同一性③的个人。那么非人称式限制简单地说就是，斯坎伦公式中对某原

---

① 接下来的介绍，主要依据对帕菲特上一节一部分内容的概括和梳理。
② 与帕菲特一样，斯坎伦主张理由是外在的，并运用契约论方法提出基本的道德原则，即"某一行动是不当的，恰好当这样的行动为无人能够合情理地拒绝的某个原则所不容"。帕菲特称之为斯坎伦的公式。
③ 关于人格同一性问题，帕菲特在其 *Reasons and Persons* 中做出了极富说服力的详尽论证，得出的理论在当代西方哲学和伦理学中产生了重大的影响。

则予以拒绝的有效理由，必须限制在与具有同一人格的人们相关的后果之好坏；超出此范围的理由则被视为无效。

帕菲特认为，这个限制是不合理的，无法解释和处理我们对未来人类所负有的道德义务。或者说，按照这个限制，我们的行为不必考虑对后代可能产生的负面后果（尽管这并非斯坎伦的本意，但这个限制将导致这样的结论）。帕菲特先是通过一个设想的案例对此做了一般性的说明，让我们意识到，我们的行为即使目前还没有对任何人产生负面后果，但如果对后来的某个人造成了负面后果（伤害），那么我们同样应当对此后果负有一定的责任。接着从更具有普遍意义的角度来讨论这个问题，亦即我们的一些政策或某些被普遍接受的做法，如果能够促进现存人类的福祉，但让我们的后代（或许是好几个世代之后的人类）背负极其沉重的负担，那么我们是否应当采取这样的政策或做法。要从理论和实践上对这个问题有恰当的分析和说明，就必须考虑非同一性问题。

那么，非同一性问题指的是什么呢？这里帕菲特给出了一个初步的解释，它是我们通常觉察不到或需要经过较深入的反思才能意识到的。帕菲特以能源政策（消耗或使大气过热）为例做说明，这里做个简要的解读。我们可以采取大量消耗能源的政策，从而尽可能地提高当代人的生活质量，但由于对能源及其环境造成不可逆的重大伤害，这种政策极大地降低未来某一批人类的生活质量；我们也可以不采取这样的政策，而采取节制的能源政策，在提高当代人生活质量的同时考虑不对未来另一批人造成负面影响。其中非同一性问题在于，实施两种政策所对应的未来人类不是同一批，因为未来的人类是怎样的，直接受到这种重大环境变化的影响，从而两种政策造就的必然是两批不同的人类。帕菲特在后面对此做了更细致的分析。从伦理的角度看，这个问题在深层次上是极其重要的。理论上，我们破坏环境或目前还不会呈现负面后果的行为可以得到辩护，因为我们好像并没有伤害任何特定的人①；实践上，我们似乎没有办法对这样的行为问责。

---

① 这里涉及一些更深刻的理论问题，如时间不可逆的本性、对象的不确定性（以及模态理论）、责任的对应关系等。对于其中一些问题，帕菲特在第二卷后半部分和第三卷中有较充分的讨论。

二 关于非同一性问题的基本观点

对于非同一性问题，理论上其实可分为两种观点，即狭窄的影响个人的观点和宽泛的影响个人的观点（Wide Person-Affecting View）①。按照前者，我们的行为只要其后果不对当代人造成不利影响，那就不是不当的。按照后者，我们的行为对人们（包括当代人和后代人）如果造成不利影响，那就是不当的。

进一步的实践问题则在于，我们的行为应该如何对后代负责？无差别观点和两层观点就是对这个问题的两种回答。无差别观点认为，是否由同样的一批人来过未来的生活，对我们的行为选择没有影响，这也就意味着在同等条件下，我们要对当代人和后代人的生活质量赋予同等的道德权重。换句话来说，我们只需要参照如何向当代人负责，而无须额外考虑如何向后代人负责的问题。因此，帕菲特说，无差别观点意味着，非同一性问题没有实践上的重要性，但是这又使得非同一性问题变得理论上重要，因为按照帕菲特的分析，非同一性问题是确实存在的。两层观点则使得非同一性问题在实践上也是重要的，因为这种观点认为，相对于当代人的生活质量来说，我们应当赋予后代人的生活质量以较小的权重或较弱的理由。那么这里的"较小的权重"小到什么程度，是相当于当代人权重的1/2还是1/3或是其他比例，"较弱的理由"弱到何种程度，都是需要在相关实践中进一步解决的②。

三 对非同一性问题及相关观点的分析

为了进一步明确非同一性问题，帕菲特引入了"一般人"这一术语。它是在模态的意义上说的，是指可能存在的一群人或人的集合，而其中某个人是将来会实际存在的。之所以这么做，是为了给讨论非同一性问题提供参照，由此能够通过各种设想中的比较来进行相应的原则选择，同时为

---

① 参见 D. Parfit, *On What Matters*, Vol. 2, Oxford University Press, 2011, p. 753。宽泛的影响个人的观点是指：在其他条件等同的情况下，两种行为之中使人们较少受益的那一种是不当的。另外，在 *Reasons and Persons* 附录 G 中帕菲特为该观点做了辩护。

② 帕菲特在本节后半部分及下一节对此有大量的"思想实验"和讨论，但由于篇幅所限，这里不拟展开。

讨论无差别观点和两层观点提供理论工具。

［简评］

节选的两个部分分别涉及帕菲特规范伦理思想中的两个重要议题，帕菲特对这两个议题的伦理思考方法又有着内在的关联。同时这两个议题实际上在其 *Reasons and Persons* 中已经有相当充分的论说，而《论重要之事》在概括此前观点的同时又有一些新的特点。有鉴于此，以下分三个方面作简要评述。

一　群己困境

结合 *Reasons and Persons* 来看群己困境的相关要点①。在 *Reasons and Persons* 中，帕菲特从分析最简单的囚徒困境开始，对各种困境进行伦理的分析和论证，对相应的政治的、心理的和道德的方案做出了较充分的讨论，进而引出道德数学中的五大错误。通过这些分析和讨论，他认为，合理利己主义和常识道德都是集体自我挫败的理论，必须予以修正才能有效地解决群己困境。在论证的过程中，帕菲特还为行为后果论提供了一些辩护。关于合理利己主义和常识道德在处理群己困境时为何失败，帕菲特提出的理由之中有两点尤其值得注意：一是个人理性选择的局限性，包括忽视行动集合的后果和忽视细微或不可察的后果；二是为参与行动的双方或各方设定了不同的目标。

《论重要之事》对上述要点做了简要的介绍，但没有展开。因此，我们要充分理解《论重要之事》的相关论述，就必须参考 *Reasons and Persons* 的上述内容。值得注意的是，《论重要之事》的论述又有一些新的特点。其一，与 *Reasons and Persons* 用于分析自利理论、常识道德和行为后果论不同，《论重要之事》主要针对康德主义尤其是康德公式的修正。其二，《论重要之事》的相关论述虽然较简略，但论题更集中，脉络也更清晰。其三，这些论述的主要目的，还是就群己困境问题来考察康德公式的理论潜力，进而做出进一步的反驳和修正，并构成其趋同论证的理论准备，以达成其所主张的"三重"理论。并且在进行这种理论分析的过程中，帕菲

---

① 参见 D. Parfit, *Reasons and Persons*, Clarendon Press, 1984, pp. 57 – 114。

特是以《论重要之事》第一部分明确提出的外在理由观为前提的。

帕菲特对群己困境分析的理论与现实意义。帕菲特的相关分析至少有如下的理论意义：其一，对于当代西方的一些重要规范伦理理论如自利理论、常识道德理论、后果论等，提出了一种具有原创性的深入反思，由此对它们进行恰当的评估；其二，在一定程度上为后果论提供了证成，并促进了规则后果论的最新发展；其三，结合对群己困境解决方案的分析来说明康德公式的理论得失，由此揭示了康德伦理学在深层次上的一些问题（如主观性、准则面向等），并基于其外在理由观给出了相应的修正方案。其现实意义可概括为：其一，为分析社会现实生活中的伦理问题提供了一种新的集体式伦理分析模式，并指出了西方近现代以来的个人主义伦理分析模式的局限性；其二，为观察和分析现实的社会伦理问题提供了一种新思路，并通过其分析指出了我们平常容易忽视或难以觉察的因素。可以以渔夫困境为例对此做简要说明。为何每个渔夫的大网或捕鱼技术的普遍提高，最终带来的不是日常思维所认为的捕鱼产量提高，而是悖论式的降低？按照帕菲特的分析，其中至少有两个我们因限于局部而难以觉察的因素：一是日常思维的这种观念其实要以鱼类资源无限为前提，而总体上看这个预设是不成立的；二是在每个渔夫捕鱼量的加总会对其他渔夫的捕鱼量产生影响，由此总体上看渔夫群体的捕鱼总量有其内在的动态结构，而不是静态的。

二　非同一性问题

结合 *Reasons and Persons* 来看与非同一性问题相关的要点①。在 *Reasons and Persons* 中，帕菲特首先围绕特定的个人（或被认定为具有人格身份的个人）何以存在这个问题，分析了相关的五种观点，即依赖于时间的主张、起源的观点、无特征的笛卡儿式观点、描述性观点、反向变量观，最终得出支持其依赖于时间主张的结论，从而认为，我们作为人的身份事实上依赖于我们何时成胎。其次帕菲特指出，我们当代人利用资源的政策或选择，会直接影响到未来人或人类后代的身份（他们会是谁）及其存在的数量，这是基于上一部分的观点而得出的结论，因为人类生存环境的变化

① 参见 D. Parfit, *Reasons and Persons*, Clarendon Press, 1984, pp. 351 – 379。

会对个人成胎呈现何种形态产生影响,当代人的不同选择将造成不同的人类生存环境,从而对应着不同身份的后代。在极端情况下,我们的选择会导致后代为零亦即人类灭绝。再次,帕菲特将上述问题称作非同一性问题,并认为在思考各种可能影响到后代生活质量的现实选择中,这是一个我们容易忽视而对于代际伦理的理论和实践来说极其重要的问题。他进而讨论了相关的各种观点,提出了分析和思考这个问题的基本问题。最后,帕菲特运用前面得出的观点和理论,进一步分析了当今人类面临的一些全球性重大现实问题,如人口问题、能源问题、环境问题等。

《论重要之事》对非同一性问题的讨论,其契机或最初的目的是要说明,斯坎伦公式的非人称式限制是不合理的,由此无法解释和处理代际伦理的一些基本问题。为此,帕菲特重申了 *Reasons and Persons* 中的一些相关要点,同时在后面的论述(由于篇幅所限,本导读未纳入)中,通过引入"一般人"这个术语,对非同一性问题做了新的分析,最后列出一系列的"思想实验",给出了一种规则后果论的论证。

三 帕菲特规范伦理思想对思考当代重大现实问题的启迪

帕菲特对上述两个问题的论述蕴含着其极富原创性的规范伦理思想,它们为我们思考当代的一些重大现实问题提供了理论工具,蕴含着解决这些问题的新思路。就目前的情况看,它们已被广泛地运用于医学伦理、气候伦理、代际伦理等应用伦理的领域,其观点在有关贫困问题、人口问题、生态问题等的讨论中也颇受关注。

以生态问题为例做简要说明。帕菲特对群己困境的分析,为揭示生态问题的成因提供了一种极具说服力的解释。破坏生态的行为,正如其所分析的,从个体的角度看往往是微不可察的,只有采取集体式的伦理分析模式,我们才能给出更充分的理论说明。而这种行为的归责,按照以前的伦理理论很难进行,因为似乎缺乏具体的负责对象,这其实可归为非同一性问题的类别。帕菲特对非同一性问题的分析,则为解释我们为什么负有生态责任提供了理论思路,为该如何负责提供了一种可行的实践方案。

最后需要指出的是,《论重要之事》的主要关注在于元伦理的层面,其中的规范伦理思想是在其元伦理思考的基础上对 *Reasons and Persons* 的总结和推进。如帕菲特本人所言,《论重要之事》说到底是针对"道德虚无主义",论证"存在着真正重要之事",或者按照其非实在论的认知主义,存在着不可还原地规范的真理,简单地说就是存在客观的道德真理。但由于这些问题过于复杂,且直至他去世之时其所提出的问题和主张仍处于激烈的论辩之中,本导读只拟介绍《论重要之事》的规范伦理部分,同时我们可以看到,这些规范伦理思想仍保有其元伦理思考的底色。

［参考文献］

1. D. Parfit, *Reasons and Persons*, Clarendon Press, 1984.

2. D. Parfit, *On What Matters*, *Vol. 1*, *2*, Oxford University Press, 2011.

3. D. Parfit, *On What Matters*, *Vol. 3*, Oxford University Press, 2017.

4. P. Singer, ed., *Does Anything Really Matter? Essays on Parfit on Objectivity*, Oxford University Press, 2017.

5. T. M. Scanlon, *What We Owe to Each Other*, The Belknap Press of Harvard University Press, 1998.

6. L. Temkin, *Rethinking the Good: Moral Ideals and the Nature of Practical Reasoning*, Oxford University Press, 2012.

25

赫斯特豪斯：《美德伦理学》

[作者及作品简介]

罗莎琳德·赫斯特豪斯（Rosalind Hursthouse，1943~ ）是当代美德伦理学领域最负盛名的学者之一。她的《论美德伦理学》（*On Virtue Ethics*）一书不仅奠定了她在当代美德伦理学界的位置，也奠定了美德伦理学在当代伦理学谱系中的地位。

赫斯特豪斯于 1943 年出生于英国布里斯托，童年在新西兰度过，少年时受姑妈影响，走上哲学研究的道路。她的本科和博士阶段求学于英国牛津大学，师从伊丽莎白·安斯库姆（G. E. M. Anscombe）和菲莉帕·富特（Philippa Foot）。博士毕业后，赫斯特豪斯在牛津大学的基督圣体学院（Corpus Christi College，University of Oxford）授课；1975 年，任教于英国开放大学（The Open University）；后受聘于新西兰奥克兰大学（University of Auckland）哲学系，并于 2002~2005 年担任系主任，直至 2016 年荣休。2016 年 10 月，赫斯特豪斯被增选为新西兰皇家学会（the Royal Society of New Zealand）院士。

赫斯特豪斯最初引起学界注意的是她在 1990~1991 年发表的几篇论文：《休谟正义观之后》（After Hume's Justice）、《非理性行为》（Arational

Actions）以及《美德理论与堕胎》（Virtue Theory and Abortion）①。其中，在《美德理论与堕胎》一文中，赫斯特豪斯原创性地将美德理论置于与义务论、功利论的比较框架中，逐一回应了针对美德伦理学的五个批评。这为她后来系统建构新亚里士多德主义美德伦理学奠定了基础。而且，该文将美德理论应用于堕胎问题，认为堕胎并不仅仅关乎权利，而是关乎人的生命价值和美好生活。迄今为止，这篇文章仍是现代应用伦理关于堕胎问题讨论中得到最广泛引用和评述的文献之一。此外，在《应用美德伦理学》（Applying Virtue Ethics）、《规范美德伦理学》（Normative Virtue Ethics）、《伦理学、人类和其他动物》（*Ethics, Humans, and Other Animals*）、《美德伦理学与对待动物》（Virtue Ethics and the Treatment of Animals）② 等中，赫斯特豪斯也展现出对美德伦理学之实践性和应用性的关注。

作为赫斯特豪斯的代表作，《美德伦理学》是她在 20 世纪 90 年代相关理论研究的集成之作。尽管在该书出版之前，已有阿拉斯代尔·麦金太尔（Alasdair MacIntyre）、迈克尔·斯洛特（Michael Slote）等多位重要学者发表了各自的美德伦理学著述，也有相关主题的若干文集面世，但是，近三十年间，从自觉的现代学术意识出发，直接以"美德伦理学"为题，系统阐发美德伦理学概念、充分梳理美德伦理学议题并建构一种完整的新亚里士多德主义美德伦理学体系的努力，似乎仍要从赫斯特豪斯的这部专著算起。

自此以后，当代美德伦理学研究呈现出的一个明显态势：不再停留于片段的或具体的美德概念分析或美德传统的历史叙事，而是逐步表现为整

---

① Rosalind Hursthouse, "After Hume's Justice," *Proceedings of the Aristotelian Society*, Vol. 91, 1990 – 1991, pp. 229 – 245；Rosalind Hursthouse, "Arational Actions," *The Journal of Philosophy*, Vol. 88, No. 2, 1991, pp. 57 – 68；Rosalind Hursthouse, "Virtue Theory and Abortion," *Philosophy&Public Affairs*, Vol. 20, No. 3, 1991, pp. 223 – 246.

② Rosalind Hursthouse, "Applying Virtue Ethics," in Rosalind Hursthouse, Gavin Lawrence & Warren Quinn, eds., *Virtue and Reasons: Philippa Foot and Moral Theory*, Oxford：Clarendon Press, 1995, pp. 57 – 75；Rosalind Hursthouse, "Normative Virtue Ethics," in Russ Shafer-Landau, ed., *Ethical Theory: An Anthology*, New Jersey：John Wiley&Sons, Inc., 2012, pp. 645 – 652；Rosalind Hursthouse, *Ethics, Humans and Other Animals*, London and New York：Routledge, 2000；Rosalind Hursthouse, "Virtue Ethics and the Treatment of Animals," in Tom L. Beauchamp&R. G. Frey, eds., *The Oxford Handbook of Animal Ethics*, Oxford：Oxford University Press, 2011, pp. 119 – 143.

体化、体系化的理论建构特征（无论是否坚持亚里士多德主义立场）。这意味着，美德伦理学日益自觉地成为一种包含行为理论、动机理论、评价理论等内容的独特的道德理论，拥有自己的人性假设、心理结构、世界模型与道德探究观念。

《美德伦理学》一书于 1999 年由牛津大学出版社出版。本次导读选用的章节出自译林出版社 2016 年出版的中译本，由清华大学李义天教授翻译。

[节选]

第一章　正确的行为

美德伦理学被描绘成许多样子。它被描述为：（1）一种"以行为者为中心"而不是"以行为为中心"的伦理学；（2）它更关心"是什么"，而不是"做什么"；（3）它着手处理的是"我应当成为怎样的人"，而不是"我应当采取怎样的行为"；（4）它以特定的德性论概念（好、优秀、美德），而不是以义务论概念（正确、义务、责任）为基础；（5）它拒绝承认伦理学可以凭借那些能够提供具体行为指南的规则或原则的形式而法典化。

我之所以列出上述清单，是因为对美德伦理学的这些描述实在太常见，而不是因为我觉得它们很好。相反，我认为，就其粗糙的简短性而言，这些描述存在着严重的误导性。当然，它们各自包含一定的真理（这正是它们如此常见的原因），而随着我们的推进，我也会返回这些描述，指出它们可能包含哪些真理以及限定条件。对于我在"导论"中提及的那些模糊了规范伦理学三种思路之间界线的新文献比较熟悉的读者，无疑很早就已抛弃了这些界线或是对它们给出了限定。但在这里，在一开始，我们似乎最好还是凭借多数读者所愿意承认的描述，从简单的层面开始，而后逐渐走向不那么为人所知的复杂与精细之处。

正确的行为

这些描述，尤其当人们第一次见到它们时，很容易以为是在表达大概同样的观点，而它们之所以全都具有误导性，有一个原因就在于它们鼓励如下想法，即，美德伦理学不可能成为功利主义和义务论的真正对手。这种想法是这样的：

> 如果美德伦理学"以行为者为中心，而不是以行为为中心"，关心的是"我应该成为怎样的人"而不是"我应该采取怎样的行为"（以及"是什么，而不是做什么"），如果它把注意力放在**好人或有美德的**人上，而不是放在**正确的**行为或人（不管他是否有美德）有义务做什么事上，那么，它怎能成为功利主义和义务论的真正对手呢？毫无疑问，伦理学理论应该告诉我们正确的行为是什么，亦即，我们应当采取怎样的行为。功利主义和义务论当然做到了这一点；如果美德伦理学没做到这一点，它就不可能成为它们的真正对手。

其实，这些描述并没有说美德伦理学完全不关心正确的行为，或是完全不关心我们应当做什么；正是因为这些描述容易表现成这样，所以它们会误导他人。要知道，美德伦理学可以提供行为的指南。我们可以通过将它所提供的行为指南与某些功利主义和义务论所提供的指南进行比较，完全用相似的方式加以陈列，从而最有裨益地展示美德伦理学是怎样提供行为指南的。

假设一位行为功利主义者从如下命题开始她对正确行为的论述：

> 前提1：一个行为是正确的，当且仅当，它增进了最好的结果。

虽然该前提在"正确的行为"概念与"**最好的结果**"概念之间构造出紧密的行为功利主义联系，从而给出一种关于正确行为的具体规定，但是，在人们知道何为最好的结果之前，它却并没有为人们提供行为指南。因此，这些内容就必须在第二个前提中加以详细规定，如：

> 前提2：最好的结果就是使幸福最大化的结果——它在**最好的结果**与**幸福**之间构造出人们所熟知的功利主义联系。

　　许多简单的义务论版本也可以通过同样的基本结构展现出来。它们是从一个为正确的行为提供了某种具体规定的前提开始的：

　　　　前提1：一个行为是正确的，当且仅当，它符合正确的道德规则或原则。

　　就像行为功利主义的第一个前提一样，在这里，在人们知道何为正确的道德规则（或原则）之前，它并没有给出行为的指南。因此，它必须在以如下说法打头的第二个前提中加以详细规定：

　　　　前提2：正确的道德规则（或原则）是……

　　而这句话可能会以不同的形式补充完成，比如

　　　　（1）……是下列清单上的内容（接着，就有一份清单附在后面，也许最后以"等等"结束），或者
　　　　（2）……是上帝为我们设立的要求，或者
　　　　（3）……是可普遍化的/是一条绝对律令，或者
　　　　（4）……是所有理性存在者都会选择的对象。

诸如此类。
　　像这样展示人们十分熟悉的功利主义和义务论尽管没什么争议，但这种情况表明，针对功利主义和义务论的那种过于常用的描述方式——即，"功利主义从'好'开始（或者，以'好'作为基础概念，等等），而义务论从'正当'开始"这句口号——却是不对的。如果一种规范伦理学"由之开始"的概念就是它用来规定正确行为的概念，那么功利主义或许真可以说是（通过将其列为最佳概念之一）从"好"开始，但我们绝对应该立刻补充一句说："不过，它只跟事情的结果或状态有关，而跟（比如说）**好的**人或生活得**好**无关。"而即便如此，我们也不应继续认为，由于大多数义务论都通过道德规则或道德原则的概念来界定正确的行为，所以它们就是"从'正当'开始"。在此意义上，唯一"从'正当'开始"的

义务论将不得不是弗兰克纳所说的"极端的行为义务论",（我猜）它认为正确的行为就**是**正确的行为。

如果这句口号是为了（比较粗略地）选出"最重要的"概念，那么**结果**或**幸福**概念似乎就应当作为适用于功利主义的善概念被提出来，而对义务论者来说，最重要的概念（如果有这种概念的话）则会随情况变化而必定有所不同。对有的义务论者来说，这个概念是"上帝"，而对另一些义务论者来说则是"可普遍性"或"绝对律令"或"出于理性的接受"，等等。（我们是否应该说，对康德而言，这个概念就是"善良意志"或"绝对律令"，或两者兼而有之呢？）

很可能，对这句口号的过分盲目的信任会让人以为，美德伦理学不可能提供它自己关于正确行为的具体规定。因为，许多信任这句口号的人接下来会说："功利主义从'好'中推出'正确'，义务论从'正确'中推出'好'；然而，美德伦理学何以能够从它最开始的'美德行为者'概念中推出'好'与'正确'呢？"事实上，由于不知道这里指的是"好的**什么**"或"正确的**什么**"，所以我不知道该怎么回答。但是，如果问题是"美德伦理学何以能够给出一种关于正确行为的论述从而提供行为的指南"，那么答案就简单了。下面就是它的第一个前提。

前提 1：一个行为是正确的，当且仅当，它是一位有美德的行为者在这种环境中将会采取的典型行为（即，出于品质而采取的行为）。

这种界定基本上（如果有过的话）没法让那些坚持认为美德伦理学不能告诉我们该如何行动的人们闭嘴。相反，它会招来过激的嘲笑和鄙视。"这一点儿用都没有，"反对者说，"它没有给我们提供任何意义上的指南。谁又会是那个有美德的行为者呢？"

但是，如果用来论述正确行为的第一个前提（该前提在"正确的行为"概念与一种特定的规范伦理学所独有的某个概念之间建立起联系）的失败会因为未能提供实践的指南而招致鄙视，那么，类似的鄙视为什么没有冲向我所说的那种行为功利主义与义务论的第一个前提呢？对这两种规范伦理学的第一个前提，我已指出（尽管表面上一带而过，但确实表达了对这个问题的看法）它们并未给我们提供任何指南。在提供指南之前，行为功利主义必须通过给出第二个前提来具体规定什么是最好的结果，而义务论必须通过给出第二个前提来具体规定什么是正确的道德规则。类似的，美德伦理学也必须具体规定谁才是有美德的行为者。就此而言，三者处于同样的境地。

当然，就像人们有时认为的那样，如果美德行为者可以仅仅被规定为一种稳定地倾向于根据正确的道德规则而行动的行为者，那么美德伦理学就会倒退为义务论，而不是成为它的竞争者。因此，让我们为这个基本框架增添一个附属前提，旨在表明美德伦理学的目标是通过对美德的具体规定而提供一种非义务论的"美德行为者"定义，它将体现在美德伦理学的第二个前提中。

前提 1a：一位有美德的行为者，就是一位拥有并践行某些特定品质特征（即，美德）的人。

前提 2：美德是一种……的品质特征。

美德伦理学的第二个前提，跟某些形态的义务论的第二个前提一样，可能仅仅是通过列举"下列清单上的内容"而完成的，接着有一份清单附在后面，最后也许以"等等"结束。或者，我们可以将《道德原则研究》中的休谟理解为美德伦理学的倡导者。我们可以说，根据休谟，美德是对其拥有者或他人有用的或适宜的（人类）品质特征（这两个"或"都有"和"的意思）。或者，我们还可以提供标准的新亚里士多德主义的补充方案，该方案声称，美德是人们为了实现幸福、繁荣或生活得好所需要的品质特征。

于是在这里，我们就获得了一种关于正确行为的具体规定，其结构同行为功利主义和许多简易形式的义务论非常相似。比较这三者，我们发现我们可以说："美德伦理学（就其关于正确行为的论述而言）是以行为者为中心，而不是以结果或规则为中心。它以行为者为中心，是因为它在论述正确行为的第一个前提中就提出了'有美德的**行为者**'概念，而功利主义和义务论在第一个前提中分别提出的是'**结果**'概念和'**道德规则**'概念。"确实如此；美德伦理学就是这么做的。但是，请注意，它并未因此就"以行为者为中心，**而不是**以行为为中心"。美德伦理学对于"我应该决定做什么"也提供了回答。

因此，这就消除了第一种误解。美德伦理学对于正确的行为确实有所论述。不过，这仅仅是消除误解的第一步，因为许多人对它所论述的内容并不满意。原因多种多样，需要占用我们好几章的篇幅；在本章，我将集中考察在如下抱怨中自然表露出来的原因，即，美德伦理学没有而且无法告诉我们做什么；它没有而且无法提供道德的指南。

"美德伦理学没有为我们提供道德的指南"——如果它已提供了关于正确行为的具体规定，那怎么可能没有做到这一点呢？人们有时猜测，它提供的只是一种循环论证，而不是我们可以用来指导自己的规定。"它告诉我们，正确的行为就是一个有美德的行为者将会采取的行为。但这是不言而喻的公理。有美德的行为者当然'采取正确的行为'；如果她没这么做，她就不会有美德；我们只不过在兜圈子罢了。"

现在看来，美德伦理学论述正确行为的第一个前提，真的有可能成为一条公理。因为，行为功利主义者会否认义务论者的第一个前提（"不！如果违反规则的结果要比遵循规则的结果更好，那我们就应该违反它。"），义务论者也会否认功利主义者的第一个前提（"不！无论结果怎么样，我们都必须坚持规则。"），但是，双方却极有可能共同接受美德伦理学的说法："一个行为是正确的，当且仅当，它是一个有美德的行为者将会采取的行为。"然而，如果真的这样，那他们就都是以为他们已经通过第一个前提和第二个前提而确定了正确行为的内涵，接着，他们借助这条公理来具体规定他们眼中的美德行为者："一位有美德的行为者，就是一位采取（我所理解的）正确行为的人。"

我需要强调的是，这条表面的公理（"一个行为是正确的，当且仅当，一位有美德的行为者在这种环境中将会采取的典型行为"）并非美德伦理学关于正确行为论述的公理。它只是该论述的第一个前提，就像其他两种论述的第一个前提一样，它也有待第二个前提来加以填充。或许，我可以通过让填充它们的必要性变得极为明显的方式来重新表述第一个前提及其补充命题，从而使这点更加清楚，如下：

前提 1：一个行为是正确的，当且仅当，它是一位 X 的行为者在这种环境中将会采取的典型行为。

前提 1a：一位 X 的行为者，就是一位具有并践行某些特定品质特征（即，X）的人。

通过这样的表达方式，前提 1 看上去就完全不像一条公理了。

不幸的是，如果同行为功利主义和义务论的第一个前提之间进行不太有利的比照，那么，显然，该前提现在看起来仍没有为我们提供任何信息："我们大概都知道最好的结果可能是怎样的，正确的道德规则或原则又是怎样的，然而，一位 X 的行为者到底是怎样的呢？"不过，在这个时候，我必须重复一下先前的观点。其他规范伦理学的第一个前提，严格说来，同样也没有为我们提供任何信息。而我们之所以忽略这一点，是因为功利主义对于最佳结果的规定是我们非常熟悉的，而我们所了解的各个义务论者所征引的也都是熟悉的道德规则。可是，尽管这两者的第一个前提说的都是熟悉的内容，但是在第二个前提中，陌生的东西就会冒出来了。

有人可能把"最好的结果"界定为罗马天主教徒数量的最大化（以及，非天主教徒数量的最小化）。这是一种非常荒诞的观点；尽管正常的天主教徒们都不会有这样的观点，但是，在天主教信仰环境中成长的某些癫狂之徒却可能会有。或者，有人可能把"最好的结果"界定为遵守特定的道德规则。之所以"我们全都知道什么是最好的结果"，并不是因为行为功利主义论述的第一个前提告诉了我们，而是因为我们全都熟知：一般说来，如果行为的结果让很多人快乐或减轻了许多痛苦，它就是好的结果。

类似的，当我们读到义务论的第一个前提时，我们也假定"我们全都知道什么是正确的道德规则或原则"。我们期待像"不要杀生""坚守诺言"这样的事情。我们不期待"维系雅利安的种族纯洁"，"让女人永远待在她们的合适位置上，从属于男人"，"杀死异教徒"。但我们知道的只是，这些内容不仅可能而且已经被界定为正确的道德规则。就义务论关于正确行为论述的第一个前提而言，我们实际上从该前提所给出的内容中并不会知道什么是正确的道德规则或原则；我们是在把我们自己的观念带入其中。

因此，作为一条可以与行为功利主义和义务论的第一前提相提并论的第一前提，"一个行为是正确的，当且仅当，它是一位有美德的行为者在这种环境中将会采取的典型行为"，远远谈不上是公理；同其他论述的第一个前提**一样**，它没有告诉我们任何东西。只有在补充上第二个前提后，这三种论述才告诉了我们一些东西。

认识论问题

在这个层面上，我们会注意到，三种论述之间存在一个有趣的区分，一边是行为功利主义，另一边是义务论和美德伦理学。当行为功利主义给出它的第二个前提，说"最好的结果就是幸福的最大化"时，我们看起来就知道了行为功利主义者的立场。（虽然我后面会追问我们是否真的知道，但我们肯定看起来是知道的。）我们能推论出，比如，行为功利主义者会说，如果讲真话不会使任何人幸福反而会使有些人极其不幸，那么撒谎就是正确的。然而，当义务论者和美德伦理学者给出他们的第二个前提后，我们是否知道他们对这种情况的看法，则取决于他们所采取的具体形式。

如果给出一份正确道德规则的清单或一份美德清单，我们就有了相当具体的内容。如果一份清单包含"不许撒谎"，而另一份清单上写着"诚实"，那么我们可以推论出，义务论和美德伦理学或许并不会同意行为功利主义关于撒谎具有正确性的看法。可是，如果义务论的第二个前提是我提到的其他形式，情况又会怎样呢？我们都知道，上帝制定了哪些要求，接受什么东西才是合理的……诸如此类，一直都有诸多争论——概言之，对于哪些道德规则或原则是正确的道德规则或原则，人们一直争论不休。当某个义务论者提出她用于考察道德规则之正确性的一种抽象检测方式时，我们可以肯定，她会捍卫和论证她根据该检测方式而信以为正确的规则——但是，这些规则包含哪些，我们就不得而知了。她是会捍卫那些禁止自杀或堕胎的规则，还是会捍卫那些允许自杀或堕胎的规则？她会成为一名和平主义者，还是会支持因自卫而杀人的行径？我们不得而知。

美德伦理学同样缺乏定论。我们都知道，据说，对于"哪些品质特征属于美德"一直存在诸多争论。当某个美德伦理学者给出她的抽象检测方式时，我们可以肯定，她将捍卫她根据该检测方式而确信为美德的品质特征，并排除没有被她接纳的品质特征——不过，这类品质特征会有哪些，我们就不得而知了。她会（分别像休谟、亚里士多德和尼采那样）捍卫人道、适度和怜悯，还是会排除它们？她会捍卫不偏不倚的做派，还是会捍卫友爱？我们也不得而知。

因此，我们这里出现了一个有趣的对比，一边是行为功利主义，另一边是义务论和美德伦理学。后者看起来注定会在"我们怎样才能**知道**一个具体行为是正确的行为"这个问题上给我们带来很大的麻烦，因为，无论义务论和美德伦理学说什么，我们总可以追问："但是我们怎么知道，**哪些**道德规则或原则才是正确的？**哪些**品质特征才是美德呢？"如果它们各自仅仅给出它们的清单，我们会担心那是不是正确的清单。如果它们给出的是一种抽象检测方式，我们则可能担心，如果有足够精巧的设计或不同的更进一步的前提，那么这些检测方式是可以引出不同结果的。因此，二者都使自己暴露在道德的文化相对主义，或者更糟糕地，暴露在道德怀疑主义的威胁之下。也许，我们只能是将那些被我们自己的文化或社会所接受的规则或品质特征列举出来，并且不得不接受如下看法，即，我们所能知道的一切只是在我们眼里正确的东西，而在其他文化看来则可能是错误的。或者，更糟糕的是，如果我们记得"我们"内部存在多么大的道德分歧，那么，大概我们甚至连这一点都做不到。我们或许不得不同意说：没有人"知道某个具体行为是正确的"，他们只不过"凭感觉相信它是正确的"，因为它合乎某人自己希望合乎的某条规则，或者，因为它只是某人自己想要成为的那种人将会做的事。

而行为功利主义则没有，或说，没有直接地面临同样的威胁。诚然，人们有时可能很难预测行为的结果，但这是三种论述都必须面对的一个生活实践问题。人们有时认为义务论"不考虑后果"，但这显然不对，因为我们所审慎思考的许多行为，只有当我们将其可能导致的后果考虑在内时，才谈得上遵守规则或原则。一位坚持义务论立场，但不确定是否该给某个病人做手术的外科医生之所以心有疑惑，不是因为她怀疑自己原则的正确性，而是因为她很难预测这场手术的结果是让这个病人多活几年，还是会让他撒手人寰。而一位认同美德伦理的外科医生也面临着同样的问题：她或许并不怀疑"仁慈"（关心他人利益）是一种美德；她所怀疑的是，这场手术的结果是让她的病人获益还是受伤。

难以预测人的行为后果并不会带来道德相对主义或道德怀疑主义的威胁；它只是一个常见的生活问题。然而，如果像功利主义所说的那样，这些后果涉及**幸福**，那么这里不就有危险了吗？不同的文化、不同的个体有不同的幸福观。如果我们无法精确并且正确地定义我们理应加以最大化的

"幸福"，我们怎么才能知道某个具体行为就是正确的行为呢？

我认为，人们可以向功利主义提出这样的问题，而这也是我后面会回头处理的一个方面。但很难说这就表明行为功利主义将**直接**面临道德相对主义和怀疑主义的威胁。假设人们的幸福观确实不一样；但这对于实践的目的而言，又有什么重要的呢？我给这个人一本有关宗教沉思的书，她会高兴，我给她一本色情小说，她会不快；而另一个人对这本小说兴致盎然，却对另外那本书觉得头痛。如果我可以同时提供这两本书，那么，行为功利主义者会非常清楚我应该怎么做而无需给幸福下定义或是担心"这两人确实有极为不同的幸福观"这个事实。正如乔纳森·格罗夫坚定指出的那样，"我们大多数人，无论是不是功利主义者，都会顾及我们的行为可能给他人的幸福所带来的影响，如果尽力让某人更加幸福与使他获得成功之间是没有关系的，那我们将会茫然无措"。

因此，我们现在可以说，行为功利主义没有直接面临道德相对主义或怀疑主义幽灵的威胁，但是美德伦理学，还有义务论，则面临这种威胁。提出并承认这个问题之后，让我暂时把它放到一边，留待后续章节讨论。现在，我假定，义务论和美德伦理学在它们的第二个前提中给出了一份开放的、为人所熟知的清单。我们可以假设，义务论列出了如下熟悉的规则，如"不要杀人""要说真话""坚守承诺""不要作恶或伤害他人""帮助他人/增进他们的福祉"等等；美德伦理学也列出一些熟悉的品质特征，如公正、诚实、仁慈、勇敢、实践智慧、慷慨、忠诚等等。在给出这番假设后，我们可以回头来处理下面这个问题，即，美德伦理学即使列出这份清单，它在一定程度上是否也没有像行为功利主义和义务论那样提供指南。

道德规则

有一种常见的反对意见是这样的：

> 义务论给出了一系列清晰的、便于使用的指导方案。而美德伦理学给出的指导方案仅仅是："采取有美德的行为者（即具有公正、诚实、仁慈等美德的人）在这种环境中将会采取的行为。"然而，这没

有为我提供任何指南，除非我自己就是（并且我知道自己就是）一个有美德的行为者——若是这样，我就基本上不需要它。如果我并不是那么有美德，那我就没法知道一位有美德的行为者将会采取怎样的行为，也就没法运用美德伦理学为我提供的这唯一的指导方案。诚然，行为功利主义也仅仅给出唯一的指导方案（"采取能带来幸福最大化的行为"），但人们在运用它的时候却不会遇到类似困难；它也很便于使用。因此，在这种意义上，美德伦理学关于正确行为的论述未能提供行为的指南，而义务论和功利主义则成功地做到了这一点。

作为回应，值得指出的是，如果我知道我远不完美，而且非常不清楚一位美德行为者在我目前所处的环境中将会采取怎样的行为，那么，我显然应该（只要有可能的话）向美德行为者请教。这绝非无关紧要的问题，因为，它直接解释了我们道德生活中的一个重要方面，即，我们并不总是作为完全自我决定的"自主"行为者来行动，而是常常从那些在我们眼中比我们自己更高尚的人那里寻求道德指南。当我找借口去做一件我很怀疑是错误的事情时，我会问那些道德比我更差的人（或是差不多的人，如果我够坏的话）："要是你处于我的境地，难道你不会这么干吗？"但是，当我急切地想去做一件正确的事情，而我又不太清楚该怎么做时，我却会去找那些我尊敬和钦佩的人：在我眼里比我自己更善良、更诚实、更公正、更聪明的人，向他们请教如果他们身处我的处境他们会怎么做。我不知道功利主义和义务论如何（或者实际上，是否）能够解释这样的事实，但正如我所说，美德伦理学的解释却是直截了当的。如果你想采取正确的行为，而采取正确的行为就是采取美德行为者在该处境中将采取的行为，那么你就得搞清楚她会怎么做，如果你此时还不知道的话。

而且，向美德之人请教，也不是那些努力运用美德伦理学"单一指导方案"的不完善之人唯一可做的事情。因为，一般情况下，反对者说"如果我并不是那么有美德，那我就没法知道一位有美德的行为者将会采取怎样的行为"，这显然是错误的。请回想一下，我们假设美德可以列出（比如）诚实、仁慈、忠诚等等。因此，**根据假设**，有美德的行为者就是诚实、仁慈、信守承诺（等）之人。所以，她所采取的典型行为就是诚实、仁慈和信守承诺（等）的行为，而不是不诚实、不仁慈、不信守承诺的行为。因此，假如可以这样列举美德，那么，不管我自己多么不完美，我都能很清楚地认识到美德之人在我的处境中将会采取怎样的行动。她会公然撒谎以博取不正当的利益吗？不，因为这既不诚实，也不公正。她会帮助路边受伤的陌生人，即便他无权要求她的帮助，还是会绕道而行？是前者，因为前者仁慈宽厚，后者麻木无情。她会坚守她对死人的诺言，纵使活着的人能够受益也绝不违背吗？是的，因为她信守承诺。诸如此类，等等。

针对"美德伦理学的正确行为论述无法指导行为"这条反对意见的第二种回应方式，就是要否认常常被人提及的如下主张，即，"美德伦理学没有提供任何规则"（这是用另一种方式来表达"美德伦理学更关心'是什么'，而不是'做什么'"），所以需要用规则来补充。我们现在能看到，美德伦理学提供了大量的规则。不仅每种美德都给出一项指令（诚实行事、与人为善、慷慨解囊），而且每种恶德也给出了一道禁令（不要欺骗、切勿冷漠、无须吝啬）。

一旦掌握了美德伦理学的这一点（众所周知，这点遭到严重的忽视），人们还有理由说美德伦理学无法告诉我们应该如何行动吗？是的，还有一条理由。这条理由大致是，同"采取有美德的行为者将会采取的行为"这条规则一样，"诚实行事"、"切勿冷漠"等规则仍然是错误的规则，仍然在某种程度上注定无法给出义务论规则和行为功利主义规则所提供的那种行为指南。

可是，怎么会这样？确实，美德伦理学的这些规则（以下简称为"美德规则"）是要通过在**某种**或某些意义上必然具有"评价性"的术语或概念来表达。而这是使它们注定失败的原因吗？当然不是，否则，许多类型的功利主义和义务论也会因此而失败。

事实上，有的功利主义就是以彻底的"价值中立"或经验性作为目标，比如，将"幸福"定义为实际的欲望或爱好（不论它的内容如何）获得满足的功利主义，或者，将"幸福"定义为一种心理状态（人们最终通过内省而确立它的存在）的功利主义。虽然这些类型面临许多广为人知的问题，而且在我看来一向不足为信，但我承认，持有它们的人们总是在抱怨说，美德规则所给出的只是某种比较拙劣的带有"评价性"术语的行为指南。可是，一个希望在高级快乐和低级快乐之间做出区分，或是对理性的爱好有所表达，或是在定义"幸福"时诉诸了某些善（比如，自主、友爱或对于重要事务的了解）的功利主义者却得承认，即便是她的那条单一的规则也隐含地具有"评价性"。（概言之，这就是我为什么认为——正如我前面提到的那样——功利主义通常无法避免道德相对主义或怀疑主义威胁的原因。）

义务论又怎么样呢？如果我们关注撒谎，将"撒谎"定义为"有意欺骗听众，说出你所认为的不真实情况"，那么我们可以暂时维持这样的幻觉，以为义务论规则不带有"评价性"术语。然而，一旦我们想到几乎没有哪位义务论者会放弃不伤害原则和（或）慈善原则，那么幻觉便会消失。因为，这些原则及其相应规则（不要作恶或伤害他人，帮助别人，提升他们的福祉）依赖于这样一些术语或概念，它们至少跟美德规则所采取的术语或概念同样是有"评价性"的。

如果人们把"功利主义从'善'开始，义务论从'正确'开始"这句口号理解为，义务论通过某种方式从"正确"（以及"错误"）的概念中推出了"善"（以及"坏"或"恶"）的概念，那么我们便可以揭示这句口号的一种更深层次的缺陷。虽然在具体界定其幸福概念时诉诸正确行为或美德行为概念的"功利主义者"会觉得很难摆脱这句唬人的口号，但没有人认为，义务论者可以在完全不使用**善**概念（它不仅仅等同于"**因其自身就是正确的行为**"这个概念），或不提及**恶**或**伤害**概念的条件下表述她的每一条规则。

我们还会注意到，很少有义务论者会诉诸"不要杀人"这类简单的准生物性质的规则，不过，该规则的某些更精致的版本，比如"不要谋杀"或"不要杀害无辜者"，则再次使用了"评价性"术语，而"不要不公正地杀人"本身就是美德规则的具体表现。

即使接受了这一点，义务论者也仍有可能声称，在给儿童提供指南的问题上，美德规则显然比不上义务论规则。诚然，对于"什么是真正地伤害他人""什么是真正地提升他们的福祉""什么是真正地尊重其自主性""什么是真正地谋杀"这些问题，就连坚持义务论立场的成年人都得费劲思索，但我们在母亲膝下所学到的简单规则却是必不可少。美德伦理学怎么可能合理地抛开它们，而去指望蹒跚学步的孩子能够领会"做仁慈、诚实、友善之事，不要做不公正之事"的要求呢？不客气地说，这些概念很"厚重"！对孩子们来讲，它们太厚重了，难以领会。

严格说来，这种反对意见与**一般的**反对意见（即，美德规则无法提供行为指南）相当不同，但它却是在后者的语境中自然出现的，而我也非常乐意讨论这个问题。因为，它明确揭示了所有的规范伦理学都必须面对的一个充分性条件，即，这样的伦理学不仅要为聪明的理性的成年人提供行为指南，而且要对道德教育发表意见，对一代人怎样将行为规范传授给下一代人发表意见。然而，受亚里士多德启发的伦理学不可能遗忘道德教育问题，所以这种反对意见并未击中要害。首先，其中所蕴涵的经验性主张（即，对蹒跚学步的孩子只能传授义务论的规则，而非"厚重的"概念）绝对是错误的。"不要那么做，这会伤到猫咪，你不要这么残忍"，"对你的弟弟好点，他还是个小孩子"，"不要这么吝啬，这么贪心"，诸如此类的句子常常会被讲给孩子们听。尽管由于某种原因，我们不会很早教他们"公正"和"不公正"，但是我们肯定会教他们"公平"和"不公平"。

其次，美德伦理学的倡导者为什么就该否认我们在母亲膝下所学到的那些规则（比如，"不要撒谎""坚守承诺""帮助他人"）的重要性？虽然将"美德行为者"简单地定义为"倾向于根据义务论的道德规则行动的人"是错误的（正如我已声称的那样），但既然我们承认（比如）在践行"诚实"美德和"不撒谎"之间存在明显的联系，那么，这就是个可以理解的错误。美德伦理学希望强调的是，若要教孩子们诚实，就必须教他们热爱和赞美真相，而**仅靠**教他们别撒谎是达不到这个目的的。但他们不一定得说，为了达到这个目的，教他们别撒谎完全没用，或者并非必不可少。

因此，我们可以看到，美德伦理学不仅提供了规则（即，通过源自美德和恶德的术语而表达出来的美德规则），而且，进一步地，它没有排斥人们比较熟悉的义务论规则。两者的理论区别在于，这些为人熟知的规则及其在具体情况中加以运用的背景是完全不同的。在义务论看来，我不应撒谎，是因为当我将"不许撒谎"这条（正确的）规则运用于该情况时，我发现撒谎是被禁止的。而在美德伦理学看来，我不应撒谎，是因为这么做不诚实，而不诚实是一种恶德。

[导读]

赫斯特豪斯相信，美德伦理学同义务论和功利主义等规则伦理学一样，能够提供一种关于"正确行为"的充分说明，并且，美德伦理学提供的说明或规定，至少在结构上，同功利主义和义务论的非常相似。

具体而言，功利主义的规定是："一个行为是正确的，当且仅当，它增进了最好的结果。"义务论的规定是："一个行为是正确的，当且仅当，它符合正确的道德规则或原则。"相应地，美德伦理学的规定是："一个行为是正确的，当且仅当，它是一位美德行为者在这种环境中将会采取的典型行为。"① 赫斯特豪斯认为，这类规定正是三种规范伦理学的行为理论的最初前提。尽管它们仍有巨大的理论空隙有待进一步阐述，但无论如何，这样的说明或规定已表明美德伦理学并未放弃对行为的关注和对正确行为的追寻。因此，对美德伦理学"以行为者为中心"而不是"以行为为中心"的惯常看法，就应该得到修正。以行为者为中心而不以行为的结果或规则为中心的，并不是（作为一种规范伦理学类型的）美德伦理学本身，而是美德伦理学的行为理论，"因为它在论述正确行为的第一个前提中就提出了'美德行为者'概念，而功利主义和义务论在第一个前提中分别提出的是'结果'概念和'道德规则'概念"②。

然而，上述规定尽管解决了"美德伦理学是否关注正确行为"的问题，却不足以解决"美德伦理学是否为正确行为提供了一种充分的证明理由和论证基础"的问题。相反，当美德伦理学把行为的正确性置于"美德行为者"之上时，这似乎遗留甚至激化了该问题，进而引起更多的困惑和质疑。

首先的疑问是，什么是"美德行为者"？谁才是"美德行为者"？赫斯特豪斯明确意识到，美德伦理学的规定"看起来没有为我们提供任何信息：'我们大概都知道最好的结果可能是怎样的，正确的道德规则或原则又是怎样的，然而，一位美德行为者到底是怎样的呢？'"③ 在这个意义上，上述规定过于简单空洞；它对于"美德行为者"包含哪些内容或要素，其实什么也没说。

一方面，如果通过"美德"来理解"美德行为者"，即，将"美德行为者"概念还原为更基础的概念，困惑依然没有完全解开。因为，批评者仍可以进一步质疑"什么是美德""哪些品质属于美德""美德伦理学用

---

① Rosalind Hursthouse, *On Virtue Ethics*, Oxford University Press, 1999, pp. 26 – 28.

② Rosalind Hursthouse, *On Virtue Ethics*, Oxford University Press, 1999, p. 29.

③ Rosalind Hursthouse, *On Virtue Ethics*, Oxford University Press, 1999, p. 31.

来筛选品质的检测方式是否合理"等。毕竟，"如果它们仅仅给出它们的清单，我们会担心那是不是正确的清单。如果它们给出的是一种抽象检测方式，我们则可能担心，如果有足够精巧的设计或不同的更进一步的前提，那么这些检测方式可以引出不同的结果"；由于美德清单以及用于界定美德的检测机制受制于文化传统，美德伦理学会"使自身暴露在道德的文化相对主义，或更糟糕地，暴露在道德怀疑主义的威胁之下"。①

另一方面，如果按照通常的理解，我们会把"美德行为者"视作有能力做出正确行动的人，认为"美德"必定蕴含着"行为正确"之意。我们很难想象一个美德之人竟然无法采取正确的行动，或者，我们很难想象，一个无法采取正确行为的人居然堪称"有美德"。所以，当美德伦理学用"美德行为者"以及"美德"概念来论证"正确的行为"时，似乎又不得不旋即用"正确的行为"来定义"美德"以及"美德行为者"。② 这样的循环论证显然不能让人满意和接受，更加体现出定义"美德行为者"进而定义"正确行为"的困难程度。

其次，即便人们对于"何为美德""何为美德行为者"达成基本共识，也依然存在着不明朗之处。因为，我们至多知道，美德行为者是公正、诚实、仁慈（等等）之人，我们也应"像他一样"公正、诚实、仁慈（等等）地行动。可是，如果我们缺乏美德或不够有美德，那么，仅从上述规定出发，我们其实不能知道自己该怎样才能"像他一样"行动。③假如我们不缺乏美德，从而知道如何像美德之人一样行动的话，那么，上述规定显然又成了多余的东西。④ 由于缺少明确的操作指南，美德伦理学所提出的美德要求似乎无法做到清晰明白，让人们尤其是未成年人迅速、准确地理解。换言之，这样的道德要求实际上需要行为者具备一定程度的洞察力、领悟力和判断力，才能恰当地理解、把握和践行它们。在这个意义上，美德概念"太厚重了，难以领会"⑤，不利于行为者恰当地采取正确的行为。

进一步地，与上述质疑相关，同时也是它受到最多指责的方面是，美

① Rosalind Hursthouse, *On Virtue Ethics*, Oxford University Press, 1999, p. 33.

② Rosalind Hursthouse, *On Virtue Ethics*, Oxford University Press, 1999, p. 30.

③ Rosalind Hursthouse, *On Virtue Ethics*, Oxford University Press, 1999, p. 35.

④ Rosalind Hursthouse, *On Virtue Ethics*, Oxford University Press, 1999, p. 35.

⑤ Rosalind Hursthouse, *On Virtue Ethics*, Oxford University Press, 1999, p. 38.

德伦理学不像功利主义和义务论那样通过"规则"来表达行为的规定。规则不仅具有清晰的条例，而且具有强硬的法典化特征。赫斯特豪斯注意到，人们通常认为，规范伦理学的任务就在于提供一组"可法典化的"普遍规则："（a）它们可以构成一种决策程序，用以决定某个具体情形中的正确行为；（b）对它们应该这样来表达，以至于那些缺乏美德的人也能够理解并正确地运用它们。"① 相比之下，美德伦理学在指导行为时恰恰缺少这种明确的"法典化"表述。它不是直接要求行为者"不要撒谎"，而是针对行为者的内心，要求他"应该诚实"。显然，这是两种不同层次、不同程度的道德要求：从"应该诚实"的劝导到"不要撒谎"的指令，需要行为者具备更多的理解能力和转化能力，才可以实际地做出正确的行为。此外，美德伦理对规则尤其是普遍规则的否定，也容易使自身在面对现代社会的基本共识及其正确行为选项时欲迎还拒，陷入被动。

　　总而言之，针对美德伦理学行为理论的质疑集中于两个问题：第一，如何理解"美德行为者"概念及其空洞性、歧义性和循环论证风险？第二，如何理解美德伦理学的行为指南的可操作性及其与规则之间的关系？

　　赫斯特豪斯坦承，在"美德"得到界定之前，美德伦理学的论断——"一个行为是正确的，当且仅当，它是一位美德行为者在这种环境中将会采取的典型行为。"——确实不能说明什么是"美德行为者"，进而不能说明什么是"正确的行为"。然而，该论断只是其行为理论的第一个前提，它必须也应当有待更具体的第二个前提——即，"美德是一种……的品质特征"——来加以填充，以规避第一个前提的空洞性和歧义性。② 通过更加具体的第二个前提来详细规定什么是"正确的行为"，这不仅是美德伦理学必须面对和处理的情况，也是所有规范伦理学都必须面对和处理的情况。如果功利主义没有进一步说明"最好的结果就是使幸福最大化和痛苦最小化"，我们就不能确信那些据说带来了最好结果的"正确行为"到底是哪些行为。同样地，"在人们知道何为正确的道德规则（或原则）之前"，义务论也谈不上给出了什么有效的行为指南。③ 赫斯特豪斯敏锐意识

①　Rosalind Hursthouse, *On Virtue Ethics*, Oxford University Press, 1999, pp. 39 – 40.

②　Rosalind Hursthouse, *On Virtue Ethics*, Oxford University Press, 1999, p. 30.

③　Rosalind Hursthouse, *On Virtue Ethics*, Oxford University Press, 1999, p. 27.

到，就义务论的第一个前提而言，"我们实际上从该前提所给出的内容中并不知道什么是正确的道德规则或原则；我们是在把我们自己的观念带入其中"①。换言之，"功利主义必须通过给出第二个前提来具体规定什么是最好的结果，而义务论必须通过给出第二个前提来具体地规定什么是正确的道德规则。类似地，美德伦理学也必须具体地规定谁才是有美德的行为者。就此而言，三者处于同样的境地"②，美德伦理学并不比其他两者更模糊。如果美德伦理学因其第一个前提的空洞性而需要受到指责，那么，功利主义和义务论也同样需要接受指责。不过，这种情况真的是理论缺陷吗？毋宁说，有待第二个前提来补充第一个前提从而确认"何为正确行为"，恰恰是规范伦理学的行为理论的基本属性；规范伦理学对于正确行为的定义和指导，正是通过上述两条前提共同完成的。

对"美德行为者"的界定当然要以对"美德"的界定为基础，但是，对"美德"的界定却不必然与"正确行为"发生循环论证。在赫斯特豪斯看来，美德伦理学的第二个前提可以通过陈列美德清单、采取休谟主义或亚里士多德主义关于内在品质的理解来解释"美德"——比如，"美德就是诚实、公正、慷慨等品质特征"，或者"美德是对其拥有者或他人有用的或适宜的（人类）品质特征"，或者"美德是人们为了实现幸福、繁荣或生活得好所需要的品质特征"——从而在一定程度上避开重新以"正确行为"定义"美德"的循环论证风险。③此外，我们还可以通过效仿美德之人的实际表现，搞清楚美德到底是什么、到底表现为何种状况，以及由此产生的正确行为又是怎样的。④即便我们自身非常缺乏美德，缺乏相应的理解力、洞察力和判断力，对"正确行为"也缺少完整的认知，那也不影响我们去向美德之人学习，使自身步入一条从缺乏美德到拥有美德、从缺少相关能力到拥有相关能力的发展轨迹。

诚然，美德伦理学的行为指南不具有明确的程序化特征，但这不代表美德伦理学所提供的关于正确行为的规定和论证方案必定与"规则"格格不入。对照伦理学的法典化诉求，支持美德伦理学的人们可能不承认存在

---

① Rosalind Hursthouse, *On Virtue Ethics*, Oxford University Press, 1999, p. 31.
② Rosalind Hursthouse, *On Virtue Ethics*, Oxford University Press, 1999, p. 28.
③ Rosalind Hursthouse, *On Virtue Ethics*, Oxford University Press, 1999, p. 29.
④ Rosalind Hursthouse, *On Virtue Ethics*, Oxford University Press, 1999, p. 34.

一套稳定适用的精致的决策程序，也不认为每个人都能同等熟练和恰当地运用该程序，但"他们仍然希望获得一系列的规则……而这样的规则只有在具备一定道德智慧的人手里才能得到正确、有效的使用；它不可能被完全机械地使用"①。在这个意义上，赫斯特豪斯指出，美德伦理学并没有认为道德规则是"完全没用"或"绝非必不可少"的。② 相反，美德伦理学通过美德术语而表达了某种特殊的规则，即美德规则（v-rule）："每种美德都给出一项指令（诚实行事、与人为善、慷慨解囊），而且每种恶德也给出了一道禁令（不要欺骗、切勿冷漠、无须吝啬）。"③ 这些规则不是以条例而是以品质的形式表现出来，它们在保留道德要求的律令性质的同时，更仰赖行为者对其中内涵的理解和践行，行为者要懂得在什么条件和情境下运用什么样的规则才最为恰当。至于那些所谓的普遍规则，美德伦理学也没有完全否认。只不过，在美德伦理学看来，那些绝无例外的普遍规则往往处理的是非常底线或极端的情境，其数量较少；对于实现一种繁荣兴旺的生活来说，其作用当然不够显著或全面。因此，它们的地位并没有规则伦理学所想象的那么高，覆盖面也没有那么广。所以，与其把精力花在寻找和确证这类绝对的普遍原则上，不如去追求"那些具有非常普遍的使用范围、专一性和灵活性得到最佳结合但又并非适用于所有可能情形的美德规则、规则或原则"④。在赫斯特豪斯这里，美德伦理学对于正确行为的规定和指导，正是以源自美德行为者的内在品质但又体现为一定程度的"美德规则"为基本形态的。

[参考文献]

1. Rosalind Hursthouse, *On Virtue Ethics*, Oxford University Press, 1999.

2. 〔新西兰〕罗莎琳德·赫斯特豪斯:《美德伦理学》，李义天译，译林出版社，2016。

3. 江畅:《西方德性思想史（现代卷）》下，人民出版社，2016。

---

① Rosalind Hursthouse, *On Virtue Ethics*, Oxford University Press, 1999, p. 57.
② Rosalind Hursthouse, *On Virtue Ethics*, Oxford University Press, 1999, p. 39.
③ Rosalind Hursthouse, *On Virtue Ethics*, Oxford University Press, 1999, p. 36.
④ Rosalind Hursthouse, *On Virtue Ethics*, Oxford University Press, 1999, p. 58.

后　记

　　作为湖北省"双一流"学科，湖北大学哲学学院的伦理学一直是学院极具教学和科研特色的学科，也是学院成立伊始即已确立的主要学科发展方向。2019 年湖北大学哲学专业入选国家级一流本科专业建设点名单，伦理学也被列为省级精品课程。借此契机，在长江学者特聘教授、学科带头人江畅的牵头组织下，在戴茂堂教授等学院领导的鼎力支持下，学院集中院内教学与科研骨干并邀请外校专家，首次编写《西方伦理学原著导读》，以用作哲学专业本科生和研究生的伦理学基础教材。

　　本《导读》精选了西方伦理学史上从柏拉图到赫斯特豪斯等大家的伦理学经典之作，并按照时间顺序来编排，大致涵盖了古代、中世纪、近现代和当代这四个时段。各篇导读的内容主要分五个部分：一是作者及作品简介，二是原著节选的翻译或订正，三是对节选内容的解读与简析，四是对作者及原著思想的简要评述，五是参考文献。根据人物及其原著特点以及导读作者所选择的不同视角，少数篇章的第三、四部分合并为"导读"或"评述"。各篇导读都秉持以西方原典为基础的原则，其中大多数篇章的中译都是由导读者重新翻译的，这对于保持原典及其理解、解读之间的一致性无疑是极有必要的，也是本《导读》的一大特色。《导读》的另一特色当在于对材料的精心选择：我们不仅力图选择各个时代最有代表性的人物及其代表作，而且尽量节选其中最能代表原著核心思想的部分。通过这样的处理，我们希望，《导读》能够在涵盖西方各个时代主要伦理观念的同时做到重点突出、以点带面，较全面地对西方伦理思想做原汁原味的介绍和解析。

为了达成上述目的，本《导读》的编著无疑要付出辛勤的努力，其最终完成不仅有赖于学院伦理学团队的通力合作，也得到了校外专家学者的大力支持。大体说来，《导读》的编著工作是在江畅教授全程主持和把关下完成的。江畅教授亲自审定了《导读》的总体框架、写作方法和体例，对部分初稿提出宝贵的修改意见，并且出面邀请清华大学的李义天教授和温州大学的方德志教授参与本教材的写作。这里也要感谢李义天和方德志教授惠赐书稿，为本教材增色添彩。全书由王振博士和我最后统稿。按照篇章顺序（同一作者的篇章放在一起），各部分的作者如下。

柏拉图《理想国》，亚里士多德《尼各马可伦理学》，伊壁鸠鲁《伊壁鸠鲁文存》，塞涅卡《论恩惠》，康德《道德形而上学奠基》，康德《实践理性批判》，罗尔斯《正义论》，帕菲特《论重要之事》：阮航

奥古斯丁《论自由意志》，阿奎那《反异教大全》：汪震

斯宾诺莎《伦理学》：周海春、陈诗钰

哈奇森《论美与美德观念的根源》：李家莲

休谟《道德原则研究》，边沁《道德与立法原理导论》，辛格《动物解放》：陶文佳

克尔凯郭尔《恐惧与颤栗》：黄妍、黄文霞；麦金太尔《德性之后》：黄妍

马克思《1844 年经济学哲学手稿》：倪霞

杜威《批判的伦理学理论纲要》：江畅、李华锋

摩尔《伦理学原理》，艾耶尔《语言、真理与逻辑》：王振

黑尔《道德语言》，安斯康姆《现代道德哲学》：徐弢

斯洛特《从道德到德性》和《源自动机的道德》：方德志

赫斯特豪斯《美德伦理学》：李义天

感谢本教材的外审专家中南财经政法大学哲学院龚天平教授以及校内评审专家舒红跃教授，你们中肯的评价和意见对编著质量的提高无疑起到了重要的促进作用。

衷心感谢社会科学文献出版社对本教材建设工作的大力支持，衷心感谢编辑为本教材出版所付出的辛勤努力！

"谋其上者得其中"，对于本《导读》的编写，我们虽然已尽心尽力，但无疑还存在一些不足。由于各种原因，少数预定的伦理学经典最终未能

纳入。而对伦理学经典的理解和解读，不仅是基础性的，也容有探讨和不断提升的空间。我们希望，本教材不仅能发挥教学的作用，也能够为理解伦理学经典提供同行探讨和交流的机会。恳请国内外专家学者不吝指正，以便日后完善。

阮航

2020 年 12 月

图书在版编目（CIP）数据

　　西方伦理学原著导读／阮航，江畅主编. —— 北京：
社会科学文献出版社，2022.4
　　ISBN 978 - 7 - 5201 - 9703 - 8

　　Ⅰ.①西…　Ⅱ.①阮…②江…　Ⅲ.①伦理学 - 著作
研究 - 西方国家　Ⅳ.①B82

　　中国版本图书馆 CIP 数据核字（2022）第 024787 号

西方伦理学原著导读

主　　编／阮　航　江　畅
副 主 编／王　振　陶文佳

出 版 人／王利民
责任编辑／吕霞云
文稿编辑／邹丹妮
责任印制／王京美

出　　版／社会科学文献出版社
　　　　　地址：北京市北三环中路甲 29 号院华龙大厦　邮编：100029
　　　　　网址：www. ssap. com. cn
发　　行／社会科学文献出版社（010）59367028
印　　装／三河市龙林印务有限公司

规　　格／开　本：787mm × 1092mm　1/16
　　　　　印　张：28.5　字　数：465 千字
版　　次／2022 年 4 月第 1 版　2022 年 4 月第 1 次印刷
书　　号／ISBN 978 - 7 - 5201 - 9703 - 8
定　　价／128.00 元

读者服务电话：4008918866